教育人学研究书系

扈中平 肖绍明 主编

教育学的地位

一种马克思主义的解释

张建国 著

THE STATUS
OF
EDUCATIONAL
KNOWLEDGE

A MARXIST
INTERPRETATION

北京师范大学出版集团
BEIJING NORMAL UNIVERSITY PUBLISHING GROUP
北京师范大学出版社

旧社会的一切关系一般脱去了神圣的外衣，因为它们变成了纯粹的金钱关系。同样，一切所谓最高尚的劳动——脑力劳动、艺术劳动等都变成了交易的对象，并因此失去了从前的荣誉。全体牧师、医生、律师等，从而宗教、法学等，都只是根据他们的商业价值来估价了，这是多么巨大的进步呵。

——马克思（Karl Marx）

为什么教育学却很少是教育学家的著作呢？这是一个严重的，永远存在的问题……为什么这样庞大的一个教育工作者队伍……却产生不了杰出的科学研究者，能够使教育学变成一门既是科学的，又是生动的学问，在立足于文科与理科方面的其他应用学科中占有它的正当地位。

——皮亚杰（Jean Piaget）

以前那种知识的获取与精神、甚至与个人本身的形成（"教育"）密不可分的原则已经过时，而且将更加过时。知识的供应者和使用者与知识的这种关系，越来越具有商品的生产者和消费者与商品的关系所具有的形式，即价值形式。不论现在还是将来，知识为了出售而被生产，为了在新的生产中增值而被消费：它在这两种情形中都是为了交换。它不再以自身为目的，它失去了自己的"使用价值"。

——利奥塔尔（Jean-François Lyotard）

直到现在，人们仍在争论，教育科学作为一门独立的专业是否可能以及它应该完成什么样的使命。……虽然教育学科在大学经历了巨大的扩展：从一个小的辅修专业到一个学科分支广泛的主修专业，从一种实践性的教育学说到一种科学，但是，这种变化不但没有减少反而是扩大了人们对其科学性和教育实践功用的怀疑。……教育学总是处于一种深层的危机之中。……就我所见，不仅欧洲，这种状况在其他发达国家也同样存在。

——布列钦卡（Wolfgan Brezinka）

现在有不少的人们，把我们所研究的教育的学问看得一个钱不值呢！……有一天，我听见隔壁房间里的一位客人，也同样的批评教育学问的无用和教育系设立的毫无意义。我有许多最熟识的朋友，也是同样的瞧不起教育的学问的。……教育的学问的本身，绝对没有被人家瞧不起的地方。

——赵廷为

孙喜亭教授曾不无痛心地说，"我们不笨，不懒，也不乏悟性，可是我们怎么了？我们所从事的教育学怎么了？它们是那么地被人看不起！"

——孙喜亭

教育学者的普遍自卑是无庸讳言的，而且是世界性的。……这种自卑意识，这种浓重的自卑情结已经成为教育学发展的一种巨大的精神障碍。

——扈中平

丛书总序

"教育人学研究丛书"是国内首次以丛书形式呈现教育人学研究成果的系列著作，是继"教育人学研究专栏""教育人学论坛"等学术活动之后的又一重要学术展示。

一

"教育学是人学"，这一命题已经为越来越多的人所认可。在中国，教育人学的发展与近40年来的人学研究、马克思主义人学研究基本同步。中国的人学研究缘起于我国现代社会转型的背景下，对经典马克思主义文本及其思想的回归与再发现，尤其受益于围绕经典马克思思想中的人道主义的大讨论。今天的人学研究已越出"哲学人学"范畴，在多学科背景下，更为关注新时代的人、人性、社会、文明和自然等，更具现实意义和实践关怀。

教育人学是教育学在人学影响下对教育中人的问题进行探索的产物。一方面，它作为观念形态，在人类教育诞生，甚或人诞生之时便已萌芽，并逐渐发展成为一种世界观、价值观和方法论，以不同取向的教育人学思潮的形式深刻影响和规定教育学的发展；另一方面，它在自身的发展过程中成为一门类似于教育哲学、教育社会学、教育伦理学那样的独立分支学科。从20世纪80年代的"人是教育的出发点"到21世纪的"以人为本""人民至上"，这些重大的命题和主张，是在理论上对教育中无视人、蔑视人、摧残人的现象的有力回击。我国经济社会的飞速发展，伴随着人文精神的失落。究其原因，乃在于科技主义的文化霸权、工具理性的施虐和物质主义的盛行。在这些价值观的影响下，我国教育中出现了"见物不见人"，偏离了"人"这个最为核心的教育对象的异化现象，在一定程度上导致了人的片面、畸形发展。在此背景下，一种面向人本身的系统而深入的"教育人学研究"呼之欲出。

二

在中国教育史上，早已有关于教育人学的论述，但真正以"教育人学"为题发表或出版论著，还是 21 世纪初的事情。早期代表性专著《教育人学：当代教育学的人学路向》（王啸，2003）关注教育人学的时代意义和理论自觉，探究教育与人的目的、人的生成、人对人的活动的关系等主题。同期的代表性论文《教育人学论纲》（扈中平、蔡春，2003）在世界观上界定教育人学，主要探究教育行动中的人学意蕴。此后，《教育人学论纲》（扈中平、蔡春、吴全华等，2015）与《教育的人学视野》（冯建军，2008）、《当代道德教育的人学论域》（冯建军，2015）等专著，以及《关于建构教育人学的几点设想》（冯建军，2017）等系列论文，标志着教育人学研究逐渐走向成熟。专著《教育人学论纲》以人学世界观为教育的信念，以人的完善和发展为教育学的学科立场，力图构建一种教育人学的分析框架，拓展教育学的视界。冯建军教授的论著基于教育学的生命立场与人学研究，探究类主体教育、主体间性和他者在教育交往、公共性方面的重要意义，关注广泛的教育议题，如教育的生命基础、生命教育、道德教育的人学论域、生命型教师等。由此观之，教育人学正成为教育学的学科基础，并通过主体教育、人性化教育、生命教育、对话教育、公民教育等多元的教育人学形态，展现其蓬勃发展的生命力。近年来，国内出现了一些对著名教育学家和研究组织的教育人学思想研究的论文，如《让教育绽放人性的光辉——鲁洁先生教育人学思想述略》（冯建军，2010）、《论鲁洁先生教育人学思想的三维构成》（章乐、高德胜，2022）、《试论叶澜人学教育学思想》（余小茅、毛丹丹，2019）、《百廿南师：一本打开的教育人学》（冯建军，2022）等，体现出教育人学正深刻地影响着现代教育学人和教育组织的观念和文化。华南师范大学现代教育研究与开发中心分别于 2017 年 12 月和 2021 年 7 月在广州举办了第一届、第二届"全国教育人学论坛",以及定期在国内重要学术期刊发表"教育人学研究专栏"系列论文。这些活动彰显教育人学研究的制度化,推动教育人学学科的建设和发展。

在某种意义上,西方教育人学的观念、概念和理论的萌芽,是从前苏格拉底时期的自然哲学转向苏格拉底时期的人的哲学开始的。虽然英语中尚无"education hominology"(教育人学)的提法,但是,教育人学的观念、思想、理论和流派一直在西方教育学中存续。苏格拉底的精神助产术帮人发掘内心本有的真理,柏拉图提出教育是实现人的灵魂转向,亚里士多德的伦理学建基于人的自然德性等。《中庸》基于孔子、孟子"人性善"提出"天命之谓性,率性之谓道,修道之谓教";荀子基于"人性恶"强调"以善先人者谓之教"。到了现代社会,我国教育确立了马克思的"人的自由全面发展"理论的主导地位。可以说,在历史上有影响力的教育思潮均根植于对人性以及教育与人、教育与社会关系的深刻认识。人的存在与发展、人的自由与幸福是教育的根本主题,人之所以为人的研究内在规定了教育的本质。在某种意义上,一部教育学史就是一部教育人学思想的发展史。教育人学的研究对象既关注一般意义上整体的人,也关注特定历史情境中的人,还关注在技术意识形态、资本逻辑和权力宰制下人的生存境况与命运。因此,教育人学既可以作为教育哲学、教育人类学、教育社会学、教育政治学等教育学分支学科的基础,也可以成为诸分支学科的跨学科的交融点。例如,《教育人类学》(O. F. 博尔诺夫,1999)既有科学的人类学观察方法,又探究教育人学的基本原理。同样,那些以人为研究对象,关注人的问题的哲学家和教育学家,如卢梭、康德、杜威等,乃至"诸子百家"、程朱理学,新文化运动以来的马克思主义哲学家和教育学家,都具有独特的人学思想和教育人学思想。

纵观中西方的教育人学研究,我们可以从中得到诸多有益启示。首先,教育人学以人"是其所是"为基,以人的问题和教育中人的问题为轴，以建构教育人学的基本原理为旨趣，以深入人的本质与人性基础的理论的和实践的探究为方法，探析教育中人的形而上学含义和人性化的实践价值；其次，教育人学的理论范畴超越经验观察，以人的身体和心灵，教育的时间和空间，教育的主体，教育的自由和民主等概念为规定，通过教育与人的观念、幸福、时间、空间等关系确立理论指向；再次，教育人学需要将教育置于人—教育—社会的三位一体关系中，探寻人的生存和发展的动力，直面人在社会、政治、经济、文化中的解放与自由等理论问题；最后，当今教育人学研究必须以开阔的视野，充分利用一切可以利用的思想资源，重新思考和建构人学和教育人学理论。例如，国内教育人学的兴起与经典马克思主义对人道主义的再发现有直接关系，随着智能劳动时代的来临，教育人学需要将马克思主义置于更广阔的背景中，探究不同取向的马克思主义流派中的人学和教育人学，批判和反思教育人学的基本观点和问题，形成更具活力的教育人学思想。

三

本丛书是扈中平教授领衔下的学术团队长期耕耘的结果。一直以来，该团队努力在以下方面进行有益的尝试和探索。

首先，教育人学理论探源。丛书包括专著和译作两大类。其中，专著回归马克思主义人学和现代中西方人学，探究教育人学基本理论，例如，《教育学的地位：一种马克思主义的解释》回归和深化教育人学的马克思主义知识论和价值论研究，《时间性教育学之思》《教育人学基本理论》切入教育人学的人性论、主体性、时空论、身心论、艺术论、话语论等。丛书的译作则回归教育人学的经典人物和思想的研究，包括澳大利亚教育哲学家斯莫尔（Robin small）、美国批判教育学家吉鲁（Henry Giroux）、英国教育学家迈克尔·格伦菲尔（Michael Grenfell）等的作品。

其次，教育人学理论梳理。本丛书突出教育人学研究的理论性，多部作品探究教育人学的形而上学、认识论、价值论等，从而，在清晰的理论视野下深入探究教育人学。除此之外，本丛书本着用马克思主义哲学的批判眼光，鉴别性地汲取并参考了中西方的古典教育哲学、启蒙理性哲学、现代哲学和后现代哲学等方面的成果，探讨教育中的人性、人性化、知识、道德、话语等主题，以知识性、学理性和实践性为旨趣进行详细阐释。

最后，教育人学理论创新。本丛书将教育人学作为教育学的新方向，重点研究教育中人的问题，侧重教育人学的基本理论研究，通过跨学科的视野，大量挖掘和使用新的文献，发展教育人学的新创见。

总之，教育人学是教育学的基础研究领域。在一个迫切呼唤教育人性化的时代，这一领域尤其值得教育学术界的关注。期望这套丛书的问世能给国内外教育人学研究一些动力、助力和活力。

扈中平　肖绍明
2024 年 2 月

自 序

在我国教育学界，"教育学的地位"问题是个老话题。前人已对此做过很多思考和探索，为什么这里仍要旧话重提呢？首先，我对它的关注主要源于两个方面的因素：一是个人研习教育学的困惑。2005年，我开始攻读教育学硕士学位，其间感到鲜有教育学著作能够带给自己理智上的刺激和挑战，因而逐渐对它们敬而远之，同时，我像多数同学那样把大部分精力投入哲学、历史、社会学等著作的研读中。从这种分裂式学习中，我确实感受到其他学科对理解教育所带来的冲击，但总有种"门缝里看教育"的感觉。二是感受到教育学在解释和说明教育现象方面的脆弱。在与同学交流时，不只我一个人有这种感觉，成为一名教育学人就有一种模糊的自卑感。在我硕士毕业后，这种感受一直伴随着我，也促使我弄清楚这种自卑感是如何形成的，以及怎样才能从中解放出来。

从1919年至今，有关"教育学的地位"的讨论已经过百年，特别是该问题几乎隐含在20世纪80年代后所有关于教育学自身的反思之中。我对这些反思的深度与广度并不满意，因为几乎所有反思均将教育学的地位问题视为中国特有的问题。但皮亚杰（Jean Piaget）、布列钦卡（W. Brezinka）、拉格曼（Ellen Condliffe Lagemann）等人的工作表明，尽管中国教育学的地位问题有自身的特殊性，但在世界范围内，教育学（尽管不同文化对"教育学"的理解存在差异）的地位偏低似乎具有某种普遍性。如何解释这种普遍性呢？这是我探讨这个问题的另一个动因。也许中国教育学的问题不过是这个一般性问题在特定社会背景下的具体表现。但如果理解了这种普遍性，我们便能更理性地看待教育学的任务和地位，从而理解我们自己的身份——教育学人。

其次，这里需要交代的是分析视角的选择问题。我对教育学地位偏低的普遍性的分析深受马克思的启发。从历史上看，教育学的地位问题是现代知识生产分工制度化的产物，没有知识分工就没有知识的地位问题，也就没有教育学的地位问题。马克思一生中最重要的学术工作就是揭露资本主义作为一种生产方式的内部运作机制，如今这种制度伴随着全球化的浪潮已在世界范围内居于支配地位，其影响已远远超出物质生产领域。教育学作为知识生产的一个门类日益成为整个理智劳动分工的一部分，这对教育学的地位的影响至关重要。

再次，应当指出的是，本研究虽由本人自身研习教育学的经验引发，但其分析和结论远不足以充分理解任何现实社会中的教育学地位问题。这或许会使部分读者失望，但意识到这一点很重要。原因很简单，这项分析的前提是纯粹的资本主义社会，教育知识按照商品的方式进行生产与再生产；国家是资本主义国家。在现实的资本主义国家中，教育的性质和教育知识生产方式等方面因社会条件不同可能存在重要差别。何况，本研究仅考察了影响教育学地位的经济因素，未能探讨传统声望和政治等维度的力量。尽管在研究过程中，我有意将美国视为上述前提在现实中的典型代表，但它仍不能直接理解教育学在美国的地位。本研究的分析与结论更不能直接用来理解我国的教育学地位。因为，我国是社会主义制度，在这里，国家与教育在诸多方面有别于资本主义社会条件下的国家和教育，这不符合本研究的前提。不仅如此，本研究的结论在某些方面甚至与我国教育学的状况是直接矛盾的。例如，按本书的结论，追求实用的国家不会为教育知识的生产与再生产投入较多资金，因而教育知识生产者难以获得较大的经济力量。近年来全国教育科学规划立项课题表明，国家每年都会投入很大资金用于教育研究，并且近年来资助的力度和数量稳中有升。这些情况均难以简单地用本研究的结论加以解释。这也提醒我们，中国教育学的地位问题有其特殊性。

最后需要说明的是，尽管教育学的地位偏低隐含在大量关于教育学自身的焦虑和反思中，但这一事实并未得到广泛、明确的承认。这里，我坦率地承认这一事实，但绝不是无批判性地接受长期以来形成的自卑感和宿命论，也不含任何贬低教育学和教育学人的意味，仅仅是因为承认事实是严肃探讨的开始。本书的分析与结论都是诚实探索的结果，如果其中的一些提法和观点冒犯了某些同人的学科情感，那么我预先在此请求原谅。

张建国

2024 年 2 月

目　录

第一章　理解问题本身

本书旨在探讨的问题可简要地概括为：教育学的地位为何偏低？要理解这个问题并不容易，因为它实质上隐含了一系列的子问题：教育学的地位对谁而言才成为问题？与谁相比，教育学的地位偏低？衡量教育学地位的尺度是什么？最重要的是，这里的"教育学"是什么意义上的教育学？等等。如果我们不能理解或意识到这些子问题，而要回答教育学的地位为何偏低的问题几乎是不可能的。因此，解决问题的第一步就是理解问题本身。由于问题不是"摆在那里"等待着被解决，它在成为问题之前首先是以现象的形式呈现在人们面前。因而现象本身并不直接就是问题，只是在特定人的眼中，一些现象才不仅仅是现象，而且表现为"问题"。这就是说，只有从"一定的视角"来看，某些现象或许引发人们的"惊异"，或许成为人们难以回避的"困扰"，进而"现象"才诱发"问题"。因此，讨论不能直接从问题开始，而应从现象开始。

第一节　教育学地位的现象

略知教育学史的人都知道，教育学领域中长期存在着一种追求独立和保证有尊严的努力。至少从 18 世纪末 19 世纪初的特拉普（Ernst Christian Trapp）①和尼迈尔（August Hermann Niemeyer）起②，这种努力便已很自觉地

---

① 杨深坑：《理论·诠释与实践——教育学方法论论文集（甲辑）》，188 页，台北，师大书苑有限公司，1988。

② 瞿世英：《西洋教育思想史》，236-241 页，福州，福建教育出版社，2011。

开始了。在赫尔巴特(J. F. Herbart)那里，追求教育学的独立和尊严的努力表现得特别明显，并且他也做出了较其他人都大得多的贡献。在《普通教育学》中，他将医学与教育学做了类比，明确地表达了对教育学命运的担忧与希冀：

> 一个有经验的医生了解的事情是何等广博，多少世纪以来人们为他记录下了伟人的经验！即使如此，医学仍如此脆弱，以致恰恰是它变成了各种最新哲学理论现在在其中繁茂地丛生着的疏松土壤。……教育学不久也将走向这种命运吗？它也将成为各学派的玩具吗？……假如教育学希望尽可能严格地保持自身的概念，并进而培植出独立的思想，从而可能成为研究范围的中心，而不再有这样的危险：象偏僻的、被占领的区域一样受到外人治理，那么情况可能要好得多。任何科学只有当其尝试用其自己的方式并与其邻近科学一样有力地说明自己方向的时候，它们之间才可能产生取长补短的交流。①

在赫尔巴特看来，教育学要取得理想的地位，应当成为一门"科学"。在德语中，"科学"(Wissenchaft)通常指各种系统的知识或学问。后来流行的"科学"一词主要指实证-实验意义上的科学。不过，赫尔巴特倾向于建构一门实证-实验意义上的科学的教育学。整个 19 世纪，大量的德国学者试图根据自己的"科学"观念建立科学的教育学，② 就其目标来说，这些努力并不成功。

如果说在德国关心构建科学的教育学的主要是一些大学教授，那么在美国则是关心教育改革的教育家和社会活动家。罗巴茨(James R. Roberts)回顾了美国学者和教育改革家在持续怀疑的氛围中努力发展一门教育科学

---

① [德]赫尔巴特：《普通教育学·教育学讲授纲要》，李其龙译，10 页，北京，人民教育出版社，1989。

② 陈桂生分析了有代表性的教育学家构建的科学的教育学体系。陈桂生：《历史的"教育学现象"透视——近代教育学史探索》，330-333 页，北京，人民教育出版社，1998。

的历程，最后他说：

教育者仍然在追问许多在十九世纪被追问的同样的问题，并且往往给予同样的回答……追求教育科学的努力仍在继续。至少在公众眼中，它还不是一门科学，这可以由以下事实表明：外行人可以毫不怀疑地肯定自己具有诊断和为每一个真正的、可以想象到的教育病(educational ill)开处方的能力。①

进入 20 世纪后，教育学越来越多地采用经验科学的方法探讨教育问题，然而这似乎并没有使教育学更加科学、独立、受人尊重。相反，它总是处于人们的深深的怀疑之中，这就是要说的第一种现象。1996 年，剑桥大学的哈格里夫斯(David Hargreaves)教授在英国教师培训机构的年会上的演讲批评教育研究的质量和价值。他认为相对于投入的大量资金而言教育研究的价值很低，教育研究远离实践；研究者不关心研究质量，且在学术上缺乏知识积累。② 作为对这类批评的回应，英国教育学者图利(James Tooley)和达比(Doug Darby)以 1994—1996 年发表在四份英国顶级教育学术杂志③的 216 篇论文为对象，通过分层随机取样的方式选取其中 41 篇作为重点分析对象。他们发现，41 篇论文中只有 15 篇称得上是好的研究。④ 这种现象似乎具有相当的普遍性，德国著名教育学家布列钦卡指出：

① James R. Robarts, "The Quest for a Science of Education in the Nineteenth Century," *History of Education Quarterly*, 1968, 8(4), p. 443.

② David H. Hargreaves, "Teaching as a Research-Based Profession: Possibilities and Prospects. Martyn Hammersley," *Educational Research and Evidence-based Practice*, Walton Hall, The Open University, 2007, pp. 4-17.

③ 这些杂志是：《英国教育社会学杂志》(*British Journal of Sociology of Education*)、《英国教育研究杂志》(*British Educational Research Journal*)、《英国教育研究杂志》(*British Journal of Educational Studies*)、《牛津教育评论》(*Oxford Review of Education*)。

④ 对于经验研究而言，好的研究应当提供关于研究方法的充足信息；样本大小，取样方法等；是否利用三角互证方法。对于非经验研究而言，好的研究应该提供论证前后是否一致；结论是否来自前提和论证；概念使用是否一致；是否使用一手文献；不熟悉的术语是否界定清晰；等等。James Tooley, "Doug Darby," *Educational Research: A Critique, A Survey of Published Educational Research*, London, Office for Standards in Education, 1998, pp. 11-12.

直到现在，人们仍在争论，教育科学作为一门独立的专业是否可能以及它应该完成什么样的使命。……从经验科学的观点来看，直到20世纪，教育学很少有超出一种未加检验的日常知识的哲学思潮。……自19世纪约130年以来，教育学的这种状况受到许多非议和批判。直到20世纪下半期经验教育研究迅猛发展，这种状况也很少变化。相反，虽然教育学科在大学经历了巨大的扩展：从一个小的辅修专业到一个学科分支广泛的主修专业，从一种实践性的教育学说到一种科学，但是，这种变化不但没有减少反而是扩大了人们对其科学性和教育实践功能的怀疑。教育学科几乎谈不上认识论的进步，并存在着很多混乱。因而，教育学总是处于一种深层的危机之中。……就我所见，不仅欧洲，这种状况在其他发达国家也同样存在。①

　　与上述现象不同但密切相关的第二种现象是，那些对教育学影响深远的学者大都不是研习教育学出身，或从未接受过教育学训练。皮亚杰在《教育科学与儿童心理学》中直陈对教育学的不满，他指出，在1935—1965年，

　　　　没有出现过伟大的教育学家可以列入杰出人物之列或他们的名字可以在教育史上构成一个里程碑……如果我们看一下每本教育史的目录，不可避免地会看到的另一件事情就是在教育学领域内，极大一部分的革新家们都不是职业的教育家。②

接着他列举一些著名教育家或教育思想家，如夸美纽斯（Johann Amos Co-

---

① ［德］沃尔夫冈·布列钦卡：《教育知识的哲学》，杨明全等译，1-2页，上海，华东师范大学出版社，2006。

② ［瑞士］让·皮亚杰：《教育科学与儿童心理学》，傅统先译，9页，北京，文化教育出版社，1981。

menius)、卢梭(Jean-Jacques Rousseau)、福禄贝尔(F. W. A. Fröbel，又译为福禄培尔·弗里贝尔)、赫尔巴特、杜威(John Dewey)、蒙台梭利(Maria Montessori)、德可乐利(Ovide Decroly)、克拉帕雷德(Edouard Claparede)等人，指出他们均未接受过教育学训练。他对裴斯泰洛齐(J. H. Pestalozzi)的评价是，他也许是一位地道的卓越的教育家，却没有什么伟大的革新(除非承认他是第一个利用石板的人，而这仅仅是因为经济的缘故)。① 姑且不论皮亚杰对裴氏的评论是否公允，至少他所论述的现象大体如此。今天这种情况不仅未能根本改观，而且似乎日趋严重：其他领域对教育学影响之深，只需回顾一下最近几十年以来教育学领域中的种种转向(现象学转向、语言转向、文化转向等)，以及大量充斥的外来术语(身体、话语、惯习等)便知，而教育学对其他领域的影响却微弱得令人难以察觉。

第三种现象是教育学在大学的地位普遍不高。尽管不是每个国家都有冠以"教育学"(或"教育科学")的知识门类，但几乎所有国家都存在专门的机构以生产、传授教育知识。② 这类机构大都设在大学，通常以教育研究所(院、中心)、教育学院(部)、教育研究生院等形式存在，但它们在大学普遍不受待见。这一点在美国表现得尤为明显。例如，耶鲁大学于1958年关闭了自己的教育系，约翰霍普金斯大学也在20世纪50年代关闭教育系，康奈尔大学、杜克大学分别于1963年、1982年关闭了各自的教育系，

----

① 皮亚杰对裴斯泰洛齐的评价有失公允。尽管诸多评论显示，与其实践成就相比，裴氏似乎缺乏理论建构的才能，但并不能因此而忽视甚至贬低他在教育思想和理论方面的独创性。德国教育学家特拉普曾高度肯定了他树立自然教育学说的系统及法则。教育史家蒋径三指出："特别是他的初步法(Elementary method)的建立，更足以表示他独创的精神。世间颇多人只注意裴斯泰洛齐的经历的丰富性，而忽视了他的学问建设的热诚与成果，这实在是差误了的。"参见瞿世英编：《西洋教育思想史》，302页，福州，福建教育出版社，2011。

② 杜威关于"道德观念"与"关于道德观念"的区分的论述(前者不能脱离人的行为动机和效果，是内在于"品性的一部分"，后者不直接与人的行为动机和效果相连，不会自动地对人的道德行为产生影响)使笔者意识到"教育知识"与"关于教育的知识"的差别，前者内在于教育者的教育行为中，它对人的教育行为和结果直接产生影响，后者则与教育的行动和效果无直接关系。不过，本研究聚焦的是人们将教育视为认识对象而产生的关于教育的知识，无涉内隐于人的教育行为中的教育知识。为避免混淆，本文规定：关于教育的知识即为教育知识。杜威的论述参见赵祥麟、王承绪编译：《杜威教育论著选》，97页，上海，华东师范大学出版社，1981。

加利福尼亚大学伯克利分校在 20 世纪 80 年代差点也关闭教育学院，而同时密歇根大学的教育学院也受到削弱的威胁。在教育学发展史上，著名的芝加哥大学教育系也于 20 世纪 90 年代末被关闭。曾在明尼苏达大学担任教育学院院长长达 15 年的加德纳（William E. Gardner）说："教育学院从其产生时便是一种脆弱的存在。它们所追求的改革很少成功 ……用社会学的术语来说，它们遭受着地位剥夺（status deprivation），地位问题是真实存在的……大学有自己的啄食等级（pecking orders），教育学院经常处于最后四分之一的等级上。"①与大多数其他领域的研究者相比，生产和传授教育知识的学者的地位并不理想。美国教育史家拉格曼坦言：在美国，"从事与研究教育被看作地位低下的工作，已经几乎不是一个秘密"②。教育学教授通常被认为处于大学学术等级体系中的最底层，教育专业的学生一般也被认为素质不高，且大多数出身于社会底层。

从赫尔巴特的《普通教育学》算起，教育学已走过 200 余年的历程，其间诸多人文、社会知识门类，陆续摆脱依附地位，自立于学科之林。尽管教育学长期以来地位不高，但是它也曾经繁荣过。③ 教育学院（系）数量多，教育研究队伍庞大，但从未使教育学成为令人尊敬的学问。几乎所有可能的理论基础和方法（论）均被尝试过，但教育学似乎仍然未能使自己成为"独立的""真正的""有尊严的"学科。它所倚重的"大人物"，如卢梭、杜威、皮亚杰等均没有接受过教育学训练。大量研究者的努力似乎不是在证实教育学的独立性而是在证明教育学对其他学科的高度依赖；不是在表明教育学是一门真正的学科，而是在表明教育学不过是一个其他学科的应用领域；这不仅未能使教育学赢得尊严反而表明了尊严的丧失。总之，教育学很少令人满意地培植出独立的思想，大多时候也未能与其他学科进行取长补短的交流。如果一个知识门类总是依赖其他学科的杰出研究者来存

---

① William E. Gardner, "Once a Dean: Some Reflections," *Journal of Teacher Education*, 1992, 43(5), p. 357.

② ［美］埃伦·康德利夫·拉格曼：《一门捉摸不定的科学：困扰不断的教育研究的历史》，花海燕等译，8 页，北京，教育科学出版社，2006。

③ ［德］第斯多惠：《德国教师培养指南》，袁一安译，68 页，北京，人民教育出版社，1990。

续，那么其合法性、独立性和价值难免受质疑。

如果说，教育学在学术园地的地位成问题，那么这一问题绝非孤立存在的。它在实践者、决策者眼中的形象同样不佳。教育理论家穆尔(T. W. Moore)指出，

> 教育理论已经不是一个受人欢迎的研究主题。实习教师虽然可能对教育实践感兴趣，却很少用教育理论来武装自己。人们常常把教育理论看作一种令人厌烦的东西，而在有些人手里它的确会成为这样的东西。人们有时把它看作一种含糊不清的东西，有时又把它看作不切实际的无关紧要的东西。它的确可能成为这样的东西。人们常常把它看作不是必需的，因此就可能认为一个好教师可以是一个一点也不知道教育理论的人。不仅如此，人们有时还把教育理论看作无主题的，完全不能提出什么实质要求的东西。①

美国《教育研究者》(*Educational Researcher*)杂志曾在1997年邀请数位美国教育研究协会(American Educational Research Association，AERA)前主席讨论"21世纪的教育研究和AERA"，曾在1967—1968年担任主席的古得莱得(John I. Goodlad)教授在论及教育研究时指出，

> 在政坛和商界，在公共市场上，甚至在我们学校工作的大量教育者中，对教育研究的批评和关于它毫无价值的评论已经是老生常谈了。事实上，存在一种很大的呼声要求取消绝大部分的教育研究机构——也就是教育学院(SCDE)。②

---

① 丹尼斯·劳顿等：《课程研究的理论与实践》，张渭城等译，7页，北京，人民教育出版社，1985。

② David C. Berliner, Lauren B. Resnick, Larry Cuban, Nancy Cole, W. James Popham and John I. Goodlad, "Visions for Enhancing the Impact of Educational Research," *Educational Researcher*, 1997, p. 13.

不仅如此，研究、传授、修习教育学的机构和群体的地位同样不高：教育学院（系）在大学的地位普遍较低①；教育学教授在学术同行中的声望普遍不佳②；教师教育在大学中处于边缘地位③；研习教育专业的学生常被认为素质低下④；与教育学密切相关的教师群体的专业地位及社会经济地位普遍较低⑤。

尽管上述现象在不同国家的表现程度上存在差异，但它们似乎具有相当的普遍性。在中国，教育学被引入之初也曾遭到一些学术研究者的怀疑和讥讽。例如，孟真（傅斯年）于1932年指出，大学不是修习教育学的场所。⑥钱锺书在1946年完成的《围城》中也委婉地指出教育学的尴尬。⑦ 虽然钱氏

① Geraldine Joncich Clifford and James W. Guthrie, *Ed Schools*: *A Brief for Professional Education*. Chicago, The University of Chicago press, 1988, p. x.

② Richard Wisniewsky, "The Ideal Professor of Education, "*The Delta Kappan*, 1986, 68(4), pp. 288-292.

③ Edward R. Ducharme, "Establishing the Place of Teacher Education in the University," *Journal of Teacher Education*, 1985, 36(8), p. 8.

④ Rita Kramer, "Inside the Teachers' Culture," *The Public Interest* (winter), 1997, pp. 64-74. Rita Kramer, *Ed School Follies*: *The Miseducation of America's Teachers*, New York, The Free Press, 1992.

⑤ [美]哈利斯：《教师与阶级：马克思主义分析》，唐宗清译，104－109页，台北，桂冠图书公司，1994。

⑥ 傅说："哥伦比亚大学的教师学院毕业生给中国教育界一个贡献。……看看这学校的中国毕业生，在中国所行所为，真正糊涂加三级。因此，我曾问过胡适之先生，'何以这些人不见得不低能？'他说'美国人在这个学校毕业的，回去做小教员，顶多做个中学校长。已经稀有了。我们却请他做些大学教授，大学校长，或做教育部长'。这样说来，是所学非所用了，诚不能不为这些'专家'叹息！……小学，至多中学，是适用于所谓教育学的场所，大学是学术教育，与普通所谓教育者，风马牛不相及。第二，教育学家如不于文理各科之中有一专门，做起教师来，是下等的教师，谈起教育——即幼年或青年之训练——是没有着落，于是办起学校自然流为政客。……这些教育家们奈何把中学小学的课程弄得五花八门，其结果也，毕业后于国文英算物理等等基本科目一律不通。其尤其荒谬者，大学校里教育科与文理科平行，其中更有所谓教育行政系，教育心理系，等等。教育学不是一个补充的副科，便是一个毕业后的研究……然而要做教师，非于文理各科中有一专门不可，所谓教育行政教育心理等等，或则拿来当作补充的讲义，或则拿来当作毕业后的研究，自是应该，然而以之代替文理科之基本训练，岂不是使人永不知何所谓学问？于是不学无术之空气充盈于中国的所谓'教育专家'之中，造就些不能教书的教育毕业生，真是替中国社会造废物罢！"《傅斯年全集》第五卷，8-9页，长沙，湖南教育出版社，2000。引文有改动。需要指出的是，傅斯年虽瞧不起教育学，但他非常重视师范教育。

⑦ "在大学里，理科学生瞧不起文科学生，外国语文系学生瞧不起中国文学系学生，中国文学系学生瞧不起哲学系学生，哲学系学生瞧不起社会学系学生，社会学系学生瞧不起教育系学生，教育系学生没有谁可以给他们瞧不起了，只能瞧不起本系的先生。"钱锺书：《围城》，62页，北京，人民文学出版社，1991。

的言论带有某种戏谑成分，并且"《围城》里写的全是捏造"①，但其中关于不同系科地位的说法在一定程度上也反映了某种事实。甚至一些为教育学辩护的学者也承认，很多人瞧不起教育学是事实。教育学者赵廷为说："现在有不少的人们，把我们所研究的教育的学问看得一个钱不值呢!"②1936年，教育学者袁昂也说：

> 现在就调查所得，全国教育院系虽然有三十五所之多，估计学生在三千人以上，但是主讲教授还不能和其他各科教授受同样的重视，得教育学士头衔的毕业生，常招人家的辱骂，近年来大学教育学院并入其他院系，教育科系学生迫令选修副系科目；这些情形都显示"今日之社会"轻鄙和怀疑教育学的态度底深重。③

虽然傅氏一类的观点招致一些教育学者(赵廷为、杨亮功、龚启昌、邱椿等)④的驳斥，但这未必一定意味着，像傅斯年和钱锺书那样的学者在故意贬低教育学，否定教育学术的价值，但至少在一定程度上反映了20世纪上半叶教育学在学术界的处境。

第二节　现象转变为问题

教育学对其他领域高度依赖，教育学理论发展水平不高；从事教育学研究的机构在大学中普遍不受待见；与教育学相关的教授、学生在学术群体中常被人怀疑和轻视；教育学经常被实践者批评为无用：本书将这些状况视为教育学地位偏低的集中体现。如前所述，这些现象本身并不成为问

---

① 钱锺书：《围城》，303页，北京，人民文学出版社，1991。
② 轶尘：《教育的学问为什么给人家瞧不起》，《东方杂志》，1933，30(2)。
③ 袁昂：《教育学与现代科学》，《福建教育》，1936，2(10—11)。
④ 龚启昌：《教育学术不值得重视么?》，《时代公报》，1933(98)。杨亮功：《读了孟真先生"再谈几件教育问题"以后》，《独立评论》，1932(22)。

题，只是在特定的人看来才表现为"困扰"，进而呈现为"问题"。"教育学地位偏低"是谁的问题呢？首先，我们可以排除与教育学关系不大的普通公众。在现代社会，公众由于与教育（尤其是学校教育）密切相关，也许会关心教育学研究的质量、普及等问题，但没有理由会关心"教育学地位的高低"这类问题。其次，其他领域的研究者同样不会关心这类问题。他们至多可能在其研究涉及教育问题时会关注已有教育学成果，并予以评价。他们不但不会关注"教育学地位的高低"，有时反而成为这个问题的一部分，因为正是局外人的评判才使教育学的地位作为一个问题显现出来。此外，教育者这个群体似乎与教育学关系密切，他们有可能成为问题的主体，毕竟每个国家的师范生在接受专业训练时或多或少都需要学习一些教育学方面的知识。他们主要从实践角度来看待教育学，关注其对教育的效用，他们更倾向于认同他们教授的科目或主修的专业而不是教育学。教育学的地位不是他们的问题，并且他们对教育学的评价通常是问题的一部分，这在教育学中通常以教育理论脱离实践的形式表现出来。不过，教育学相关知识在教育者的整个知识体系中所占比例并不大。参见表 1-1：[①]

表 1-1　五国教师教育课程比较

美国	大学里的中小学师资培养教育课程基本上最初两年是一般教育，后两年是专业教育及教职教育。 各州都规定要进行教育实习，通常是在培养教育课程结束的最后阶段，具体时间因州而异。 以亚拉巴马州为例： 初等教师：（1）一般教育 60 学分，（2）专业及教职教育 69 学分（教育实习 9 学分）。 中学教师：（1）一般教育 60 学分，（2）专业及教职教育 75 学分（教育实习 9 学分）。 高中教师：（1）一般教育 60 学分，（2）专业及教职教育 69 学分（教育实习 9 学分）。

① 李其龙、陈永明主编：《教师教育课程的国际比较》，239-240 页，北京，教育科学出版社，2002。

英国	教育大臣规定标准，认定师资培养教育课程。 中小学师资培养教育课程及其标准如下： 初等教师(4年制培养教育课程)：(1)在校教育实习32周以上，(2)学科专业教育(全国统一课程核心学科即数学、英语、理科)各150课时以上，(3)学科教育没有特别规定。 初等教师(教职专业课程)：(1)在校教育实习18周以上，(2)学科专业教育(两门学科以内)2年，(3)学科教育没有特别规定。 中等教师(4年制培养教育课程)：(1)在校教育实习32周以上，(2)学科专业教育(两门学科以内)2年，(3)学科教育1~3年。
法国	教师教育大学中心(IUFM)教育课程经国家认可，由各IUFM独自决定。 教师教育大学中心(IUFM)教育课程的国家方针： 初等教师培养教育课程(2年)：(1)总课时1500~1700课时；(2)教育实习500课时(18~19周)；(3)学科教育，第一学年占教育实习以外的60%，第二学年占教育实习以外的50%；(4)教职专业教育，第一学年占教育实习以外的40%，第二学年占教育实习以外的50%(包括毕业论文)。 中等教师培养教育课程(2年)：(1)教育实习300课时以上，(2)学科教育400~700课时，(3)教职专业教育300~450课时。
德国	由教育科学(教育学、心理学等)、专业学科(至少两门学科，包括学科教学法)、教育实习三个领域组成。 教育科学和专业学科领域由各州教育部长会议制定最低教学标准。 基础学科教师资格证书：(1)教育科学22~28总周时，(2)专业学科70~76课时，(3)总课时98课时。 高级中学教师资格证书：(1)教育科学8~18总周时，(2)专业学科120~130课时。
日本	为取得教师必备基本资格的硕士、学士、准学士的学位称号，学生必须达到文部省规定的师资培育教育课程标准。 有关教职科目(教育职员许可法规定的基本资格和最低学分数)，例如： 小学教师"一种许可证"：(1)基本资格为学士，(2)学科科目18学分，(3)教职科目41学分。 初中教师"一种许可证"：(1)基本资格为学士，(2)学科科目40学分，(3)教职科目19学分。 高中教师"专修许可证"：(1)基本资格为硕士，(2)学科科目40学分，(3)教职科目19学分，(4)有关的学科及教职的科目24学分。

以此来看，教育学的地位似乎只有对教育学研究群体才成为一种真正

的困扰。这些人以生产教育学方面的知识为职业，对于他们而言，教育学的地位，一方面表明了他们的知识生产能力；另一方面意味着他们能够提供给研习教育学的人以什么样的知识。毕竟，教育学的地位直接关系到教育学研究者的专业认同、尊严、声望，当他们与其他领域的学者交往时，这个问题会显得特别突出。对于那些打算以教育学为职业的人来说，他们需要接受教育学训练以便将来具有生产知识的资格和能力。对于这些人而言，教育学的效用、独立性、科学水平、尊严直接关系到其未来发展，尤其是关系到他们与其他知识领域之间的对话。不过，问题的主体并不是显而易见的。因为并不是所有教育学研究者都会将其视为一个问题。在个体层面，研究者在理论上否认教育学地位的现状并不困难——只需要视而不见，无碍于具体的研究实践。或者如果他接受了教育学地位的现状，没有质疑或探讨造成这一事实的原因，那么对于他来说，教育学的地位无论高低均不成为"他的"问题。如果他尝试理解教育学地位的现状，也从已有研究或反思中形成了一种"合理的"解释，那么教育学的地位也不再成为问题。对于教育学研究群体来说，前一种情况通过无视来回避问题的存在；后一种情况注意到了问题，但满足于已有的解释——问题已得到解决。至少就我国的情况来说，关于教育学地位的大量讨论表明，问题依然存在！可见，教育学地位的现状只是提供了问题的诱因，只有对于那些关心教育学的地位且不满足于已有解释的研究者来说，教育学的地位的问题才成为一个真正的问题。笔者也正是在这个意义上把教育学地位的现状作为一个"问题"来探讨的。在此意义上，这个问题无疑是小众的。这里，承认教育学的地位不高绝无责难教育学从业者之意。不过，这个问题对不同的研究者具有不同的意义。对于那些把教育学作为晋职升级的"敲门砖"者，或满足于在教育学中"讨生活"者，或从教育学研究中获得求知乐趣的人来说，教育学的地位并不是一个问题，甚至只是一个无聊的话题。但对于把教育学视为志业者来说，这却是一个关系到教育学人的专业尊严、安身立命的"大问题"！

教育学的地位状况为何会成为部分教育学研究者的困扰呢？这涉及更

一般的问题：特定的知识门类(领域或学科)如何与一个特定的群体联系起来？一个知识门类的地位如何会成为生产(传播或再生产)这门知识的人所关切的问题呢？理解的关键在于知识生产①分工。在社会层面上，只有在知识生产分工比较发达的条件下，一定门类的知识才与特定的群体联系在一起。在知识分工不发达时(大体上是 19 世纪以前)，各个知识门类边界松散，没有学科建制的限制，也鲜有学者囿于某一具体知识门类的训练，从而不会有人将某一知识领域视为自己探索世界的限度，亦不会产生"这是我的领域(或学科)，那是你的领域(或学科)"的现代学科意识或领地意识。② 恩格斯在《自然辩证法》中论及文艺复兴时指出：

> 这是一次人类从来没有经历过的最伟大的、进步的变革，是一个需要巨人而且产生了巨人——在思维能力、热情和性格方面，在多才多艺和学识渊博方面的巨人的时代……那时，差不多没有一个著名人物不曾作过长途的旅行，不会说四五种语言，不在几个专业上放射出光芒。列奥纳多·达·芬奇不仅是大画家，而且也是大数学家、力学家和工程师，他在物理学的各种不同部门中都有重要的发现。阿尔勃莱希特·丢勒是画家、铜板雕刻家、雕刻家、建筑师，此外还发明了一种筑城学体系……马基雅弗利是政治家、历史家、诗人，同时又是第一个值得一提的近代军事著作家。路德不但扫清了教会这个奥吉亚

---

① 在本研究中，除非特别说明，否则一旦涉及"知识生产"时，它都包含了"知识的再生产"——知识的教授，在他人身上再生产出知识。

② 这种意识的典型表现之一是，当自己的领域或学科被边缘化或受到攻击时为其辩护。赖建成描述了经济思想史这门学科在台湾的状况："这门课在台湾的经济系里，一直是个可有可无的小盆景，靠此业为生的教师有时还要用分数来吸引学生，既侮辱了它的'价格'，也屈辱了它的'学格'。甚至有教师对学生说，这门课教的都是老古董，既不能用数学表达，也不能用统计工具验证，科学性非常低，基本上是'从垃圾中制造垃圾'。以上的说法不是危言耸听，而是我在这个领域工作 25 年的亲身经历与听闻。"赖建成：《经济思想史的趣味》，序，杭州，浙江大学出版社，2011。另一个例子是社会学的例子。参见[英]安东尼·吉登斯：《为社会学辩护》，周红云等译，1-7 页，北京，社会科学文献出版社，2003。领地意识的另一种表现是，反对一些强势学科的"入侵"。例如，关于经济学帝国主义的讨论，参见苏力：《经济学帝国主义?》，《读书》，1999(6)。刘易平：《傲慢与偏见——"经济学帝国主义"批判》，《社会学家茶座》，2007(3)。

斯的牛圈，而且也扫清了德国语言这个奥吉亚斯的牛圈，创造了现代德国散文，并且撰作了成为十六世纪《马赛曲》的充满胜利信心的赞美诗的词和曲。那时的英雄们还没有成为分工的奴隶，分工所具有的限制人的、使人片面化的影响，在他们的后继者那里我们是常常看到的。①

尽管不同的认识主题业已被人们标识为不同的领域，如古希腊的物理学、形而上学、逻辑学、数学等，中世纪的哲学、神学、法学和医学，但人们探索的范围并不因此就受到知识分类的限制。就知识的广度和深度而言，这些知识分类并没有产生真正意义上的知识分工。康德可以作为一个18世纪末19世纪初的典型例子，作为哲学家的康德对当时的自然科学相当熟悉。他在1755年就发表了《自然通史和天体论》，提出关于太阳系起源的星云假说；在哲学领域，他更是涉猎了从逻辑学、形而上学到宗教、美学的广阔领域。知识中的真正分工只是从19世纪开始伴随着大学的学科建制才得到制度性表达的。② 不过，这个进程在整个19世纪进展比较缓慢。科林斯(Randall Collins)等人在论及社会学时指出，在20世纪以前，它还没有成为一门严格意义上的学科，"直到那时，社会学还没有从经济学中分化出来，很多重要的社会学家——马克思、韦伯、帕累托、帕森斯——在很长时间内，甚至终其一生都是作为经济学家而度过的"③。一方面，知识总量的增加客观上限制了个体能够探索的范围；另一方面，学科建制本身倾向于鼓励知识生产者变得更加专深而不是广博。这一点明确反映在学者

①　[德]恩格斯：《自然辩证法》，7-8页，北京，人民出版社，1971。
②　从某种意义上来说，19世纪初柏林大学的创立可以作为新理念的标志，这种理念史无前例："大学的存在主要是为了发起研究，大学的首要职责是为学者提供从事生产新知识的工作所需要的空间、书籍和其他资源。在德国以及在其他地方也总是有少量的民间学者以生产新知识为自己的目的。但是从前从来没有把原创性的学术工作看成具有压倒一切的重要性的活动，或把它作为予以如此审慎的和训练有素的支持的对象。从前对研究工作的支援也从来没有这样地有组织、集中和持续。19世纪初的德国大学把研究理念制度化，有史以来第一次赋予研究以持续至今的权威和威望。"[美]安东尼·克龙曼：《教育的终结：大学何以放弃了对人生意义的追求》，诸惠芳译，北京，北京大学出版社，2013。
③　[美]兰德尔·柯林斯、迈克尔·马科夫斯基：《发现社会》第8版，李霞译，25-26页，北京，商务印书馆，2014。

们的观念之中。哈耶克(Friedrich Hayek)曾指出了知识生产分工所带来的重要结果:

> 研究必然要求专业化,而且要求在一个极狭领域内的专业化。大概同样真实的是,只有通过充分掌握至少一个领域,才能达到有成效的科学工作所要求的那些严格标准,而今天这必然意味着一个狭窄的领域,并且它应当有自己严格而明确的标准。因此,不断强化的专业化趋势似乎是不可避免的,无论是在研究中,还是在大学教育中,这一趋势注定还会继续存在和发展下去。……这……适用于科学的所有分支。这是一个如此明显的事实,对科学专家的嘲讽,即他们对越来越少的事情知道得越来越多,正在成为一件大家都视为当然的事情。①

其实,只要看看那些19世纪教育学先驱,如康德、赫尔巴特、福禄贝尔、狄尔泰等,探讨教育时所涉猎的知识范围和视野,我们便可知道,20世纪之前的学者还很少受知识分工的限制。与前辈相比,今天的学者终其一生所获得的知识多么狭隘,从中我们便不难理解知识分工对学者们的工作所产生的深远影响。知识分工在现实中采取的典型形式是大学的学科建制——在特定的知识部门,一群专家学者围绕着某一主题生产知识。当然,知识分工并不像通常的劳动分工那样存在比较明确的界限,这种边界尽管模糊,但毕竟存在着。这样,在知识分工发达的条件下,围绕着某个主题进行生产知识的群体便与这类知识建立了密不可分的联系,这种联系是知识的社会分工所强加的。在研究时个体当然可以跨越不同的领域②,

---

① 《哈耶克文选》,冯克利译,394页,南京,江苏人民出版社,2007。
② 尽管20世纪,许多学科已经明显地呈现了分化,但对于某个知识门类来说,要划出其明晰的界限几乎是不可能的。柯林斯等人提供了社会学与经济学、历史学、政治学、心理学等学科的区别与联系,最后他们说,"我们社会学的历史就是这样与很多其他社会科学的历史交织在一起……过去不同学科之间相互受益良多,现在以至将来,它们将相互为对方提供更多的东西,只要我们能超越狭隘的分科标签"。[美]兰德尔·柯林斯、迈克尔·马科夫斯基:《发现社会》第8版,李霞译,25-29页,北京,商务印书馆,2014。

甚至在很多情况下跨越是必需的，许多创造性的工作都是从不同知识领域的交叉地带产生的。对于优秀学者而言，跨越边界是一种常态。甚至有些研究本身反对知识划界，不断地挑战确立的知识界限，比如，文化研究从产生开始就是跨学科的，甚至有意打破学院式的固定学科分类。与传统学科相比，文化研究似乎无意成为学科，它习惯在与不同的学科话语（文学的、历史的、哲学的话语等）的持续碰撞中发出自己的声音。① 但是，知识分工一旦取得学科建制的形式，就会对其成员的探索产生许多似乎合理的限制。比如，在攻读博士学位期间，笔者时常旁听他人的开题报告会，经常被提及的一个问题是："这个选题是否属于教育学原理领域？"另一个重要的限制是，不论研究者的个人主观愿望如何，在与其他学科研究者交往时，他首先被作为学科的成员看待。就教育领域而言，教育学研究者就不可避免地与教育学联系在一起了。从知识分工的角度来看，19世纪初，赫尔巴特对教育学命运的富有天才的预感与教育学在德国的"早熟"和德国相对发达的学术知识生产不是没有关联的。

第三节　问题的进一步澄清

如果说，赫尔巴特在他的时代对教育学的独立和尊严的担忧还只是一种理论的直觉和预感，那么随着19世纪末学科建制的快速发展，这种担忧就成为教育知识生产者面临的现实问题。因此，产生上述教育学现象，进而产生教育学地位问题的前提条件是教育知识分工的深化，并且这种分化在学科建制中得到表达。在知识分工条件下，教育学的地位似乎是教育学同其他知识门类（领域或学科）比较的结果。但问题并不那么简单，这取决于我们在什么意义上探讨"教育学"。也就是说，这里的"教育学"指什么？由于不同文化有各自的教育学传统，因此世界范围内并不存在同一的教育

---

① 周勇：《论教育研究的文化学路向》，《教育研究》，2000(8)。

学界定。① 问题在于，不论这些教育学传统是什么，在世界范围内教育学的地位普遍不高。如果将教育学的地位问题视为一个普遍性问题，那么我们就要超越对教育学理解上的国别差异，将这些差异抽象掉，关注教育学的事实。与教育学相关的一个普遍事实是，在现代社会，不管人们对教育学做何理解，甚至不管是否存在教育学的知识门类（学科或领域），每个国家基本上均有研究教育、传播教育知识的机构和相应的专业群体，这些研究活动和教育知识未必享有"教育学"的名称。如果教育学地位偏低是一个普遍性问题，那么"教育学"实际上就是指"教育知识"，即人们对教育认识的理智产物。由于人们认识教育的活动成为社会分工体系的一部分，在不同的国家或地区认识教育的专门活动可能以相当不同的形式出现，因此，如果我们一般地探讨"教育学"的地位，那么此处的"教育学"理应指称教育知识，这种知识是人们专门认识教育的产物。孤立地看，"地位"是一种具有高低之分的秩序。从教育知识分工的角度看，分工无疑是社会劳动分工，因而教育学的"地位"也只能是社会地位。也就是说，教育学的地位是在社会关系中形成的，并且通过具体的社会关系表现出来。

把"教育学"理解为"教育知识"，对于探讨教育学地位问题有一个很大的好处。由于教育学传统和教育知识生产的建制存在国别差异，因而教育学地位问题的表现方式有别。譬如，美国的研究者多关注教育学院、教师

---

① 有学者研究了英美与德国不同的教育学传统。参见黄志成：《教育研究中的两大范式比较："日尔曼式教育学"与"盎格鲁式教育科学"》，《教育学报》，2007(2)。王飞：《德国"教育学-教学论"范式与美国"教育科学-课程论"范式的比较研究》，《清华大学教育研究》，2012(2)。陈桂生：《教育学究竟是怎么一回事——略议教育学的基本概念》，《教育学报》，2018(1)。法国学者贝斯特探讨了"教育学"一词在不同历史文化语境中的演变。参见瞿葆奎主编：《教育学文集·教育与教育学卷》第1卷，334-345页，北京，人民教育出版社，1993。黄向阳从称谓上考察了教育学的演变，参见黄向阳：《教育知识学科称谓的演变：从"教学论"到"教理学"》，《华东师范大学学报（教育科学版）》，1996(4)。董标考察了中国教育学的早期演变，参见董标：《"教之术"到"教育学"演变论》，《华南师范大学学报（社会科学版）》，2006(6)。

教育和教育学教授的地位，英国研究者比较侧重于教育研究遭受的批评①，德国和中国的学者似乎更重视教育学的学术地位。如果囿于每个传统对教育学的理解，我们也就容易被问题的表面形式吸引，进而看不到教育学地位问题的普遍性。教育学的地位问题作为普遍性问题需要抽象掉这些差别。这意味着，我们不能在通常的学科、课程、知识门类等意义上探讨教育学的地位。这种抽象的现实基础是，教育学作为学科、课程、知识门类在不同的传统中存在差别，而每个国家都有教育知识生产的机构和群体。

如果教育学指称教育知识，那么其地位就不是与经济学、社会学、历史学这样的知识门类（领域或学科）比较的结果，而是与经济知识、社会知识、历史知识等相比较的产物。在理论上区分这些知识并不容易，这当然取决于对"教育""经济""社会"等概念的界定，不过这些概念本身也是历史的产物。极端的情况是，这些知识之间根本不存在明确的界限，比如，关于教育史的知识是教育知识，还是历史知识？探讨教育与经济关系的知识是教育知识，还是经济知识？从理论上看，这些考虑均不无道理。但是，在知识分工的条件下，知识总是在一定建制中得以生产和传播的。总体而言，教育知识、经济知识、社会知识等是在不同学科的名义下由接受不同专业训练的学者所生产的。因此，教育学的地位通常表现为学科之间的地位。可见，教育学的地位实质上是教育知识的地位，但现实中往往表现为学科的地位，也就是说，教育学相对于其他学科（如经济学、社会学、历史等）的地位。至于衡量尺度，则取决于评价者的选择。这里存在多种可能性，比如，学术的、经济的、实践的标准。因此，我们探讨教育学地位偏低的问题，需要弄清楚这里的地位指的是何种尺度意义上的地位。我

---

① Alis Oancea, *Criticisms of Educational Research over the 1990s*, paper presented at the *British Educational Research Association Annual Conference*, Edinburgh, Heriott-Watt University, (2003) September. Alis Oancea, *Storming the Ivory Tower: Newspapers' Coverage of the Criticisms of Educational Research*, paper presented at the *Scottish Educational Research Association Annual Conference*, Perth, 2003, November. Alis Oancea, "Criticisms of Educational Research: Key Topics and Levels of Analysis," *British Educational Research Journal*, 2005, 32(2), pp.157-183. Richard Pring, "Setting the Scene: Criticism of Educational Research," in R. Ping, *Philosophy of Educational Research*, London, Continuum, 2000.

们会在后文再回到这个主题，这里只需要指出衡量教育学地位的尺度并不唯一。

第四节　问题的意义与价值

教育学的地位问题无疑是个小群体问题，但考虑到教育研究机构和人员的规模，以及它对教育学健康发展的影响，它绝不是个小问题。教育学地位的问题对于教育学的研究者尤为重要，因为不少研究者在默认教育学地位偏低的同时，也接受了外界对教育学的轻视和怀疑。再加上研究者们几乎尝试了所有可以利用的方法（如采用恰当的研究方法，改进术语和概念的严谨性，加强理论与实践的联系等），仍未能使教育学的地位得到明显改观。有关教育学的大量讨论表明，教育学的地位状况已经在许多研究者中引发了严重的忧虑：对于教育学而言，地位偏低似乎是一种"规律"，或者说是它的"宿命"（一切规律在某种意义上对于个体来说都表现为"宿命"），而这似乎与研究者的努力无关。由此而来的是大量研究者心中弥漫着迷惘和自卑的消极情绪，这已成为束缚教育学发展的沉重枷锁。即使一些多年钻研教育学的前辈也对教育学感到困惑①。从教育学的长远发展来看，教育学研究者有必要从"宿命"所造成的枷锁中解放出来，而不是盲目地接受或者否认这种宿命。为此，我们有必要理解"宿命"。总之，"宿命"本身必须得到合理的解释。假如地位偏低是教育学的宿命，那么这是为什么？也就是说，教育学的地位是怎样被决定的？

如果研究者愿意承认教育学地位偏低的"合理性"，并且遵从这种"宿

---

① 比较有代表性的是胡德海教授的一番话："我在几天的会上，亲耳听到不少老教授、老专家激昂慷慨的发言……总的是谈教育学的困惑和迷惘多一些，教育学的尴尬局面依然挥之不去。有的说：'我教了几十年教育学了，现在可越来越觉得不知道怎么教了。'有的说：'当年我如果不是选择了搞教育学专业，而是从事别的专业，我此生的成就肯定要大些。'一种无奈的心情溢于言表，困惑与迷惘的情绪扑面而来。……我想我们这些老教授老专家其职责本是解我们的学生，其中包括大学教育学院的本科生、硕士生和博士生在学习、研读教育学专业中的种种困惑的，而现在倒好，在他们的头脑中倒说有这许多不解之惑，他们怎么能够解学生之惑呢？"胡德海：《思考教育学》，《西北师大学报（社会科学版）》，2004（1）。

命"，那么其地位状况便不"成问题"，前提是要对"宿命"本身进行解释。然而，持久的探讨本身表明许多研究者不愿接受这种"宿命"，不少人甚至认为，教育学应成为"显学""中心学科"。① 但是，与"应然"相比，按已有的知识标准来说，现实的教育学似乎难以令人满意。为什么教育理论总给人不成熟之感?② 为什么它总像失败者那样饱受质疑和批评? 为什么连那些登堂入室的老专家都忍不住叹惜：若不是搞教育学，他们在其他专业上的成就更大?③ 是不是它永远都不可能像那些严谨的学科那样获得令人尊敬的地位? 教育学真的是一门最困难的科学④，一门埋没天才的学科吗⑤? 它像一个黑洞吸尽那些富有学术天赋者的才华而他们最终一无所获吗? 冥冥中仿佛有某种神秘的力量迫使教育学必须接受自身目前的地位。"教育学"仿佛是一种极具传染力的"瘟疫"，谁沾上它，就难以摆脱其研究地位低下的命运。这或许是教育学的"宿命"！这种状况一方面使教育学难以吸收有才华的研究者，另一方面严重地挫伤了教育学研究者的学术抱负。

在笔者看来，教育学研究者应当对自己的专业有一种健康的态度，这种态度的形成要求既不能回避或盲目接受教育学的"宿命"，亦不能仅仅借助于对教育学的某种信念，它只能建立在研究者对教育学地位的理性解释的基础上。因此，在所有关于教育学地位的问题中，最重要的是如何解释教育学的地位困境。解决了这个问题，我们才能明了：迄今为止的所有努力缘何难以改变教育学偏低的地位，进而理解我们教育学研究的意义，理性地看待教育学地位偏低的现象。本研究便是为此而进行的一种努力，它尝试回答的核心问题是：怎样的机制决定了教育学的地位?

---

① 胡德海：《思考教育学》，《西北师大学报(社会科学版)》，2004(1)。李泽厚：《世纪新梦》，17页，合肥，安徽文艺出版社，1998。

② 瞿葆奎主编：《元教育学研究》，18页，杭州，浙江教育出版社，1999。

③ 胡德海：《思考教育学》，《西北师大学报(社会科学版)》，2004(1)。

④ David C. Berliner, "Comment Educational Research: The Hardest Science of All," *Educational Researcher*, 2002, 31(8).

⑤ 刘庆昌：《教育学是什么?》，《教书育人》，2008(25)。

第二章　解释与批评

自赫尔巴特的《普通教育学》算起，教育学的历史也有 200 余年，大量的研究者在这个领域投入了他们的才智，但教育学的地位至今仍不能令人满意。这个现象早已引起不少学者的注意，他们或多或少给出了自己的解释。

第一节　独立地位的追求

赫尔巴特也许是最早对教育学地位问题做出重大贡献的教育学家，他在 1806 年便预言似地担忧，教育学可能会像医学那样成为各哲学流派的玩物。[①] 然而，这个问题的提出更多的是出于他对教育知识的生产分工后果的天才式的敏感和直觉而不是现实。因为，19 世纪初的教育学还处于襁褓中，它同其他知识门类一样开始试图挣脱对哲学母体的依赖而追求独立，知识生产的学科建制才刚刚拉开帷幕。在赫尔巴特看来，"独立"意味着，教育学"尽可能严格地保持自身的概念"，"培植出独立的思想"，"成为研究范围的中心"，能够"有力地说明自己的方向"，与其他科学"产生取长补短的交流"，从而免除"受到外人的治理"的危险。[②] 赫尔巴特寻求教育学独立地位的方法是科学，他的选择并不奇怪。自培根以后，"科学"观念经过 18 世纪启蒙运动的传播已成为新时代的宗教，科学逐渐获得崇高的威

---

① ［德］赫尔巴特：《普通教育学·教育学讲授纲要》，李其龙译，10 页，北京，人民教育出版社，1989。

② 同上书，10 页。

望，因而各个知识领域寻求科学化是 18、19 世纪的一种潮流。①

就整个 19 世纪来看，教育学的地位问题实质上更多的是追求独立的问题，"独立"非指教育学完全不依赖于其他学科，而是相对于其知识母体意义上的"独立"。一般来说，支持教育学独立的教育(学)家大都承认教育学在内容上依赖许多基础的知识门类(尽管他们对这些基础知识门类应当包含哪些知识的见解并不一致)，亦主张教育学有独立的资格或可能性。19世纪，独立的教育学往往意味着成为一门"科学"。教育史家姜琦说："欲将教育形成一种科学的希望，在往昔时代，本已萌芽；一入近代，因为凡百事象都成为科学的研究对象，所以这种希望更增强盛。"②只是他们对"科学"的理解不同使其建构科学的教育学的方式有别。由于"科学"意味着揭示教育的普遍规律，因而科学的教育学也就是"普遍妥当的"教育学。在热衷于构建科学教育学的德国，持不同"科学观"的学者曾围绕"普遍的妥当的教育学的可能性"展开了长达百年的争论。例如，尼迈尔、赫尔巴特、贝内克(Friedrich Eduard Beneke)等人倾向于实证的科学观，而施莱尔马赫(Friedrich Schleiermacher)、第斯多惠(F. A. Wilhelm Diesterweg)、狄尔泰(Wilhelm Dilthey)等否认一门普遍妥当的教育学的可能性。③ 尽管如此，以自然科学为范例构建科学教育学的努力只是在 19 世纪末才取得实质性进展。在德国，拉伊(Wilhelm August Lay)、梅伊曼(Ernast Meuman)等人主张发展实验教育学；在法国，比奈(Alfred Binet)、西蒙(T. Simon)、涂尔干(E. Durkheim)等人也推进了对教育的实证研究。在美国，教育学能否成为科学，它是一门什么样的科学，也曾引起广泛争论。④ 不过，19 世纪关于"教育学能否成为一门科学？""它是一门什么样的科学？"的争论大都基于

---

① ［日］古川安：《科学的社会史——从文艺复兴到 20 世纪》，杨舰等译，北京，科学出版社，2011。

② 姜琦：《现代西洋教育史》上册，2 页，福州，福建教育出版社，2011。

③ 陈桂生：《历史的"教育学现象"透视——近代教育学史探索》，334-339 页，北京，人民教育出版社，1998。

④ James R. Robarts, "The Quest for a Science of Education in the Nineteenth Century," *History of Education Quarterly*, 1968, 8(4), pp. 431-446. Also see: James R. Robarts, *The Rise of Educational Science in America*, Urbana, University of Illionois, 1963.

参与者对科学的不同理解，以及对教育学性质的不同认定而形成的。这类争论本身对于一门正在寻求独立的学科是必要的，也是常见的。① 因而这些争论本身并不表明，教育学的地位偏低。总体而言，教育学在这一时期与其他知识门类所面临的问题具有共性：追求相对于知识母体的独立地位，实现科学化。②

如果说，19世纪的教育学在内容上寻求独立和科学化，那么它在建制上则表现为进入大学——开设教育课程、增设教育学教席、成立教育系科等。教育学作为知识门类在学科建制方面遇到不少怀疑和障碍。例如，苏格兰的教育家为在大学增设教育学教席争取了半个世纪之久，至1876年才于爱丁堡大学和圣安德鲁大学设置两个教育学教席，直到19世纪90年代末期，英国大学始成立教育系科。③ 在美国，当密歇根大学考虑增设教育学教席时，有人质疑，这个领域有什么样的技术性文献。④ 类似遭遇对于一门形成中的学科而言实属平常，因此遭遇本身不能表明教育学较其他知识门类的地位低。1890年，哈佛大学校长埃里奥特（Charles Eliot）任命一个以哲学教授罗伊斯（Josiah Royce）为首的委员会，其目的是开设一门教育学（pedagogy）方面的课程。在思考良久后，罗伊斯坚持认为，教育学永远也不可能成为普遍有效的教育"科学"（"science" of education）。他极不愿意把像科学这样一个如此自命不凡和舒适的字眼用于教育者的艰难且成问题的艺术上。⑤ 罗伊斯虽怀疑教育学，但他对哈佛的首位教育学教授哈努

---

① ［美］西奥多·M. 波特、多萝西·罗斯主编：《剑桥科学史·现代社会科学》第七卷，第七卷翻译委员会译，11-33页，郑州，大象出版社，2008。

② 同上书，11-33页。

③ Ross David, "Education as a University Subject: Its History, Present Position, and Prospects," *Bristol Selected Pamphlets*, 1883, 18, pp. 6-27. Brian Simon, "The Study of Education as a University Subject in Britain," *Studies in Higher Education*, 1983, 1(8), pp. 1-13.

④ John S. Brubacher, *A History of the Problems of Education*, New York, McGraw-Hill Book Company, INC, 1947, p. 518.

⑤ Willis Rudy, "Josiah Royce and the Art of Teaching," *Educational Theory*, 1952, 2(3), p. 159. Josiah Royce, "Is There a Science of Education?" *Educational Review* (1891). In Merle L. Borrowman (ed.). *Teacher Education in America: A Documentary History*, New York, Teachers College Columbia University, 1965, pp. 100-127.

斯(Paul Hanus)还是表示出友谊和同情。

需要指出的是，19 世纪教育学争取的独立主要是逻辑上的独立。在此意义上，各知识门类并无地位高低之分。例如，第斯多惠认为，教育学依赖于宗教学、生物学、美学等，虽然他认为纯粹属于教育学的内容很少，但是他丝毫没有轻视教育学。① 杜威也认为，教育科学没有自身独特的东西，它的材料全在其他学科那里，但他十分强调教育科学的重要性。② 可见，教育学在逻辑意义上的独立无关乎其地位的高低，它仅仅涉及教育学与其他知识门类之间在逻辑上的位置关系，而教育学的位置与研究者对知识的分类有关。例如，培根曾将教育知识定位于第九层次。③ 教育学的独立程度同其在多大程度上依赖其他知识门类有关。严格意义上来说，19 世纪教育学追求的是其在整个知识体系中的逻辑"位置"而非"地位"。前者没有高低之分，后者有高低之分。这也是相当多的教育学家一方面认为教育学依赖大量其他知识门类，另一方面绝不"轻视"教育学的原因。

第二节 教育学独立性的讨论

19 世纪末 20 世纪初，科学方法的应用使一些研究者对发展一门教育科学(或教育学科、学术性的教育学)充满希望。例如，哥伦比亚大学师范学院的创立者们于 1889 年建院时便怀着这样的愿望。④ 早期著名的教育研究者如芝加哥大学的贾德(Charles Hubbard Judd)、斯坦福大学的克伯莱(Ellwood P. Cubberley)、哈佛大学的哈努斯等人，虽然明知教育学在大学中处于不利地位，但仍然怀着希望试图通过科学手段(教育调查、统计、

---

① [德]第斯多惠：《德国教师培养指南》，袁一安译，65-66 页，北京，人民教育出版社，1990。

② John Dewey, *The Sources of A Science of Education*, New York, Horace Liveright, 1929, pp. 32-36.

③ Bacon, F., *The Advancement of Learning*, New York, Oxford University Press, 1957, pp. 75-268.

④ Jame Koerner, *The Miseducation of American Teachers*, Boston, Houghton Mifflin Company, 1963, p. 28.

测量等)使教育学赢得尊重。然而,这一目标从未实现。

在英语国家,教育学通常并没有被视为一门学科(在知识门类意义上),它们对教育的研究主要采取交叉学科(interdisciplinarity)的方式即从基础学科(哲学、心理学、历史学、社会学等)探讨教育问题。具有代表性的是 1966 年由蒂伯(John W. Tibble)主编的《教育研究》(The Study of Education)、1972 年伍兹(Ronald G. Woods)主编的《教育和它的学科》(Education and Its Disciplines)和 1983 年赫斯特(Paul H. Hirst)主编的《教育理论及其基础学科》(Educational Theory and Its Foundation Disciplines)。这三部著作在一定程度上代表了英语国家一种建构教育学的方式:教育学或教育理论不具有自主性,它不能对教育认识做出独特的贡献,其知识来源于更基础的学术性学科。第二部论文集中的一位作者是这样评论"教育学家"(educationist)的:"我根本不知道'教育学家'是什么样的人,或他被认为具有哪方面的专长或权威。我了解教育哲学家、教育心理学家或教育社会学家是什么人,但我完全不能确定一位普通的'教育学家'应该是什么样。"[1]赫斯特认为,"教育理论的原则建立在或完全依赖于来自基础学科所贡献的知识的有效性的基础之上"[2]。蒂伯在其 1971 年的《教育研究导论》中说了这样一段话:"显而易见的是,'教育'是一个领域的对象,不是一门基础学科;不存在独特的'教育的'思维方式;研究教育时,一个人可以用心理学的、历史学的、社会学的或哲学的思维方式为人类学习领域中的问题带来启发。"[3]

尽管主流教育学术界不承认教育学的独立地位,但是在英语国家长期存在着不同的努力,试图确立教育学的自主与独立。1952 年,《英国教育研究杂志》(British Journal of Educational Studies)创刊,其目的之一就是促

---

① R. F. Dearden, "Philosophy and the Curriculum," In R. G. Woods(ed.), *Education and Its Disciplines*, Unibooks, University of London Press, 1972, pp. 9-10.

② Paul H. Hirst, "Educational Theory," In J. W. Tibble. (ed.), *The Study of Education*, London, Routledge and Kegan Paul, 1966, p. 50.

③ J. W. Tibble, "The Development of the Study of Education," In J. W. Tibble(ed.), *An Introduction to the Study of Education*, London, Routledge and Kegan Paul, 1971, p. 16.

进教育领域的自主与统一："人们普遍感到在英国教育学的各个领域——哲学的、历史的、社会的、心理学的和教学法的——需要得到更好的组织和理解。"①经过 30 年的努力，有学者声称，教育研究已经自主。② 在理论方面，自 20 世纪中叶开始，一些学者展开关于教育学（或教育理论）独立性的讨论。1955 年，美国教育学者麦克默里（Foster McMurray）于《教育理论》（*Educational Theory*）杂志上发表名为《一门自主的教育学科导言》的论文。他认为，教育理论要成为一门学科，必须要有自己的问题，以及探究问题的原则，在学科内部而不是在其他学科可以找到理论材料及能够验证其有效性。教育心理学、教育社会学等学科并不能形成一门独特的教育学科，这些学科是心理学、社会学等对教育学做出了贡献，而不是教育学科，也不是其他学科的应用。因而他认为有可能发展一门教育学科。③ 1957 年，美国学者费舍（Arthur W. Foshay）发表《需要一门教育学科》一文，他从提高教师在工作中的理智化程度出发强调发展一门教育学科的必要性："如果教师教育中的理智生活对教师的工作有任何具体的影响的话，那么一门教育学科是必要的。"④

1961 年 5 月，沃尔顿（John W. Walton）、基西（Jame L. Kuethe）等在霍普金斯大学召开学术研讨会，专门讨论了一系列长期困扰教育学术发展但又很少得到客观的、系统的反思的问题：教育学是一种学术研究吗？它能否成为一种学术研究？教育研究与所谓母学科（历史、心理学、社会学、哲学）有何关系？教育学是一种专业研究吗？在此基础上，他们出版了论文集《教育学科》。⑤ 沃尔顿试图重新界定"教育研究"以使其从庸俗的专业

---

① *British Journal of Educational Studies*，1952，1(1)，p. 67.

② Alan Blyth，"Response and Autonomy in the Study of Education：A Personal Account of Three Decades，" *British Journal of Educational Studies*，1982，XXX（1），pp. 7-17.

③ Foster McMurray，"Preface to an Autonomous Discipline of Education，" *Educational Theory*，1955，V（3）.

④ Arthur W. Foshay，"The Need for a Discipline of Education，" *Educational Research Bulletin*，1957，XXXVI（5），p. 160.

⑤ John Walton，James L. Kuethe（ed.），*The Discipline of Education*，Madison，University of Wisconsin Press，1963.

主义和对其他学术领域的盲目依附中解放出来。在他看来，一门学科意味着存在一个可以教授的由概念、事实和理论构成的内容体系。沃尔顿认为，教育学科仅仅是在最不令人满意的形式上存在，但是它不仅是可能的，而且是值得追求的。他在另一部著作《教育学导论：一门实质性学科》(1971)中将这一构想向前推进。基西将教育学视为一门关注建构的学科。他认为，教育研究作为整体有自主存在的权利，教育学能够并且应当能够像历史学和物理学那样得到研究并通过研究得到发展。① 而在历史学家贝林(Bernard Bailyn)看来，"教育研究不是一门科学，也不是一门学科。可能它应当最恰当地被描述为一个十字路口，在那里各条分离的学术道路和社会实际事务的道路交汇"。在哲学家彼得斯(Richard S. Peters)看来，学科意味着针对问题的系统探索，和形成合理的结构化的答案，它们形成一个知识体系，并且技术和程序能进一步发展更好的答案，或处理新的问题。他认为，把有关教育的学科协调入一个学科是荒谬的，也是不可能的。对于教育学是否为一门学科，哲学家谢弗勒(Isael Scheffler)也持否定态度。他将教育学与医学类比："医疗技术是训练和经验的产物，虽然它依赖一组理智性学科。医学是一门实践性学科这一事实并不意味着存在一门独特的医学科学。"②在他看来，我们不能从一种活动拥有训练价值的事实中推论出：它必须依赖一门独特的探究学科。学科与领域并不是一一对应的关系，存在教育并不意味着存在一门教育学科。诸位学者的分歧关键在于他们的"学科"观不同。例如，沃尔顿认为，学科的核心是是否拥有可教授的内容体系；彼得斯则认为，学科是一套处理问题的系统探索所得到的答案，与解决问题的程序和技术体系。关于教育学科的讨论延续了很长时间。

1962年，贝尔特(Marc Belth)在《教育理论》杂志上撰文"展望"了一门

---

① James L. Kuthe, "Education: The Discipline That Concern Built," In John Walton, James L. Kuethe (ed.), *The Discipline of Education*, Madison, University of Wisconsin Press, 1963, pp. 73-74.

② Israel Scheffler, "Is Education a Discipline?" In John Walton, James L. Kuethe (ed.), *The Discipline of Education*, Madison, University of Wisconsin Press, 1963, p. 48.

教育学科。他反对那种认为教育学不过是其他学科的集体名称的看法。贝尔特认为，教育学科是这样一种研究：它致力于发展关于教-学过程的知识，提供关于这一过程的规则建议，以及探究、测验和评估教-学过程。[①]两年后，他在《作为一门学科的教育学》(1964)中进一步发展了上述观点。[②] 1968 年，索尔蒂斯(Jonas F. Soltis)认为，教育学是一门学科。[③] 1969 年，伦敦教育研究所的高等教育学教授尼布利特(W. R. Niblett)认为，教育学在大学中应当是一种人道的学问(humane study)，它应当像其他理智学科作为一门自由学科那样训练学生的感觉、想象力和推理能力。[④] 1973 年，彼得斯在《教育学作为一门学术性学科》中认为，教育研究虽然具有以问题为中心的特征，但这并不意味着它只能探讨实践性问题而不能研究那些以更具反思性和中立的方式研究的问题。也就是说，教育研究仍然可以在高度抽象的水平上探讨一些理论性问题。因此，在他看来，教育学可以发展为一门学术性学科。[⑤] 此后，还有学者不断地讨论这个主题。例如，皮耶蒂格(Jeanne Pietig)分别于 1975 年、1984 年撰文讨论教育的基础和教育学是否为一门学科[⑥]；后来，怀特海(Jack Whitehead)尝试从反思性实践的角度通过教育探究来创造一门教育学科[⑦]。2011 年，教育理论家格

[①] Marc Belth, "Prospects for a Discipline of Education," *Educational Theory*, 1962, XII(4), pp. 193-203.

[②] George F. Kneller, "On Education as a Discipline by Marc Belth," *Studies in Philosophy and Education*, 1965, 4(1), pp. 136-146.

[③] Jonas F. Soltis, *An Introduction to the Analysis of Educational Concepts*. Ma., Addison-Wesley, 1978, pp. 23-26.

[④] W. R. Niblett, "Education as a Humane Study," *British Journal of Educational Studies*, 1969, p. 17, pp. 243-248.

[⑤] R. S. Peters, "Education as an Academic Discipline," *British Journal of Educational Studies*, 1973, XXI(2). Also reprinted in J. R. Webster (ed.), *The Intergration of Educational Studies*, London, Routledge & Kegan Paul, 1975. 这篇文章引起一些论者的回应。如 Charles Clark, "Education is not an Academic Discipline: A Reply to Professor Peters," *Educational Studies*, 1976, 2(1), pp. 11-19.

[⑥] Jeanne Pietig, "Is Foundation of Education a Discipline?" *Educational Studies*, 1975, 6(1/2), pp. 1-12. Jeanne Pietig, "Is Education a Discipline?" *The Educational Forum* (Spring), 1984, p. 370.

[⑦] Jack Whitehead, *How do I Improve my Practice*?: *Creating a Discipline of Education Through Educational Inquiry*, University of Bath, 1999. Jack Whitehead, "How Do I Improve My Practice? Creating and Legitimating an Epistemology of Practice," *Reflective Practice*, 2000, 1(1).

特·比斯塔（Gert Biesta）比较了英语国家与欧洲大陆国家在构建教育研究的方式上的差异。他认为，英语国家长期重视教育的交叉学科的研究而忽视构建自主的教育理论（后者倾向于发展一门自主的教育学科），这种方式尽管可以从不同学科的角度研究教育过程和实践，但却没有工具来捕捉作为一个教育的实体的教育实体（the reality of education as an educational reality）。这一困境也可以这样来说："教育心理学可以问关于教育的心理学问题，历史学可以问关于教育的历史问题，哲学和社会学也可以问各自的关于教育的问题，而问题仍然存在，谁来问关于教育的教育学问题（educational questions about education）？"①在比斯塔看来，一门独立的教育学科具有非常重要的意义。甚至《英国教育研究杂志》曾于2012年第4期专门探讨与此相关的问题。② 我们可以看出，长期以来都存在着发展一门独立的教育学科的努力。

　　尽管长期存在关于教育学学科地位（教育学是否为一门学科，是否自主，等等）的讨论，但常常无果而终，对后来教育学的发展和转向几乎没有产生影响。从大量的讨论中可以看出，讨论的关键在于衡量一门"学科"的标准是什么。无论是否认可教育学是一门学科，参与讨论的学者所持的"学科"标准大都不同，构建教育学科的思路也存在差异。结果，关于"教育学学科地位"的讨论实质上成为不同学科观的碰撞。对于个人而言，不同的学科观在研究实践上均有其合理性。重要的是，这些长期存在的讨论并没有产生什么重要的结果。那么，这类讨论有何意义？有三位学者的观点值得注意。第一位是来自布兰迪斯大学（Brandeis University）的社会学教授休斯（Everett C. Hughes），他也参与了1961年在约翰霍普金斯大学举行的关于"教育学科"的研讨会。③ 他一开始并不直接探讨教育学是否为一门

---

① Gert. Biesta, "Disciplines and Theory in the Academic Study of Education: A Comparative Analysis of the Anglo-American and Continental Construction of the Field," *Pedagogy, Culture & Society*, 2011, 19(2), p. 190.

② Gary McCulloch, "Introduction: Disciplinarity, Interdisciplinarity and Educational Studies—Past, Present and Future," *British Journal of Educational Studies*, 2012, 60(4), pp. 295-300.

③ Everett C. Hughes, "Is Education a Discipline? Comments by James S. Coleman," In John Walton, James L. Kuethe (ed.), *The Discipline of Education*, Madison, University of Wisconsin Press, 1963, pp. 147-158.

学科，而是对讨论本身进行社会学分析。休斯认为，人们讨论"教育学是否为一门学科"与追求地位有关。他注意到，"学术性学科与专业的关系是我们时代的根本问题之一"。许多职业都在追求专业地位，休斯认为，在大学中一门职业通常会宣称其专业依赖于一门学科，也可能是一门科学。任何一个新专业都会受到科学的检视；没有新专业获取在学术性学科中认可的压力，那么大学可能比现在更狭隘，更缺乏活力去探索人类行为的可能性。那些从事教学的人，从事教育教师和研究学校的人都在追求获得专业和学术上的认可，后者是通过宣称教育学是一门学科来表明的。并不是很多教育领域的人都坚持认为，教育学是一门单一的学科，而是他们更倾向于认为要坚持自己的专业地位。因为，他们像各个学科的人一样，明显在心理上，强调的不是作为学科的特征，而是作为专业的适当地位。有不少例子可以佐证休斯的观点。教育学领域的例子就有：艺术教育是否为一门学科？比较教育是否为一门学科？教育哲学是否为一门学科？等等。教育学之外也有很多：有人探讨戏剧作为一门学科在大学中的地位；有学者认为，人权是一门学术性学科；甚至交际协会也宣称交际学是一门学术性学科。[①] 也有像教育学这样长期为自身的学科地位困扰的学科，如会计学。美国杰出的会计学家哈特菲尔德(Henry Rand Hatfield)在1924年召开的会计学年会上提出："会计是一门学术性学科吗?"他开头便说："我确信，所有在大学教授会计学的人都受到来自同事的含蓄的轻蔑，他们把会计学视为一个入侵者，先知中的一个扫罗(Saul)，一个贱民，它的存在削弱了学术殿堂的神圣性。"[②]至今仍有学者在探讨会计学是否为一门学术性

---

① Todd Wronski, "Theater in American Higher Education: Respected Discipline or Academic 'Poor Cousin'?" *Journal of Aesthetic Education*, 1990, 24(3), pp. 107-115; Buddhadeb Chaudhuri, "Human Rights as an Academic Discipline: Challenges and Opportunities," *Human Rights Education in Asian Schools*, 2007, 10, pp. 127-139; George L. Newsome, "Educational Philosophy and the Educational Philosopher," in Hobert W. Burns and Charles J. Brauner (ed.), *Philosophy of Education: Essays and Commentaries*, New York, Ronald Press, 1962, p. 53; Manuel Barkan, "Is There a Discipline of Art Education?" *Studies in Art Education*, 1963, 4(2), pp. 4-9.

② Henry Rand Hatfield, "Bookkeeping, An Historical Defense," *Journal of Accountancy*, 1924, 37(4), pp. 241-253.

学科。① 可见，一门新兴的专业在大学争取认可的标志就是声称自己是一门科学(或学科、学术性学科)。探讨"教育学是否为一门学科"，实质上意味着，教育研究者群体在追求一种专业的地位。

第二位学者是教育哲学家索尔蒂斯(J. F. Soltis)。1968年，他从分析哲学角度分析了四种最常见的"学科"概念：(1)可教授的内容体系；(2)学科是一种抽象的和理论的而非实践的探究；(3)一门学科的特征是独特的、有组织和开放的知识体系；(4)一个具有获得和组织知识的独特的方法论的研究领域。结果，他发现没有独有的特征来区分学科与非学科，因而他认为，某一学科被认定为是学科历史的偶然造成的。② 然而，他并没有回答，既然一门学问是否被视为"学科"是由历史的偶然性造成的，那么关于"教育学是否为一门学科"的无休止争论意味着什么？

第三位学者皮耶蒂格提供了一个答案：这些争论是毫无意义的。1984年，他在《教育学是一门学科吗？》中分析了数种关于学科的标准后指出，一门学科并没有独有的特征，一些研究主题被贴上"学科"的标签具有一定的历史偶然性。"争论教育的或其他研究领域的学科地位是毫无意义的。"③ 他认为，学科与非学科的区分是虚假的，不需要再讨论教育是否为一个合法的学术领域，研究者应当对"学科"进行祛魅。他引用《学术的革命》的观点："一门学科本质上不过是一种管理上的分类。"④"学科"不过是一个有声誉的标签，同时它只是为方便管理而被建构出来的。既然"学科"不过是一个有声誉的标签，那么讨论本身的持续仅仅意味着这样一个事实，即教

---

① 统计学家费灵甘(John Fellingham)在美国会计学会(American Accounting Association)2006年年会上发言的主题是"统计学是一门学术性学科吗？"(Is Accounting an Academic Discipline?)。John C. Fellingham, "Is Accounting an Academic Discipline?" *Accounting Horizons*, 2007, 21(2), pp. 159-163. Joel S. Demski, "Is Accounting an Academic Discipline?" *Accounting Horizons*, 2007, 21(2), pp. 153-157.

② [美]佐尔蒂斯：《教育概念分析导论》，简成熙译，26-36页，台北，五南图书出版公司，1995。

③ Jeanne Pietig, "Is Education a Discipline?" *The Educational Forum* (Spring), 1984, 48(3), p. 370.

④ Christopher Jencks and David Riesman, *The Academic Revolution*, Chicago, The University of Chicago Press, 1977, p. 523.

育学长期缺乏"声誉"。类似地，对教育学者关于"教育学是不是一门科学"的讨论，似乎也可以这样说："科学"只是一个有声誉的标签。在教育学与其他人文社会科学之间并不存在泾渭分明的界限。教育学缺乏"科学"的声望，因而它不得不争取被认可。可是，真正的问题是，为什么教育学作为一个学术领域缺乏像"学科""科学"那样的地位？皮耶蒂格没有回答。他的贡献仅仅在于指出了隐藏在大量相关争论中的实质，但他没有解决这个问题，因为他只是简单地宣布，由于没有普遍的"学科"标准，"学科"不过是个"有声誉的标签"而已，所以关于"教育学是否为一门学科"的争论是毫无意义的。实际上，皮耶蒂格不仅没有解决教育学的地位问题，他甚至没有正确地提出问题，或者说，他是以取消问题的方式来解决问题的。因为不能通过宣布这些争论没有意义而消除产生争论的根源。正像马克思在责备费尔巴哈批判宗教有不彻底性时指出的那样，费尔巴哈只是揭露了宗教世界是世俗世界的幻想，但"他没有注意到，在做完这一工作之后，主要的事情还没有做哩"。因为他没有回答："人们是怎样把这些幻想'塞进自己头脑'的？"①皮耶蒂格只是指出，教育学努力争取的只是一个"有声誉的标签"，而没有追问：为什么教育学需要这个标签？它为什么长期不能获得这样一个标签？问题终究不能被简单地取消。

值得注意的是，20 世纪下半叶，国际教育学界还存在另一种动向。由于"education"既指教育活动，又指关于教育的陈述即教育学，因而"education"的多义性为学术界造成了不少混乱。从 20 世纪 50 年代开始，一些教育学者为教育学发起了一场颇具声势的"更名"运动。部分学者试图用 educology 指称关于教育的整个知识体系。学者哈丁（L. Harding）、斯坦纳（E. Stainer）、费希尔（J. Fisher）、克里斯坦森（J. Christensen）等人发起建构

① 《马克思恩格斯全集》第 3 卷，4、261 页，北京，人民出版社，1960。

教育学（Educology）的努力①，甚至发行了专门的杂志《国际教理学杂志》(*International Journal of Educology*)。这些努力也得到一些著名教育学者如胡森（Torsten Husén）、奥利韦拉（Carlos E. Oliveira）的积极响应。② 这些尝试既同教育学(education)一词的模糊含义有关，也同教育学作为一个探究领域长期处于学术等级的底端有关。尽管人文社会科学中，语言概念的多样性和模糊性常给研究者带来困扰，但是教育学领域长期囿于这类基本问题，最重要的原因可能不在于语言本身带来的困难，否则，只需请各领域的学者编纂一部词语、概念用法的词典便可解决大部分问题。

与英语国家的情况不同，教育学(pädagogik)在德语国家长期被视为一门自主的学科。③ 然而，从历史上看，教育学的地位普遍不高。教育学家布列钦卡曾在《教育学兴衰》一文中描述教育学经常面临的困境：1965 年之前，教育学在哲学系被当作二等辅修学科看待，缺乏高质量的生源，优秀的学生不愿将教育学作为主业和终生职业。一些教授们相对无准备地接受了新教育学的教席，而把重心放在其他学科上，有余力时才弄一弄教育学，他们有时把教育学作为实践教育学，有时把教育学作为教育哲学来理解和讲授，并对其学科特征持怀疑态度，他们宁愿做哲学教授，把教育学纯粹只看作任务，而不愿耗神。1965 年后，教育学科在数量上获得巨大发展。以奥地利的大学为例，1964 年只有 3 个教席，30 年后则有 28 个，此

① J. E. Christensen（ed.），*Perspectives on Educaiton as Educology*，Washington，University Press of America，1981. 范国睿：《教理学的产生及其影响》，《比较教育研究》，1995(2)。陈桂生：《教育学的建构》，251-258 页，长沙，湖南教育出版社，1998. 1989 年 6 月 13 日在美国南卡罗来纳州成立了美国教理学研究会(Educology Research Associates/USA)，该协会成立了"教理学哲学与历史研究所：为了世界民主的发展"(The Institute of History and Philosophy of Educology for Developing Democracies in the World)。这个研究所旨在研究和发展一种教理学哲学，也就是发展一种关于教育性过程的组织有效实践的统一知识体系的哲学，避免将错误的教育性经验作为在民主上具有破坏性的学习经验，从而避免人力的浪费。它还创办了《国际教理学杂志》(*International Journal of Educology*)。

② [瑞典]胡森：《教育研究正处在十字路口吗？试以此文作自我批评》，《教育展望(中文版)》，1990(3)。[阿根廷]奥利韦拉：《比较教育：一种基本理论在发展中》，《教育展望(中文版)》，1988(18)。

③ Gert Biesta，"Disciplines and Theory in the Academic Study of Education：A Comparative Analysis of the Anglo-American and Continental Construction of the Field，"*Pedagogy，Culture & Society*，2011，19(2)，pp. 175-192.

外还有 13 个教师从事教育学的分支学科。而修习教育学的人数和教育学的出版物都在急剧增加。然而，这并没有提升教育学在大学中的地位。比特纳（Günther Bittner）中肯地描述道：“教育学的流行给人一个知识进步的假象，现实中只是标牌换了一下。”“教育学”名称之下的大部分内容是由人们不想要的知识构成的。[①] 至今，教育科学在德国还是很脆弱的。[②] 也许教育学的普遍状况在布列钦卡的这段话中得到体现，尽管教育学在数量上取得了巨大的发展，但是：“教育学科几乎谈不上认识论的进步，并存在着很多混乱。因而，教育学总是处于一种深层的危机之中。……就我所见，不仅欧洲，这种状况在其他发达国家也同样存在。”[③]对此，布列钦卡从元分析的角度入手，致力于澄清教育学知识的不同性质和类型。

上述努力主要侧重于认识论方面，但没有追问为什么教育学总是难以赢得令人尊敬的地位，或者假定正是教育学研究的质量影响其地位。

第三节 教育学地位问题的提出

在 19 世纪，那些希望教育学成为一门科学的研究者更多地将教育学的不成熟、不理想归于相关基础学科的薄弱。如赫尔巴特时代的心理学，第斯多惠时代的人类学、宗教学等。[④] 尽管教育学还不成熟，但历史的机缘甚至使它帮助其他学科进入大学。在法国，社会学是借助教育理论进入巴黎大学的[⑤]；在美国，心理学正是借助于同教育学的联姻才得以在大学中

[①] Wolfgang Brezinka, "Aufstieg und Krise der Wissenschaftlichen Pdagogik", *Odgojne Znanosti*, 2008, 10(1), pp. 113-132.

[②] Edwin Keiner, "Education Between Academic Discipline and Profession in German after World War II," *European Educational Research Journal*, 2002, 1(1), p. 87.

[③] [德]沃尔夫冈·布列钦卡：《教育知识的哲学》，杨明全等译，1-2 页，上海，华东师范大学出版社，2006。

[④] [德]第斯多惠：《德国教师培养指南》，袁一安译，65-66 页，北京，人民教育出版社，1990。

[⑤] [法]爱弥尔·涂尔干：《教育思想的演进》，李康译，1 页，上海，上海人民出版社，2003。

发展壮大的①。至 19 世纪末 20 世纪初，不少知识门类（包括教育学）先后在大学中取得独立建制。教育学在大学中不仅未能获得令人尊敬的地位，而且教育学教授还不时地遭到同事们的怀疑，甚至讥讽。这在美国精英大学表现得尤为明显。例如，哈佛大学的首位教学史和教学艺术教授哈努斯在哈佛的遭遇便表明了这一点。② 哈佛大学的校长洛厄尔（Abbott Lowrence Lowell）在 1933 年卸任时曾说，教育研究生院是一只应当被溺死的小猫。③ 尽管西方存在大量关于教育学独立等方面的讨论，但教育学的地位问题并没有在教育学比较"发达"的西方国家作为一个值得探讨的问题被直接提出来。相反，它却在"进口"西方教育学的中国被提出来了。④

也许最早将教育学的地位问题明确提出来的是民国时期的几位教育学者。自王国维 1901 年从日本引进教育学后，一般来说，"教育学术的为人轻视，总还是事实"⑤。20 世纪 20 年代，一些大学陆续成立专门的教育系科，但遭到一些学者抵制。当时教育学"在学术中之位置，亦不为流俗所推崇"，"在知识界中了解教育学术之价值者，亦属寥寥不多见"。⑥ 20 世

---

① ［美］埃伦·康德利夫·拉格曼：《一门捉摸不定的科学：困扰不断的教育研究的历史》，花海燕等译，导言，北京，教育科学出版社，2006。

② 同上书，69—70 页。历史学家鲍威尔详细地阐述了哈佛大学教育研究生院在大学的地位困境。Auther G. Powell, *The Uncertain Profession: Harvard and the Search for Edcational Authority*, Cambridge, Harvard University Press, 1980.

③ William J. Reese, "Book Review: Ed School, a Professional Education," *The Journal of American History*, 1989, 76(1), pp. 234-235.

④ 20 世纪初期，中国在学术建制上已实现从传统学术形态向现代学术形态的转变，但在学术人才的规模和结构上同西方国家不可比较。在"进口"西方教育学的背景下，中国学者能够率先提出教育学的地位问题，令人称奇，但从另一个角度考虑，这种情况似乎又相当自然。当时，不少教育学者均有留学西方的经历，他们或许对教育学在中西不同的学科建制的境况更敏感。此外，这种情况也可能并非主要缘于当时国内教育学的状况，而是根植于西方教育学的处境。类似于马克思在论及社会关系与生产力间的矛盾时的反映："如果这种理论、神学、哲学、道德等等和现存的关系发生矛盾，那末，这仅仅是因为现存的社会关系和现存的生产力发生了矛盾。不过，在一定民族的各种关系的范围内，这种现象的出现也可能不是由于现在该民族范围内出现了矛盾，而是由于在该民族的意识和其他民族的实践之间，亦即在某一民族的民族意识和一般意识之间出现了矛盾。"《马克思恩格斯全集》第 3 卷，36 页，北京，人民出版社，1965。

⑤ 龚启昌：《教育学术不值得重视么?》，《时代公报》，1933(98)。

⑥ 转引自侯怀银：《20 世纪上半叶中国学者对教育学学科独立性的研究》，《教育研究》，2003(4)。

纪 20 年代中期，教育学家孟宪承与植物学家胡先骕关于教育学及师范大学的制度问题展开争论。其中关于教育学的争执可概括如表 2-1：

表 2-1　孟胡二人争执教育学的问题①

	胡先骕之说	孟宪承之意
1	以教育为专门学科而加以精深之研究者，当首推美国	从历史上看，却并不然。最早以教育为专门学科而加以精深的研究的，实推德国。……至于美国，真是后进。它的许多教育学前辈多半还是德国留学生，它在教育研究上有特殊成绩不过近几年的事罢了
2	在欧洲英德法诸邦，教育学只为文科中附属之课程，不但不能为之一独立之大学，且每每不得成为大学中之一系，所谓教育哲学、教育心理者，亦不得为大学中独立之学科	就事实而论，法国在 19 世纪百年间，中学师资靠着独立的高等师范学校为策源地，到后来才和大学合并，不过是办法上的便利，何尝将教育学降为"附属"。英国许多大学里，教育系（或教育学讲座）确是属文科的，然而专门培养中学师资的机关，还有与大学同等程度的"训练学院"，也就是师范科"独立之大学"。在德国，关于教育理论的课程是在大学里讲习的，而实习的课程，却常由最优良的中学学校组织"研究科"，由大学指定学生到那里去学习
3	就美国而论，著名学校中，亦无号称师范大学者。赫赫有名之哥伦比亚大学师范院，亦只为大学内之一部。其他赫然有声如哈佛、耶鲁、加利福尼亚各大学，教育只为文理科中之一系	师范教育，是公家的事业，不是私立大学专有的责任。所以美国师范大学多是省或地方经费办的，在中等教育上处于很重要的地位。不过，既是单科大学，又系后期的组织，在一般高等教育界，当然不比几百年的老校著名
4	美国大学中不为同僚重视者，为教育学与社会学教授	在学术上看，大学各科的学问，只要有忠实精深的研究，都一般应当"重视"。个人感情上的重视与否，与学问本身的价值，并无关系。而且"同僚"为谁，"教授"是什么人，都须分别观察
5	教育学在欧美先进国尚视为幼稚而未达于成立之时期，其诸教授所主张之学说亦未尽为国人所信仰	何从证明"其诸教授所主张之学说亦未尽为国人所信仰"呢？就使一说，未尽为国人所信仰，于那说的成立与否，又有什么必然的关系呢

---

① 张礼永：《重温师范大学制的"孟胡之争"——孟宪承与胡先骕关于师范大学制的论争之探析(1925)》，《华东师范大学学报(教育科学版)》，2014(2)。

更直接地将教育学的低下地位作为一个问题严肃对待的教育学者是夏承枫。他将教育学所受的轻视和怀疑视为偏见，并且探讨了产生这种偏见的三个重要原因：（1）教育学术尚在幼稚时期，还不能致用于社会；（2）社会制度未入常轨，师范学术遭到侵占，难见诸实施；（3）教育学术自身缺乏科学精神。① 夏氏还指出，教育学术的地位与教育事业的发展密切相关，

> 教育学术在学术上的地位一天不确定，教育事业便不能赎回固有的独立性质，用科学方法增进教育效率的理想永远不能实现……教育学术科学化一个问题，不独是我们少数人事业成败问题，乃是教育事业成败问题……凡社会独立事业，皆当有一种独立学术作他的背景，使事业得有根基……而教育学术，至今不成为专科，这是古今从事教育者的奇耻。②

随后，他提出以教育学术的科学化"赎回"教育事业的独立性，并将之视为教育学术界的"雪耻运动"。夏氏的唯心主义立场与一些德国教育学家坚持通过追求教育学的自主以间接地防止政治、经济、宗教等领域对教育自身逻辑的"侵犯"颇具相似之处。③ 这种做法虽有倒因为果之嫌，但观点本身似乎暗示，研究者对教育学依附相关知识领域的担忧实根源于教育本身已受到经济、政治等领域的"侵犯"。

1932 年，傅斯年在探讨中国教育崩溃的原因时将有关教育学的地位问

---

① 夏承枫：《教育学术科学化与教育者》，《教育杂志》，1926（2）。
② 夏承枫：《教育学术科学化与教育者》，《教育杂志》，1926（2）。
③ 在一个社会弊端丛生的时代，"教育和教育学必须保持自己的自主性，特别是对于政治团体、宗教团体和福利团体的相对自主性"。"既然教育拥有特定的规律，那么，它必须是特定的、独立的、科学的研究对象，就要有一套自身的概念系统。"相关论点参见彭正梅：《德国教育学概观：从启蒙运动到当代》，北京，北京大学出版社，2011。德国教育学家本纳（Dietrich Benner）亦持类似观点，他在《普通教育学》中将人类的基本实践划分为六种：经济、伦理、宗教、教育、艺术和劳动。他强调这些实践形式是非等级性秩序，每个领域都具有自身的行动逻辑以此防止个别领域凌驾于其他领域之上。借此，本纳试图确立教育自身的独立性。参见［德］底特利希·本纳：《普通教育学——教育思想和行动基本结构的系统的和问题史的引论》，彭正梅等译，13—39 页，上海，华东师范大学出版社，2006。

题公开化。① 他认为，教育学不应设在旨在进行学术研究的大学中，它"不过是一个补充的副科，便是一个毕业后的研究"，将教育学与文理科平行是"荒谬"的。他说，以教育学"代替文理科之基本训练，岂不是使人永不知何所谓学问"？他甚至建议大学不设教育学院、教育系。这种观点引起邱椿②和杨亮功③针锋相对的反驳。其中，邱氏的回应集中针对傅氏对哥伦比亚大学毕业生的指责。杨氏主要为教育学辩护，他指出教育学是不是一门独立的学问，"差不多已成旧案，似乎不须再行上诉了"。此处，"独立的学问"是指大学中已设立专门的教育系科且开展相关的学术研究。另外，他认为不能因教育学应用了其他学科的内容和方法便断定其无资格成为一门独立的学问，否则医学、工程学"皆将不能成为一种独立之学问了"。杨氏的论证表明，教育学的地位问题不是教育学与其他知识门类之间的逻辑关系问题，或者说教育学并不因利用其他科学的方法和内容而必然失去学术独立的地位。教育学对相关学科的依赖并不必然导致教育学为人瞧不起。也就是说，教育学在逻辑上依赖其他知识领域不能直接解释教育学的学术地位偏低的问题。

1933 年，赵廷为也对傅氏的言论做出回应，他分析了三种可能导致"教育的学问"地位不高的原因：(1)教育的科学知识太幼稚，不能算一种真正的科学，缺乏完整的科学体系；(2)教育的学问太浅显易懂；(3)有许多不懂教育的人们也在那儿办教育而且办得很好。他辩护道：教育的学问固然幼稚，但却有远大的前途；教育的知识并不像局外人认为的那样浅显；在其他条件相同的情况下，懂教育的人"办起教育来比不懂教育的人，一定会好得多"。他认为，"教育的学问本身绝对没有被人家瞧不起的地方"。④ 并且，赵廷为

---

① 《傅斯年全集》(第五卷)，9、33 页，长沙，湖南教育出版社，2000。(《教育崩溃之原因》原载 1932 年 7 月 17 日《独立评论》第九号)

② 同上书，17–22 页。(原载 1932 年 7 月 31 日《独立评论》第十一号)

③ 杨亮功：《读了孟真先生"再谈几件教育问题"以后》，《独立评论》，1932(22)。

④ 轶尘：《教育的学问为什么给人家瞧不起》，《东方杂志》，1933，30(2)。值得注意的是，罗廷光在《教育科学大纲》(原版 1933)第三章论及"教育学是一种科学吗？"包括一般人对教育学的不了解，另一种学术界同行对教育学的理解。

在后来的研究中极力强调教育学术的重要性。① 总的来看，赵氏的观点肯定了教育学本身的因素(幼稚、浅显等)在逻辑上不能直接解释其地位的状况。在他看来，教育的学问被人瞧不起的原因在于研究者本身，他们太会赶时髦，太会适应环境，不肯下功夫，兴味过于狭隘等。廖泰初论及教育学(教育研究)时指出，教育学自赫尔巴特之后虽经百余年的发展，仍是"新兴的同时是幼稚的学问"，"1900年前，教育研究，谁都说不清是什么东西，偶或遇见零碎的尝试，也只是片面的，没有重大影响的"。在中国，"据历史的昭示，教育这门东西，似乎是最空虚不过的，言之无物，钻研穷究半生，和教育绝无研究的人比较起来，相差无几"，这说明中国教育研究发展慢，且主要是抄袭国外的东西，而"中国永远不曾把教育当作一种专业"。此外，他还观察到另一种值得注意的教育学现象，即教育学研究与各分支学科之间"地主与园丁"的关系：

> 我们见到教育心理学家，教育社会学家，教育哲学家，教育生物学家，这些各家的研究者，似乎把教育学各分得了一杯羹，各自去消化咀嚼，此外剩下的教育行政可归入"教育政治学"的范围，教育财政，归入"教育经济学"的范围，教育的园地里，都种上了别人的花果，是佃农而不是自耕农，收获多多少少全是各地主的问题，教育学者似乎是公共雇用的园丁罢了。②

值得注意的是，20世纪上半叶有不少教育学者(如高仁山、傅继良、罗廷光、陈友松、姜琦等)③极力为教育学的科学地位辩护。所谓教育学的科学地位就是教育学是否有资格成为一门科学。他们大都认为"教育学是一门科学"，或者至少承认"教育学有成为科学的可能性"。其辩护的有效

---

① 赵廷为：《教育学术研究的重要性》，《教育杂志》，1948(33)。
② 廖泰初：《中国教育学研究的新途径——乡村社区的教育研究》，《教育学报》，1938(3)。
③ 高仁山：《教育学能否成为科学》，《国立北京大学(社会科学季刊)》，1925(4)。傅继良：《肯定教育科学的理论根据》，《师大教育丛刊》，1930(3)。陈友松：《教育学是否科学》，《是非公论》，1937(43)。姜琦：《教育可能成为一种独立研究之科学》，《教育杂志》，1948(5)。

性取决于如何界定"科学"与"教育学"。然而，这两个概念均可以在不同意义上被理解。结果，辩护与驳斥演变为不同"科学"观与"教育学"观的对峙。① 如果问题仅仅在于学者们持有的"科学"与"教育学"的观念不同，那么问题本身也便不成为问题，因为人们关于"科学"与"教育学"的观念长期存在差别。如果问题不在于"科学"与"教育学"观念的差异，那么问题在哪呢？也就是说，这些辩护本身意味着什么？这涉及当时学术界流行的一种"错误的观念"，即"不承认教育是一门科学"②。而"科学"意味着独立和尊严。因此，"教育学是否（或能否）成为一门科学"事关教育学这门学问的尊严和声誉。众多教育学者为教育学成为一门"科学"而做辩护，也就是要求学术界承认教育学的科学地位，从而承认教育学的独立、尊严和声誉。因而辩护本身一方面反映了教育学在学术界地位偏低的事实，另一方面暗示教育学地位的关键在于其科学水平。

上述学者的观点对理解教育学地位的问题至少有四个方面的意义：(1)在中国教育学发展的初期提出了教育学的地位问题；(2)否定了教育学的逻辑因素可以直接解释其地位问题；(3)尝试从社会关系的角度(如研究者的社会行为、教育事业的独立、社会效用、发挥作用的社会条件等)解释教育学的地位问题；(4)教育学的地位深受其科学化程度的影响。

第四节　教育学院的地位

教育学地位偏低的主要表现之一是，从事教育知识生产与传播的机构地位不高。这在美国表现得尤为突出。在那里，鲜有学者直接讨论教育学的地位问题，他们更关注教育学院的地位问题。在美国，教育学通常不是一个独立的知识门类，也很少被认为是一门学科，但大学里却存在大量生

---

① 主要有这样几种理解："科学"作为一门系统知识的科学，或指自然科学意义上狭义的科学，或涵盖自然科学与精神科学意义上的宽泛的科学等；"教育学"作为教育科学，包括教育科学与教育哲学，或教育的学术研究等。
② 陈友松：《教育学是否科学》，《是非公论》，1937(43)。

产和再生产(教授)教育知识的教育学院(或教育研究生院)。它们中的大部分主要为那些毕业后从事教师工作的学生提供教育课程,少数学院专注于培养教育方面的高级人才(教育管理者、学监、学术人才等)。相对于艺术与科学学院,教育学院的地位普遍偏低。教育学教授们"在学术圈内普遍受人怀疑,亦且不时被同事目之为彻头彻尾的江湖郎中之徒"①。

第二次世界大战后,特别是苏联卫星发射成功后,美国公众和学术界对教育以及与之相关的教师、教师教育、教育学院和教育学教授展开一系列的攻击。表2-2是部分具有代表性的著作。

表2-2　第二次世界大战后批评美国教育的代表作

时间	著作	作者	职业
1949	《教育的危机》(*Crisis in Education：A Challenge to American Complacency*)	贝尔(Bernard Iddings Bell)	神职人员
1949	《疯狂的教学》(*And Madly Teach：A Layman Looks at Public Education*)	史密斯(Mortimer Brewster Smith)	社会学家
1953	《教育的荒地》(*Educational Wasteland：The Retreat from Learning in Our Public Schools*)	贝斯特(Arthur Eugene Bestor)	历史学家
1953	《公立学校的骗术》(*Quackery in the Public Schools*)	林德(Albert Lynd)	大学教师、商人
1954	《被荒废的大脑》(*The Diminished Mind：A Study of Planned Mediocrity in Our Public Schools*)	史密斯	社会学家
1959	《教育与自由》(*Education and Freedom*)	里弗科(H. G. Rickove)	海军上将
1963	《美国教师的教育》(*The Education of American Teachers*)	科南特(James Conant)	化学家、大学校长、政治家
1963	《美国教师的错误教育》(*The Miseducation of American Teachers*)	克尔纳(Jame Koerner)	历史学家

---

① 林玉体编著:《西洋教育史》,411页,台北,三民书局,2005。

时间	著作	作者	职业
1973	《为了生活而击节》(*This Beats Working for a Living：The Dark Secrets of a College Professor*)	Professor X	不详
1985	《教育的烟枪》(*Education's Smoking Gun：How Teachers Colleges Have Destroyed Education in America*)	戴默里尔（Reginald G. Damerell）	教育学
1983	《中学：关于美国中等教育的报告》(*High School：A Report on Secondary Education in America*)	博耶（Ernest Boyer）	教育家、大学校长
1983	《美国教师质量问题》(*America's Teacher Quality Problem：Alternatives for Reform*)	韦弗（W. Timothy Weaver）	不详
1991	《教育学院的愚蠢》(*Ed School Follies：The Miseducation of America's Teachers*)	克雷默（Rita Kramer）	记者
1993	《美国教育的内部》(*Inside American Education：The Decline, the Deception, the Dogmas*)	索维尔（Thomas Sowell）	经济学家、社会理论家、政治哲学家、作家

麦克穆里(Sterling M. McMurrin)说："众所周知，在过去的几年中，其他专业学院和艺术与科学学院的教员对专业教育学院的批评成为一种受欢迎的学术运动。"①一般来说，教育学院、师范教育和教育学教授在大学中处于边缘地位，学术界对教育不满，进而引发对教育学院和教育学教授的批评。② 这些批评主要集中在以下方面：教育学院具有反理智主义倾向；

---

① Sterling M. McMurrin, "Introduction in Jame Koerner," *The Miseducation of American Teachers*, Boston, Houghton Mifflin Company, 1963, p. xii.

② David F. Labaree, "The Lowly Status of Teacher Education in the United States：The Impact of Markets and the Implications for Reform," Quoted in Nobuo K. Shimahara & Ivan Z. Holowinsky (ed.), *Teacher Education in Industrialized Nations：Issues in Changing Social Contexts*, New York, Garland Publishing, Inc., 1995, pp. 41-85. Geraldine Joncich Clifford & James W. Guthrie, *Ed Schools：A Brief for Professional Education*, Chicago, University of Chicago Press, 1988. Arthur G. Powell, *The Uncertain Profession：Harvard and the Search for Educational Authority*, Cambridge, Harvard University Press, 1980. David F. Labaree, *The Trouble with Ed Schools*, New Haven, Yale University, 2004. Richard Wisniewski & Edward R. Ducharme (ed.), *The Professors of Teaching：An Inquiry*, Albany, State University of New York Press, 1989.

教师准备严重不足；教育课程单调、重复、幼稚、模糊、无趣，缺乏理智训练价值；教育学教授的理智水平低；教育学院入学标准低，教育专业的生源质量差；学位论文质量低劣；教师训练中教育课程过多，学术课程过少；教育研究质量低劣；教育学术期刊粗糙，缺乏理智上的刺激；在知识上没有发展成为一套知识和技能库。这些批评并非都源于学科偏见和主观臆断，一些重要的批评者如克尔纳、科南特等均通过大量观察、访谈和问卷调查在很大程度上印证了上述批评。

大体而言，导致教育学院、教师教育和教育学教授地位低下的原因有以下六个方面。第一，服务对象。绝大部分教育学院的基本职责是培养公立学校的教师，而教师作为职业群体普遍缺乏社会声望，经济收入长期处于较低水平。芝加哥大学教育系的命运是一个典型的例子，1996 年年底，在学校当局决定关闭教育系时，一种普遍的观点认为，精于算计、吝啬的有钱人执掌芝加哥大学后，发现"教育系——拥有收入微薄的校友——寒酸，于是选择关闭它"。[1] 第二，教学作为职业在数量上以女性为主。自19 世纪下半叶后，学校教师(尤其是小学教师)在数量上长期是女性占据主导地位，而美国文化对女性主导的职业的歧视非常严重。20 世纪初，一些杰出的心理学家如霍尔(G. Stanley Hall)、詹姆斯(William James)、桑代克(Edward L. Thorndike)等在利用教育学的"机会"发展纯粹心理学时极不情愿与教师打交道。[2] 第三，教育学院作为专业学院在大学中面临专业(profession)与学术(academia)的双重压力。如克拉克(Burton R. Clark)所言，任何专业学院都面临如何平衡这两种力量之间的拉锯战的问题，法学院和医学院同强有力的高地位的专业相连，它们"拥有大量受尊敬的、编码化的知识，能控制其准入门槛和训练"。而教育学院与地位偏低的教学专业相连，其基础知识是乏味的，在学术等级体系中，在理智上被认为是

---

① Ethan Bronner, "End of Chicago's Education Scholl Stirs Debate," *New York Times* [Late Edition (East Coast)], New York, Sep 17, 1997, p. 27.

② [美]埃伦·康德利夫·拉格曼：《一门捉摸不定的科学：困扰不断的教育研究的历史》，花海燕等译，23-63 页，北京，教育科学出版社，2006。

软的和混乱不清的，教育学院终其一生都需要克服这种贫弱状况。① 在专业服务方面，教育学院至今未能发展出一套成熟、有效的知识和技能体系以控制教学职业的进出门槛。教育学院能够垄断的知识是如何教的知识而不是学术性科目，因此它往往受文科教授的指责：教育学院没有为未来教师提供充分的学术性科目的基础，或没有给予学科内容以适当的重视。② 第四，教育学教授不擅长教育实践，且教育知识对教师的效用极有限。在许多大学中学术研究导向占据上风，不少教育学教授不再像早期前辈那样擅长教育实践，而是专注于研究教育的学科内容。③ 布劳迪（Harry S. Broudy）认为，现代社会分工所遵循的"认知压力最小原则"（the principle of least cognitive strain）在教育中的应用使教学过程被肢解为仅需要很少认知努力的步骤，这使任何教育理论在实践中不可避免地被肢解，且使其必然遭遇失败。④ 他还指出，教育问题的背景的整体性使教育科学与技术对实践的直接意义有限。⑤ 第五，教育学具有软应用的特征，这使其既不足以抽象以高度理论化，亦没有足够的实践性，它介于理论与实践之间。⑥ 这种特点使教育学教授在学术等级中处于尴尬的境地，"他们的科学并不足够科学以使在第三阶梯上有一个稳固的栖息之地，他们的艺术在第二阶梯上也不足够具有实践性"⑦。概言之，教育学的困境在于它不仅在学术上没

---

① Burton R. Clark, "Constraint and Opportunity in Teacher Education Reflections on John Goodlad's wither Schools of Education," *Journal of Teacher Education*, 1999, 50(5), pp. 352-357.

② Frederick F. Ritsch, "Teacher Preparation and the Liberal Arts," *The Educational Forum*, 1981, 85(4), pp. 405-410.

③ Harry S. Broudy, "What do Professors of Education Profess?" *The Educational Forum*, 1980, 44 (May), pp. 441-451.

④ Ibid., p. 448.

⑤ Harry S. Broudy, "The Search for a Science of Education," *The Phi Delta Kappan*, 1976, 58(1), pp. 104-111.

⑥ David F. Labaree, "The Trouble with Ed Schools," *Educational Foundations*, Summer, 1996, pp. 27-45. 《涂尔干文集·道德教育》第三卷，陈光金等译，上海，上海人民出版社，2001。Harry S. Broudy, "What do Professors of Education Profess.," *The Educational Forum*, 44 (May, 1980), pp. 441-451.

⑦ Harry S. Broudy, "What do Professors of Education Profess?" *The Educational Forum*, 1980, 44 (May), p. 446.

有自己的理论基础，而且它所主张的专业主义没有得到普遍认可的实践。[1]
第六，教育学教授作为一个群体缺乏认同[2]，也影响到他们在学术界的话
语权。有学者指出，教育学教授对学术信念的缺乏是他们在大学处于次等
地位的主要原因。[3] 教育学院只有通过获得承认的有效实践，才能实现自
己的社会责任，并在高等教育机构继续存在。[4]

此外，还有不少其他因素(学生和教员的质量、获取资源的能力、学
术偏见等)影响教育学院的地位，这些因素无疑不是孤立的。教育学院地
位问题的复杂性在很大程度上远远超出了它表现出来的样子。在论及教育
学教授与文理科教授关于师范教育的争论时，科南特意识到问题的复杂
性："也许我把这个问题说得太简单了。在某些情况下，表面上是关于师
范教育的争吵，实际上却掩盖着有关经济、政治、种族或意识形态问题的
一些更为根本性的矛盾。"[5]

尽管不少学者对教育学院、教师教育等问题发表了大量的论述，但其
中绝大部分作者不是教育学者(见表 2-3)，他们的批评大多具有浓厚的情
感色彩。也许他们的确指出了教育学院、教师教育、教育课程等方面存在
的严重问题，但由于这些学者本身不是教育学者，因而他们很少意识到教
育学院、教师教育、教育课程等问题的复杂性。例如，记者出身的克雷默
在 1988 年利用一年时间访察了美国 15 所教育学院，最终写出了一本《教育
学院的愚蠢》(1991)。她在访察哥伦比亚大学教师学院的课程设计的课堂

---

① James R. Miller & Jon. I. Yong, "Professional Education: Beginning of the End, or End of the Beginning?" *The Educational Forum* 45, 1981, (Jan.), p. 147.

② J. Stephen Hazlett, "Education Professors: The Centennial of an Identity Crisis," in Richard Wisniewski & Edward R. Ducharme (ed.), *The Professors of Teaching: An Inquiry*, Albany, State University of New York Press, 1989, pp. 11-28.

③ Richard Wisniewski, "The Ideal Professor of Education," *Phi Delta Kappan*, 1986, 68(4), p. 288.

④ James R. Miller & Jon. I. Yong, "Professional Education: Beginning of the End, or End of the Beginning?" *The Educational Forum*, 1981, 45(Jan.), p. 148.

⑤ [美]科南特:《科南特教育论著选》，陈友松主译，168 页，北京，人民教育出版社，1988。引文有改动。有许多学生对教育学课程抱着批评的态度:"大多数教育学课程是一些'米老鼠'(Mickey Mouse, 含有陈旧乏味、幼稚简单、与实际无关之意——译者注)课程。"

后认为，这门课在理智水平上最接近于她所见到的艺术或法律专业的研究生水平的课程，但她仍认为这门课太枯燥了。① 在听了一节课后，她断言：这些师范生在课堂上被鼓励着去"改变"一个他们几乎一无所知的世界。在探访纽约州立大学时，她发现，师范生们最关心的不是启发好的学生，而是保护平庸的和落后的学生。在讨论休斯敦大学的那一章，她引证莱昂斯(Gene Lyons)的话来说明，教师教育的课程杂乱无章，其理智水平与制作膨化小麦相当："知识的核心借助于热空气膨胀，分解，再膨胀。"也有来自教育学者内部的批评者，如《教育的烟枪》(1985)的作者戴默里尔。他是马萨诸塞大学教育学院的教员，这本书主要基于个人的经验和观察，而不是严谨、系统的研究。他将当时美国教育制度的弊病完全归因于缺乏教育学的知识体系，对少数族裔和弱势学生降低标准，授予学位过于宽松。他认为，"只要教育学院存在，课堂教师的地位将继续低下"②，并强烈要求"使小学教师成为专业人员的第一步就是关闭教育学院"。总体而言，大部分"研究"对理解教育、教育学院、教师教育等问题的学术价值相当有限。

从探讨教育学院、教育学教授、教师教育等地位低下的成因来看，比较系统、严谨的成果大都来自教育学者内部。其中较有代表性的研究如表2-3。

表 2-3　教育学者探讨教育学院、教育学教授等问题的主要著作

时间	著作	作者
1969	《成为一只长生鸟：教育学教授》(To Be a Phoenix：The Education Professoriate)	科尔涅利乌斯(James Steve Counelis)
1975	《教育学教授：一种评估》(The Professor of Education：An Assessment of Conditions)	巴格利(Ayers Bagley)
1980	《不稳定的专业》(The Uncertain Profession：Harvard and the Search for Educational Authority)	鲍威尔(Arthur G. Powell)

① Rita Krammer, *Ed School Follies：The Miseducation of America's Teachers*, New York, The Free Press, 1991, p. 21.

② Reginal G. Damerell, *Education's Smoking Gun*, New York, Freundlich Books, 1985, p. 272.

时间	著作	作者
1982	《美国的教育研究生院：一种海外视角》(*American Graduate Schools of Education：A View from Abroad*)	贾奇(Hurry Judge)
1988	《教育学院：专业教育概况》(*The Ed Schools：A Brief Professional Education*)	克利福德(Geraldine Jonçich Clifford)、古特(Jame W. Guthie)
1989	《教学教授：一种探究》(*The Professors of Teaching：An Inquiry*)	维什涅夫斯基(Richard. Wisniewski)、杜沙姆(Edward R. Ducharme)
1990	《教师被教的地方》(*Places Where Teachers are Taught*)	古得莱得、索德尔(Roger Soder)、西罗特尼科(Kenneth A. Sirotnik)
1995	《明日之教育学院》(*A Report from the Holmes Group：Tomorrow's Schools of Education*)	霍姆斯小组(Holmes Group)
1999	《教育学院的使命、教员和回报结构》(*The School of Education：Its Mission，Faculty，and Reward Structure*)	沈剑平(Jianping Shen)
2004	《教育学院的困扰》(*The Trouble with Ed Schools*)	拉巴里(David F. Labaree)

上述研究大都涉及制约教育学院、教师教育、教育学教授地位的因素。其一，文化冲突。教育学院、教育学教授在大学文化中面临着两种文化的冲突，即大学崇尚的学术研究与实践导向的专业教育的冲突。这使它们在大学中无所适从。其二，教师教育功能。大部分教育学院承担的功能主要是教师教育，而教学工作缺乏一个坚实的技术基础。这使教育学院提供的教育课程显得效用低微。其三，性别问题。教学工作以女性为主，并且与文理学院的教员相比，教育学院的女性教员比例较高。这使教育学院、教师教育和教育学教授容易受到歧视。其四，阶层问题。与法、医学院相比，教育学院的学生多来自社会的中下阶层，毕业生的能力和社会地位很难为教育学院带来较高的声望。其五，所有这些因素使教育学院很难吸引一流的人才，这反过来又强化了教育学院的低地位。

这里以拉巴里的《教育学院的困扰》为例阐述制约教育学院地位低下的

困境。他从历史社会学的角度探讨教育学院的低下地位。在拉巴里看来，低下地位对于教育学院来说已成为一个严峻的生活事实。这种状况部分是历史上的决策者、纳税人、学生和大学共同作用的结果；部分是结构性因素，尤其是教育学院的处境及其担负的功能——培养教师，从事教育研究和培养教育研究者导致的。从历史上来看，教育学院在社会追求效率和学生向上流动的压力下成为廉价地培养教师的工厂和为大众提供高等教育的"人民学院"（people's colleges）。在教师学院升格为大学后，教师教育在其中被边缘化。[1] 在培养教师方面，教育学院面临着特殊的困难，这些困难源于教学工作的独特性。师生关系是强制性的，为了促进学生的学习，教师需要利用情感关系，教学工作在结构上是孤立的，教学效果高度依赖学生的配合，教师必须花费大量的精力激发学生的学习动机，而结果是不确定的。[2] 这使作者感叹："是否其他专业比教师面临更困难的任务？有哪一个领域的专业教育比教师教育者面临更艰难的挑战？"[3]在教育研究方面，教育知识的关键特征是软和应用，这使教育研究者区别于其他学术研究者，前者重视使用价值（use value），与家庭环境不好的学生、教授相联系；后者重视交换价值（exchange value），与家庭环境好的学生、教授相联系。此外，教育学院在组织上不稳定，依赖于技术上的模糊性，资源环境的流动性，缺乏理智上的聚焦，没有形成有力的政治力量。[4] 在培养教育研究者方面，教育学院面临着两种不同文化的冲突：进入教育学院博士项目的学生拥有大量的教学经验，他们追求高学位的目的是改进学校，强调规范性、个人性、特殊性和经验性，这与研究实践注重的分析性、理智性、普遍性和理论性相冲突。这种冲突大大增加了教育学院培养教育研究者的难度。[5] 与其他科学和艺术院系教授相比，教育学教授更大的比例来自少数

---

[1] David F. Labaree, *The Trouble with Ed Schools*, New Haven and London, Yale University Press, 2004, pp. 17-38.

[2] Ibid., pp. 36-61.

[3] Ibid., p. 56.

[4] Ibid., pp. 62-82.

[5] Ibid., pp. 83-108.

族裔，有更多的女性教员，他们更多地来自工人阶级和中产阶级以下阶层，薪水也偏低，研究的生产率也普遍低于学术界同行。① 教育学院对教育的影响主要表现在进步主义的意识形态方面，而在教育实践方面影响很小。② 最后，拉巴里认为，"在大学的地位游戏（status game）中教育学院服务于错误的客户，生产了错误的知识，他们（大学教师们）带着卑微出身的印记，以及传统上脆弱的项目，他们受到从毕业生的雇主到大学同事的每个人的压力。如果我们没有教育学院，也很可能在现代的形式上发明它们，因为它们可以满足许多选民的需要"③。

第五节　对教育学地位问题的系统探索

前述研究大都是在论及教育学的性质、教育学院、教育学教授等主题时涉及教育学的地位，且对探讨教育学的地位问题具有启发意义，但是教育学的地位问题并未得到持续、系统的探讨。④ 20 世纪上半叶，许多教育（学）家对教育科学充满信心，至少在理论上还存在这样的可能性。然而，随着 20 世纪下半叶相关学科的发展，教育家们多年来憧憬的教育科学似乎遥遥无期，教育学依然面临着最初的问题：教育家们仍然在努力地确定、澄清和勾勒对于教学和其他教育服务所必不可少的知识、技能和态度，试图寻找他们的工作是什么，以及如何完成它。⑤

从某种意义上来说，对教育学的地位问题进行真正系统的探讨始于皮亚杰在 1965 年发表的《教育科学与儿童心理学》。他追问：为什么没有一

---

① David F. Labaree, *The Trouble with Ed Schools*, New Haven and London, Yale University Press, 2004, pp. 109-128.

② Ibid., pp. 129-169.

③ David F. Labaree, "The Trouble with Ed Schools," *Educational Foundations*, Summer, 1996, p. 37.

④ 尽管一些中国学者在 20 世纪上半叶便将其作为问题提出，但相对于当时中国教育学的发展水平而言，它却是个"早产儿"。而且，问题的论战性质本身限制了他们对教育学地位的思考深度。

⑤ James D. Koerner, *The Miseducation of American Teacher*, Boston, Houghton Mifflin Company, 1963, pp. 25-26.

门教育科学？其提问方式之尖锐前所未见：在 1935 年至 1965 年的 30 年内 "没有出现过伟大的教育家(pedagogues)可以列入杰出人物之列，或他们的 名字可以在教育史上构成一个里程碑……如果我们看一下每本教育史的目 录，不可避免地会看到另一件事情，就是在教育学领域内，极大一部分的 革新家们都不是职业的教育家"①。他接着列举了一系列深刻影响教育学发 展的"大人物"，如夸美纽斯、卢梭、福禄贝尔、赫尔巴特、杜威、蒙台梭 利、克拉帕雷德等，他们均非教育学科班出身。最后，他提出了令每位教 育学研究者难以回避的问题：

> 为什么教育学著作很少是教育家的著作呢?② 这是一个严重的， 永远存在的问题……为什么这样庞大的一个教育工作者队伍，现在这 样专心致志地在全世界各地工作着，而且一般地讲来，都具有胜任的 能力，却产生不了杰出的科学研究者，能够使教育学变成一门既是科 学的，又是生动的学问，在立足于文科与理科方面的其他应用学科中 占有它的正当地位。③

严格意义上来讲，"皮亚杰问题"并非新问题，自 19 世纪初教育家试图发 展一门教育科学开始，怀疑和讽刺便伴其左右。至 19 世纪末教育学进入大 学，其地位问题表现得愈加突出。至今，它仍像幽灵一样困扰教育专业的 研究者和学生。

皮亚杰认为，这种状况不在于教育学本身的性质(指教育学的科学数

---

① ［瑞士］让·皮亚杰：《教育科学与儿童心理学》，傅统先译，9 页，北京，文化教育出版 社，1981。

② 依上下文来看，翻译是有误的，"为什么教育学却很少是教育家的著作呢?"英译文为： so why is pedagogy so little the work of pedagogues? 似应译为："为什么教育学很少有教育家的著作 呢?"因为依照前文医生与医学，工程师与工程学，教育工作者与教育学相对应。教育学家主要在 于理论、思想方面，不在于行动、实践方面，而教育家主要在于行动、实践方面，而不在于理论 和思想上。两者存在重要差别，因此在此做出修正。Jean Piaget, *Science of Education and the Psychology of the Child*, translated by Derek Coltman, New York, Orion Press, 1970, p. 10.

③ ［瑞士］让·皮亚杰：《教育科学与儿童心理学》，傅统先译，10 页，北京，文化教育出版 社，1981。

据与社会应用之间不可能达到稳定平衡），而在于缺少对教育学发展的有利刺激："事实上，在这个特殊的事例中，这种刺激在一定的程度上是缺少的，而且环境又总是对它不利的。"①他将教育科学的发展同教育者的地位联系起来，教育者"还没有取得它正常的地位，还没有在学术价值的等级上，享有一定的权利"②。与医生、律师、大学教师相比，中、小学教师缺乏学术声誉。他指出，造成上述结果的四个主要原因：(1)公众没有意识到问题的复杂性；(2)教师对工作缺乏自主权；(3)教育家专业团体缺乏科学活动；(4)中、小学教师接受的教育学训练很少。③

皮亚杰探讨教育学地位问题的重要性不仅仅在于他提出的解释，更在于他将之作为一个普遍性问题独立地提出来：为什么教育学发展得如此艰难？"皮亚杰问题"提出后，少有研究者对其做出直接回应。在《教育科学与儿童心理学》被译成英文 6 年后(1976 年)，一位教育学教授麦克纳(F. Raymond McKenna)对此做出回应。④ 他敏锐地意识到皮亚杰提出了一个极其重要的却被普遍忽视的问题。麦克纳将皮亚杰的观点引向深入，他认为，有四个最重要的障碍制约了教育学的发展。第一，教学不能像医生和律师的工作那样带来引人注目的、获利较多的、更易观察到的结果。作为教育学的核心对象的学习并不像健康与正义那样能够吸引更多的研究者和资金，对教育理论化的社会压力缺乏像法学和医学理论那样的强度和一致性。第二，学习对人们的生活并不像健康与法律那样直接与生死攸关；使受教育的民众保持愚昧，从而使教帅、教育理论保持很低的理智水平符合统治阶级的利益。第三，教育学探究的核心，即教学与学习所涉及的心灵、态度、知识、天赋、技能、倾向、智慧等非常模糊。第四，对教育的理论探讨过多地集中于方法和监督，抑制了其他方面的探究。在麦克纳看

---

① ［瑞士］让·皮亚杰：《教育科学与儿童心理学》，傅统先译，11 页，北京，文化教育出版社，1981。

② 同上书，11 页。

③ 同上书，13-17 页。

④ F. Raymond McKenna, "Piaget's Complaint: And Mine: Why Is There No Science of Education?" *Phi Delta Kappan*, 1976, 57(6), pp. 405-409.

来，教育学的地位与教学和学习的特殊性、社会的政治和经济结构具有密切关系。1979年，教育学者乔丹(Daniel C. Jordan)通过麦克纳的论文也注意到了皮亚杰的抱怨。不过，他认为，教育科学之所以不能像医学为医生提供可靠的理论那样独立地为教师提供帮助的主要原因，不在于麦氏所列举的因素，而在于教育学缺乏一个可以组织大量关于人类成长、发展、记忆、情感、学习和行为的知识的原则以使其为教师所用。根据怀特海的过程哲学思想，乔丹提出了Anisa模型。①

自皮亚杰后，对直接探讨教育学地位做出最重要贡献的学者可能是教育史学家拉格曼。她在2002年出版了《一门捉摸不定的科学》一书，从某种意义上，该书是对"皮亚杰问题"在美国的深度思考(令人称奇的是，她对皮亚杰只字未提)。该书考察了美国教育研究从19世纪末进入大学至20世纪末的发展历程，探讨了一系列长期困扰教育研究的突出问题(如地位、声誉、孤立、组织管理等)。② 从理解教育研究(教育学)的地位来看，至少有四个方面的因素从根本上限制了教育研究的地位。第一，是性别因素。教育研究与教学专业密切相关，而教学通常被认为是"女人的事情"，这种联系使教育研究长期易受到蔑视。早期从事与教育相关的心理学家们极不情愿与教师打交道。第二是阶层因素。与其他专业相比，教学对于劳工阶层或移民而言是相对容易进入的职业，这使教学成为许多下层人口实现向上流动的机会，而教育学者主要服务于这样的群体，他们并不普遍具有律师和医生的社会声望。第三，知识分工的深化使教育研究成为大学中的一种职业，这使教育研究不仅易与实践者脱离，而且也倾向于与其他专业领域的同事疏远，从而限制了教育研究的视野。第四，教育研究没有发展出一个组织严密的专业团体，这"一方面使得未经检验的改革的传播具有了可能性，另一方面使得研究结果难以与潜在消费者的需要联系起来"。显而易见的是，这些

① Daniel C. Jordan, "Rx for Piaget's Complaint: A Science of Education," *Journal of Teacher Education*, 1979, 30(5), pp. 11-14.

② [美]埃伦·康德利夫·拉格曼:《一门捉摸不定的科学:困扰不断的教育研究的历史》，花海燕等译，232-240页，北京，教育科学出版社，2006。

因素往往相互作用，无形中强化了教育研究的低下地位。就结论而言，拉格曼所指出的影响教育学术地位的诸因素并没有超出以往研究者论述的范围，其提出的"怎么办"也多属平常之见(如教育研究者更多地与其他学者打交道，建立强大的专业群体，加强与公众交流等)。拉格曼最大的贡献在于，她以历史的方式展示了制约教育学术发展的具体复杂性，勾勒出在一个特定的社会背景下大量"不利"因素如何塑造了教育研究的轮廓。

如果说皮亚杰与拉格曼代表了教育学在欧美发达国家的情况，那么一些印度教育学者的研究在一定程度上反映了教育学在发展中国家的境遇。20 世纪末，教育学的地位问题在印度受到重视。亚达夫(M. S. Yadav)和拉克希米(T. K. S. Lakshmi)提出了教育学的认同问题。[①] 阿尔蒂(Arti)的博士论文显示，印度教育学的学科地位受到来自学科内部、其他学科和管理者的怀疑和挑战。在考察知识分化、学科形成和学科标准的基础上，阿尔蒂指出，学科是人类知识不断分化的产物，其边界是动态的，研究领域通常存在交叉重叠的情况，不存在一种界定学科的普遍标准。值得注意的是，她否认独特的研究对象和方法是学科的标准，肯定在理论上和概念上对其他学科的"借用"并不必然削弱一门学科的独立性，强调兴趣在区分学科上的重要性。她认为，可从九个特征衡量一门学科，但这并不意味着，每门学科都能够在同样的程度上合乎这些标准。[②] 就教育学的学科地位来说，她认为，重要的不是探讨"教育学是否为一门学科"，真正的问题在于理解"教育学是怎样的一门学科"。塔塔社会科学院(Tata Institute of Social Sciences)的萨兰加帕尼(Padma M. Sarangapani)教授着重探讨了教育学的认识论特征、学科文化对教育学的影响。她认为，教育学者与其他学科的学

---

① M. S. Yadav & T. K. S. Lakshmi, "Education: Its Disciplinary Identity", *Journal of Indian Education*, (May 1995), pp. 1-21.

② 九个特征是：(1)可辨识的传统；(2)有独特的思维模式或认知框架；(3)具有一个可累积的、结构化的和组织良好的专业知识体系；(4)有效地组织积累的专业知识的理论和概念；(5)有一个明确的探索视野和具体的研究对象；(6)有生产新知识和检验知识有效性的具体方法和技术；(7)有独特的术语或技术语言；(8)与基本的人类活动和抱负有密切的联系；(9)在教授科目中具有某种制度化的表现。Arti., *Development of Education as a Discipline: An Analytical Study*, University of Lucknow, Doctor of Philosophy in Education, 2014, pp. 138-139.

者、管理者交往时遭遇的尴尬(怀疑、轻慢等)本身是知识或权力(knowl-edge/power)关系的表现。在她看来,教育学的认识论特征(作为"软"学科及对基础学科的依赖)极大地影响人们对教育学的感知,塑造了教育学的学科文化。由此导致一系列后果:教育学处于学术啄食等级的底端,其学科地位和教育学者的观点经常受到挑战,教育学科缺乏一种自我反思话语,教育学群体内部出现分裂,等等。她认为,在新的知识经济背景下,所有学科群体都需要面对有用性的需要,教育学科不应封闭其话语共同体(discourse community)。她建议,教育学者应该致力于向公众普及教育知识,"我们必须找到清晰地交流问题复杂性的方式而不妥协;阐明了解这门学科的价值以避免简单化和误解问题和对策。而不是站在道德的高地上主张专家的地位,我们应当通过对塑造公共空间的话语做出积极的贡献以表明其地位的合法性"。[1]

第六节 已有解释的价值与局限

以往关于教育学地位问题的解释对进一步的探索具有至少五个方面的启示。

第一方面,这些解释提供了三种探讨教育学地位的维度:其一,本体论视角,或以教育学研究对象的特殊性,或以教育学的知识特征来解释其地位;其二,认识论维度,即将教育学地位不高的原因归于研究者的素质、方法(论)、研究视野、理论联系实践的程度等主观因素;其三,社会关系维度,即将教育学置于社会关系中进行探讨,例如,性别、教育、政治、经济、意识形态等社会关系因素。

第二方面,教育学的地位属于社会地位,只能在教育学的社会关系中形成,并从中得到相应的解释。但是,其他人文社会科学本身亦在不同程度上受社会关系的影响。为何教育学处于如此独特的境地?不少研究者均触及教育学的地位与宏观因素(如政治、经济、文化、意识形态等)、微观

---

① Padma M. Sarangapani, "Soft Disciplines and Hard Battles," *Contemporary Education Dialogue*, 2011, 8(1), pp. 67-84.

因素(如教育研究者、教育学教授、师范教育等)的关系,但其缺陷亦相当明显。因为绝大部分研究是立足于本国的状况,而鲜有研究者(皮亚杰、布列钦卡、扈中平等)直接将教育学的地位作为普遍性问题进行探讨。

第三方面,我们不能将诸种现象,例如,教育课程经常被批评单调、混乱、肤浅、毫无价值,教育研究的"坏名声",教育科学的进展缓慢,人们对教育学不切实际的期待等,与教育学地位之间的联系视为偶然,一种可行的方式是将它们视为教育学地位决定机制的外在表现。

第四方面,不少研究者指出,教育学的地位与人(主要是教育学研究者群体)的地位存在密切联系,但两者之间的关系尚有待进一步揭示。

第五方面,既然教育学的地位是一种社会地位,那么这种地位的成因便不能直接从本体论和认识论的视角得到解释,如此便否定了六种对教育学地位问题的解释。其一,教育学大量借用其他学科的理论框架、方法、概念等,从而沦为其他学科的"殖民地"。这一事实仅仅表明,教育学对其他知识门类有很大的依赖性,或者说,教育学与其他知识门类的研究对象多有交叉重叠之处。但是不能从这一事实中直接得出教育学比其他知识门类的地位低。不同知识门类的研究对象之间的关系不同,有些领域受其他领域影响多一些,有些少一点,这是知识的自然状态。不同门类的知识相互之间的影响是逻辑上的,而逻辑上的借用或移植不能直接解释教育学的社会地位问题。其二,教育学在术语、概念、命题等方面缺乏所谓严谨性而导致其地位低下。[①] 从某种意义上讲,缺乏严谨性的问题在人文社会科学中普遍存在,并不独属于教育学。[②] 假如用严谨性的程度衡量一门知识

---

① 像医学、法学对相关学科的依赖并不使它们的地位成问题;况且,许多人文社会科学基本上都存在术语、概念含糊等方面的问题。

② 吉登斯(Anthony Giddens)曾在为社会学辩护时也指出了社会学的"不严谨性":"经济学可能是一门枯燥的学科,它充斥着难以理解的术语,似乎与日常生活没有多大关系。社会学也经常被人指责为没有自己的研究主题,并且充斥着难懂的专业术语。""事实上,……社会学的研究领域没有其他学科定义得清楚。""如果将社会学与经济学进行比较,人们就不得不承认,社会学内部的差异要大得多。在经济学中,虽然有各种不同的思想流派和理论取向,但是,新古典经济学几乎占据了主导地位,而且成了几乎所有经济学入门书的基本组成部分。社会学在同样程度上并不受单一概念体系的束缚。"[英]安东尼·吉登斯:《为社会学辩护》,周红云等译,1—5 页,北京,社会科学文献出版社,2003。

的地位，我们可以说自然科学比人文社会科学严谨，整体来说，前者的地位似乎比后者高。可是，真正的问题不在于人文社会科学的知识为何不那么"严谨"，而在于为何"严谨性"本身会成为衡量知识地位的尺度。或为何那些严谨的学科的地位高于不严谨的学科。① 因此，就教育学的地位问题而言，所谓严谨性并不成为一个问题。② 一门知识是否具有较高的严谨性主要取决于其研究对象和方法论。所以，严谨性仅属于教育学的逻辑范畴内的问题，不能直接解释教育学的社会地位。其三，教育学学者的素质影响了教育学的地位。事实上，有不少才智高明之士致力于发展一门教育科学，并且许多研究者不是在教育学而是在所谓学术性学科(历史学、社会学、哲学等)内接受训练。③ 其四，不少人将教育学的地位问题归于研究者缺乏实践意识、本土意识、原创意识等。这或许是大多数发展中国家普遍面临的问题，但是在那些教育学学术已相当规范的国家不存在所谓"本土化""原创性"等问题，然而其教育学的地位仍然不高。其五，将教育学的地位偏低问题归因于其研究对象过于复杂或特殊。没有研究者提出有力的证据支持教育学的对象比其他人文社会科学的对象更复杂或更特殊。把教育学对象的复杂性或特殊性作为避风港实质上等同于放弃对问题本身的探究，因为复杂性和特殊性几乎可以解释教育学在获取理想的地位中面临的

---

① 况且，严谨的学科并不总是高于"不严谨的"学科，比如，在19世纪以前，自然科学的地位并不高于人文学科的地位。

② 亚里士多德在谈到政治学的确定性时说："不能期待一切理论都同样确定，正如不能期待一切技艺的制品都同样精确。政治学考察高尚[高贵]与公正的行为。这些行为包含着许多差异与不确定性。所以人们就认为它们是出于约定而不是出于本性的。善事物也同样表现出不确定性……一个有教养的人的特点，就是在每种事物中只寻求那种题材的本性所容有的确切性。只要求一个数学家提出一个大致的说法，与要求一位修辞学家做出严格的证明同样地不合理。"[古希腊]亚里士多德：《尼各马可伦理学》，廖申白译注，6-7页，北京，商务印书馆，2003。

③ 为了提高在校园中的地位，一些精英大学的教育研究生院采取的策略之一便是，不聘用那些在教育领域获得哲学博士学位的人，而是大量雇用那些在学术性学科接受训练的哲学博士学位持有者，然而这种策略并不成功。Geraldine Joncich Clifford and James W. Guthrie, *Ed Schools*: *A Brief for Professional Education*, Chicago, The University of Chicago Press, 1988, p.299. 事实上，每门学科都有很多优秀的学者和素质低下的学者，简单地将一门学科的地位归因于研究者的素质，不仅显得武断而且也是肤浅的。假使一门学科确因研究者的素质低而地位不高，那么问题恰恰在于解释：为什么这个领域吸引并且容忍了大量的素质低下的学者，而不是简单地指出学科地位不高与研究者素质低之间的表面联系。

一切问题。正如古人将无法回答的问题归因于上帝或神一样，这种观点无助于对问题本质的探索。况且，教育的特殊性确实在很大程度上影响研究过程，从而塑造教育知识的特征，但这仅仅是一种逻辑特征，并不必然导致教育学的地位低下的困境，因而它无法直接解释教育学地位低下的问题。其六，教育学的地位偏低是因为它没有什么实践效用。假如以效用来衡量一门知识的地位，那么我们就无法解释为什么在历史上那些显得无用的理论性知识具有更高的地位。尽管，上述六种观点论及的因素不能直接解释，但又似乎暗示它们与教育学的地位低下有某种密切关联，只是这些关系需要进一步澄清。

由于教育学地位问题是教育知识生产分工深化的产物，因此这一问题具有某种普遍性。在此意义上，以往的研究表现出三方面的不足。首先，在较系统深入的研究中，历史研究居多。这意味着，研究者将教育学地位低下的问题作为个别性而非普遍性的问题来探究。因此，这类研究不能解释为何教育学地位低下的问题在世界范围内如此普遍地存在。如果不能合理地解释问题的普遍性，那么研究者仍然可能追求某种教育学的幻象，进而赋予教育学不恰当的期望和使命。例如，有不少教育学学者执着地追求使教育学成为一门显赫的学科，他们坚信只要采用恰当的方法，加强教育学与实践的联系，提高研究者的素质，终有一天教育学必定能够成为像物理学那样的显学或中心学科。这种思路倾向于使研究者对教育学地位问题的解决最终转化为对教育学的执着信念。如此，发展一门令人尊敬的教育学的信念便代替了对教育学地位问题的探索，也就是说信仰代替了理性。在理论上忽略不同民族、不同国家在教育学地位问题表现上的差异，把教育学的地位问题作为普遍性问题来探讨，合适的方式是采用理论研究即逻辑的形式。在恩格斯看来，逻辑的方式在形式上具有优先性，它是唯一适用的方式。但是，实际上这种方式是历史的研究方式，它只不过摆脱了历史的形式和起扰乱作用而已。历史从哪里开始，思想进程也应当从哪里开始，而思想进程的进一步发展不过是历史过程在抽象的、理论的前后一贯的形式上的反映；这种反映是经过修正的，是按照现实的历史过程本身的规律修正的。①

　　其次，已有的研究者从三个维度(本体论、认识论、社会关系)提出大量影响教育学地位的因素，但他们均未向自己提出一个必须回答的前提性问题：知识为何会有地位？一些人主张，每门知识应当是平等的，教育学没有什么令别人瞧不起的。如果仅就教育学作为一个知识门类而言，它与其他知识门类自然是平等的(因为它们只是不同门类的知识而已)，的确没有令他人瞧不起的理由；但是，经验又时刻向人们表明，不同的知识确实在地位上有高低之分。已有的研究者没有解释教育学地位偏低的问题在价值上与事实上或隐或显的对立现象，他们甚至没有正确地提出问题：知识为什么会存在地位的不同？

　　最后，在相关著述中，我们可以看到大量贬低教育学、教育学院、师范教育、教师等的言论。在内容上，这些言论不仅经常被重复，且绝大部分皆为老生常谈。如指责教育学院对培养教师表现出无能，教育学缺乏与实践的联系，教育学对实践没什么用处，教师水平低下，教育学过于浅薄和缺乏严谨性，没有理智训练价值等。对教育学的贬低与辩护不仅仅是词句与观念上的差异，还有更多，为理解这些言论我们必须回到教育学的"社会生活"中，不能将意识仅仅作为意识来理解，而应当将这些意识视为从事实际活动的人的意识，应当从这些人的现实生活过程中，"揭示出这一生活过程在意识形态上的反射和回声的发展。甚至人们头脑中模糊的东西也是他们的可以通过经验来确定的、与物质前提相联系的物质生活过程的必然升华物"②。而这些形形色色的争论本身的意义，鲜有研究者予以系统的探讨。

---

① 《马克思恩格斯全集》第 13 卷，532 页，北京，人民出版社，1962。
② 《马克思恩格斯全集》第 3 卷，30 页，北京，人民出版社，1960。

第三章　教育学地位问题的实质

一旦将教育学的地位问题视为教育知识分工的产物，那么这一问题便具有某种普遍性。因此，为了在纯粹理论的形式上探讨教育学的地位问题，我们应当假定，教育学的地位状况在世界范围内具有普遍性。也就是说，尽管教育学的地位问题的表现形式可能存在很大的差别，但该问题不是个别国家和地区的教育学所独有的问题。

第一节　普遍性问题

即使关于教育学地位低下的普遍性的假设成立，这里仍会产生一个问题：当假定教育学的地位状况具有普遍性时，这是在何种意义上探讨教育学？在前文的分析中，我们已预先指出，在教育知识的意义上探讨教育学的地位问题。不过，我们仍须做出进一步的解释。该问题可分解为两个子问题：其一，所谓教育学是一种普遍存在吗？其二，即使都存在教育学，那么标示教育学的不同语词的意义相同吗？[1] 如果第一个问题的答案是肯定的，那么这意味着，不同国家存在某一类称为教育学的实体，其对不同国家和地区是相同的。关于教育学的争论表明，根本不存在普遍认可的教育学实体。第二个问题属于语言学上的困难，即使存在教育学事实，尽管不同的语言系统可能会有不同的语词指称相同的事实，但其传达的意义绝不会完全相同。

---

[1]　贝斯特(F. Best)提供了"教育学"在法国的含义的演变的例子。瞿葆奎主编：《教育学文集·教育与教育学》第 1 卷，334-345 页，北京，人民出版社，1993。

然而，如果第一个问题的答案是否定的，那么这就意味着，不存在一种教育学的实体，至多存在某种特殊意义上的教育学的地位问题，不能普遍性地探讨教育学的地位问题。因此，我们需要超越对教育学具体层面的理解，从而做出一定程度的抽象理解。在笔者看来，尽管不存在所谓教育学实体，但是一个典型的现代国家一方面拥有庞大的教育体系，另一方面拥有专业的生产和传播教育知识，即从事教育研究和向他人传播教育知识的机构。我们可以将这些机构生产的、再生产的有关教育的知识即教育知识称为教育学。这个意义上的教育学可以超越世界范围内对教育学术用语理解上的分歧和不同的教育学传统。无论这些教育学是否以所谓学科（因为人们对学科的标准本身还存在争议）的形式存在，在特定机构中生产和传播教育知识都是一个普遍存在的事实。正是这个事实使得一般性地探讨教育知识的地位成为可能。本研究即在此意义上探讨教育学的地位问题。

就第二个问题来说，每种语言本身是一个符号系统，是人们借以认识、理解世界的中介，也是对世界进行的逻辑形式上的划分。对于同一种事实，两种不同的语言中自然会有不同的称谓，其语词所附载的社会文化意义必定会或多或少地存在差别。这也是所有翻译工作者面临的永恒问题。人们尽管可能采取不同语词来表征同一事实，并且这些语词在意识中引发的意义也会存在差别，但是语词及其意义的差别不能改变其所表征的事实本身。据说因纽特人有关于雪的几十种区分词汇①，虽然每种都有特定的含义，在抽象的意义上它们都描述的是"雪"而不是别的什么东西。索绪尔（Ferdinand de Saussure）曾指出：

> 我们是给事物下定义，而不是给词下定义，因此，我们所确立的区别不必因为各种语言有某些意义不尽相符的含糊的术语而觉得有什么可怕。德语的 Sprache 是"语言"和"言语活动"的意思；Rede 大致相当于"言语"，但要加上"谈话"的特殊意味。拉丁语的 sermo 毋宁说是

---

① 叶舒宪：《"地方性知识"》，《读书》，2001（5）。

指"言语活动"和"言语"，而 lingua 却是"语言"的意思，如此等等。没有一个词跟上面所确定的任何一个概念完全相当。因此，对词下任何定义都是徒劳的；从词出发给事物下定义是一个要不得的办法。①

就专业机构生产、传播教育知识而言，这些活动在现代国家普遍存在，但人们指称这些成果的术语是不同的（教育学、教育科学、教理学、教育研究等），因而其含义或多或少地存在差别。在本研究中，我们是在最一般的形式上用教育学指称所有被专业机构生产、传播的教育知识，而不涉及人们对这些知识的具体表征方式及意义差别。

上述规定是对教育学的一种抽象理解，然而是一种对任何理论研究来说都必要的抽象理解。不这样做，我们就难以理解与教育知识地位有关的现象为何在世界范围内如此普遍存在。不这样做，我们甚至不能正确地提出问题。这种做法的根据有两点。第一，教育学虽然在语言指称和制度的、理论的建构方面存在国别差异，然而其地位普遍不高。或者说，教育学地位的事实和其语言、制度、理论建构无关，后者仅仅影响教育学地位在不同情境中的具体表现。第二，由于语言指称、制度和理论建构方面存在差异，教育学地位的状况是多样的，因而其地位问题的表现也多样。例如，教育学地位问题在中国主要表现为学科地位（或学术地位），而在美国主要表现为教育学院、教育研究、教师教育的地位问题。重要的是，在不同情境中的地位问题始终围绕着教育知识，并且伴随着教育知识的生产和传播而产生。具体来说，教育学地位问题的种种表现是以教育知识的生产与传播为基础的：教育学教授（或研究者）以生产与传播教育知识为专业；教育学科是以教育知识为内容，区别于其他知识门类或专业；教育学院通过教育知识的生产与传播培养教育专业人员（主要是教师或教育管理人员），或新的教育研究者（不同层次的教育学院各有侧重）。教育研究与教育知识本身是一个事物的两个方面，前者指向过程，后者指向结果。不同

---

① ［瑞士］费尔迪南·德·索绪尔：《普通语言学教程》，高名凯译，36 页，北京，商务印书馆，1980。

社会文化背景中的教育学地位问题可能表现为教育学院的地位、教育学教授的地位、教育学科的地位、教师教育的地位、教育研究的地位、教育学专业的地位等。当然，研究者可以单独研究其中"×××的地位"问题，但如此一来难以触及更深入的问题，因为种种"×××的地位"问题并不是孤立的问题。假如不对教育学或教育学地位的多样化表现做出抽象理解，那么我们便不能在普遍的而只能在个别的意义上探讨教育学的地位问题。也就是说，我们不能触及教育学的本质问题，只能囿于表面问题；不能抓住教育学地位低下的问题的根本，只能围着问题的表现(或表面问题)兜圈子。

将教育学理解为教育知识，对我们的研究具有极大的便利性。一方面，我们可以将不同国家在指称教育的成果时所产生的语言学上的差别抽象掉，因为这些差别对于本研究并不重要；另一方面，我们可以忽略不同国家在生产和传播教育知识方面所形成的建制差别。例如，在某些国家，教育知识可能分散在不同的学科(社会学系、人类学系、心理学系、哲学系等)名义下，而在另一些国家，教育知识则主要在教育学科的名义下生产或再生产。这样，教育学的地位问题就转换为教育知识的地位问题。因此，我们一旦假定教育学地位状况有普遍性，那么就应在教育知识的意义上探讨它的地位问题。① 一般来说，探讨教育学的地位问题，可以从很多角度和层面展开，比如，探讨教育学科、教育学院、教师教育、教育研究

---

① 这与一个国家在制度上是否承认存在一门教育知识无关，也就是与是否存在教育学学科无关。客观上存在许多教育知识，无论它分布在哪些学科门类，它始终是关于教育的知识。当然，关于教育的知识与关于文化的知识、人类的知识、经济的知识、社会的知识等，我们不可能找到一种统一的、恒久不变的界限，但是我们知道这种界限实际上是存在的。知识之间总是存在着模糊地带，很难给出一个清晰的界限，似乎也没有必要。我们只是要确认这种界限本身的存在。本研究中的教育学不局限于"教育学"一词通常的含义(教育课程、教育理论、教育基础、教育科学、教育学科等)，意指整个有关教育的知识即教育知识。因为，教育学不仅在通常的意义上被贬低，而且整个有关教育的知识的地位都不高。例如，真正的哲学家、历史学家、心理学家不仅很少对教育领域感兴趣，并视其为一个次要的领域。科南特认为："许多教育学教授所用的哲学一词好比一张薄橡皮——可以随意变形并且拉开来包裹教师感兴趣的任何东西。""今日的教育哲学基础好比正在倒塌的支柱，因为它是建立在愚昧无知和自以为是的沙滩上。"James Koerner, *Miseducation of American Teachers*, 1963, pp. 71-78. 克尔纳对教育哲学很刻薄："典型的教育哲学教材并不关心自己是被哲学认可，而是醉心于各种各样的学说和有关民主社会的学校目的，及其对学校的课程和组织的意义的虚假理论。"1955 年，哲学杂志 *The Journal of Philosophy* 发表一篇文章：(转下页脚注)

等的地位问题。但这样一来，我们容易将问题的表现当作问题本身，或者说将表面问题当作本质问题来对待。例如，中国的研究者通常将教育学的地位视为一个学科地位问题。这种方式容易将人们的注意力引向诸如此类的问题：学科的本质是什么，学科的标准是什么，教育学是否符合"学科"的标准，等等。这种方式假定，在那些不存在教育学的学科意义的国家，教育学便不存在地位问题，而实际上并非如此。再如，在探讨教育研究的地位问题上，人们倾向于关注教育研究的质量(方法、效度、可靠性等)和效用问题，而不是关注真正决定教育研究地位的因素。其他研究教师教育、教育学教授、教育学院等的地位问题或多或少地存在类似的问题：容易将人们的注意力导向那些非决定性因素。

第二节　知识地位的矛盾存在

教育学所体现出的教育知识的地位较低问题，是与其他知识(经济学、社会学、物理学等)相比较(以竞争的形式)的结果。而任何比较均以某种共同的"质"为前提，就是说被比较的事物必须在共同的尺度下才能进行比较。几乎所有探讨教育学地位的研究者都忘记提出这个前提性问题。具体来说，教育学与其他知识必须存在某种"共同的内容"才会使比较成为可能。但对于教育学而言，这种"共同的内容"是什么呢？

在最一般的意义上，知识是人们认识世界的思维活动的产物。在探索世界的过程中，主体在认识动机、对象、任务、方法等方面存在差异，因而主体的认识成果及其效用也有"质"的差别。例如，教育学和经济学是人们分别认识教育现象、经济现象的产物(尽管人们有时对教育学、经济学、教育现象、经济现象这些术语表达的精确含义很难取得一致的意见)。人

(接上页脚注)"Is a Philosophy of Education Necessary? Edgar Bruce Wesley, Lo. the Poor History of Education," *History of Education Quarterly*, 1969, 9(3), pp. 329-342. [美]埃伦·康德利夫·拉格曼：《一门捉摸不定的科学：困扰不断的教育研究的历史》，花海燕等译，北京，教育科学出版社，2006。

们生产这两类知识的动机、对象、方法等诸方面均存在差异，因而它们具有不同的性质，从而具有迥异的效用。教育学可能对教师怎样管理班级有帮助，经济学可能对一个人如何管理自己的钱财有益。因此，尽管教育学与经济学可能在某些内容方面产生联系(如关于经济教育的研究、教育中的经济现象、经济中的教育现象等)，但它们在内容方面不具有可比性。换言之，不同类型的知识至少在具体内容上无法比较。

既然教育学与其他类型的知识在内容上缺乏可比性，那么教育学的地位较低问题必定是与其他类型的知识在抽象掉内容后的形式上进行比较的结果。依此来看，教育学与其他知识在两种意义上可以比较。第一种意义是知识的逻辑特征。① 由于认识对象、任务、方法等方面有差异，不同类别的知识的概念、命题、理论在严谨性、可累积性、精确性、可证实性等方面存在不同。一般来说，自然科学比社会科学在严谨性、精确性、量化等方面程度高。② 以物理学、经济学、教育学为例，它们的严谨性、精确性、量化程度逐渐下降，知识的累积性也逐渐下降，量化程度也依次下降，概念、术语、命题等的模糊程度逐渐增大。根据经验来说，三个知识门类的地位似乎也大体呈现同样的下降次序：物理学—经济学—教育学。此外，日常经验似乎也暗示，"硬"科学通常较"软"科学地位高。③ 某种知识的逻辑特征与这种知识的地位似乎存在某种内在关联。有学者将各知识门类的等级比作为一个太阳系的引力场：

① 我国教育社会学的奠基人之一陶孟和曾在《社会与学校》一书中，在逻辑形式上比较了社会学的特征。列举了孔德对各科学的可证明程度的分类，首先数学最易证明，其次是天文学、物理学、化学、生理学和社会学。比较的内容包括精确程度、简繁程度、相互关系、性质、发达之次第。最后还有功用(它不是形式上的)。陶孟和：《社会与教育》，4-6 页，福州，福建教育出版社，2008。

② 不能说所有的自然科学领域都比社会科学更严谨，其精确性、量化程度都高，例如，古生物学、环境生物学就是比较"杂乱"和"模糊"的领域。

③ 这里用"软"和"硬"表明知识的特征，前者通常指对知识的确认标准和知识的陈旧标准存在争议，主观性较强，难以产生共识；后者指知识的验证和知识的陈旧标准有明确的原则，知识具有累积性、客观性、价值中立，容易达成一致意见。参见[英]托尼·比彻、保罗·特罗勒尔：《学术部落及其领地》，唐跃勤等译，38-39 页，北京，北京大学出版社，2008。

物理学是太阳，数学是其核心。……化学和生物学是附近的行星，在离中心越来越远的轨道中，有经济学、语言学、心理学、人类学、社会学和政治科学。即使历史学和哲学位于更远的轨道，它们也并不能完全摆脱这种力场。……在这个假设的宇宙的遥远的边缘是艺术和文学，但它们也从属于这个力场。①

如果知识的逻辑特征是造成某种知识地位低下的原因，那么研究者需要做的就是在方法和技术上向"硬"科学看齐，也就是更强调实证的、量化的研究范式。这里的问题不仅在于，有些知识对象未必完全适合采用实证量化的研究方式，更在于这种归因本身(知识的逻辑特征导致知识地位不高)成问题。事实上，不同门类的知识在逻辑特征方面的差别仅仅表明，这些知识具有不同的逻辑特征，研究者不能直接推论出一门知识的逻辑特征决定其地位。况且，"硬"知识的地位一般高于"软"知识的现象是一种历史现象，确切地说这只是最近200年才产生的新现象。在中世纪的大部分时期内，与传统的哲学、神学等古典知识相比，比较"硬"的自然科学的地位相当低下，后者在近代于大学之外才获得发展的机会。② 这里的问题是，近代以来，什么因素或机制使"硬科学"的地位提升? 可见，在现代社会中"硬""软"知识的地位差别并非因为前者较后者更"硬"，其中必定存在着某种中介性因素或机制使然。

不同知识门类可以在价值的意义上进行比较。教育学与其他知识门类要进行比较，就必须划归于某种中介的东西才是可能的。在知识分工高度专业化的社会中，生产出来的不同门类的知识参与交换，因而它们是商品，具有价值。这样，每类知识作为商品便可在价值上进行比较，或者说不同门类的知识商品具有可比性。价值是用货币量的多少来表现的，因

① [美]杰罗姆·凯根:《三种文化——21世纪的自然科学、社会科学和人文学科》，王加丰等译，210页，上海，格致出版社，上海人民出版社，2011。

② [英]亚·沃尔夫:《十六、十七世纪科学技术和哲学史》，周昌忠等译，13页，北京，商务印书馆，1985。

此，不同门类知识之间的比较便是它们作为商品所凝结的价值量的比较。这样，我们便把生产不同知识的具体劳动的"质"抽象掉，代之以无差别的人类劳动即抽象劳动。在价值上，生产教育知识的劳动与生产其他知识的劳动只具有量的差别。仍以教育学与经济学为例，假定社会上生产一篇1万字的教育学论文的社会必要劳动时间为200小时，而同样字数的经济学论文所需要的社会必要劳动时间为300小时。从中可以看出，一篇1万字的经济学论文的价值是同样篇幅的教育学论文的价值的1.5倍。价值的差别意味着，撰写一篇1万字的教育学论文比同样篇幅的经济学论文要花费的劳动少33%。尽管教育学论文的价值低于经济学论文的价值，但量的差别丝毫不表明教育学的地位低于经济学。因为价值的差别仅意味着，生产等量的教育知识与经济知识所需的劳动量不同，除此之外，没有更多的含义。否则，我们可能会说一架飞机的地位高于一辆汽车，一辆汽车的地位又高于一辆自行车，其荒谬性显而易见。因此，不同门类知识的价值差别在逻辑上不能推论出它们地位的差别。一种商品价值的大小仅仅表明其中所凝结的社会劳动量的多少，而劳动量与地位无直接关系。可见，尽管不同门类的知识在价值方面具备比较的条件，但仍无法得出知识的价值是决定知识地位高低的因素这一结论。

通过上述分析，我们可以得出两个结论：第一，教育学与其他知识门类在内容上不具有可比性；第二，在逻辑和价值上，教育学虽然与其他知识门类可以比较，但均无法从中推论出知识地位的高低。因此，我们只能得出这样的结论：至少就知识自身而言，仅存在"不同的"（主题、内容、特征等）知识，不存在地位上有高低差别的知识，更谈不上所谓知识地位问题。显然，这与我们的日常经验存在明显的矛盾。因为经验经常以或隐或显的方式提醒我们，不同的知识门类，甚至同一知识门类内部的不同领域之间的确存在某种高低之分，并且这种等级对研究者个人或群体都非常重要。有学者指出了这种普遍状况：

> 有一种声望是专属于某些学科的，甚至在一些研究领域，不同专

业方向之间也存在一个大致的"啄食等级"。物理学家们自己认为，同时其他人也认为，他们比普通学者更优秀；历史学家被认为比地理学家好；经济学家看不起社会学家；这样的分类还能继续下去。大概而论，硬科学领域比软科学领域地位高，纯科学领域比应用科学领域地位高。用社会学的说法，在那些可能涉及的存在更多分级体系的领域中，某些研究领域比其他研究领域存在优势。总而言之，理论学家是负责解决最困难的科学问题的。①

那么，我们应当如何解释知识地位在逻辑上与现实上的矛盾呢？

第三节　知识地位是人的地位

知识，不过是人们认识事物的思维产物。知识的表达通过符号或实物，或艺术等方式获得客观的表达形式。对于不同门类的知识而言，知识生产者在动机、研究对象、采用的方法等方面存在差别，因而这些知识在逻辑特征、效用、价值方面只不过表现为有差别的知识。正像大自然并没有预先为每种生物安排一种等级一样，不同门类的知识也不存在先验的地位之别。

我们知道，只有社会中的人才会有社会地位②(当然，动植物的社会地位是在完全不同的意义上而言的)，因而知识的地位只能由人的地位来解释。为什么在逻辑上没有地位之分的知识会在现实中产生地位高低问题呢？或者说，人的地位为何会表现为"物"(知识)的地位？这是因为在一个知识分工深化的社会，特定的知识门类(或领域)限制了知识生产者的探索范围，并使某类知识生产者与特定的知识生产群体产生一种必然的联系(这种联系是社会分工所强加的)。更重要的是，知识分工一旦在建制上

---

① ［英］托尼·比彻、保罗·特罗勒尔：《学术部落及其领地》，唐跃勤等译，87 页，北京，北京大学出版社，2008。

② 当然，不从社会角度来考察人的话，人也不会有社会地位的差别。

制度化，那么制度化本身将会强化并使这种联系以醒目的形式表现出来。某一知识门类(或领域)在知识生产分工体系中的人格化便表现为特定的知识生产者，生产者以生产知识为专业。教育知识生产者承担生产教育知识的任务，这是社会劳动分工体系的一部分。教育知识生产者并不为自身生产所需的物质和精神产品，而是为社会、为他人生产教育知识。因此，这些教育知识作为产品必须参与社会总产品的交换，因而对于生产者而言，这些产品是作为商品被生产出来的。处于社会分工体系中的教育知识的生产者便通过其劳动产品的生产、交换、消费等环节将自身的社会关系表现在产品上。因此教育知识的地位是其生产者的社会劳动过程的产物。就是说，教育知识的生产属于整个社会分工体系的一环，因而其地位来自知识社会分工形式本身。因此，教育知识的地位是通过教育知识的生产活动而产生的，并通过所形成的具体关系表现出来。教育知识生产者在生产知识的过程中将因分工而形成的社会关系反映在自己的劳动产品(教育知识)上，从而使自身与教育知识紧紧地联系在一起。假如没有知识生产上的分工和制度化，知识生产者便不会僵化地区分为教育学家、社会学家、生物学家、物理学家等(当然，知识门类间的界限通常并不总是泾渭分明的，但大体上来说，各个领域的成就主要是由本领域的专家完成的)，只存在时而生产教育知识，时而生产社会知识，时而生产物理知识，时而生产生物知识的人。正是社会分工为每个知识生产者的活动强加了一定的界限，并使他们成为在某一知识领域的生产者。在一个知识生产高度分化的社会中，教育知识生产者表现为教育知识的人格化(主体化)，或者说教育知识表现为教育知识生产者的物化(客体化)。教育知识作为物即作为人们认识教育的思维产物，其本身无所谓地位高低。在现实中，教育知识存在地位较低的事实表明，教育知识不仅仅作为物，而且作为人的社会关系而存在，其地位反映了教育知识生产者的地位。由于社会分工的精细化，知识成为商品，原本没有地位的教育知识经过人格化，就如社会中的人一样有了自己的地位。

事实上，物反映社会中人的地位，表现在现代社会的方方面面(生产、交换、消费、语言、交往、礼仪等）。以住所为例，贫民窟反映的是底层人的生活，而别墅总是与上流社会的生活紧密相连。一个人对别墅的奢华产生羡慕的情感，对贫民窟的脏乱表示嫌恶，不过表明他对上流生活的向往和对底层生活的厌弃，也即对那些使一个人得以生活在上层或底层的社会关系的向往或厌弃。就别墅和贫民窟作为普通的居所而言，它们本身不过是"居所"，不过是不同的"物"而已，不存在地位上的差别。只有当别墅与贫民窟代表着不同社会地位的人时，也就是只有将它们当作富人与穷人的代表时，它们才有地位之分。杜威的心物区分论的哲学观点洞悉了人的地位与知识的地位之间的联系："哲学中发展起来的心物区分论，把所谓观念的和精神的东西抬高到存在的顶点，而把所谓物质的和世俗的东西降压到最低的地位，这种理论是阶级的、经济的和政治的区分的反映。奴隶和工匠（他们比奴隶并无更多的政治自由）从事物质的生产，即良好生活的资料之生产，但他们却不能分享这个良好生活。自由的公民不需要从事这些卑贱的活动，于是把理性的、理论的知识和低级的、卑贱的、例行的实际知识区分开来，把观念的和物质的区分开来，这是当然的结果。"①教育知识的地位表现为教育知识生产者的地位的原因还有：一门知识的地位状况并非对任何人都成为问题，孤立地看它仅仅是一种现象，特定的状况仅对某些人才会成为问题。在知识分工发达的条件下，特定的知识领域成为特定群体的专业活动范围，一定的知识门类与其生产者之间形成一种乍看起来天然的关系。这样，教育学家才会关心教育学的地位，心理学家才会关心心理学的地位②，等等。只有教育学家才会不厌其烦地讨论：教育学是一门科学或学科吗？为什么教育学总是令人不满意？为什么教育学的独立性这么差？……在狭小的专业群体之外，这类问题要么根本不存在，要么对于局外人而言是学术群体内部的、具有"自娱自乐"性质的琐碎问题。

---

① ［美］约翰·杜威：《人的问题》，傅统先等译，9 页，上海，上海人民出版社，2014。引文有改动。

② Alex B. Berezow，"Why psychology isn't science，"［E-Bo］. 2012-07-13. http：//articles. latimes. com/2012/jul/13/news/la-ol-blowback-pscyhology-science-20120713，2013-09-18. 杨绿编译：《心理学的科学性之争再起波澜》，《中国社会科学报》，2013-08-30。

局外人(如实践者与决策者)至多从自身的角度关心教育学的"效用"。由于教育知识的生产者以生产教育知识为专业，所以如果教育学的地位低下，那么教育知识生产者的价值和存在的合法性便值得怀疑。因此，这对于他们而言才是一个生死攸关的"大"问题！

教育知识与教育知识生产者的内在关联表明，教育学的地位问题是一个现代性问题。就是说，它是现代社会所特有的问题。这种社会有三个基本特征：(1)社会知识分工高度发达；(2)教育(尤其是学校教育系统)成为一项庞大的社会事业；(3)教育知识成为社会知识劳动分工体系的一部分。在这样的社会中，一部分人以生产教育知识为职业。就个人的生存和发展而言，职业是人与人之间最重要的社会差别之一。首先，职业表明一个人在社会分工体系中通过何种方式获取生活资料；其次，职业为个人所带来的生活资料的数量意味着其为个人创造的发展条件(闲暇、教育、交往等)的限度，也就是说它决定一个人的基本生活面貌；最后，一个从事某种职业的人自然地拥有职业所包含的文化、地位和荣誉感等。在上述意义上，以生产教育知识为职业的人才会将教育学的地位作为一个重要问题来考虑。因为这不仅关系到他们的生存和发展，而且还涉及其作为职业群体的自尊、声誉、地位等问题。

第四节　教育知识的地位是客观的

有人或许认为，不同的知识门类之间是平等的，知识的所谓高低之分不过是人们的评价尺度存在问题而已。依这种观点，解决知识的地位问题只需要改变人们用于评价知识的尺度即可。这种观点实质上是将知识的地位视为一种主观的存在。也就是说，知识的地位是由人的主观意志(看待知识的方式、态度、价值观等)产生的。从知识的发展来看，将不同门类的知识仅仅当作是存在差别的知识，从而在看待知识的价值取向上不应当尊崇某些知识门类，贬低另一些门类。在此意义上，笔者完全赞同这种取向，但绝不认同上述关于知识地位的解释，因为这种观点本身是错误的。

知识地位的差别客观存在，观察者的方式、态度仅仅影响"差别"在意识中的"反映"，不会使这种差别本身消失。

知识地位是一种社会地位，也就是一种社会关系。它作为一种社会关系存在于个体意识之外，不以个人的意志为转移。也就是说，知识地位是客观的。这意味着，一门知识的地位并不因个人对其评价尺度的差异而改变。知识地位本身是一种"社会存在物"，其基础是围绕着知识生产而形成的种种社会关系，它是不同门类的知识之间相互比较（确切地说，是竞争）的产物。知识地位作为一种社会存在物，是一种"关系实体"，不似物质实体的自然物那样可以被人们精确、感性地直接把握，它只能由抽象的理论思维来间接地把握。知识地位作为关系实体的客观存在，一方面使人们模糊地感觉到地位差别确实存在，正如不同的职业存在地位差别一样①；但是另一方面又使人们难以确切地在知识的地位等级之间划出清晰的界限。理论性的、间接的认识方式为人们对客观存在的知识地位的判断预留下很大的空间，这使人们在辨识同一门类的知识地位时表现出相当大的差异。

有学者曾调查了1732名艺术和科学学院的院长、主任、助理，请他们将25个学科依照最具声望与最缺乏声望的等级进行排序。结果相当矛盾，例如，戏剧学科在最有声望的学科中排名第10，而在最不具有声望的学科中位居第8名，数学和统计学在最具声望的学科中排名第7，在最不具有声望的学科中处于第7位。② 上述差异表明，一方面，不同的学科之间确实存在某种等级，这种差别本身外在于个体的感知（正由于它是外在于个人的，所以才能被不同的个体感知），因而每类知识的地位是客观的；另一方面，人们由于自身的经验、知识、偏好等因素而对这种等级的感知有所不同。因此，一门知识客观的地位在人们的感知中表现出相当大的不确定性：人们很难就一门知识的地位达成完全一致的意见。这种矛盾也说

---

① 各种职业地位也存在类似的问题，比如，人们大都能辨识出，国家领导人的地位无论如何要高于清洁工，但却很难确定律师与医生职业地位的高低。

② Dennis J. Downey, William E. Wagner III, Charles F. Hohm, and Chaka J. Dodson, "The Status of Sociology within the Academy: Where We Are, Why We're There, and How to Change It," *The American Sociologist*, 2008, 39(2-3), pp. 193-214.

明，一门知识的社会地位与人们对这种地位的感知、判断虽有联系，但两者并非一回事。对于那些偏好形而上思维的人来说，这涉及一系列认识论问题：我们能否认识知识的地位差别，以及能在多大程度上认识它？通过什么来认识它？又通过什么来检验这种认识？……我们必须保持对形而上学的警惕，以免被它诱入一个无休止的充满争议的领域。在此，我们仅确认一点：人们主观感知的差别并不能否定被感知的对象，即知识地位的客观性。或许我们永远无法在一门知识的地位等级上达成完全一致，但是这种地位本身无疑是确定的，它并不因感知者的不同而有所改变。

也有人认为，知识的地位可划分为许多类别。例如，把教育学地位分为三种地位，即其分别在学者、决策者、实践者眼中的地位。如前所言，对于探讨教育学地位的问题而言，这种区分并不科学，因为它是从评判主体的角度为教育学的地位分类的，而不同的主体对教育学地位的评判并不是教育学地位本身。我们的研究对象是教育学地位本身而不是它在不同主体眼中的反映，或者说不是探讨不同主体对教育学地位的评判。为说明两者的差别，我们先举一个例子。距离湖岸边 1000 米处有一座小岛，岛上有一棵大树。站在岸边的三个人估计这棵树的高度。甲说，大概有 10 多米高；乙说，估计有 20 米高；丙说，足有 35 米高。树的实际高度相当于教育知识的地位，而人们所估计的高度相当于不同主体对教育学地位的评价。如果依评判主体(学者、实践者、决策者)将教育学地位分解为学术地位、实践地位、决策地位，那么这些地位不过是教育学地位在不同主体眼中(主体采用不同的尺度)的反映。也就是说，将客观的教育学地位分解为三个主体眼中的主观反映。这相当于，我们将小岛上那棵树的实际高度分解为：甲高度、乙高度、丙高度。显而易见，这是十分荒谬的。如果要探讨教育学在某个尺度下的地位(也就是客观地位在某方面的主观反映)，那么这种分解具有一定的合理性。但这里，我们真正需要探讨的是教育学的地位本身，而不是其地位在不同主体眼中的反映(在例子中则是研究树的高度本身，而不是人们对树的估计高度，也不研究哪些因素影响他们的估计方式)。教育学的地位(客观上)不等于几种反映(主观上)的相加，因此，不能将教育学的地位分解为不同主体眼中(也就是以不同尺度衡量)的学术地位、实践地位、决策地位。

第五节　决定教育知识地位的因素

既然知识地位是人的地位，那么如果我们问什么因素决定一门知识的地位，也就是问什么决定一个人的地位。人作为社会个体自然是通过竞争来获得与其力量相称的地位的，对于知识来说同样如此。在竞争中，起决定作用的是力量的大小。马克思在《柏林的危机》中对国王与国民议会的斗争所说的话也适用于知识竞争，他说："国王有权向国民议会挑战，国民议会也有权向国王挑战。谁的力量大，谁的权利就大。力量要受到斗争的考验。斗争要受到胜利的考验。两种势力只有用胜利才能证明自己的权利，失败只能说明自己没有权利。"[1]因为知识的地位是其生产者的地位的反映，因此决定一门知识的地位的是其生产者的力量。

我们探讨一门知识的地位决定机制，可从多方面考察这类知识生产者的力量，如传统观念赋予生产者的力量(像哲学、文学这类古典学科)、政治的力量(官方、政党、社会组织对某些知识门类的支持，如我国对马克思主义哲学的支持)、经济力量(知识的价值、效用等)、组织力量(专业协会的强弱)等。无疑，这些力量在发挥作用时遵循不同逻辑，它们在现实中不是孤立存在的，它们存在相互强化或抵消的可能。其中，在资本主义条件下，经济是决定一门知识地位的最重要、最基本的力量。[2] 马克思在论及雇佣劳动的积极方面时指出，由于工人的活动成了商品，成了出卖的

---

① 《马克思恩格斯全集》第6卷，5页，北京，人民出版社，1961。

② 此处，我坚持马克思的唯物史观，这种观点认为，从长远来看经济较其他关系在人们的社会生活中具有更基础、更具决定性的作用。当然，经济在马克思那里不是一个孤立的因素(它经常被错误地理解为简单的经济决定论，被庸俗地理解为"钱"的问题、"吃饭"的问题)，而是指与政治、法律、宗教、意识形态等相对的整个物质生活的生产方式。不过，与物质商品相比，19世纪知识和服务的生产还是微不足道的，因而马克思主要分析了物质形态的商品。在一个以知识为基础的经济社会中，大量的知识和服务已成为商品。对于知识的生产者而言，生产观念形态的非物质商品也是一种重要的经济行为。在这里，我多少遵循了马克思的唯物史观的理念。

对象，因而——

> 旧社会的一切关系一般脱去了神圣的外衣……一切所谓最高尚的劳动——脑力劳动、艺术劳动等都变成了交易的对象，并因此失去了从前的荣誉。全体牧师、医生、律师等，从而宗教、法学等，都只是根据他们的商业价值来估价了，这是多么巨大的进步呵。①

鉴于经济力量的重要性，本书仅限于考察知识生产者的经济力量。在知识分工条件下，不同门类的知识作为社会劳动分工体系的一环，参与社会劳动产品的交换，因而它们是商品，具有价值，其价值量表现为一定的货币量。而货币本身是社会交往的产物，同时也是一种强大的社会力量——购买社会财富的权力。在资本主义制度下，谁占有了货币，谁便拥有不仅支配他人劳动产品，而且支配他人劳动的力量，货币的多少表明这种权力的大小。亚当·斯密(Adam Smith)曾引用霍布斯的观点：

> 财富就是权力。但获得或承继大宗财产的人……财产对他直接提供的权力，是购买力，是对于当时市场上各种劳动或各种劳动生产物的支配权。他的财产的大小与这种支配权的大小恰成比例，换言之，财产的大小，与他所能购买或所能支配的他人劳动量或他人劳动生产物数量的大小恰成比例。一种物品的交换价值，必然恰等于这物品对其所有者所提供的劳动支配权。②

如果一门知识在交换中具有更高的价值，那么这意味着知识的生产者作为整体拥有更多的货币量(当然，生产者首先必须占有自己的劳动产品)。"货币本身是商品，是可以成为任何人的私产的外界物。这样，社会

---

① 《马克思恩格斯全集》第6卷，659-660页，北京，人民出版社，1961。
② [英]斯密：《国民财富的性质和原因的研究》上卷，郭大力等译，27页，北京，商务印书馆，1983。

权力就成为私人的私有权力。"①就整个知识门类而言，这是一种生产者的集体私有制。

依上述思路，就探讨教育知识地位的决定机制而言，我们可以探讨教育知识生产者的经济力量，也就是考察教育知识的价值。与其他知识的价值相比，如果教育知识的价值越大，其生产者作为群体能够获得的货币量越大，其社会力量就越大，从而教育学便有能力获得较高的地位。反之，教育学便难以获得较高的地位。据此，本研究需论证的命题是：在现代社会，教育知识在经济方面处于不利地位，并且这种不利处境深深地嵌入现存的社会经济结构之中。或者说，教育知识在现代社会中难以获得较高的价值。②

第六节　方法论与假设

影响教育学地位的力量众多，如传统观念、政治权力、经济利益、研究者群体的组织化程度等。这些力量相互交织最终决定了教育知识的实际地位。如前所述，教育学地位问题具有普遍性，在此将它作为一个理论问题来研究。采用经验研究的方式探讨教育学的地位问题具有自身的限度，这种局限性源于经验研究方式本身。因为经验研究总是基于少数或个别具体情况，它只能告诉我们，在某一特定的社会背景下，什么因素或机制造成了某种意义上教育学的地位困境，这至多可以在经验上为一般性地探讨教育学地位的决定机制提供经验材料和启发。探讨教育学地位问题这样的普遍性问题，合适的方式是理论研究。我们如果要确切地理解什么力量，以及它如何决定了一门知识的地位，那么必须先个别地了解每种力量对知

---

① 马克思：《资本论》第1卷，155-156页，北京，人民出版社，2004。
② 这绝不意味着，任何情况下都不会得到较高价值。考虑到教育在现代社会已经成为一项重要的政治事务，政治斗争必然会不时地为教育知识的生产带来巨额投入。但是，对于任何一个理性(经济理性)的国家来说，在一个没有多大效用的研究领域中投入巨资都是一种严重的非理性行为。从长远来看，国家将会从历史和经验中认识到教育知识的价值限度。因此，在本研究中，我们撇开国家的政治动机不谈，只将国家看作一个遵循经济理性行事的国家。

识地位的影响。如此，就有必要对各个力量的性质分别加以探讨，这样我们就必须进入一般理论研究的领域。虽然本研究以理论的方式进行，但是它需要不断地接触经验以免堕入背离现实的玄思。对此，克劳塞维茨（Carl von Clausewitz）关于哲学和经验关系的一段话颇富教益：

> 作者在本书中没有回避哲学的结论，但是当它们不足以说明问题时，作者就宁愿放弃它们，而采用经验中恰当的现象来说明问题。这正像某些植物一样，只有当它们的枝干长得不太高时，才能结出果实。因此在实际生活的园地里，也不能让理论的枝叶和花朵长得太高，而要使它们接近经验，即接近它们固有的土壤。……研究和观察，哲学和经验既不应该彼此轻视，更不应该相互排斥，它们是相得益彰和互为保证的。①

依上述思路，我们要考察作为商品的教育知识，就要考察其相应的社会背景：资本主义生产高度发展，教育体系成为现代社会的重要组成部分，从而教育知识生产成为社会知识分工体系的一个环节。在这样的社会中，围绕教育知识的生产形成了它的最基本的经济关系。欲探讨教育知识在现代社会中的价值，我们必须考察这些经济关系本身。教育知识的经济关系涉及国家、教师、学术界，以及现代教育在社会经济结构中的功能。为了使研究不至于从零开始，我们需要一系列关于经济、社会、国家等方面的知识。就这些知识本身而言，它们属于经济学、社会学、政治学、历史学等学科的范畴，不属于我们要考察的范围。假如有一种有用且恰切的理论，那么本研究就可以把已经确定的东西作为根据，不必再做主题之外的探索。于是，研究伊始便面临一个选择理论基础的问题。

---

① ［德］克劳塞维茨：《战争论》第1卷，中国人民解放军军事科学院译，15页，北京，商务印书馆，1978。引文有改动。

一、理论基础

所谓理论基础就是对展开一项研究而言所必需的前提性知识，这些知识直接影响研究的立场和路径。一旦确定这些知识，研究者在探索的进程中便将它们视为不证自明的结论，仿佛它们是"科学的结论"一样，研究者无须再去重复证明。黑格尔在论及具体科学的开端时曾指出：

> 在每门别的科学中，它所研究的对象和它的科学方法，是互相有区别的；它的内容也不构成一个绝对的开端，而是依靠别的概念，并且在自己周围到处都与别的材料相联系。因此，可以容许这些科学只用假定有其他前提的办法来谈它们的基础及其联系以及方法，直截了当地应用被假定为已知的和已被承认的定义形式以及诸如此类的东西，使用通常的推论方式来建立它们的一般概念和基本规定。①

那么，在探讨教育学地位问题时，我们应当以什么理论作为基础呢？一项研究的理论基础一方面取决于研究任务，另一方面取决于研究者的知识背景，以及由此决定的分析问题的视角。本研究尝试从经济角度揭示教育知识的地位决定机制。笔者聚焦于决定教育知识地位的一种最基本、最重要的力量——经济力量，探索它是如何影响教育知识的地位的。教育学作为教育知识所属的学科，既是现代教育系统的产物，又是知识生产分工深化的结果。其社会关系是从现代教育和知识的分工中生长出来的。资本主义一方面为教育普及提供了物质的基础和动力，另一方面又加速并深化了知识分工。在此意义上，教育知识是资本主义高度发展的产物。或者说，现代社会的物质关系是教育知识的社会关系赖以形成的基础。因此，探讨教育知识的社会关系须以关于现代社会物质关系的一般性知识为基础。也就是说，在探讨教育知识的社会关系之前，我们需要一套关于资本

① ［德］黑格尔：《逻辑学》上卷，杨一之译，23页，北京，商务印书馆，2001。引文有改动。

主义社会的理论。

迄今为止，人类已经形成不少关于资本主义社会的理论体系。笔者选择马克思关于现代社会的一般性论述作为理论基础，首先是基于对马克思相关论述的真理性的信任。笔者深知，马克思的资本主义社会的理论是未完成的，他的诸多观点仍存在巨大争议，其不少预见也没有为历史进程所证实。然而，不论我们是否认可他的分析，赞同其结论，恐怕都得承认：没有人像马克思那样深刻地，并至今仍在影响着人们对现代社会的理解。如莱博维奇（Michael A. Lebowitz）指出的那样，"古往今来，从来没有一个人对资本主义的分析能像马克思那样深入透彻，也不曾有任何一种对资本主义制度的分析能比马克思的理论更能帮助人们去理解他们'今天'所生活的社会"①。

在涉猎广泛的知识的基础上，马克思发展出高度抽象、复杂的关于社会历史的知识系统。尤其是他对资本主义的研究，其分析的全面性、彻底性、系统性堪称社会科学理论的典范，《资本论》深刻并持久地影响了后世学者对资本主义的研究。经济学家海尔布隆纳（Robert L. Heilbroner）指出，"在马克思以后论述资本主义的著作绝大部分都是阐述和发挥在《资本论》本身中已经说明了的运动规律"②。笔者于硕士研究生期间（2005—2008）开始研读马克思的著作，在10余年的对马克思著作的阅读中，时常利用他的见解和理论来理解自己在思考社会和教育问题时所遇到的困惑，发现他的分析方法及其基本结论（这自然以辩证地把握这些结论为前提）对理解现代社会具有恒久的价值。马克思已去世一个多世纪，与他所处的时代相比，今天的世界已变化得几乎无法辨认，可是为什么他的著作还保持着对整个人文社会科学如此广泛、深刻的影响呢？为什么还不时地有学者主张"回到马克思"呢？换言之，为什么他的著作对我们理解现代社会具有某种

---

① [加拿大]迈克尔·A.莱博维奇：《超越〈资本论〉——马克思的工人阶级政治经济学》，崔秀红译，2页，北京，经济科学出版社，2007。

② [美]R.L.海尔布隆纳：《马克思主义：赞成和反对》，易克信等译，78页，北京，中国社会科学院情报研究所，1982。

恒久的价值？也许一个重要的原因在于，目前整个人类社会的发展仍处于资本主义进程中，马克思得出一般性结论的基本社会条件（雇佣劳动和资本是现代社会运行的物质基础）没有发生根本变化。因而，他的思想对许多基本的现代问题仍有很强的解释力。

按照英国著名马克思主义文艺理论家伊格尔顿（Terry Eagleton）的回答，原因在于马克思批判的对象——资本主义运作的逻辑——并没有发生根本变化。他在《马克思为什么是对的》中反驳了当前西方社会十个典型的否定马克思主义的观点。① 其中第一个就是马克思主义过时论。这种观点认为，"今天，大多数马克思主义的批评者……宣称，资本主义制度已经发生了根本的变化，早已不是马克思当年描绘的那个样子了，如果不与时俱进，马克思的思想就会失去价值"。伊格尔顿的辩护是：

> 马克思本人是十分清楚资本主义在不断发展变化这样一个事实的……既然马克思早已洞察了资本主义不断变化的本质，最近几十年中资本主义的形态变化又怎能影响马克思主义理论的可信度呢？另外，马克思本人曾经预言工人阶级数量的锐减和白领工人的增加。他还预见到了所谓的全球化——一个真正思想陈旧的人是做不到这一点的。而且，马克思的这种"陈旧"恰恰是他的观点仍然适用于当今世界的关键之处。

他指出，"资本主义制度仍按照以前的方式运动，并没有进行任何改进"，"资本主义内在逻辑的稳定性，决定了马克思主义对资本主义体制的大多数批判时至今日仍有道理。只有资本主义体制在可以冲破自身的边界，开创一个崭新局面的时候，才能改变这样的状况"。在"马克思没有过时"的意义上，他关于资本主义的批判能够成为我们探讨许多现代社会问题的理论基础。就探讨教育学地位问题来说，本研究在内容上有三点直接受惠于

---

① ［英］特里·伊格尔顿：《马克思为什么是对的》，李杨等译，北京，新星出版社，2011。

马克思。

其一，唯物史观。他在1859年的《政治经济学批判》序言中对"唯物史观"做了经典表述：

> 人们在自己生活的社会生产中发生一定的、必然的、不以他们的意志为转移的关系，即同他们的物质生产力的一定发展阶段相适合的生产关系。这些生产关系的总和构成社会的经济结构，即有法律的和政治的上层建筑竖立其上并有一定的社会意识形式与之相适应的现实基础。物质生活的生产方式制约着整个社会生活、政治生活和精神生活的过程。不是人们的意识决定人们的存在，相反，是人们的社会存在决定人们的意识。社会的物质生产力发展到一定阶段，便同它们一直在其中活动的现存生产关系或财产关系(这只是生产关系的法律用语)发生矛盾。于是这些关系便由生产力的发展形式变成生产力的桎梏。那时社会革命的时代就到来了。随着经济基础的变更，全部庞大的上层建筑也或慢或快地发生变革。①

当然，笔者深知学术界对这个著名的基础或上层建筑模型存在相当不同的解释②。这里不是笔者呈现对它的具体理解的地方(最好的方法是在研究过程中呈现对这个模型的理解，而不是用语言去解释它)。重要的是指出，这种历史观对本研究有两方面的重要意义。一方面，它强调，相对于法律、政治、宗教、艺术等因素，经济关系在社会生活中具有更基础的决定性作用。另一方面，它主张研究者对非经济的社会问题的分析应建立在对当时的物质生产方式理解的基础上。由于马克思和恩格斯在阐述唯物史观时比较强调经济关系的重要性(这一点往往为其论敌所忽视)，因而它在传播过程中很容易被曲解并简化为机械经济决定论(唯物史观当然是一种

---

① 《马克思恩格斯全集》第13卷，8—9页，北京，人民出版社，1962。
② Steven B. Smith, "Considerations on Marx's Base and Superstructure," *Social Science Quarterly*, 1984, 65(4), pp. 940-954.

经济决定论，不过它是一种辩证的决定论）。恩格斯后来对此做出回应和辩解：

> 根据唯物史观，历史进程中的决定性因素归根到底是现实生活的生产和再生产。无论马克思或我都从来没有肯定过比这更多的东西。如果有人在这里加以歪曲，说经济因素是唯一决定性的因素，那末他就是把这个命题变成毫无内容的、抽象的、荒诞无稽的空话。……青年们有时过分看重经济方面，这有一部分是马克思和我应当负责的。我们在反驳我们的论敌时，常常不得不强调被他们否认的主要原则，并且不是始终都有时间、地点和机会来给其他参与交互作用的因素以应有的重视。①

在马克思和恩格斯的主要著作中，我们可以看到，他们从未将经济因素看作是唯一的决定性因素，相反，他们在承认经济的决定性作用的基础上阐发政治、法律、军事、意识形态等因素的作用。在这方面最具代表性的著作是马克思的《路易·波拿巴的雾月十八日》。经济关系的重要性使笔者选择探讨影响教育知识地位的经济力量，并且对相关经济关系的分析建立在对物质生产方式理解的基础之上。这样做绝不是否认或轻视其他因素（传统、政治、学术等）在决定教育知识地位中的重要性，只是笔者认为，在解释教育学的地位时应当在对经济力量进行理解的基础上再考虑其他因素。

其二，经济理论。具体而言，本研究在三方面借鉴了马克思的经济学。第一方面是马克思对商品的分析。马克思在《资本论》中对作为经济细胞的商品进行了经典的分析，虽然分析的是物质商品，但从中得出的结论同样适用于知识形态的商品，因为商品的规定与商品的物理形式无关。在研究中，笔者将以分工方式生产的教育知识作为商品来对待，分析围绕它

---

① 《马克思恩格斯全集》第 37 卷，460–462 页，北京，人民出版社，1971。

的生产和再生产(也就是教育知识的传播)而形成的基本经济关系。第二方面是劳动价值论。马克思认为,一种商品的价值由生产这种商品的社会必要劳动时间来决定。在探讨教育学的地位时,本书将教育知识的价值界定为生产它的社会必要劳动时间。这样,我们便可以通过考察教育课程的难度、教育专业的学费、教育学位的生产率等情况来判断教育知识的价值。第三方面,在探讨教育知识的生产方式是否采用资本主义生产时,笔者受到马克思的剩余价值理论的启发。在本书中,笔者假定,大学是唯一生产教育知识的机构。这种生产方式是否具备资本主义生产的典型特征,判断的主要标准是大学在多大程度上能够通过生产教育知识而获得剩余价值。经验表明,大学在教育知识的生产方面很少按照资本的模式来运营。

其三,有关国家的观点。马克思主要是从经济基础与上层建筑的角度来看待国家的,他没有提出完整的、体系化的国家理论。但是,他所揭示的国家的阶级本质对理解现代国家与教育①,从而理解现代国家与教育学之间的关系非常有价值。由于现代教育主要由国家直接或间接承担,这种责任本身便隐含国家对教育学的需求,即国家与教育学的关系。在资本主义条件下,教师是被国家雇用以履行教育职责的劳动者,教育知识生产者依靠生产教育知识为生,他们均是依靠工资生活的人。这些人本身不直接从事物质生产劳动,而必须通过交换从社会总收入中获取生活资料。国家对教师、教育知识生产者都有基本要求,就是说国家为他们的劳动划定了范围,从而也为他们的需要及其劳动产品设定了限度。可以说,国家的性质决定了国家与教育学关系的性质。马克思有关国家的论述有助于我们理解教师、教育知识生产者在社会生产中所处的地位。

尽管本研究在理论内容上主要有三个部分直接受益于马克思,但如果我们不是将马克思的思想孤立,而是视其为一个由各个部分构成的、具有内在关联的整体,那么我们还必须承认间接受益于他的其他思想。因为只

---

① 马克思主义历史学家安迪·格林在《教育与国家形成》中阐述了英、法、德、美等主要西方国家与现代教育体系的起源问题。参见[英]安迪·格林:《教育与国家形成:英、法、美教育体系起源之比较》,王春华等译,北京,教育科学出版社,2004。

有理解了马克思的其他思想，我们才能真正理解上述三个部分。

二、分析方法

我们一旦将马克思的相关论述视为理论基础，也就意味着将他的相关概念和命题视为正确的，至少暂时将它们当作真理一般对待。当我们这样直接承认马克思理论的真理性时，实际上也就间接地承认产生其理论的方法论原则的真理性。在这个意义上，研究结论与方法论是统一的。恩格斯曾严厉地批评过将研究方法论与结论分裂的做法，批评许多著作家将"唯物主义"作为标签："他们一把这个标签贴上去，就以为问题已经解决了。但是我们的历史观首先是进行研究工作的指南……必须重新研究全部历史。"①因此，笔者在研究进程中将努力遵循马克思倡导的历史的、唯物的、辩证的原则。

确切地说，本研究的理论分析方法源于马克思在分析商品拜物教时所采用的方法。通过对商品的分析，马克思发现，劳动产品一旦成为商品便具有一种不同于其自然形态的"谜一般的性质"②。作为商品，劳动产品抽象掉了产生它的劳动有用性，转变成了无差别的人类劳动的凝结物，它与其他商品之间没有质的差别，而仅有量的差别，因而它们能够依照一定的比例进行交换。在马克思看来，"商品形式在人们面前把人们本身劳动的社会性质反映成劳动产品本身的物的性质，反映成这些物的天然的社会属性，从而把生产者同总劳动的社会关系反映成存在于生产者之外的物与物之间的社会关系"③。劳动产品的商品形式与其物理性质，以及由此产生的物的关系完全无关。不同生产者的社会关系在人们面前取得了物与物的关系(交换)的虚幻形式，马克思把这种现象叫作"拜物教"。一种劳动产品一旦作为商品来生产，它便具有拜物教的性质。

劳动产品作为商品表明，它是私人劳动的产物。所有私人劳动构成社

---

① 《马克思恩格斯文集》第 10 卷，587 页，北京，人民出版社，2009。
② 马克思：《资本论》第 1 卷，89 页，北京，人民出版社，2004。
③ 同上书，89 页。

会总劳动。在这种社会中，私人劳动的独特的社会性是通过劳动产品作为商品的交换来表现出来的，借助不同劳动产品的交换，生产者才发生社会接触，从而私人劳动才表现为社会总劳动的一部分。这时，在生产者面前，私人劳动的社会关系不是表现为他们在劳动中的直接的社会关系，而是表现为他们的劳动产品之间的关系。马克思指出，商品以"物"的方式表现出来的关系实质上是生产者的社会关系。正是从商品分析出发，马克思展开了对资本主义的全方位分析，并且取得了划时代的成就。有学者对马克思的分析方法惊叹不已：

> 这个从简单商品开始的对资本主义制度的社会分析，我认为是我们所曾见过的最值得注意和最发人深省的敏锐思维之一，我常把它同柏拉图和弗洛伊德的学说相比，它是完全当之无愧的。这种分析的洞察能力是马克思主义的独特的，也许是最突出和最不朽的成就。它使我们能够理解不然就完全不可能理解的社会，使我们能够认识到我们是什么，而这是认识到我们可能成为什么的必要的前提。①

在一个社会中，资本主义生产越占据统治地位，越多地侵入各个生产领域，社会上就有越多的产品和"服务"以商品的形式被提供出来，那么人的关系的"物化"便越成为一个普遍的事实。马克思将作为商品的"物"的关系理解为人的关系，这种理解使他的分析方法能够远远地越出纯粹经济学的范围，从而可能成为探讨许多社会问题的基础。这也许是马克思的著作能够对很多领域产生影响的重要原因。

教育知识的地位在本质上是以作为商品的知识为中介的人与人之间的社会关系。在以分工和交换为基础的现代社会，专门化的教育知识是作为观念形态的商品被生产出来的。虽然马克思主要探讨的是物质形态的商品运动，但是他对物质商品所做的经典分析同样适用于观念形态的知识商

---

① [美]R. L. 海尔布隆纳：《马克思主义：赞成和反对》，易克信等译，90 页，北京，中国社会科学院情报研究所，1982。

品。因为劳动产品作为商品以物的关系表现人的社会关系，商品的这种性质与其物理形态无关，商品体的物理形态仅仅影响商品作为交换价值的生产、交换、消费的具体方式，丝毫不影响商品作为商品所表现的人的社会关系。因此，马克思的方法适合于分析一切形态（有形的、无形的）的商品。在教育知识专门化生产的条件下，教育知识是一种商品，这是社会分工赋予教育知识的社会属性。作为物，教育知识是人们认识教育的产物；作为商品，教育知识是一种可交换的社会存在物，它反映了围绕着作为商品的教育知识的生产而形成的教育知识生产者与其他商品生产者的社会关系。马克思对商品的分析揭示了附于物之上的现代社会中人与人的社会关系，从而暴露了商品拜物教的秘密，而本研究尝试利用这种方法揭开作为商品的教育知识的地位形成之谜。

需要指出的是，马克思的理论虽然能为探讨教育学的地位问题提供有价值的启发，但是其主要内容是关于物质商品的经济运动，他也只是在必要时论及非物质商品的生产。① 马克思的理论勾勒了现代社会经济制度的大体轮廓，对于本研究而言，仅提供了探讨教育学在其中发生的社会关系的一般规定。因此，马克思理论只是为本研究提供了进一步论述的基础和分析问题的方法论。

三、研究假设

由于理论研究并不直接处理经验世界的对象，因而它在真正开始自己的工作时总是从一系列假定出发。为使读者更容易理解本书的观点和逻辑架构，这里有必要呈现本研究的六个假设：（1）教育学的地位状况具有普遍性；（2）教育学的地位是教育知识的地位；（3）教育学的地位是一种社会地位；（4）教育学的地位本质上是教育知识生产者的地位；（5）教育学地位问题的产生背景是教育广泛普及和教育知识成为知识分工的一个环节；（6）马克思关于资本主义的基本结论与分析方式是正确的。为了便于

---

① 马克思关于非物质商品生产的论述主要见于他对生产劳动与非生产劳动的区分。参见马克思：《剩余价值学说史》第 1 卷，郭大力译，第四章及附录 11 和 12，北京，人民出版社，1975。

分析教育知识的生产与再生产，本书进一步假定：（1）大学是唯一生产教育知识的机构，教育知识的生产者是其雇员；（2）学校教育系统是唯一的教育形式。

此外，毋庸赘言的是，在本书中教育学的地位问题是发生在一个纯粹理想化的资本主义生产方式占支配地位的社会中，这个背景是一种理论形态的存在，不能直接等同于现实社会。不过，这样做的目的只是在纯粹的形式上在分析教育学的地位时撇开无关因素的干扰。

第四章　教育知识的商品化

在现代社会，知识生产成为社会劳动分工的一个环节。这种社会形式赋予知识以一种独特的属性——商品。知识成为商品使其表现出与在其他社会形式下不同的属性。伴随着现代教育制度的建立，教育知识也成为社会知识生产分工的一部分，也成为一种商品。教育知识作为商品满足了现代社会不同主体对教育知识的需要，教育知识在生产与再生产的过程中产生了它的基本的社会关系。正是这些关系的相互作用最终决定了教育知识的地位。

第一节　知识商品

一、知识一般

既然教育学属于一般性知识的范畴，那么我们的分析就从知识一般开始。知识一般是在最普遍意义上对知识的界定，也就是暂时撇开具体的社会条件来考察知识。这样知识可以被界定为——人类认识世界的思维产物。从过程看，认识首先发生在作为认识主体的人与作为认识对象的客体之间，是人以自身的活动为中介从精神上把握对象的过程。就认识本身而言，它试图在思维中把握事物与事物之间的关系。只要人与世界之间存在互动(无论是物质性互动，还是精神性互动)，世界(外部的或内部的)就对人有刺激，该刺激经过神经传导至大脑，大脑对这些刺激进行加工，从而形成对世界的认识。在上述意义上，我们把这些思维成果称为知识。这是最广泛意义上的知识。如果我们把认识视为一种劳动形式，即认识劳动的话，那么它与物质生产劳动的区别在于：后者的目标是使物质对象发生某种合目的性的变化，其直接结果是生产出被改变了的对象本身；认识劳动本身并不必然要求认识对象发生形态变化（虽然这种变化有时必要，比如医学实验中解剖小白鼠这种认识活动），其直接结果是产生大脑对认识对象进行加工的观念。

如果说实践是人对客观世界进行的改造或物质性活动，那么认识便是人作为认识主体借助认识工具对认识对象进行的理论操作。认识主体通过自己的理智活动使认识对象主体化，从而使世界在人的头脑中获得主观性存在，使世界人化、主体化。相反，人通过实践改变世界以使其服从于自己的意志，从而使自己在世界中获得客观性存在，即人的物化、客体化。可见，就认识本身来说，它是对世界的一种主观性态度，正如实践是人对世界的客观性态度。尽管，在认识过程中，主体可能借助于一定的实践性质的实验手段来改变认识对象的存在方式，以达到把握认识对象的目的。但这并不改变认识的本质，就其直接的意图和过程本身而言，认识仍然是理论性地把握自己的对象。总之，认识作为一种精神性活动，它本身并不改造世界。认识是人类活动的最基本的构成要件，它伴随着人类的一切有意识的活动。只要人类在生活，这种活动就存在，它不以任何社会形式为转移，为一切社会所共有。①

如果将认识作为一种特殊的劳动形式看待的话，参考马克思对简单劳动的分析思路，我们认为，② 认识的基本过程可分为三个简单要素：认识活动本身、认识对象、认识工具。这样，认识就是主体借助认识工具对认识对象进行理论操作的过程。世界并不天然地成为认识对象，只有它处于

---

① 在此意义上，认识与劳动一样为一切社会所共有。马克思关于劳动是这样说的："劳动过程，就我们在上面把它描述为它的简单的、抽象的要素来说，是制造使用价值的有目的的活动，是为了人类的需要而对自然物的占有，是人和自然之间的物质变换的一般条件，是人类生活的永恒的自然条件，因此，它不以人类生活的任何形式为转移，倒不如说，它为人类生活的一切社会形式所共有。"马克思：《资本论》第 1 卷，215 页，北京，人民出版社，2004。

② 同上书，207-211 页。

与认识者的认识关系中，才成为认识者的认识对象。从对象角度来看，认识就是认识客体被对象化的过程。在这个过程中，认识者对认识客体做出臆想的或科学的，感性的或理性的认识。就认识工具而言，人的身体器官（四肢、口、耳、眼、鼻、脑等）是最原始、最基本的认识工具。人类不仅借助感官能感性地直观世界，而且利用思维着的大脑理性地把握世界。同时，人类发明、设计了各种设备、仪器等，这些工具作为人体器官的延伸使人类对世界的认识能够突破大自然施加于人的限制。在所有认识工具中，大脑无疑是最重要的工具，它赋予人类以高度抽象和复杂的方式来把握世界。如果说认识活动是人通过各种感官（自然的、延伸的）接触认识对象开始的，那么知识本身便是认识活动的暂时结束。认识者对认识对象进行理论加工所得的直接产物即知识是观念形态的存在，而人的社会本性（最重要的是交往的需要）使知识的主观形式获得了客观的表达，即知识的外化。

我们可以根据不同的标准对知识进行分类。例如，根据内容，有学者将知识分成知道是什么的知识（Know-what），知道为什么的知识（Know-why），知道怎样做的知识（Know-how）和知道是谁的知识（Know-who）。[1] 依照认识方式，有学者把人类的认识分为七种：科学认识、技术认识、艺术认识、价值认识、日常认识、哲学认识、宗教认识。[2] 无论知识的内容是什么，人们把握世界的方式有多少种，人们认识世界的直接产物都是观念性的，这些知识只有借助于外显的载体才能在人与人之间进行交流。依载体的表现形态，可将其大体分为四种类型：符号（声音、文字、图形等）、物（新的设计、发明等）、活动（绘画、运动、歌唱等）、制度（诸种仪式、习俗、程序、规范等）。尽管各种知识可借助不同的表现形式获得客观的存在，但是形式仅仅是表征知识的物质外壳（载体）却不是知识本身，只有形式所表征的意义即人们对世界的理解本身才是知识。

---

① 经济合作与发展组织（OECD）编：《以知识为基础的经济》，杨宏进等译，6-8 页，北京，机械工业出版社，1997。

② 景天魁：《社会认识的结构和悖论》，46-158 页，北京，中国社会科学出版社，1990。

知识作为认识过程的结晶，表征着人对世界的认识关系。虽然具体的认识总是处于特定社会关系中的人的认识，但是知识内容本身没有表明主体是在什么样的社会形式下认识的。也就是说，知识本身仅仅表征人与世界的认识与被认识的关系，并不反映知识的社会关系。正如马克思在分析使用价值时所说的那样，"我们从小麦的滋味中尝不出种植小麦的人是俄国的农奴，法国的小农，还是英国的资本家。使用价值虽然是社会需要的对象，因而处在社会联系之中，但是并不反映任何社会生产关系"①。因此，对于知识的社会关系而言，有关知识的一般性论述远远不够，它需要进一步的规定。

二、知识成为商品

自 16 世纪以降，资本主义发展所带来的三个社会条件对知识的社会性质产生了根本性影响，大大地促进了知识生产的职业化和专门化。其一，科学技术在物质生产领域的应用极大地改变了人类的面貌，提升了知识在社会生产和生活中的地位。经过思想启蒙，资本主义社会逐渐产生了对社会知识的需要。② 其二，物质生产力的发展已达到很高的程度，以至于社会中相当一部分人专门生产知识以满足社会对知识的需要。资本主义的发展为知识生产的职业化提供了物质上的可能性。其三，与资本主义的物质发展相伴随的，是人类的平等观念已经成为人们的定见，③ 享受人类的文明成果(尤其是知识)不再是社会少数人的特权，它不仅成为普通大众的被意识到了的需求，并且成为每个公民的基本权利，从而社会产生了对知识的普遍需求。其中，最大的推动力无疑是现代教育制度的建立。

在此背景下，认识劳动作为社会分工的一部分被确定下来。17 世纪的弗格森(Adam Ferguson)曾说："每门艺术、每种职业的实践者可能会让科

---

① 《马克思恩格斯全集》第 13 卷，16 页，北京，人民出版社，1962。

② ［美］西奥多·M. 波特、多萝西·罗斯主编：《剑桥科学史·现代社会科学》第 7 卷，第 7 卷翻译委员会译，22-27 页，郑州，大象出版社，2008。

③ 马克思：《资本论》第 1 卷，75 页，北京，人民出版社，2004。

学家来进行全面的思考。在这分工细致的年代，思维本身也成了一种特殊的技艺。"①社会对知识产生了普遍需要，催生了一个以生产知识为职业的群体。这时，探索世界，从而生产知识已不再属于有闲阶层的特权，不再是他们的业余爱好，而成为一种世俗的职业。关于这种转变，美国学者克龙曼(Anthony T. Kronman)感叹道：

> 在 19 世纪以前，大部分学者和科学家都是各自为政地在任何有组织的机构环境之外工作。他们都拥有自己的藏书和实验设备，用自己的收入支持自己的实验，而这些收入却与他们的学术工作无关。15 世纪的菲奇诺(Ficino)、16 世纪的培根(Bacon)、17 世纪的莱布尼茨和斯宾诺莎，都是这一类的样板人物。这些学者的工作在严格意义上都是"副业"——他们将其作为个人的爱好予以追求，而不是作为谋生的手段，虽然学术工作有时也能赢得某个富有的赞助人的资助(如菲奇诺和莱布尼茨)。……这类旧式的学者都是典型的自主工作的通才。②

如今这种职业化、专门化的知识生产方式逐渐成为占支配地位的知识生产方式，也就是说，它是最主要的知识增长方式。这样，从职业角度看，知识便被分为两类：以职业方式生产的知识与以非职业方式生产的知识。前者是以专业化方式生产的知识，它是认识主体职业活动的产物，可称为专业知识；后者可称为非专业知识，认识主体不以生产这类知识为职业。需要指出的是，这种区分不是依据知识生产本身的性质(既不是劳动产品，也不是具体劳动)做出的划分，而是依据知识生产借以实现的社会形式，即社会生产关系而做出的划分。因此，所谓专业知识仅意味着这类知识是以职业方式生产的，也就是对于生产者来说，生产知识是一种谋生手段。

---

① [英]亚当·弗格森：《文明社会史论》，林本椿等译，205 页，杭州，浙江大学出版社，2010。
② [美]安东尼·克龙曼：《教育的终结：大学何以放弃了对人生意义的追求》，诸惠芳译，72 页，北京，北京大学出版社，2013。

相应的是，非专业知识仅指这类知识是以非职业的方式生产的，不具有经济上的意义。

关于这种区分，有四点需要加以说明。第一，对两种知识的区分并不意味着把专业知识生产贬低到庸俗的程度，仿佛生产知识仅仅是为了谋生，它不涉及任何对知识生产的道德评价。我们试图确定的一点仅仅是在生产者的意识中，无论是为了追求真理，还是出于其他高尚的或卑贱的目的，生产知识在经济上是一种谋生手段。第二，做出区分绝不意味着专业知识取代了非专业的知识。那些不以生产知识为业的人自古以来都在生产非专业知识，而且他们一刻也不离开这种生产，那些以生产知识为职业的人同时也在生产大量的非专业知识。第三，这种区分并不意味着专业知识比非专业知识具有更专业的水准，这里并不涉及两类知识优劣的问题。事实上，在社会大规模地以专业化的方式生产知识前，人类早已通过非专业化的方式生产出具有专业水准的知识了（只要比较一下以非专业化方式生产的《理想国》和当下大量以专业化方式生产的粗制滥造的哲学著作便不难明白其中的差别）。第四，随着知识生产成为一部分人的职业，社会也将人分为两类：专业知识生产者与非专业知识生产者（仅生产非专业知识的人）。

知识生产一旦成为一个职业，生产者的劳动产品的单一性与其需要的多样性之间的矛盾就迫使生产者将知识与货币相交换以获取生活资料。这样，知识便由于参与交换而获得一种新的社会属性即知识成为商品。一切商品都具有两个属性，即使用价值和交换价值，从而知识获得了作为使用价值与交换价值的两重存在。① 一方面，知识的有用性使其具有使用价值，这取决于知识的自然属性。作为认识劳动的产物，知识以自身的特性满足人们对知识的特殊需要，有助于人们从事合目的性的实践，满足人类求知本性②的需要、审美的享受，等等。这种使用价值是知识或多或少都具有的自然属性，属于知识一般的范畴。同时知识具有交换价值。知识的交换

---

① 关于"使用价值"与"价值"两个概念，具体参见马克思：《资本论》第1卷，47-54页，北京，人民出版社，2004。

② ［古希腊］亚里士多德：《形而上学》，吴寿彭译，1页，北京，商务印书馆，1995。

价值代表着抽象的人类劳动的凝结，其中不包含任何可感的、具体的、使用价值的原子。作为一般等价物，货币代表无差别的人类劳动。正因为知识和货币在质上都是抽象的人类劳动，因此它们能够在量上按照一定比例进行交换。假如，1 篇 8000 字的论文价格为 1500 元①，简写为：1 篇（8000 字）= 1500 元（假定，商品的价格是其价值的完全体现）。其中" = "表示，撰写一篇论文所花费的社会必要劳动时间与 1500 元货币包含的社会必要劳动时间相同。在交换关系中，生产论文的劳动不是作为生产论文的具体劳动存在，而是作为抽象的人类劳动存在。在交换关系之外，1 篇论文就是 1 篇论文，这里知识作为一般的人类劳动的属性不见了。可是，一旦将知识置于交换中，它的社会属性又显现出来。因为一物的属性不是由该物同他物的关系产生，而只是在这种关系中表现出来，② 因此，知识作为商品的交换形式不是赋予了商品可以进行交换的属性，而仅仅是将这种属性显露出来。交换形式的真正奥秘在于，它"在人们面前把人们本身劳动的社会性质反映成劳动产品本身的物的性质，反映成这些物的天然的社会属性，从而把生产者同总劳动的社会关系反映成存在于生产者之外的物与物之间的社会关系"③。如果知识不是一部分人的职业劳动的产品，不是社会生产分工体系的一部分，那么它是不会作为商品而具有交换价值的。

可见，知识作为商品在交换中以物的方式表现出来的关系是人生产知识的社会关系。具体地说，生产知识的劳动首先是私有制下的私人劳动，知识连同其他劳动产品形成社会总产品。④ 这些产品因为具有不同的使用价值才能相互对立，从而产生交换的必要。知识的生产方式是在社会分工条件下的专门化生产。分工使似乎彼此独立的私人劳动成为社会生产分工

---

① 当然，发表在不同级别期刊上的、不同学科的论文的价值可能有天壤之别。例如，1996 年日本发表在 SCI 上的论文平均投入为 4.25 篇/100 万英镑，也就是说，每篇论文大约要花费 23.5 万英镑。Robert M. May, "The Scientific Investments of Nations", *Science*, 1998, 281 (5373), pp. 49-51.

② 马克思：《资本论》第 1 卷，72 页，北京，人民出版社，2004。

③ 《马克思恩格斯全集》第 23 卷，88 页，北京，人民出版社，1972。

④ 马克思：《资本论》第 1 卷，75 页，北京，人民出版社，2004。

体系中的一个环节，从而私人劳动的产品以独特的社会性质成为商品，具有交换价值。正是交换使私人劳动产品作为社会总产品的一部分的属性暴露出来。概言之，知识成为商品，根源于其生产是社会生产分工体系的一部分，是以分工为基础的专门化生产方式的产物。

关于知识的使用价值与价值的关系①，这里需强调三点：（1）知识作为商品必须具有使用价值，就是说，它必须能够满足人们的某种需要；（2）知识作为商品要求它的生产者不是为获取知识的使用价值而生产知识的，它必须为他人即社会生产知识②；（3）知识具有使用价值，且是社会分工的产物，这仅表明它只具有潜在的价值。知识作为商品只有在交换中才能证明自身作为社会劳动的一部分是成功的。只有这样，知识作为商品才能完成惊险的一跳。③

三、知识商品的形态

知识作为价值与其他任何商品一样都是无差别的人类劳动，均可用社会必要劳动（抽象劳动）时间进行衡量。但是，知识作为观念性的商品具有不同于物质商品的特性。这些特性对知识商品的生产和消费方式均有重要影响，因此我们有必要考察知识的形态。就知识是人认识世界的直接产物这一点来看，知识的最初存在首先是一种观念形态的精神产品，它可能是认识主体的推理、体验、直觉、想象等，但是它无法脱离人而独立存在。它需要借助载体才能独立存在，从而才能参与交换。依载体的形态划分，我们可将知识分为四类：符号化知识、物化知识、活化知识、制度化知识。

---

① 马克思对物质商品的分析仍然适用于作为商品的知识。1. 一个物可以有使用价值而不具有价值。2. 一个物可以有用，而且是人类的劳动产品，但不是商品。3. 要生产商品，他不仅要生产使用价值，而且要为别人生产使用价值。4. 没有一个物可以有价值而不具有使用价值。参见马克思《资本论》第1卷，54页，北京，人民出版社，2004。

② 虽然知识作为观念形态的商品并不因他人的使用而消失（这可以看作是知识这种劳动产品的自然恩惠），这与物质商品的消费不同，但是，当知识作为商品时，生产者必须为他人生产知识。

③ 《马克思恩格斯全集》第13卷，79页，北京，人民出版社，1962。"商品价值从商品体跳到金体上，象我在别处说过的，是商品的惊险的跳跃。这个跳跃如果不成功，摔坏的不是商品，但一定是商品所有者。"《马克思恩格斯全集》第23卷，124页，北京，人民出版社，1972。

符号化知识是主体的认识成果借助符号(文字、声音、图画等)的形式表达出来，而符号本身通常也附着于一定的物质载体上，例如，书籍、报刊、唱片等。符号化知识借助于载体可以在生产者之外获得独立存在，因而它能够像物质商品一样参与交换。例如，一位作家向出版商转让作品的版权。作者获得货币，出版商并不因此在理智上能够完全掌握这些知识，他取得的不过是对作品一定的处置权。交换后，作品的流通在经济上便与作者没有关系。① 出版商将作品大量印刷成书，再予以出售。这时，出版商售卖的书与任何其他物质商品无异，而购书者买到的并不是知识(知识并不能通过交易本身而获得，由于知识的性质特殊，购书者获得知识必须付出主观努力)，而只是一沓印有文字的纸张。购书者是否及在多大程度上能够掌握书中符号所蕴含的知识，与作者没有任何经济上的联系。实际上，购书者要消费书籍，实现书的使用价值，必须付出理智上的劳动，正如他要实现所购食物的使用价值必须亲自咀嚼一样。

物化知识是指凝结于人类认识世界的新创造出来的实物中的知识，例如，瓦特改良的蒸汽机、爱迪生发明的电灯等。从外表看，这类知识可以像其他物质产品一样直接进行交换，这种商品虽有物的形态，但不过是知识赖以存在的外壳而已。这种物之所以有价值是因为它含有知识，而不仅仅是因为它是"物"。物化知识在现代社会主要以发明专利的形式表现其价值，正如著作家的产品有版权一样。这类知识的交换发生在生产者与购买专利者之间。一旦交易达成，对生产者而言知识的价值便实现了。至于购买者购买专利后所进行的一系列商业活动与生产者毫无关系。就生产者而言，这种知识在一定的条件下可以表现为高度复杂的产品。它所蕴含的知

---

① 这对于那些一次性买断版权的人是正确的。对那些按销售量来给付版权税的情况则是另外一回事。这里，只是确认，作品的生产者与出版商的交换，不涉及具体的支付方式。实质上，前一种情况是一次性付清，后一种是分批付清，不影响问题的本质。奥地利著名诗人里尔克在给青年诗人卡卜斯的一封信中说，"最后关于我的书，我很愿意送你一整份你所喜欢的。但我很穷，并且我的书一出版就不属于我了"。[奥地利]莱内·马利亚·里尔克：《给青年诗人的信》，冯至译，19页，上海，上海译文出版社，2005。

识(劳动)使其具有较高的价值,这使它区别于一般的物质商品。① 这类知识商品的生产(原创的)可以在一定程度上适用于分工、协作的原则,但它远不能与一般物质商品通常采用的工厂的批量生产相比。②

活化知识作为人类认识世界的产物,并不以独立的、外在的、客观的实体表现出来,它存在于认识主体的能力中,只能通过人的活动过程来表明其存在。这种知识的生产和再生产(即传授给他人)与消费过程是同一的:对于卖者来说,生产者生产知识的过程,也是一个售卖知识的过程;对于买者而言,消费知识的过程也是一个购买的过程。这类知识商品在现代社会已占据重要地位,它以活动的形式(如教育、培训、咨询等)表现出来,用通俗的话来讲就是服务商品(严格意义上是不科学的说法③)。活化知识商品的形态对其生产和消费方式有重大影响:规模化生产这类商品需要拥有大量的知识生产者;为了保证产品的质量,消费者与生产者之间的比例不能高于一定的限度。例如,较小的班级规模虽不会自动带来学生学业成就的提高,但是它可能更有助于学业成就的改善。班级规模一旦超过一定限度,教学质量将会深受影响。

制度化知识是人们通过一定的仪式、习俗、程序、规范等表现出的对世界的理解。这类知识主要不是某一个体认识世界的产物,而是一种社会知识,是人们社会交往的历史产物。这类知识大多不会成为商品,因为它

---

① 需要指出的是,一切人造物在一定程度上都包含了人们对事物的理解,只不过由于大部分事物过于"普通"或者没有什么经济、艺术等方面的价值,通常不把它看作像发明专利那样的知识,而是把它们看作"物",看作具有某种实用性的物。

② 当然,购买专利者可根据知识商品的物质特性来组织大规模的生产,它实质上是知识商品的再生产,与专利发明者无关,它像任何普通商品的生产一样,这种生产不属于本研究考察的范围。

③ "服务商品"之所以是不科学的说法,是因为服务本身不能成为商品。"服务"是人的某种劳动而已,只是这种劳动所产生的结果不能获得独立的存在(像物质生产劳动那样)。劳动衡量商品的价值,因而其本身不是商品,因此,所谓的"服务"也不是商品。真正的商品是那些通过"服务"(劳动)提供的知觉感官或精神方面的刺激,这些刺激通常不会留下独立的痕迹。马克思把服务看作一种特殊的使用价值。他说:"一般说来,服务也不外是这样一个用语,用以表示劳动所提供的特别使用价值,和每个其他商品都提供自己的特别使用价值一样;但它成了劳动的特别使用价值的特有名称,因为它不是在一个物品的形式上,而是在一个活动的形式上提供服务。不过这一点决不会使劳动比方说和一个机器(例如一只表)相区别。"参见马克思:《剩余价值学说史》第 1 卷,郭大力译,456 页,北京,人民出版社,1975。

通常没有明确的生产主体。但某些地区独特的风俗、仪式等在一定条件下也会具有商品属性。据报道，每年泰国的泼水节都会吸引大批外籍游客，2017 年泰国旅游局局长预计，泼水节期间将有约 47 万名外籍游客赴泰旅游，能够带来约 80 亿铢的收入。①

知识作为观念性产品，其形态对知识的生产方式和消费方式的制约突出地表现在两个方面。其一，与物质产品的生产相比，知识的观念性严重地限制了知识的生产规模和效率。知识生产不仅取决于认识工具、认识对象的复杂程度等客观因素，还取决于生产者的认识水平、主观的努力等因素。知识生产的核心过程是生产者的思维加工过程。物质生产随着科学的进步和分工的深化能够不断扩大规模和提高效率，在知识生产中，科学因素能够提高生产者的认识能力，但知识生产的核心机制是人脑对大量知识、信息、灵感、想象等的高度个性化的加工。在认识过程中，不少工具可以替代人的体力，包括部分脑力劳动。认识世界本质上是一种非机械性的脑力劳动，它具有无法代替的部分。如果脑力劳动完全由认识工具替代，那么认识劳动本身，也就取消了自身的存在。可以说，知识生产活动本身在某种程度上具有类似于手工工业的性质。因此，就直接生产过程来说②，无论何种形态的知识在生产的分工规模和效率方面都受到相当大的限制。真正能够按照现代分工原则生产的是与知识生产相关的产品而不是知识生产本身。例如，一位作家生产了一本畅销书，就作家直接的成书过程而言，这一切都比较接近于传统的手工业③。但是，出版商在购买了版权之后，便完全按照现代工商业的方式来印刷、策划、营销等，从经济上

① 《2017 泰国泼水节中国游客消费分析》，http://www.sohu.com/a/133914561_562343，2018-04-25。

② 知识的"直接生产"之外的生产过程不属于我们的考察范围，在笔者看来，那与物质生产没有本质区别。例如，一位作家用一年的时间生产了一部小说，最后他将小说卖给一家出版社。至于出版商使用雇来的工人怎样策划、印刷、推销等事务与作家没有关系。再如，物化知识，某种产品的发明专利，其直接的生产过程是发明者的"发明"过程，我们不考虑，他将专利卖给他人，他人如何处置这种专利。

③ 不过，目前学者们在发表学术成果的压力之下生产著作的速度越来越快。大卫·哈维回忆："我进入学术界的时间很早，那时候，一个人写书，超过 2 本，就算是浪费纸张了。当时写一本书，要花很多年的时间。而现在，如果你两年还没出一本书，人们就以为你死了。"

来看，这与通常的物质商品没有本质区别。当然，有些知识商品的生产过程也会按照工业的分工原则进行生产。比如，一家高科技公司雇用若干工程师开发某种软件，这种生产常需要采取分工协作的原则。但是，这类分工在不少知识领域只是在有限的程度上采用。[1] 其二，不同的知识形态影响知识的生产与消费的关系。一般来说，拥有独立物质载体的知识可以使生产与消费的行为分离，而活化知识的生产与消费是同时发生的。知识生产包括两种基本形式：知识自身的生产与再生产。所谓再生产也就是在他人身上再生产出已有的知识，即教授他人知识。不同形态的知识的再生产通常是以教育或培训的方式来实现的，因而它们的生产与消费过程是同一的。不过，这种"同一"不是完全的"合一"。比如，在教-学过程中，生产者作为教师的"教"与消费者作为学者的"学"存在脱节的可能性。[2] 四类知识的生产与再生产见表4-1：

表4-1　四类知识的生产与再生产

	符号化知识	物化知识	活化知识	制度化知识
生　产	生产有意义的文字、声音、影像，通常以书籍、报刊、唱片、光盘等为载体存在	以实物形式生产、发明、创造	通过活动展示技艺（如杂技、歌唱、法律服务等）	创造种种仪式、习俗、程序、规范等
再生产	在他人身上生产出符号的意义，主要形式有教育、培训、自学和大众传媒等	使他人掌握新的发明创造中所蕴含的知识	使他人获得演示技艺的能力	使他人理解仪式、习俗、程序、规范等的意义

---

① 当然，也不是所有知识本身的生产都不易大规模生产，例如，新闻媒体，一份报纸从前线记者的采访、写稿、编辑、审校至刊载，其生产过程符合现代社会的分工原则。

② 事实上，也正由于教-学在形式上的同一中存在脱节的可能，陶行知才主张把"教授"改为"教学"，这意味着，教学学，主张教学合一。"现在的人叫学校里做先生的为教员，叫他所做的事体为教书，叫他所用的法子为教授法，好像先生是专门教学生些书本知识的人。他似乎除了教以外，便没有别的本领，除书之外，便没有别的事教，而在这种学校里的学生除了受教之外，也没有别的功课。先生只管教，学生只管受教，好像是学的事体，都被教的事体打消了。论起名字来，居然是学校；讲起实在来，却又像教校。这都是因为重教太过，所以不知不觉地就将教和学分离了。然而教学两者，实在是不能分离的，实在是应当合一的。"陶行知：《陶行知谈教育》，1页，沈阳，辽宁人民出版社，2015。

从本研究的任务来看，最主要的内容是符号化知识与活化知识，因此我们主要考察这两种形态的知识商品的生产和消费。符号化知识在不少情况下借助于物质载体获得独立存在。例如，一位作家生产了一部构思巧妙的小说，一位教育研究者生产了一份关于儿童教育状况的报告，等等。这些知识产品均可借助于纸张以书籍的形式独立存在。符号化的知识借助于物质载体而独立存在与物化的知识具有根本差别：对于前者而言，知识以符号的形式存在，符号又借助于一定的物质载体存在；就后者来看，物化知识直接表现为载体本身。消费者如要购买符号化的知识就要像购买其他任何物质商品一样，只需要付出一定量的货币，获得知识的物质载体（比如，书籍、唱片、磁带等）即可。至于消费者怎样处置这些符号化的知识，与生产者无关。也就是说，这类符号化知识的生产与消费是完全分开的。还有一些符号化的知识（如歌曲、相声等），如果没有记录的载体便无法获得独立存在，这类符号化的知识不能与人的活动分开，因而它们的生产与消费过程同时进行。从符号化的知识的再生产过程来看，生产与消费是同一过程。也就是说，生产者指导购买者掌握知识与购买者学习知识的过程同步进行。由于活化形态的知识不能脱离生产者的活动，所以这类知识商品的生产与消费也是同一过程。不过有必要区分活化知识的生产与再生产。活化知识的生产是生产者将存在于身体的知识向购买者演示出来，以满足购买者的需要。比如，杂技演员向顾客表演杂技的过程就是生产者展示杂技与顾客欣赏过程的统一。活化知识的再生产是生产者指导购买者掌握知识的过程。比如，杂志演员不是表演杂技，而是指导购买者学习怎样表演杂技。

由于知识在规模和效率方面受到自身特点的限制，知识产品要普遍地成为商品首先需要社会文明达到一定水平，以至于能造就一个庞大的需要知识的群体。就知识商品的形态来看，符号化形态和活化形态的知识可能最先取得了自己的商品形式。前者主要是知识的再生产，典型形式是作为职业的教授活动，像早期古希腊的智者派的教学活动一样；后者包括知识的生产与再生产，典型形式是有偿的各种表演、技艺等的演示与传授活动。由于受到知识需求的限制，知识的生产和再生产长期没有普遍成为独立的职业。知识生产者的地位在法律上得到确认是英国议会 1710 年通过的《安妮法》，这部法律首次明确了作者对知识的权利，它被广泛认为是"世界上第一部版权法"。① 直到学校教育的普及和现代教育体系的建立，知识商品才普遍存在。知识作为一种观念性的产品，在绝大多数情况下，人们必须理解它、掌握它，才能享受它、使用它。也就是说，人们为了享用知识带来的益处，必须在自己身上将知识再生产出来。在个人身上再生产知识有两种方式：自学或接受正规教育。在现代社会，知识在总量上的进步，以及文凭重要性的增加使正规教育成为一种极重要的知识再生产方式。诚如杜威所言，"没有这种正规的教育，不可能传递一个复杂社会的一切资源和成就。因为书籍和知识的符号已被掌握，正规教育为年轻人获得一种经验开辟道路，如果让年轻人在和别人的非正式的联系中获得训练，他们是得不到这种经验的"②。在知识经济时代，"教育将是知识经济的中心，而学习将成为个人或组织发展的有效工具"③。伴随着学校教育的普及和学习重要性的增加，社会产生了对知识的强烈需求，而"需要是同满足需要的手段一同发展的"④，从而也产生了大量的知识生产者。

第二节　知识商品的生产

一、知识商品生产的性质

作为商品的知识生产可以在极为不同的社会形式中存在，如智者派教师的教授活动、中世纪贵族的家庭教师、现代社会的兴趣特长班等。本研究欲探讨的知识是在这样的社会形式下被生产出来的，其中资本主义生产

---

① 易健雄：《"世界上第一部版权法"之反思——重读〈安妮法〉》，《知识产权》，2008(1)。
② [美]约翰·杜威：《民主主义与教育》，王承绪译，13 页，北京，人民教育出版社，2001。
③ 经济合作与发展组织(OECD)编：《以知识为基础的经济》，杨宏进等译，9-10 页，北京，机械工业出版社，1997。
④ 《马克思恩格斯全集》第 23 卷，559 页，北京，人民出版社，1972。

方式占统治地位。① 这种生产方式的根本特征在于：（1）它以资本与雇佣劳动为基础；（2）资本主义生产的动机和目的不是生产使用价值，而是"资本尽可能多的自行增殖，也就是尽可能多地生产剩余价值，因而也就是资本家尽可能多地剥削劳动力"②；（3）这种生产方式的基础是革命性的，资本"力求全面地发展生产力，这样就成为新的生产方式的前提，这种生产方式的基础，不是为了再生产一定的状态或者最多是扩大这种状态而是发展生产力，相反，在这里生产力的自由的、毫无阻碍的、不断进步的和全面的发展本身就是社会的前提，因而是社会再生产的前提；在这里唯一的前提是超越出发点"③。那么，知识商品的生产是否也采取了资本主义的方式呢？

　　一般来说，某种商品能否采取资本主义的生产方式取决于两方面的条件。一方面取决于是否具备资本主义生产一般性社会条件，如自由工人和资本的数量、交通的便利程度、市场的大小等条件；另一方面取决于这种商品的性质本身，如商品的物质形态，是否适宜保存，能否采用机器，生产过程职能分化的程度，商品的消费方式，等等。一般而言，在同等条件下，那些具有独立物质形态的、生产过程中适宜采用分工原则和能够使用机器的物质商品更易采取资本主义的生产方式。相反，包括知识生产在内的精神产品的本性在很大程度上限制了资本主义生产方式的应用。马克思曾举例指出他那个时代的知识生产的资本化程度：

　　　　一个合编著作例如百科全书的著作人，就会雇用许多人作为编辑助手，并且剥削他们。在这个领域内，最大部分还是停留在向资本主义生产过渡的形式中，其中有各式各样的科学生产者或艺术生产者，手工人或专家，在为书商的一个共同商业资本从事工作。这种关系，与真正的资本主义生产方式无关，甚至在形式上也还没有从属于资本

---

　　① 现代社会："就是存在于一切文明国度中的资本主义社会，它或多或少地摆脱了中世纪的杂质，或多或少由于每个国度的特殊的历史发展而改变了形态，或多或少地有了发展。"马克思：《哥达纲领批判》，24 页，北京，人民出版社，1997。
　　② 马克思：《资本论》第 1 卷，384 页，北京，人民出版社，2004。
　　③ 《马克思恩格斯全集》第 46 卷下，34 页，北京，人民出版社，1980。

主义生产方式。……和生产全部比较来说，在这个范围内，资本主义生产的这一切现象还是这样不重要，所以可以全然不用提到。①

可见，物质商品与非物质商品的生产方式存在高度的不平衡。100 多年过去了，这种情况发生了根本的变化：与物质生产相比，知识生产已不再无足轻重，"今天，大家都承认，知识已经成为庞大的经济赌注、政治赌注和文化赌注的目标"②。与知识相关的业务发展成为庞大的产业。一本出版于 2000 年的著作指出，美国有 1500 多家日报，8000 余家周刊和小报。《纽约时报》《今日美国》《华尔街日报》的发行量都超过 100 万份。美国有 1.22 万种杂志，1965 家电台，1440 家电视台，拥有美国广播公司、哥伦比亚广播公司、全国广播公司三大电视网。③

不仅物质产品与非物质产品的生产方式存在高度的不平衡，而且在知识产品领域内部，其生产方式同样存在高度的不平衡。例如，作为影视传媒公司雇员的编剧生产的剧本完全不同于一所公立大学的拉丁语教授生产的学术著作。因而，我们不能笼统地说知识生产在多大程度上采取了资本主义的生产方式。一种生产方式是否具有资本主义生产方式的表现关键在于生产者作为劳动力同资本还是同收入交换。如果劳动力与资本交换，那么它给资本家带来剩余价值，因而是生产性劳动。在这种情况下，资本家通过知识生产在竞争中要获得更多的利润，尤其要重视生产的规模和效率。如果劳动力与收入交换，那么它只是分享社会总的剩余价值的一部分，这时劳动属于非生产性劳动。④ 在前一种情况下，知识生产具有一般资本主义商品生产的特征。知识生产者是真正意义上的雇用工人，工人必须为其雇主生产剩余价值。在后一种情况下，知识商品的生产不具有资本主义的性质。然而，现实中知识商品的生产并不这样泾渭分明。

知识成为商品，像任何其他商品一样必须具备两个一般性的社会前

---

① 马克思：《剩余价值学说史》第 1 卷，郭大力译，464 页，北京，人民出版社，1975。
② 联合国教科文组织：《从信息社会迈向知识社会》，7 页，巴黎，教科文组织出版社，2005。
③ 蔡骐、孙有中：《现代美国大众文化》，北京，中国经济出版社，2000。
④ 马克思：《剩余价值学说史》第 1 卷，郭大力译，141-334 页，北京，人民出版社，1975。

提，即私有制和社会分工。① 私有制使知识成为劳动者的个人产品，社会劳动分工又使这种个人产品通过交换——作为商品——成为社会总产品的一部分，即为他人生产的知识。一般来说，生产知识商品的社会需具备较高的文明程度，并且社会对知识有较大的需求。在不同的社会形式下，知识商品的生产会取得不同的形式。知识生产最基本的两个形式是知识本身的生产与知识在不同个体身上的再生产，即知识的教授(这里将自我教育的再生产形式撇开不谈)。前者是生产出新知识；后者是在他人身上再生产出知识。下面我们考察符号化知识和活化知识的生产和再生产。在再生产中，生产者出售的都是他们的生产知识的劳动能力而不是知识本身，这显示出知识生产的特殊性，知识作为一种商品不因出售而减少使用价值。物质产品因为出售有独立的载体，其出售意味着放弃对这种载体的占有权。而知识商品，在有独立载体的生产中，也像物质商品那样放弃所有权。在再生产中，生产者生产知识的能力是无法放弃的，因为他们放弃的话就成为奴隶了，他们必须把自己出售了，因此他们出售的是生产知识的劳动能力，而且是一点一点地分时间段出售自己的劳动能力。在再生产中，出售的是在他人身上再生产知识的劳动能力，在有独立载体的情况下出售的是知识本身。从形式上看，知识的生产与再生产有两种基本形式：个体的形式与机构的形式。当然，中间还存在许多过渡形式，这里我们不予考虑。具体如表 4-2 所示。

表 4-2　知识生产的两种基本形式

形 态	内 容	生产方式	知识生产	交换对象
符 号 化知识	思想、理论、故事等	个体形式	知识自身的生产：生产新的符号化知识	作为劳动产品的知识与货币
			知识的再生产：教授他人理解符号的意义	再生产知识的能力与货币
活化知识	绘画、歌唱、杂技等	机构形式	知识自身的生产：生产新的活化知识	生产知识的能力与货币
			知识的再生产：教授他人掌握演示的技艺	再生产知识的能力与货币

① 马克思：《资本论》第 1 卷，55 页，北京，人民出版社，2004。

二、个体形式的知识生产

(一) 符号化知识的生产和再生产

在分析中，假定符号化知识具有一定的物质载体(如书籍)。在个体形式的知识生产中，生产者拥有自己生产的知识的所有权，购买者拥有货币。假设 W 是一部小说，G 为 2 万元。交换是这样的：生产者出让小说的所有权，同时获得 2 万元的货币，而购买者出让 2 万元的货币，同时获得小说的所有权。至于购买者怎样处置这部小说，与生产者没有任何经济上的关系。这与一般的物质商品的交换一样。

符号化知识的再生产是指知识在不同个体中的再生产，也是生产者向购买者教授已有知识的过程。对于个体而言，符号化知识作为认识劳动的产物只有被理解、被学习、被掌握后才能现实地发挥作用。向他人教授知识可能是知识商品在历史上所采取的第一种形式。知识作为商品的纯粹形式是以职业教师的出现为标志的。以古希腊的智者学派为例，苏格拉底(Socrates)把普罗泰戈拉(Protagoras)作为第一个收取学费的教师。① 假设一名培训机构的教师为一名学生提供有偿的绘画兴趣辅导。教师拥有关于绘画的知识，具备教授他人绘画的能力，而学生需要教师指导使自己能够对绘画的掌握达到一定的水平。就教师而言，他没有静态的知识可以出售，他只有指导他人掌握绘画的能力。也就是说，教师有再生产绘画这类符号化知识的能力。学生(或家长)则拥有货币。因此，双方的交换是这样的：教师出让自己在一定时间内的再生产知识的能力，指导学生学习绘画，从学生处获得一定量的货币；学生给付教师一定量的货币，从教师处获得一定时间的辅导服务。应当注意，在这个例子中，学生购买的是教师的再生产知识的劳动能力，而不是通常所谓教师的服务。因为一方面，在购买前教师的服务还不存在；另一方面，服务即劳动本身没有价值，它是

---

① W. K. C. Guthrie, *The Sophists*, Cambridge, Cambridge University Press, 1971, p. 35.

衡量一切商品价值大小的尺度，因而不能购买劳动，能购买的只是劳动能力。① 需要指出的是，与消费一般的物质商品不同，知识消费者往往需要付出很大的学习劳动才能实现购买知识的目的，即掌握知识。

（二）活化知识的生产和再生产

在生产和再生产中，活化知识的生产与消费的过程是同一的。为了避免这类知识的两种生产方式相混淆，这里需指出生产与再生产之间的差别。例如，古希腊时期一名游吟诗人在庆典上吟诵一段荷马史诗，从他的贵族买主那里获得 1 奥波尔（古希腊钱币度量单位）收入。诗人出售的是自己的劳动力（不是作为知识的荷马史诗），即能够按照一定的规格吟诵荷马史诗的能力，从买主那里获得一定的货币量。相应的是，买主付出 1 奥波尔，享受一种特殊的服务。交换双方：一方是劳动力，一方是货币。而在这类知识的再生产中，与活化知识的再生产不同，买卖双方交换的东西并不相同。仍以游吟诗人为例，有一名学徒打算从这位诗人那里获得吟诵荷马史诗的技艺。也就是说，吟诵荷马史诗这项技艺需要再生产。交换是这样的：学徒向诗人交纳一定量的货币作为学费，从而获得一定量的服务，即在诗人指导下学习吟诵荷马史诗，而诗人出让自己的再生产活化知识的劳动力在一定时间内的使用权，获得一定量的货币。在形式上，双方交换的对象与前例相同：一方是劳动力，一方是货币。但是，交换的劳动力则不同：在生产中，劳动力是指诗人自身演示吟诵史诗的能力；在再生产中，劳动力是指诗人教授他人吟诵史诗的能力。显然，这是两种完全不同的能力。

从符号化知识与活化知识的生产中可以看出，当知识以独立的形式在生产者之外存在时，它就会采取与一般商品同样的交换形式：生产与消费可以分离，货币与作为商品的劳动产品相交换；当知识只能存在于生产者

---

① 或许正因为如此，普罗泰戈拉曾向学生承诺，如果他们在课程结束后不满意，那么在神庙发过誓后，要付他认为应付的价格。Kenneth J. Freeman, *Schools of Hellas: An Essay on the Practice and Theory of Ancient Greek Education from 600 to 300 B. C.*, London, Macmillan and Co., Limited, 1912, p. 168.

的身体内时，生产与消费过程是同一的，是货币与劳动力的交换，确切地说是货币与能够生产知识的劳动能力的交换。不过，在我们考察个体的生产形式中，生产者无论交换的商品是独立形态的知识，还是生产知识的能力，它们都属于商品，生产者是个体，劳动产品归个人所有，直接与消费者交换。交换双方的经济关系也是简单明了的：生产者与消费者的直接交换，其实质是知识(或服务，即劳动力的使用)与货币的交换。具体可表示为如图4-1。

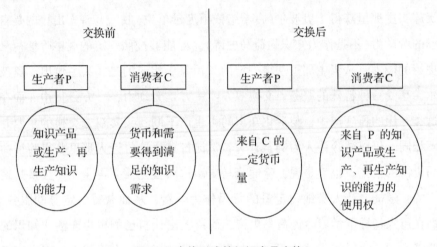

图4-1 个体形式的知识商品交换

三、机构形式的知识生产

随着社会对知识需求的增长，个体性质的知识商品难以满足社会的需要。于是，专门机构介入了知识的生产与再生产的过程。在个体形式的生产中，知识商品的生产与消费直接发生在生产者与消费者之间。假如用P来表示生产者，C表示消费者，交换形式是P—C的关系，也就是知识与货币的直接交换。但是机构(用I表示)介入后，上述单一的交换过程分裂为两个环节：知识生产者(P)—机构(I)和机构(I)—知识消费者(C)。在第一个交换环节即知识生产者(P)—机构(I)中：对于P来说，I是某种知识商品的消费者；对于I来说，P是某种知识商品的生产者。但是P生产的、I 所消费的是什么？显而易见，I 作为一个机构不消费知识本身，因而 P 向 I 提供的不是知识。交换是这样的：P 从 I 那里获取一定量的货币作为工资，从而 I 有权在一定的时间内使用 P 的能力，即生产某种知识产品的能力，或在他人身上再生产知识的能力。因此，在 P—I 的交换中，P 不是作为知识生产者而是作为具有生产或再生产知识能力的劳动者向 I 出卖这种能力，I 获得的是在一定的时间内 P 的劳动能力的使用权。在第二个交换形式即机构(I)—消知识费者(C)中，知识消费者(C)的需求对象(某种知识产品或知识服务)没有变，因而 I 作为知识的生产者(或提供者)与 C 相对立，也就是 I 向 C 提供知识商品或劳动力以换取货币。于是，I—C 的交换在形式上表现为私人性质的交换，即知识商品或劳动力—货币。这两种关系可用图 4-2 表示：

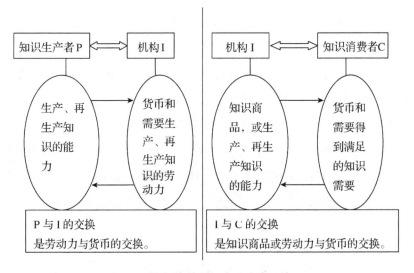

图 4-2　机构的知识商品生产形式

我们考察生产与消费过程同一的情形，也就是考察符号化知识的再生产和活化知识的生产与再生产的过程。当机构 I 介入知识生产后，从上述两种交换关系中产生了第三种关系：知识生产者(P)—知识消费者(C)。这就是知识的生产与消费的实际过程。当孤立地考察 P—C 的关系时，P 是知识的生产者，C 是知识的消费者，这种情形与个体形式下的知识商品交换所产生的结果没有任何不同：一方是知识的生产者 P，一方是知识的消费者 C。同时知识的生产与消费过程也是同一的，均为 P 生产知识，C 消费知识。但是，两者在经济上具有本质区别。在个体形式下，P—C 的关系不仅表示在实际生产与消费过程中 P 承担着知识生产的功能，C 承担着知识消费的功能，而且意味着 P 的知识与 C 的货币相交换，即两者存在实际的经济关系。但是，在机构形式下，P—C 的关系发生了根本的变化，P 与 C 根本不存在经济上的联系。P 与 C 之所以存在联系，之所以 P 承担生产知识的功能，C 承担消费知识的功能，并不是因为 P 在经济上是知识的生产者，C 是知识消费者，而是因为它们是 P—I 和 I—C 两种关系的自然结果。也就是说，P—C 作为一种关系已经隐含在 P—I 和 I—C 两对关系之中，从而 P 不再作为个人而是作为 I 的雇用工人与 C 发生关系。因此，在机构形式下 P 与 C 之间不是经济的而是功能的关系。P 的确生产出了 C 消费的知识，但 P 是作为 I 的雇用工人生产的。可以看出，P—C 表现的不是作为知识生产者 P 与知识消费者 C 的关系，而是以 P—C 形式表现出来的知识生产者 I 与知识消费者 C 的关系。经济上能够证明这一点的是，P 从 I 处获得工资，而不是从 C 处获得其交纳的学费作为收入。P 与 C 已不再发生直接经济上的关系，这一点可以由以下情况说明：当 P 所生产的知识能够采取独立于生产和消费过程的形式而存在时，P 与 C 之间存在经济关系的假象也不存在了。个体形式下与机构形式下的经济关系可如图 4-3 所示：

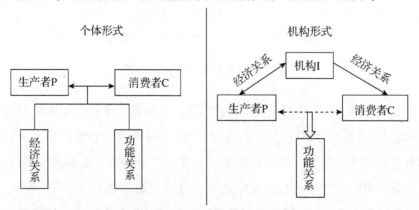

图 4-3　个体形式与机构形式的对比

假如，生产者 P 的产品是独立形态的符号化知识(如一部小说)，那么，我们可以看到机构形式的生产与个体形式的生产在经济上具有根本差别。交换过程是这样的：生产者 P 向机构 I 出卖劳动力，即生产小说的能力，P 从 I 处获得货币，其生产的小说属于机构 I，然后 I 再将小说出售给消费者 C。首先，知识产品的归属不同。在个体形式下，生产者 P 生产的小说属于自己，他有权任意处置其劳动成果；在机构形式下，生产者 P 受雇于机构 I，从后者手中取得货币，他生产的小说属于后者，P 没有权利处置自己生产的产品，因为产品已经不属于他。其次，生产者 P 与消费者 C 之间的关系不同。实质上，这种不同是 P 与 I 关系的自然结果。在个体形式下，生产者 P 与消费者 C 是直接交换的双方，也就是说，他们之间存在直接的经济上的关系，并且具有功能上的关系。但是，在机构形式下他们不存在经济上的关系，只有功能上的关系。这里，在生产与消费同一商品的过程中，P 与 C 之间存在经济关系的假象也不存在了。可见，在机构形式的知识商品交换中，P 的劳动作为社会分工的一部分不再通过 P 作为私人生产的知识商品与货币的交换过程(P—C)表现出来，而是通过 P 作为 I 的雇佣劳动者直接表现出来。也就是说，P 的知识不再作为个人的知识，而是作为他人即机构(I)的知识而存在。从这种形式变化中，就产生了知识异化的可能性，即知识不是作为个人的理智发展的产物，而是作为机构的交换对象而存在。当知识的生产与消费过程不能分离时，原来的 P—C 关系分裂为三重关系：P—I、I—C 和 P—C 的关系。在 P—I 关系中，P 具有生产或再生产知识的能力，I 购买在一定时间内使用这种能力的权利。在 I—C 关系中，I 以知识生产者的身份出现在 C 面前，I 向 C 提供知识服务(不过是通过 P 向 C 提供知识劳动来完成)，C 向 I 支付一定量的货币。这样，在经济上 P 与 I 的关系在现实的过程中表现为 P 与 C 的关系。当知识商品独立于生产与消费时，P—C 关系便失去了在现实中的表现，从而显露出它的本质，即 P—I 关系。就知识作为认识劳动的直接产物而言，在 P—I 关系中，劳动力与货币的交换即 P 从 I 处获得货币形式的工资，I 获得在一定时间段内支配 P 的劳动力的权利。P 的认识劳动成果属于 I，而后 I 将知识卖给 C。这样，认识劳动的生产者与消费者之间仅具有偶然的联系。

机构形式的知识商品生产表明，私人性质的认识劳动无法满足人类社会对知识的需要。就知识作为观念性的商品而言，它本身是一种潜在的、某种程度上还只是想象的财富，社会对它的需求具有很大的弹性。在人类社会还没有表现出对知识的强烈需求前，很少有人纯粹依赖生产和再生产知识为生。即使偶尔有部分教师发财致富，也主要不是因为他们是教师，而是从事了其他活动。① 据说在近代伟大的哲学家中，康德(也许继沃尔夫之后)是第一个依靠其专业来谋生的教师。② 针对黑格尔时代的德国大学教师的收入微薄状况，有学者指出，"谁要是从事教学生涯，就必须拥有资产"③。因此，机构形式的知识商品交换只能在这样的社会(私有制)中获得占统治地位的表现：知识在生产和生活中是如此重要以至于知识本身的生产和再生产成为社会存在和发展的必要条件。从历史上看，机构形式的知识商品交换在知识的再生产方面取得主导地位是在 20 世纪伴随着现代教育体系的普遍建立而完成的；它在知识生产领域取得主导地位是在 19 世纪中叶后高等教育研究机构的蓬勃发展中完成的。

四、知识商品的资本形式

机构介入知识的生产与消费的结果是，知识的生产者失去了对自己产品的所有权。其基本形式是 P—I 的交换和 I—C 的交换。P 从 I 那里取得货币形式的工资，P 的劳动产品归 I 所有。在 I—C 关系中，I 将 P 生产的、归自己所有的产品同 C 的货币进行交换。假定：(1)P 的劳动力价值为 80 元/天，按社会平均劳动水平，每小时劳动创造的价值为 20 元；(2)雇用 P 的机构 I 为 P 提供的生产资料平均每天花费 100 元；(3)P 每天工作 8 小

---

① [法]雅克·勒戈夫：《中世纪知识分子》，张弘译，108-110 页，北京，商务印书馆，1996。

② [德]奥特弗里德·赫费：《康德——生平、著作与影响》，郑伊倩译，10 页，北京，人民出版社，2007。

③ [苏]阿尔森·古留加：《黑格尔小传》，卞伊始等译，32 页，北京，商务印书馆，1978。

时。假如 P 是一名钢琴教师，为 5 名学生提供钢琴培训。用 m 表示剩余价值，v 表示劳动力价值（工资），c 表示每天消耗的生产资料（教室、钢琴等）的价值。依上述假定：v＝80 元，m＝60 元，c＝100 元。教师每天新创造的价值为 20 元/小时×8 小时＝160 元，每天生产资料的价值转移至劳动产品中的价值为 c＝100 元，因而教师每天的劳动产品（教学服务）总价值为：160+100＝260 元。这样，机构 I 能够从经营活动中每天获得的剩余价值 m＝260-80-100＝80 元。进一步假设，机构 I 一共有 50 名教师，每名教师的劳动力价值以及每小时创造的价值均与钢琴教师相同。如此，机构 I 每天可以获得 4000 元的剩余价值。

上述情况表明，机构形式的知识商品生产在逻辑上可能采取资本主义的生产方式。就前者而言，机构形式的知识商品生产在出现时，本身已经蕴含知识资本化的种子。只要有适当的社会条件，这颗种子必定会绽放出鲜艳的花朵，从中结出丰硕的果实。事实上，很多公司化的高等教育机构正是这样做的。[①] 由于科学技术的广泛应用和资本主义生产方式向精神生产领域的渗透，知识生产的直接产物（例如，书籍、新的发明创造、影视作品、绘画等）深受资本主义影响。一般来说，在所有知识中，那些能够更直接地有利于资本赚取利润的知识受到很大影响，这类知识甚至直接采取资本主义的生产方式。特别是科学在大工业的应用领域使发明创造成为一种职业，"科学在直接生产上的应用本身就成为对科学具有决定性的和推动作用的要素"[②]。在现代社会中，资本偏爱那些最有用（最能带来利润）的知识。这些知识的生产、应用能够获得资本最慷慨的资助。知识的再生产同样深受资本主义影响，它的资本主义化的典型代表就是各种以营利为目的的教育和培训机构，这类机构提供明确的、以就业为导向的课

----

① 美国学者鲁克在《高等教育公司》中展示了五所营利性大学在许多方面与传统的非营利性大学（公、私立大学）的差别。[美]理查德·鲁克：《高等教育公司：营利性大学的崛起》，于培文译，北京，北京大学出版社，2006。

② 《马克思恩格斯全集》第 46 卷下，217 页，北京，人民出版社，1980。

程。[1] 虽然在马克思所处的时代，英国的资本主义性质的教育工厂还是微不足道的现象，[2] 但是从 20 世纪下半叶开始，资本在一些西方发达国家以越来越大的规模渗入高等教育机构中。美国学者斯劳特（Sheila Slaughter）和莱斯利（Larry L. Leslie）分析了英、美、澳、加四国的大学财政模式，他们指出了一种学术资本主义化的趋势：

> 所有中学后院校都正在接受由于市场和具有市场特点的行为而不断增加的收入，这表明学术资本主义也许远远不仅限于研究型大学。……学术资本主义并不局限于科学和工程领域，一大批单位的教学科研人员都在卷入学术资本主义。[3]

如果我们对上述数字稍作一些改动，情况会发生很大的变化。比如，每位教师的劳动力价值升至每天 160 元，其他情况不变。依此，教师每天创造的新的价值总量为 160 元，他的总产品的价值总量仍为 260 元，劳动力价值 $v=180$ 元，剩余价值 $m=0$ 元，$c=100$ 元。我们会发现，原来的剩余价值 60 元没有了。假如教师的劳动力价值升至每天 180 元，其他情况不变。依此，剩余价值 $m=-20$ 元。也就是说，机构 I 给予教师的价值比其每天创造的价值多 20 元。如果机构有 50 名教师，那么这意味着，机构 I 每天损失 1000 元。这表明，不是所有机构形式的知识商品都能采取资本主义的生产方式。有些知识的生产对于一个社会的存在和发展来说是必要的，但其生产费用很高。这类知识（比如，大部分人文社会科学类知识）即使在资本主义社会中也很难采取资本主义的生产方式。但是，在资本主义背景下，不同门类的知识生产者面临着市场化的考验：一些院系开设的课程领域能卖到好价钱，如生物科学和工程、商业、法律，而某些领域则被边缘

---

① ［美］理查德·鲁克：《高等教育公司：营利性大学的崛起》，于培文译，71—80 页，北京，北京大学出版社，2006。

② 马克思：《剩余价值学说史》第 1 卷，郭大力译，464 页，北京，人民出版社，1975。

③ ［美］希拉·斯劳特、拉里·莱斯利：《学术资本主义：政治、政策和创业型大学》，梁骁等译，14—15 页，北京，北京大学出版社，2008。

化，如教育、社会工作、家庭研究等。正所谓资本面前知识平等！

以上这些知识商品的生产形式是极不相同的社会条件的产物，社会历史条件的复杂性体现在从初级到最复杂的交换形式相互交错，其中存在许多过渡形态。① 不言而喻，这些生产和交换形式只是就最一般的知识商品的生产与再生产过程而言的，它们是理解知识商品的理论工具，不是直接的现实形态。在知识生产和再生产职业化的背景下，占统治地位的知识生产方式不是个体、手工业的方式。职业的知识生产者往往任职于某些社会机构，如公司、大学、研究院所等。因此，知识商品生产的普遍化成为既定事实。但是，由于知识商品的内容及形态有差异，它们究竟在多大程度上采取资本主义的生产方式不能一概而论。例如，大学中的商学、医学、法学，以及拥有广阔市场前景的发明创造的新科技等更接近资本主义的生产方式，而像大部分人文社会科学知识则更接近个体的、手工业式的生产方式。

第三节　教育学知识作为商品

一、教育知识一般

在最一般的意义上，我们可以将教育知识界定为人类认识教育的思维产物。就教育知识的产生过程来说，它是认识者借助一定的工具获取关于教育的信息并对其进行的理智加工。教育知识是主体认识活动的凝结，是认识过程的静态存在，正如认识过程是知识的动态存在一样。教育知识本身反映的是主体与教育的认识论关系。就认识主体与教育来说，人类既可以在教育中作为剧中人认识教育，亦可以在教育之外作为旁观者认识教育。就认识目的来说，我们既可以为认识教育而认识教育，亦可以为改进教育而认识教育。如果说教育与人类自身的再生产相伴而生，那么教育知识从一开始就是人类感知教育的自然结果。因此，当人类开始自为地认识

---

① 例如，在大学作为专门教育机构出现时，不少教师(例如，作为编外讲师的康德、黑格尔)不是从大学(或国家)那里领取工资，而是仅仅依靠学生的听课费获得收入。

教育时，人类早已自在地认识了教育，并积累了大量的教育知识。

从历史角度看，认识教育的主体范围在不断地扩大：从与教育有直接关系的教育者、受教育者扩大到普通公民。教育受到越来越多的关注，乃至社会上所有人都卷入其中。认识主体的扩大表明教育作为认识对象的复杂性增加了，这也是人类教育从非形式化到形式化、从非制度化到制度化演进的自然结果。① 伴随认识对象的复杂化，人类认识教育的手段日益丰富：从最初的动物本能式的感知、纯粹思辨的理性研究到各种测量工具、技术等。如果说劳动工具是人类劳动力发展的测量器②，那么认识教育的工具则是人类认识教育水平的测量器。人类认识教育所凭借的工具和认识方式的多样性产生不同类型的教育知识。它们或者以符号形态存在于语言文字中，或者以物化的形态(如教学机器、教学多媒体、在线学习系统等)存在于新的创造发明中，或者以技艺、经验、智慧的方式存在于活的人体之中，或者以教育习俗、仪式等形式存在于制度中。需要指出，教育知识并不总是关于教育的知识。例如，知识生产者通过对教育语言和教育理论本身的元分析所获得的知识，虽非直接认识教育的产物，但却是人类对教育认识深化到一定程度的自然结果，因而仍可列为教育知识的范畴，但在本研究中，教育知识专门指称关于教育的知识。

总之，人类对教育的认识在不断发生变化，所获得的知识也是多种多样的，但教育知识本身或多或少地在一切人类社会存在。只要人类存在，教育活动存在，那么教育知识也将存在。也就是说，教育知识的存在与具体的社会形式无关，后者仅仅决定教育知识的生产方式与表现方式。本文正是在这种最抽象的意义上来界定"教育知识一般"的。我们按照认识水平，可以将教育知识分为教育经验、教育思想、教育理论等；依命题的性质，可以分为规范的教育知识、哲学的教育知识、科学的教育知识、技术的教育知识等；按科学标准划分，教育知识又存在科学与非科学之分；依照认识目的划分，教育知识可分为理论的教育知识与实践的教育知识。这

---

① 陈桂生：《教育原理》，33-78页，上海，华东师范大学出版社，1993。
② 马克思：《资本论》第1卷，210页，北京，人民出版社，2004。

些有关教育知识的分类在特定的条件下都有自身的合理之处，但就其作为教育知识一般而言，它们均属于人类认识教育的思维产物。古人以想象的、宗教的方式获得的教育知识同现代人用理性的、科学的方式获得的教育知识在上述意义上没有任何区别，它们都是教育知识一般。因此笔者赞同这样的知识定义："在最广泛的意义上讲，人类一切认知性的成果，无论是实践经验的总结，还是逻辑推理的结论，甚而科学研究的结果，都应被视为知识。"①

二、教育知识成为商品

教育知识是人类认识教育的思维产物。这样一个教育知识的概念高度抽象，缺乏具体的规定，② 因而是一个十分贫乏的概念。因此，它对于理解特定社会形式下的教育知识远远不够。在资本主义社会中，人类生产教育知识的方式逐渐发生了根本变化：由于社会劳动分工的深化，一部分人开始以认识教育为职业。也就是说，这些人以职业的方式生产教育知识。这里把以这种方式生产的教育知识称为教育学知识。需要指出，"教育学知识"这一称谓中的"教育学"与通常"教育学"的含义（比如，作为一门科目、学科）不同，这里，"教育学"仅仅指称教育知识是以职业（或专业）的

---

① 刘庆昌：《论教育知识发展的实质》，《教育理论与实践》，2005(11)。

② 马克思在自己的著作中曾多次谈到"一般性"概念的局限性。在《神圣家族》中他嘲笑过这种贫乏的定义："如果有一位矿物学家，他的全部学问仅限于说一切矿物实际上都是'矿物'，那末，这位矿物学家不过是他自己想像中的矿物学家而已。这位思辨的矿物学家看到任何一种矿物都说，这是'矿物'，而他的学问就是天下有多少种矿物就说多少遍'矿物'这个词。"《马克思恩格斯全集》第 2 卷，72 页，北京，人民出版社，1957。再如，他在《剩余价值学说史》中论及斯托赫探讨斯密的生产劳动与非生产劳动的区分时指出："生产劳动和非生产劳动的区别，对斯密所考察的事情，即物质财富的生产，特别是对这种生产的一定形式，即资本主义生产方式，是有决定的重要性的。在精神的生产中，有别一种劳动好像是生产的。……只有物质生产在它的特殊形式下进行考察，这种相互作用和内部联系的研究，才不致于只引起空谈。……因为斯托赫对物质生产本身不是从历史方面进行考察，因为他是把它当作物质财富一般的生产来理解，不把它当作这种生产的一定的、历史发展的、特殊的形式来理解，所以，他就把他自己脚下的这个地盘抽掉了；只有立在这个地盘上，一方面，统治阶级的意识形态组成部分，另一方面，这个特别社会形态内的自由的精神生产，才有可能得到理解。他总是局限于一般的毫无意义的空谈。"马克思：《剩余价值学说史》第 1 卷，郭大力译，306-307 页，北京，人民出版社，1975。

方式生产的。在资本主义社会中，虽然不以这种方式生产教育知识的人也会像前人那样生产教育知识，但是，知识生产分工使教育知识的社会性质发生了根本变化。教育知识生产的分工表明，一方面资本主义社会产生了对教育知识的大量需求；另一方面旧的教育知识生产方式已无法满足资本主义社会的需要。像任何其他职业分工一样，教育知识生产的分工所产生的第一个结果就是将教育相关的人分为两部分：专业人员与非专业人员。前者以职业方式生产教育知识，后者不以生产教育知识为职业。第二个结果是教育学知识成为商品即其必须参与交换。教育知识生产方式的转变是近代社会知识的世俗化和教育普及的自然结果。教育知识生产分工所形成的社会力量强制性地使那些职业的教育知识生产者为了养家糊口而成为社会分工中的人，并且"始终应当是这样的人"。① 由于社会已经将教育知识视为商品进行对待，甚至不以职业方式生产的教育知识，也被作为职业方式生产的知识对待。例如，一位家庭主妇撰写的"教子心得"之类的东西也可以成为商品。

美国学者汤普逊（James Westfall Thompson）关于近代社会（指资本主义社会）的开端曾写道：

> 尽管强大而保守的机构，特别是教会，依然顽强地墨守种种陈规旧习，但那些新兴的伟大力量却在发生作用，已经或正在改变着陈旧的基本社会条件。总之，1500 年的欧洲正处于转变之中，一场迅速的转变。旧事物日趋衰亡，万物皆在更新。新世界在人们脚下展开；新制度在人们中间流行；而这些人自身就是新社会的组成部分；人们心中孕育着各种新思想。②

这些新因素及随后的发展形成教育知识生产方式转变的一般性社会条件。

---

① 马克思、恩格斯：《德意志意识形态：节选本》，29 页，北京，人民出版社，2003。
② ［美］詹姆斯·W. 汤普逊：《中世纪晚期欧洲经济社会史》，徐家玲等译，674 页，北京，商务印书馆，1996。

这些条件至少包括四个方面：（1）资本主义工商业的发展改变了中世纪旧的社会基础，在新的生产和交往方式中发展起资本主义的市民社会，在新的社会基础上产生了资本主义国家；（2）资本主义的国家最终战胜了教会，打破了后者对知识的垄断，有力地推动了知识的世俗化进程；（3）人文精神的传播和科学的进步从根本上动摇了旧的世界观，在思想领域产生的重要结果之一就是启蒙运动，启蒙运动使理性逐渐深入人心，而理性首先意味着知识①；（4）科学在社会生产和生活中的作用使其逐渐成为最有价值的知识②。这些条件在很大程度上推动了知识的世俗化，从而使教育的普及显得日益必要。

在上述背景下，教育渐次在近代资本主义国家开始普及。德国的威滕堡早在1559年便提出普及教育的要求，1763年普鲁士颁发《普通学校规章》规定实行义务教育。法国在18世纪末提议普及教育，1882年两次颁布《费里法案》确立具有现代意义的普及教育。虽然美国的马萨诸塞地区早在1647年便颁布了《老骗子撒旦法》，普及义务教育，但绝大部分州的义务教育法都是在美国内战以后才颁布的。英国于1802年颁布《学徒健康和道德法》，从国家层面强调初级教育，但具有真正现代意义的教育法案则是1870年的《初等教育法》（福斯特法案）。在普及教育和确立现代教育制度方面，德国走在其他国家的前列，19世纪60年代初级教育普及已达到95%以上。然而，就世界范围内来看，至20世纪初现代意义上的教育制度还只是在极其有限的范围内存在。③ 因此，普及教育和现代资本主义教育制度的确立主要还是20世纪的事情。资本主义教育在大规模普及过程中面临突出问题：一方面，教师数量不足和质量不高；另一方面，职业教师的专业性不强，经济社会地位低下。为满足教师的培养在质和量方面的需

---

① ［美］托马斯·L.汉斯金：《科学与启蒙运动》，任定成等译，2页，上海，复旦大学出版社，2000。

② 哲学家斯宾塞为科学知识在现代社会中的地位和价值做了强有力的辩护。［英］斯宾塞：《斯宾塞教育论著选》，胡毅等译，1~44页，北京，人民教育出版社，1997。

③ ［澳大利亚］W.F.康纳尔：《二十世纪世界教育史》，孟湘砥等主译，8页，长沙，湖南教育出版社，1991。

要，不少国家出现了培养师资的专门机构，大学也相继开设教育学讲座，举办研讨班，设立教育学教席。有学者认为，"在大学里由哲学教授主讲教育学，专设教育学教授，设独立的教育学讲座、教育学研讨班这一事件本身，就标志着独立形态的教育学的诞生"①。这些活动不仅意味着教育知识开始有了自己的名分——教育学，而且也开始了专业化生产的建制。虽说教育知识生产的专门化肇始于教师培养，但后来的发展表明专业化生产的教育知识远不限于师资培养这样单一的目的。教育知识生产的专业化表现并不纯粹。一些机构如教育研究院（所）专门致力于教育知识的生产，不承担培养教育人才，即教育知识再生产的任务；另一些教育知识生产机构将教育知识的生产与再生产职能结合在一起（如大学的教育学院）。具体而言，围绕教育学知识的生产与再生产而形成的基本关系如表4-3：

表4-3　教育学知识的生产与再生产示意表

教育学知识	生产				再生产
服务对象	国家	教育管理者	教师	教育研究者	培养管理者、教师和研究者
指向领域	教育决策	教育管理	教育实践	教育学术	教育管理、实践和学术
知识形态	符号化知识（报告、论文、专著等）；活化知识（咨询、督导、评估等）			符号化知识	符号化知识（教育的理论和技术等）；活化知识（教学、管理和研究的技艺等）

从教育学知识的生产角度看，教育学主要服务于四类对象：作为决策者的国家、作为管理者的教育管理人员、作为教育者的教师，以及作为研究者的教育研究者。从中便产生四种对应关系，（1）教育学知识—国家；（2）教育学知识—教育管理者；（3）教育学知识—教师；（4）教育学知识—教育研究者。这四种关系分别指向不同的领域：教育决策、教育管理、教育实践和教育学术。教育学知识生产者向这四类对象提供两种形态的教育学知识：符号化教育学知识与活化教育学知识。前者主要是关于教

---

① 瞿葆奎编著：《教育学的探究》，191页，北京，人民教育出版社，2004。

育政策、管理和实践的论著和报告，后者主要是为国家、管理者和教师提供专业服务(督导、评估、规划、咨询等)。从教育学知识再生产的角度来看，教育学主要用于培养教育方面的专业人员——管理者、教师和研究者，这样，其中产生三类关系：(1)教育学知识—教育管理者；(2)教育学知识—教师；(3)教育学知识—教育研究者。

一旦这些关系在教育学知识生产机构中产生且不断地被再生产出来，教育学知识生产者便成为社会知识生产分工体系中的一员，他们或者生产独立形态的教育学知识，或者通过教授活动在他人身上再生产教育学知识，或者两者兼而有之。这意味着，他们是职业的知识生产者，因而其产品已成为商品。

三、教育学知识的两重性分析

作为商品的教育学知识属于观念形态的商品，但其形态与商品的本质属性无关，因而它像任何物质商品一样具有使用价值和交换价值。[①] 也就是说，教育学知识是这样的两重存在物。一方面，它作为使用价值能够以自己的独特属性满足人的特殊需要，教育学知识有助于人们认识教育，进而有助于教育实践的改善，或更多地了解教育。至于它能否起作用，或者能在多大程度上满足人们对它的期待，则是另外一个问题。这种价值可以很容易地被经验感知。另一方面，教育学知识作为交换价值可以与作为交换一般社会财富的代表货币进行交换，但这种价值是一种需要抽象力才能把握到的存在。两种规定在教育学知识这个商品体上是相当矛盾的存在。

作为使用价值的教育学知识，是人们认识教育的思维产物。这种认识劳动在对象、任务、手段等方面不同于生产其他知识的认识劳动，因而教育学知识具有与其他知识不同的特点。因为存在这种质的差别，不同的知识才能满足人们对知识的多样化需要。教育学知识的这种特点在任何社会

---

① 与物化形态的商品相比，教育学知识的观念形态一方面使其使用价值并不因使用而有丝毫减少，另一方面使其必须被掌握，才可能发挥其使用价值。知识商品的观念形态并不影响其作为商品本身的价值规定。

形式下都是如此，因而它属于知识的自然特性。社会条件对教育学知识的这一特征的影响在于：社会条件仅仅制约人们认识教育的深度和广度。因此，教育学知识具有某种效用的性质，即使用价值本身不反映任何社会关系，也就是说它无法表明自身是在怎样的社会条件下生产的：教育学知识是专业人员研究所得，还是业余爱好者思索的产物。归根结底，教育学知识作为使用价值反映的是教育学知识与其使用者之间的认识的或实践的关系(因为人们既可通过掌握教育学知识来加深对教育的认识，亦可用它来改进教育实践)。正如，苹果的使用价值反映的是吃苹果者与苹果间的关系一样。总之，作为使用价值的教育学知识向我们表明，它不过是人们认识教育的劳动的产物而已，它不同于其他门类的知识，仅此而已。可是，教育学知识作为价值，立即表现为一种可感觉而又超感觉的存在。①

教育学知识作为商品，其外在的、强制的必然性迫使它与货币交换。暂且撇开教育学知识的具体存在形态，我们可将它与货币的交换形式表示为：a 量教育学知识=b 量货币。货币本身作为一般等价物，是社会财富的代表，凝结着无差别的人类劳动。货币是表现交换价值的纯粹实体。从表面上看，在"="中，a 量教育学知识作为具体的生产教育知识的劳动的产物，从而作为使用价值与 b 量的货币相交换，这是一种荒谬的现象。"="右边的货币代表人类的抽象劳动，无差别的社会劳动，是劳动一般；左边是生产教育学知识使用价值的劳动，是一种特殊的"质"的劳动。"="两边的货币和知识所凝结的劳动具有质的不同，无法通约，因而不可能在交换中相等。因此，教育学知识与货币的交换本身表明，教育学知识是作为价值即作为一般的抽象劳动的凝结而与货币相等的。可是，一旦离开交换，教育学知识作为价值的属性在感性的视野中完全消失了！但是，教育学知识的这种价值属性不是来自它与货币的交换关系，而是交换本身将这种已经存在的潜在的价值属性暴露出来。② 可见，教育学知识的确是一个矛盾的存在，这种矛盾最明显地体现在交换中。

---

① 马克思：《资本论》第 1 卷，88 页，北京，人民出版社，2004。
② 同上书，72-73 页。

在交换中，与教育学知识占有者对立的是货币持有者。实际交换是这样的：教育学知识占有者付出知识的使用价值，获得价值的纯粹表现，即货币；货币持有者付出货币，得到知识的使用价值。当生产者生产知识时，前提是知识必须是有用的，但不是对生产者有用，因为它对生产者来说不是直接的生活资料，而是直接的价值："只有当它在货币上取得一般社会产品的形式，并且能实现在他人的不同质的劳动的任何形式上，它才能成为我的生活资料。因此，我只有为社会生产才是为自己生产，而社会的每个成员又在另一个领域为我劳动。"①也就是说，教育学知识作为商品，它的两个规定（使用价值与价值）是对立的：教育学知识的生产者不是将知识作为使用价值而是作为交换价值来生产的；货币持有者为满足对教育学知识作为使用价值的需要而付出货币，即价值的纯粹实体。可见，教育学知识的生产者（只要他作为商品的生产者）一开始就是为他人生产，为社会生产使用价值，并且他只有为社会生产知识，才能为自己生产生活资料。在交换前，教育学知识必须具有使用价值，否则就不会有人为使用它而付出货币，从而交换便不会发生。在这个意义上，使用价值是价值的物质承担者。同时，知识持有者为将自己的产品的价值从使用价值的物质存在中剥离出来，必须通过与货币的交换才获得价值的纯粹表现。这种交换之所以作为外在的必然性强加于知识生产者是因为：教育学知识的生产是建立在社会分工的基础上，并且知识是私人劳动的产品，在这种条件下生产者必须通过交换用单一的产品满足自己多方面的需求。生产教育学知识的私人劳动借助交换被证实是社会劳动分工的一部分，从而确证自身是社会劳动。因此，教育学知识作为商品反映的是人们生产、占有、使用知识的社会关系。只不过这种关系是通过物（商品），以价值的形式表现出来的：在分工条件下，作为私人劳动产品的所有者表现为强制性的社会依赖，这也就是人的社会关系的物化。人的社会关系的物化向商品的生产者提出了一个严峻的问题：作为商品的劳动产品只有与货币相交换，才能证明生产者

---

① 《马克思恩格斯全集》第 46 卷下，465-466 页，北京，人民出版社，1980。

的劳动是社会总体劳动的一部分，否则它就不能被社会承认。可见，教育学知识作为商品是使用价值和价值的矛盾统一体。作为使用价值的教育学知识表明，这种知识是人类认识教育的劳动的产物；作为价值的教育学知识表明，它是在社会分工的条件下私人劳动生产的知识。商品的交换活动本身不过是把潜藏于商品中的内在矛盾暴露出来，从而也表明分工条件下的私人劳动成为社会劳动具有必要性。

四、教育学知识的形成逻辑与历史

一部分人从社会总体中分离出来专门从事教育知识的生产，从而使教育知识成为商品。为了全面把握这一事实的意义，我们有必要理解造成这一事实的逻辑与历史条件。

（一）教育学知识形成的逻辑条件

教育学知识的发生实质上是教育知识成为商品的过程。商品的特征是：生产者为他人而不是为自己生产使用价值。这意味着，教育知识成为商品的过程也是其生产与使用分离的过程。正如商品经济是与自给自足的自然经济相对立的形态，为他人生产的商品与为自己生产的产品相对。教育知识成为商品意味着，教育知识不能处于自给自足的状态，也就是说，教育知识的使用者不能生产自身所需要的教育知识，必须由他人生产，即教育知识对于生产者与使用者来说不再是同一个人。但是，每个人曾经或多或少地受过教育或教育过他人(在生活即教育的意义上)，他可能通过阅读、观察、模仿、沉思等途径生产并掌握某种程度的教育知识。这些方式生产的教育知识通常是感性的，形象生动的，非理论化的，因此我们将这类教育知识称为非专业教育知识。若教育知识的使用者能够生产自己所需要的教育知识，不需要他人专门提供教育知识，那么便不可能出现以生产教育知识为生的人。因此，每个人普遍地具有教育经历(受过教育或教育过他人)的情况在很大程度上抑制了教育知识的生产者与使用者的分离。

可见，欲使教育知识成为商品或使教育知识的生产与使用分离，人们必须使某类教育知识成为必需的。这类教育知识不同于非专业教育知识，它不能简单地使人们能通过阅读、观察、模仿、经验等方式获取。这样才可能使一部分人拥有某类教育知识，另一部分人不拥有这类教育知识，进而使教育知识成为商品。但是，什么样的教育知识才能使一部分人能够生产，而另一部分人不能呢？像任何其他劳动分工一样，只有当教育知识是如此复杂以至于它不能再通过纯粹的习俗、阅读、模仿、经验、思辨等方式生产出来而需要通过专门研究才能生产时，教育知识才能将人们分为掌握它的人与没有掌握它的人。与非专业教育知识相比，这类复杂的教育知识通常具有抽象的、系统的、理论的、高深的特点。我们称这类知识为专业教育知识，也就是教育学知识。

专业教育知识只能来自认识对象，即教育的复杂性和认识手段的复杂性。从一定意义上讲，教育活动可以说是人类最复杂的活动之一，但是当这种复杂性不为人们所知时，它在人们的眼中不过是简单的存在（今天，教育在许多人眼中仍然是简单的活动）。教育在事实上的复杂性，并不妨碍人们把它视为简单的存在。当人们的知识不足，缺乏认识手段时，客观上复杂的事物在人们眼中极易获得主观的简单存在。认识对象的复杂性首先是一种主观上的复杂性，是对象在意识中形成的自为的复杂性，即被意识到了的复杂性。一旦我们认真起来，世界上没有简单的事物，一些事物之所以看起来简单，不过是因为我们对它们认识太浅，缺少认识它们的手段而已。显然，人们在普遍地认为教育不复杂时，便不会产生对专业教育知识的需要。就认识手段的复杂性来说，人们长期以来主要通过感官、经验、习俗、想象等日常直观的手段获得教育知识，这些知识是以非专业的方式生产的。专业教育知识是与认识手段的复杂性相一致的，认识教育的手段在发展出多种系统、严谨的方法时，才可能产生出专业教育知识。一般来说，这些手段已经复杂到必须经过某种严谨、系统的训练才能掌握。

然而，即使一部分人拥有他人所没有的专业教育知识，这种知识也并不必然成为商品。如果教育知识的使用者本身只是非专业教育知识的使用者，也就是说，使用者完全不需要专业教育知识，那么专业教育知识也就没有交换的必要，不能成为商品。可见，如果社会没有形成对专业教育知识的需求，那么这种知识尽管是复杂的、深奥的专业知识，仍然不能成为商品。对于教育知识的使用者来说，如果自身生产的非专业教育知识能够满足需要，那么他就不会成为专业教育知识的购买者。因此，只有在有需求的社会中专业教育知识才能成为商品，在这个社会中非专业教育知识已经无法满足社会的需要，并且社会对专业教育知识的需要是强制的、普遍的。显而易见，在这样的社会中，教育已不是个人的私事，而是社会的事业；社会对教育的重视已不允许个人仅仅根据日常所形成的教育观念、习俗、经验和技巧不加甄别地从事教学、管理和决策等活动。

综上所述，教育知识成为商品的逻辑条件是(1)教育知识的生产者与使用者分离；(2)社会中形成对专业教育知识的普遍需要。然而，这些条件仅仅使教育知识在逻辑上成为商品。只有当社会的发展满足这两个条件时，教育知识才现实地成为商品。不言而喻，这些条件的形成是历史长期发展的产物。在这一过程中，人类教育从非形式化教育向形式化教育的转变、从非制度化教育向制度化教育的转变催生了社会对专业教育知识的需要。社会分工的发展使一部分人以生产专业教育知识为职业，与此相应的是，与满足生产专业知识的认识手段一起发展起来了。① 在这种条件下，专业教育知识才成为商品，才成为教育学知识。满足这些条件的社会只能是现代社会。

(二)教育学知识发生的历史演变

在非形式化阶段，教育还没有从生活中分离出来而形成一种独立的社会生活形态。教育只是以萌芽的形式存在于社会生活中，因而所谓教育知识自然也是同关于社会生活的其他知识相融合的。人们通过习俗、经验、交往、观察、模仿等方式或多或少地拥有某些教育知识。一般来说，人们通过日常经验便足以应对社会生活中所面临的教育问题。在某种程度上，教育知识的生产和使用还处于自给自足的自然状态。

---

① 马克思曾论及需要与手段的关系："在文化初期，已经取得的劳动生产力很低，但是需要也很低，需要是同满足需要的手段一同发展的，并且是依靠这些手段发展的。"马克思：《资本论》第1卷，585-586页，北京，人民出版社，2004。

随着社会的发展，教育逐渐形成一种相对独立的社会活动形态，社会中产生了形式化的教育。① 在人类的认识上也就产生了教育概念，相应的，教育知识或多或少地从知识总体中剥离出来。在严格的意义上，这时才真正地产生了教育知识。由于身体和大脑的分工，一部分拥有闲暇的人可以在远离教育实践的地方生产出教育知识，另一部分人仍然从日常生活中生产教育知识。因此，从产生伊始，教育知识的生产方式便潜在地预示着日后教育知识发展的两种基本路径。② 在形式化的教育中，两种最基本的教育组织形式是个别教育和集体教育。个别教育可以看作是个体手工业方式的教育形式③，由于人数和教育内容有限，"古代和中世纪的教师能够依靠传统的常识性的教学方法"④，并且这种常识基本上能够满足社会的需要。在这种个别教育占统治地位，从而非专业教育知识仍然能够满足社会对教育知识的需求时，尽管人们已经生产出不少具有专业水准的教育知识（注意，它们仍然是非专业的教育知识），但这些教育知识还不能成为商品。集体教育形式的复杂化产生了两方面的重要结果：一是教育实体在管理、教学、组织等方面职能出现分化；二是在教育过程中，学生数量的增加及教育主体之间的职能开始有分工。这使教育系统和集体教育比个别教育更复杂，面临的问题也更突出和更尖锐，从而非专业教育知识对于教育目标的实现日渐显得不足。

在教育学发展史上，拉特克（W. Ratke）、夸美纽斯、裴斯泰洛齐、福禄贝尔等为解答这些矛盾做出了重要贡献。这些教育知识虽然在内容上已经属于专业的教育知识（理论化、系统化、高深、抽象），但是知识的生产

① 按照陈桂生的定义，形式化教育具有以下特点：1. 教育主体确定。2. 教育对象相对稳定。3. 形成系列的文化传播活动，所传播的文化逐步规范化。4. 大抵有固定的活动场所和或多或少的设备。5. 由以上种种因素结合而形成独立的社会活动形态。只有这些特点都具备，形成较为稳定的教育简单要素，从而成为具有一定组织形态的教育实体，教育才得以定型。陈桂生：《教育原理》，34-35 页，上海，华东师范大学出版社，1993。

② "西方教育学具有双重起源：一是关于教育问题的哲学思辨；二是实际的教育、教学经验的概括。"瞿葆奎编著：《教育学的探究》，383 页，北京，人民教育出版社，2004。

③ 陈桂生：《教育原理》，38 页，上海，华东师范大学出版社，1993。

④ 《现代西方资产阶级教育思想流派论著选》，华东师范大学教育系、杭州大学教育系编译，428-429 页，北京，人民教育出版社，1980。

者与使用者还没有完全分离，他们大都是具有很高理论修养的教育家（实践家）。这时人们基本上还不知道现代教育学研究者面临着教育理论脱离实践的问题。从 17 世纪开始，政府强迫教育在世界各地缓慢地推行。教育质量的低下，尤其是教育者知识素养的贫乏引起人们的争议。以最早实行强迫教育的德国为例，在 18 世纪除学校条件简陋外：

> 最突出的是教师普遍学养不足。严格的师资培训教育在当时还没有。……至于大量乡村教师，则是依然如旧，没有改进，他们的知识范围从未超出他们以前在乡村学校或其他地方所学的贫乏知识。……这些教师自然只能教简易的读和写，最多再教些简单的算术而已；至于教学方法之差，就更不消谈了。所以许多地方学校的教学水平始终没有超出启蒙阶段，也就不足为奇了。……所谓阅读学习者不过是被教师拷打而已，他们积年累月地从念字母和学拼音起，直到背诵单词为止，结果是并无成效；写字教学则只是描绘粗糙而令人生厌的字母；长年辛辛苦苦的最终成绩就是反复叽里咕噜地背诵《教义问答》，熟记一些《圣经》摘句和几首赞美诗而已。……正是强迫教育激发起所有心地良善的人们，为整顿现行教育而呼吁。因为既然使儿童都到学校来，政府自然就把无可逃避的责任放在自己的肩上——负责提供受过专业培训的合格教师，来充任真正的人民的教育者。①

由于国家作为社会的正式代表推行强迫教育，教师的培养作为一个政治的、社会的议题首先引发了对专业教育知识的需要。尽管，在相当长的时间内，师资培养所需要的教育知识十分粗陋，但是对专业教育知识的需要毕竟发展起来了！

由于强迫教育的推行，教育实体（主要是学校）的数量不断增加，从而产生了这些实体之间的关系问题。这些问题的解决使各教育实体不再处于

---

① ［德］弗·鲍尔生：《德国教育史》，滕大春等译，95–96 页，北京，人民教育出版社，1986。引文有改动。

游离状态，而是形成了现代资本主义教育系统。至19世纪末20世纪初，现代意义上的教育系统在西方主要发达资本主义国家已基本形成，这就是制度化教育。制度化教育形成了对教师的大量需求。于是，培养师资的专门机构从数量和规模上逐渐发展起来。从这时起，社会中第一次产生了对专业教育知识的广泛需求。从师范学校的简单技能培训到现代大学内容丰富的教育学课程研究，教育知识的生产构成了社会分工体系中的一环。此外，"近代以来，教育事业的规模越大，教育过程社会化程度越高，教育同社会生活各领域的联系越复杂，教育实体本身越难调节它同外部的关系，因而越来越需要借助于来自直接教育过程和教育实体之外的宏观调节"①。这时，教育已不仅仅是过程、实体中的教育，而是教育系统中的教育。与此相应，教育知识也从不仅仅是教育过程和实体的知识，还包括关于教育系统的教育知识。因此，社会对专业教育知识的需求也不再局限于师资培训。制度化在教育管理、行政、法律、政策等方面所引发的一系列问题同样需要专业教育知识才能予以解答。制度化的教育担负了越来越多的社会职能，教育不再是个人的私事，而是一项社会事业。社会文明的程度已经不能容忍教育继续处于个别人的偏见、习俗、主观任意性的支配之下，它要求将现代社会的理性原则在教育领域贯彻起来：教育过程、实体、教育制度的运行必须建立在理性的基础上。至此，教育知识才成为社会普遍的、强制性的要求。不仅许多大学设立了教育系、教育学院、教育研究院，而且由国家和社会机构资助的各类教育研究院（所）相继建立。大量研究者栖身于这些机构，致力于生产专业的教育知识，但他们已经不再是这些知识的直接使用者。教育知识的生产者与使用者实现了分离，专业教育知识成了商品。这样，专业教育知识也就成了教育学知识。

---

① 陈桂生：《教育原理》，63页，上海，华东师范大学出版社，1993。

第四节　教育学知识的社会关系

一、教育学知识商品化的结果

若以职业方式生产教育知识，教育知识则成为商品，这是人类文明的巨大进步，它使人类对教育的认识更全面、更系统、更深入。然而，这种进步是建立在知识作为商品的基础上的，因而这必然具有商品经济所固有的局限性。对于教育知识的发展来说，这种局限性从一开始便作为种子潜藏于教育知识作为商品的矛盾中。随着矛盾的发展，教育知识成为商品带来三个方面的重要结果。

第一，商品化使一部分人成为职业的教育知识生产者，使另一部分人成为职业的教育知识消费者。在教育知识生产职业化之前，像夸美纽斯、裴斯泰洛齐、福禄培尔等人皆是具有高度理论修养的实践家。他们在实践中认识教育，因为实践是认识教育的一种手段；同时，他们又在认识教育中变革实践，因为认识是教育实践本身的一部分。他们作为理论家和实践者用行动诠释了认识与实践的内在统一。教育知识的商品化意味着，认识教育与改造教育分裂为两个独立的过程。社会分工使这两个过程由不同的人来承担：认识教育，或帮助他人认识教育是专门的教育知识生产者的任务；改造教育是专业教育者的责任。当这两个相互依赖的过程的独立化达到一定程度时，统一的问题便会反映在人们的意识中以矛盾的形式表现出来：教育者常常怀着既敬畏又怀疑的眼光看待教育理论，但又常常抱怨教育理论脱离现实，过于理想化，不够实用；教育学知识生产者抱怨教育者们忽视教育理论，瞧不起他们过分重视教学技能和方法的实用主义态度。长期以来，关于教育理论与实践关系的争论恰恰证实了两者的统一是建立在教育知识的生产与使用相结合的基础上的。可以说，这是理论与实践的关系问题在教育领域的延伸或表现。

第二，商品化使一些教育知识比另一些知识更容易完成向货币的转化，这导致不同教育知识在价值上出现不平等。这种不平等不仅存在于专业教育知识内部，而且存在于专业教育知识与非专业教育知识之间。这最突出地表现在专业教育知识与非专业教育知识的差别上；以职业方式生产的教育学知识的地位远高于人们通过日常经验获得的教育知识。前者只有经过专门训练的专业人员才能生产，在市场上具有价值；教育者在日常教育实践中获得的非专业教育知识因过于普通（在教育知识成为商品的条件下，少数非教育知识也可能成为商品）而没有什么价值。从生产方式上看，职业的知识生产者倾向于认为只有深奥难懂的教育知识才有价值，因而轻视教育者的日常教育知识。在这一观念的支配下，教育者也往往认为深奥难懂的专业教育知识才有价值，因而容易忽视自身所具有的非专业教育知识的作用。事实上，与专业教育知识相比，教育者的非专业教育知识对实践具有更加持久的影响。① 总而言之，商品化使专业教育知识凌驾于非专业教育知识之上，贬低了在教育中起重要作用的非专业教育知识。

第三，商品化使教育知识易受顾客导向的影响，使专业教育知识更倾向于追求技术上的实用性，或多或少地失去了作为知识本身应有的批判性。对于生产者而言，教育知识作为商品是一种特殊形式的价值，货币可直接与一切商品交换。为满足多方面的需要，生产者必须使教育知识实现与货币的交换。从社会职能上看，国家为解决在领导和管理教育事业方面所面临的问题才需要教育知识。教育在技术化与制度化的现代文化中完成了自身的去政治化②，它已成为一项技术性的事务。由于国家掌握大量的教育研究资金，因此知识的生产者倾向于迎合国家的事务性需求。于是，对教育的探究易被降低为解决问题式的专业技术实践，这使教育知识趋向于实用性和技术化以避免与国家的政治利益发生冲突，从而在学术上面临丧失批判性的危险。

---

① 石中英：《缄默知识与师范教育》，《高等师范教育研究》，2001(3)。

② Wilfred Carr, "Educational Research and Its Histories," in Sikes P., John Nixon J., Wilfred Carr, *The Moral Foundation of Educational Research：Knowledge, Inquiry and Values*, Maidenhead, Open University Press, 2003, p. 15.

二、教育学知识的生产方式

教育学知识作为商品，存在不同的生产方式：以个体的私有劳动为主的商品生产，以机构形式为主的商品生产。后者又有资本主义方式与非资本主义方式之分。在逻辑上，教育学知识的生产方式可能采取不同的商品生产方式。从教育学的知识形态来看，最重要的有两种：一是符号化的教育学知识，主要以专著、论文、研究报告等形式存在。它通过载体（如纸张）获得了物化的形式，可以独立于消费者与生产者。这类知识的生产（不包括再生产）能够采取个体的生产方式。例如，以书籍为例，教育学知识生产者将一部教育学著作手稿卖给出版社，在这种经济关系中，前者拥有自己的生产条件[1]，从而占有认识劳动的成果，因而有权将成果卖给出版社。这类知识也可以采取机构的生产方式。例如，一名教育学知识生产者以某研究院雇员的身份为教育决策部门生产一份研究报告。符号化教育学知识的生产均可采取两种基本生产方式。关于教育学知识的再生产，由于一方面，个体很少能够以个人的身份教授他人教育学知识；另一方面，相对于人们的需要来说，教育学知识本身具有片面性，必须与其他门类的知识一起教授。因此，这类知识的再生产，一般采取机构的方式进行再生产。二是活化的教育学知识，这类知识的生产者只有在提供"专业服务"或再生产知识的活动中才能得到表达。这类知识的生产可采用个体的或机构的生产方式。例如，一名教育学知识生产者既可以个人的身份也可以机构雇员的身份为某学校提供规划咨询服务，从学校那里获得服务费。在知识再生产中，活化的教育学知识主要采取机构的生产方式。这主要是因为人们在需要活化的教育学知识时往往也需要其他门类的知识，社会分工的限制使教育学知识生产者作为个人难以生产多方面的知识。因此，就教育学知识而言，知识的生产均可采用私人的或机构的生产方式，而知识的再生产则采用机构式的生产方式。

---

[1]　在图书、期刊等资料获取非常便利且廉价时，在一定意义上可以将它看作生产者拥有的生产资料。

几乎所有教育学知识生产者均栖身于一定的机构，并且主要以雇员的身份生产和再生产知识。本研究假定，教育指资本主义国家中的教育所有教育学知识的生产者均为大学雇员。那么，这种机构的教育知识的生产方式是否按照资本主义的生产方式来生产的呢？相对于早期个体的知识生产和典型的资本主义的知识生产，大学的教育学知识生产方式具有明显的过渡性质。也就是说，大学的教育学知识生产既有某些手工工业的性质，又有部分资本主义生产的特征，即资本主义国家的大学教育学知识生产。

第一，教育学知识生产者受雇于大学，他们从大学领取工资，而大学购买他们生产和再生产教育学知识的能力。在这种关系中，教育学知识生产者在一定程度上类似于资本主义生产条件下的雇佣工人，这使教育学知识生产者的劳动具有资本主义生产的外观或形式。与物质生产相比，教育学知识的生产（不包括再生产）主要依赖于大量的图书资料，有时必要的调查和实验也花费不多，学术市场狭小，符号化的教育学知识的直接经济价值一般比较低。因此，在一定程度上可以说，教育学知识生产者的符号化知识主要属于个人。① 这一点与典型的资本主义生产不同，资本主义生产的劳动产品归雇佣工人的机构所有。它与个体形式的知识生产相同，个体生产的劳动产品归生产者个人所有。

第二，教育学知识的生产过程不具有资本主义生产的典型性。教育学知识本身必须是由生产者自身对材料进行整理、分析、加工所得的。也就是说，在劳动的过程中，收集、整理、加工材料的工具相对于认识的核心部分而言只能起辅助性作用。尽管在教育研究高度职业化的时代，大量的工具已经渗入认识过程中，但工具的使用仍取决于认识主体的判断。相反，在物质生产领域，对整个生产具有决定意义的革新往往来自生产工具的革新。大工业的基本原则是将生产过程尽可能地分解为细小的操作单元，再将这些操作所需要的技能和判断最大限度地转至机器上，最终由机器来完成操作。因此，相较于许多其他单纯重复的机械性劳动，即使在极端细碎的教育研究领域中，教育学知识的生产者还是保留了相当程度的自

---

① 机构通常只是在名义上享有研究者生产的符号化知识的所有权，这主要用于对大学进行评估、排名等。

由度。也许因为这个原因，尽管知识生产者（主要是"软"知识的生产者）的经济回报并不高，但这类工作仍然具有较大的吸引力。这一点类似于手艺人，而不是雇佣工人。

第三，在教育学知识的再生产过程中，生产者的活劳动居于核心地位。有学者生动地描述了13世纪大学教师的劳动工具：

> 作为专业人员，13世纪大学组织的成员拥有一个完整的工具箱。作为作家、阅览者和教授，他身边到处都是他的各项活动所必需的工具。巴黎教师加兰的约翰在他编著的词典里写道，"教士需要下列器具：图书，一张斜面桌，一盏带油的夜灯和一个蜡烛台，一个提灯和一个漏斗形墨水瓶，带有一支羽毛笔、一条铅丝和一把直尺，一张桌子和一条教鞭，一个讲课用凳，一块黑板，一块带有刮刀和粉笔的浮石"。斜面桌（pulpitum）法语叫"吕特灵"（lutrim），顺带还应考虑斜面桌刻着一条条凹槽，以便把桌面固定在适合阅读的高度上，因为书是放在"吕特灵"上的。刮刀（plana）是铁制品，是使用羊皮纸的人用来准备羊皮纸的。①

与古代社会相比，现代社会已经发展出大量精巧、复杂的工具（语音教室、多媒体教学、远程教学系统等），它们被用于知识的再生产，但是工具的应用取决于知识生产者在教授活动中的需要，因而这并没有在根本上动摇活劳动在知识再生产中的核心地位（不像在采用机器大生产的现代工厂中，那样是机器支配劳动者）。就知识再生产的本性而言，所有形式的知识再生产不可能像现代工业生产那样将大量精巧复杂的工艺转移至机器上，从而大大地降低对知识生产者的理智要求。或者说，知识本身的特征不适合将大工业的原则在知识再生产领域（尤其是人文社会科学）加以应用。

第四，知识生产在形式上具有资本主义的性质。因为，知识生产者作为大学雇员从事教育学知识的生产和再生产，他们向大学出售生产和再生

---

① ［法］雅克·勒戈夫：《中世纪的知识分子》，张弘译，76页，北京，商务印书馆，1996。引文有改动。

产知识的"劳动力"。

　　总体而言，教育学知识的生产者作为大学雇员在很大程度上享有自己生产的教育学知识的所有权，这些知识(如著作、论文等)通常具有的直接的经济价值很低；在教育学知识的再生产过程中，他们的工作具有手工工业的特征；他们在经济上依赖大学。由于活劳动在教育学知识的再生产过程中的核心地位难以被工具的发展所取代，且生产者本身又需要经过长期的训练，因而活劳动对于知识的再生产而言成本很高。这一特点限制了大学将大部分知识(除非这类知识具有显著的经济价值①)的再生产当作资本来经营的企图。有学者摘要式地考察了美国从 1974 年到 1995 年几个年度的美国公、私立高等教育机构的收入来源，见表 4-4、表 4-5：②

表 4-4　公立教育机构不同来源的教育和日常净收入分解③

	1974—1975	1979—1980	1984—1985	1989—1990	1994—1995	1974—1975 到 1994—1995 年的变化
学杂费净收入	13%	13%	16%	18%	21%	8%
联邦拨款	3%	3%	3%	3%	2%	−1%
州拨款	57%	59%	58%	54%	47%	−10%
地方拨款	6%	4%	4%	4%	5%	−1%
私人赠品、基金和合同款	3%	3%	4%	5%	6%	3%
捐资收入	1%	1%	1%	1%	1%	0
政府津贴与合同拨款	17%	16%	13%	15%	18%	1%
教育和日常净收入总计	100%	100%	100%	100%	100%	

---

　　① ［美］理查德·鲁克：《高等教育公司：营利性大学的崛起》，于培文译，北京，北京大学出版社，2006。

　　② ［美］米切尔·B. 鲍尔森、约翰·C. 舒马特主编：《高等教育财政：理论、研究、政策与实践》，孙志军等译，16-17 页，北京，北京师范大学出版社，2008。

　　③ 该表数据部分计算有误，公立教育机构在 1979—1980 年、1984—1985 年中"教育和日常净收入总计"项目百分比均为 99%；私立教育机构在 1979—1980 年中"教育和日常净收入总计"项目为 99%；公私立教育机构 1974—1975 年到 1994—1995 年度变化数据存在计算错误，这些错误不是源于原文。Michael B. Paulsen, John C. Smart(ed.), *The Finance of Higher Education: Theory, Research, Policy, and Practice*, New York, Agathon Press, 2001, p.21. 不过，这些数据总体上并不影响如下判断：来自学生的收入远低于大学教育的支出。

表 4-5　私立教育机构不同来源的教育和日常净收入分解

	1974—1975	1979—1980	1984—1985	1989—1990	1994—1995	1974—1975 到 1994—1995 年的变化
学杂费净收入	47%	49%	53%	53%	55%	8%
联邦拨款	1%	1%	1%	1%	1%	0%
州拨款	2%	2%	2%	1%	1%	−1%
地方拨款	0%	0%	0%	0%	0%	0%
私人赠品、基金和合同款	16%	15%	16%	15%	15%	−1%
捐资收入	9%	8%	9%	9%	8%	−1%
政府津贴与合同拨款	25%	24%	19%	21%	20%	−5%
教育和日常净收入总计	100%	100%	100%	100%	100%	

　　从上表可以看出，无论是公立高校还是私立高校，学生的收入远不足以弥补大学的相关费用(1974—1975 年度，来自学生的收入在公立学校仅占 13%，在私立学校也只占 47%)。如果大学试图获得利润，那么它或者削减大量与教学无关的费用且收取高昂的学费(像高等教育公司那样)①，或者扩大自己的业务，向市场提供更多的专业服务和开发具有市场潜力的产品。② 就大学作为生产和再生产知识的机构而言，其办学资金主要源于各种收入。因此，对于社会而言，大学的支出是社会总产品的一种扣除。基于此，我们在研究中将大学视为一种与追求利润的企业不同的非营利性社会机构。

　　就教育学知识而言，它的生产在形式上从属于资本主义生产，因而其劳动并不是真正意义上的雇佣劳动，它具有手工劳动与资本主义雇佣劳动的混合性质。在大学与教育学知识生产者的关系中，后者向大学出卖的是劳动力，他代表大学为社会生产教育学知识；前者将教育学知识生产者的产品作为商品向社会出售。

---

　　① [美]理查德·鲁克：《高等教育公司：营利性大学的崛起》，于培文译，北京，北京大学出版社，2006。

　　② [美]希拉·斯劳特、拉里·莱斯利：《学术资本主义：政治、政策和创业型大学》，梁骁等，57-102 页，北京，北京大学出版社，2008。

三、教育学知识的基本社会关系

虽然教育学知识是商品，具有价值，但是它所有的经济关系均围绕使用价值而形成，因为使用价值是交换价值的物质承担者。基于教育学知识不同的使用价值，资本主义社会围绕着教育学知识的生产与再生产发展出教育学知识的基本的社会关系。教育学知识作为关于教育的知识，能够满足不同主体对教育知识的具体需要。依据这些主体同教育所处关系的性质不同，他们对教育知识的具体需求相应地存在差别。

可以从理论与实践两个方面探讨围绕教育所形成的基本关系。在理论方面，人们把教育当作认识的对象；在实践方面，人们将教育当作达到某种目的的改造世界的活动。当人和教育处于理论的或实践的关系时，人作为主体或多或少地会产生对教育知识的直接需要：认识主体为了全面、深入地认识教育从而需要了解他人对教育的认识；实践主体为了改善教育从而需要教育知识。在理论关系中，教育学知识生产者为生产新的教育知识从而需要教育知识。当教育知识生产职业化时，这些生产者围绕新的教育知识的生产形成了专业的教育学术群体。为了使教育学知识的生产活动能保持连续，大学还需要培养和训练未来的教育学知识生产者，而教育学知识生产者的专业群体又同其他知识生产群体在更广的范围内形成了所谓学术界。因此，从理论角度看，教育学知识发展出三种基本关系，即教育学知识与教育学知识生产者的关系、教育学知识与教育学研究生（未来的教育学知识生产者）的关系、教育学知识与其他门类的知识生产者的关系。这三种关系可以看作是教育学知识在学术界发展的基本关系。由于教育学知识作为物不与人发生社会关系，因而这三种关系实质上是作为教育学知识提供者的大学与三类主体的关系，即大学与教育学知识生产者的关系、大学与教育学研究生（未来的教育学知识生产者）的关系、大学与其他门类的知识生产者的关系。此外，由于教育学知识生产者生产的知识主要归自身所有而不属于大学，因而三种关系实质上分别是教育学知识生产者与教育学知识生产者的关系、教育学知识生产者与教育学研究生（未来的教育学知识生产者)的关系、教育学知识生产者与其他门类的知识生产者的关系。

在实践关系中,对改善教育的关切可能产生四方面需求:其一,那些有志于以教师为职业的人(师范生)为成为符合社会标准的专业人员而需要教育学知识;其二,在教育系统内,有效地履行职责的教育管理者或多或少地需要教育学知识;其三,教师作为教育过程的参与者为实现理想的教育而需要教育学知识;其四,国家作为教育事业的领导者和管理者必然面临一系列涉及教育政策、法律、管理等方面的问题,从而可能产生对教育学知识的需要。当然,上述这些关系主体对教育学知识的需要仅仅具有逻辑上的可能性。只有在一定的历史条件下,这些可能性需求才会成为现实需要。在教育学知识普遍地成为商品的过程中,这些历史条件已经具备了。事实上,也只有这些社会关系充分发展并对教育学知识形成需求时,后者才能普遍地成为商品。因此,这些社会关系是与教育学知识成为商品一起发展来的。培养教师的需要是教育学知识在商品化的过程中产生的第一种社会关系。但是,这种关系的充分发展受益于国家对教师培养的介入,国家以法令、政策、规章的形式使这种需要成为强制性的普遍需要,从而使社会第一次产生对教育学知识的普遍需要。因此,教育学知识与教师的关系本身便隐含了教育学知识与国家的关系。当教育发展成为一项庞大的社会事业时,教育管理者的培养也成为大学关注的重要主题。以美国为例,20世纪初,一些教育学院开展培养学校校长、学监、专业财务人员等方面的业务。特别是精英大学的教育学院把培养教育领导人才视为主要使命。在培养教育管理者的需求下,教育学教授们发展出不少教育学的分支学科(如教育管理、教育财政等)。第二次世界大战后,资本主义国家越来越多地承担教育政策、法律、管理等方面的责任,这使教育学知识与资本主义国家的关系得到充分发展。随着社会发展对教师要求的不断提高,教师在职前教育中所接受的训练已不能满足社会要求。这反映在教师培训方面,就是不少资本主义国家越来越重视教师的在职教育。[①] 如此,社会

---

① 可参见苏真主编:《比较师范教育》,北京,北京师范大学出版社,1991。成有信编:《十国师范教育和教师》,北京,人民教育出版社,1990。

不可避免地形成对教育学知识的普遍需求。

因此，从实践角度看，教育学知识发展了四种基本关系，即教育学知识与师范生的关系、教育学知识与教育管理者的关系、教育学知识与教师的关系、教育学知识与国家的关系。在严格意义上，这四种关系不是教育学知识本身与师范生、教育学管理者、教师、国家之间的关系，而是教育学知识的提供者即大学与它们的关系。教育学知识本身作为知识只是一种物，因而不对人发生社会关系，它之所以同师范生、教育学管理者、教师和国家发生社会关系，仅仅是因为教育学知识作为商品是以物的形式表现出的社会关系，它表现的是教育学知识的生产者与消费者的关系，即大学与师范生、教育学管理者、教师、国家之间的关系。一方面，大学作为一个法人，是一个机构，一个物，它没有自己的情感和尊严；另一方面，大学又不是作为一个抽象的机构而是作为教育学知识生产者的雇主与上述关系主体发生关系的。因此，大学与上述关系主体间的关系最终通过具体的教育学知识生产者作为大学的代表与教育学知识的消费者发生关系。因此，教育学知识的生产者作为个体能够感受到这些关系的张力，以及由此而来的精神上的困惑和痛苦。

在现代社会，大学作为一种社会机构担负三种基本职能，即培养人才、服务社会、生产知识①，它是通过知识的生产与再生产来履行这些职能的。对于教育学知识的生产者来说，它一方面通过生产知识向国家、管理者和实践者提供教育学知识以履行服务社会和培养人才的职责；另一方面它生产大量新的教育学知识，增加知识的总量。而大学作为法人只能雇用具有生产和再生产教育学知识能力的学者履行社会职能。因此，大学与消费者之间的关系在形式上表现为教育学知识生产者与消费者之间的关系。其中，教育学知识生产者作为雇员向大学出卖其生产和再生产教育学知识的能力，在一定的时间内为大学生产和再生产教育学知识。他们在一定程度上还是其所生产的知识的所有者。

---

① ［美］德里克·博克：《走出象牙塔——现代大学的社会责任》，徐小洲译，杭州，浙江教育出版社，2001。［美］约翰·S. 布鲁贝克：《高等教育哲学》，王承绪等译，杭州，浙江教育出版社，2001。

综上所述，教育学知识的七种基本社会关系可表示如表4-6：

表4-6　教育学知识的七种基本社会关系

分类	实质关系	中介关系	形式关系
理论维度	大学与教育学研究生的关系	大学与教育学知识生产者的关系	教育学知识生产者与教育学研究生的关系
	教育学知识生产者之间的关系	无	教育学知识生产者与教育学术界的关系
	教育学知识生产者与其他学者的关系	无	教育学知识生产者与学术界的关系
实践维度	大学与师范生的关系	大学与教育学知识生产者的关系	教育学知识生产者与师范生的关系
	大学与教育管理者的关系		教育学知识生产者与教育管理者的关系
	大学与教师的关系		教育学知识生产者与教师的关系
	大学与国家的关系		教育学知识生产者与国家的关系

　　围绕教育学知识的生产与再生产而形成的七种基本关系对教育学知识地位的形成具有决定性作用。其中，理论维度的两种关系，教育学知识生产者与教育学术界、其他学术界的关系是主要的理论性的关系①，几乎不具有经济上的价值。但是，教育学知识生产者正是在与其他知识生产者的学术交往中感受到自身的独立、尊严等地位问题的。从经济角度看，教育学知识生产者的地位问题不是来自学术界，虽然它在学术界得到最明显的表现。对于大学而言，涉及较大经济价值的是其余五种关系：大学与教育学研究生、师范生、教育学管理者、教师、国家的关系。这五种关系在现实中是通过教育学知识生产者与教育学研究生、师范生、教育管理者、教师、国家的互动来完成的。大学与这五类关系主体具有直接经济上的关系，而教育学知识生产者仅具有形式上的功能性关系。然而，这种形式上

---

　　① 之所以说它们是"主要"的理论性关系，是因为在知识生产中，教育学知识生产者内部之间，以及其与其他领域的学者之间也会存在经济上的来往，比如，购买其他知识生产者写的论文、专著、报告，等等，但这些经济活动与其他专业服务和再生产活动相比，其经济价值微乎其微。

的关系对于教育学知识生产者而言非常重要。原因在于：（1）教育学知识
生产者直接接受消费者的评价；（2）消费者的评价影响其向大学购买教育
学知识的意愿；（3）消费者的购买意愿将最终影响大学所能支付给教育学
知识生产者的货币量；（4）在知识生产过程中，教育学知识生产者不像大
学那样是抽象的法人，而是一群活生生的，具有自我意识、价值和情感的
自然人，因而他们对消费者给予教育学知识的评价(精神上)及由此带来的
经济回报(物质上)非常敏感。这些因素在极大程度上影响了教育学知识生
产者在学术界的自我认知和自信心。在上述五种关系中，又以大学与国
家、教师和师范生的关系在经济上最为重要。这三种关系在功能上直接表
现为：（1）教育学知识生产者与国家的关系；（2）教育学知识生产者与教师
的关系；（3）教育学知识生产者与师范生的关系。本研究将教育学知识生
产者视为教育学知识生产关系的承担者，因而可以将这三种关系表示
为：（1）教育学知识与国家的关系；（2）教育学知识与教师的关系；（3）教
育学知识与师范生的关系。因此，本研究着重分析这三种最重要的经济关
系，以此探讨它们对教育学知识地位的影响。这三种关系可表示为如图4-
4所示：

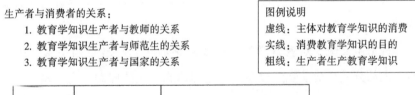

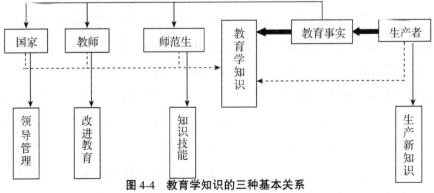

图4-4 教育学知识的三种基本关系

第五章 资本主义国家与教育学知识

对于教育学知识的生产者而言，教育学知识在多大程度上可以转化为价值取决于它在多大程度上满足消费者的需求。这种满足需求的程度通过数量上可以比较的方式，即消费者依其效用而愿意付出的货币量表现出来。在教育学知识与货币的交换中，一方是持有货币的、对教育学知识有需求的人；另一方是拥有教育学知识的生产者。即使在理想情况下（充分的自由竞争），交换双方在形式上的地位并不平等。货币持有者拥有的货币可以直接与任何商品进行交换，而教育学知识的所有者只有与货币交换才能换取自身所需要的其他商品。因此，货币持有者与教育学知识的所有者相比，居于优势地位。尤其是，一种商品的需求者居于垄断地位，并且其需求并不紧迫时更是如此。本章探讨作为消费者的国家与教育学知识的关系。

资本主义国家对教育学知识的需求根源于其与教育的关系。19世纪前，大部分教育活动受到教会、社会团体或个人的控制，它们基本上处于国家视野之外。自19世纪下半叶开始，强迫入学在一些国家得以普遍实施，现代教育制度逐渐建立。在此过程中，儿童不再仅仅决定于家庭，他们在到达一定年龄时必须入学。与此同时，国家在客观上需要担当起领导与管理教育事业的责任。这意味着，国家必须解决由这种责任所带来的教育问题，尤其是当这种责任不仅为国家所公开承认，而且为广大公民所期待和要求时，国家就产生了对教育学知识的需要。

国家掌握了大量资金，因而它对教育学知识价值的实现产生决定性影响。国家与教育的关系性质决定着国家对教育问题的判断，从而决定何种性质的教育学知识的价值更易实现向货币的转化。而国家与教育关系的性质又取决于国家本身的性质。因此，本章分四部分进行讲述：(1)马克思的资本主义国家理论要义；(2)资本主义国家的基本性质；(3)资本主义国家与现代教育；(4)资本主义国家对教育学知识的选择。

第一节　马克思的资本主义国家理论要义

这里不是专门探讨马克思的国家理论的地方，所以我们更多地依赖马克思和恩格斯的论述，考虑到后文对马克思关于资本主义国家观点的应用，笔者在这里仅限于对马克思的国家理论做出简要的概述，以便为读者理解下文的观点提供必要的基础。马克思没有专门论述资本主义国家问题的著作，但他对资本主义国家的论述屡屡见于各种著作，从这些分散的论述中能够发现，马克思提供了对资本主义国家的相当完整的思考。①

一、资本主义国家与市民社会

马克思很少孤立地谈论国家，他通常将国家置于同市民社会对立的关系中来理解。关于两者的关系，我们可以简要地概括为：国家是从市民社会的基础上产生的。这构成了马克思国家理论的第一个重要观点。他多次表达过类似观点。在说明市民社会这个术语时，他明确表达了两者的关系："'市民社会'这一用语是十八世纪产生的，当时财产关系已经摆脱了古代的和中世纪的共同体。真正的资产阶级社会[Bürgerliche Gesellschaft]只是随同资产阶级发展起来的；但是这一名称始终标志着直接从生产和交往中发展起来的社会组织，这种社会组织在一切时代都构成国家的基础以

---

① 有些学者认为，马克思没有完整的资本主义国家理论。如列菲弗尔就指出，"如果有人想在马克思的著作中寻找一种国家理论，也就是想寻找一种连贯和完全的国家学说体系，我们可以毫不犹豫地告诉他，这种学说体系是不存在的"。[法]列菲弗尔：《论国家——从黑格尔到斯大林和毛泽东》，李青宜等译，122页，重庆，重庆出版社，1988。

本章所说的国家，指建立在资本主义生产方式基础上的国家。——作者注

及任何其他的观念的上层建筑的基础。"①他在《德意志意识形态》中又指出："市民社会包括各个人在生产力发展的一定阶段上的一切物质交往。它包括该阶段的整个商业生活和工业生活，因此它超出了国家和民族的范围，尽管另一方面它对外仍必须作为民族起作用，对内仍必须组成为国家。……真正的市民社会只是随同资产阶级发展起来的；但是市民社会这一名称标志着直接从生产和交往中发展起来的社会组织，这种社会组织在一切时代都构成国家的基础以及任何其他的观念的上层建筑的基础。"②马克思关于资本主义国家和市民社会的关系的经典表述是："国家是属于统治阶级的各个个人借以实现其共同利益的形式，是该时代的整个市民社会获得集中表现的形式。"③依照这种观点，我们要理解国家就要先理解市民社会。正是由于马克思意识到市民社会的重要性，所以他才转向政治经济学："对市民社会的解剖应该到政治经济学中去寻求。"④

马克思是怎么理解市民社会的呢？简单地说，市民社会就是生产关系的总和。他在《德意志意识形态》中尚未用"生产关系"这一概念，而是使用"交往形式"。关于这一概念，他说："在过去一切历史阶段上受生产力所制约、同时也制约生产力的交往形式，就是市民社会。……这个市民社会是全部历史的真正发源地和舞台，可以看出过去那种轻视现实关系而只看到元首和国家的丰功伟绩的历史观何等荒谬。"⑤后来，马克思在《雇佣劳动与资本》中用"生产关系"代替了"交往形式"，他指出，"各个人借以进行生产的社会关系，即社会生产关系，是随着物质生产资料、生产力的变化而发展而变化和改变的。生产关系总和起来就构成所谓社会关系，构成所谓社会，并且是构成一个处于一定历史发展阶段上的社会，具有独特的特征的社会"⑥。在马克思看来，真正的市民社会，即资产阶级社会是近代的产

---

① 《马克思恩格斯选集》第1卷，41-42页，北京，人民出版社，1995。
② 同上书，130-131页。
③ 同上书，69页。
④ 马克思：《1844年经济学哲学手稿》，46页，北京，人民出版社，1979。
⑤ 《马克思恩格斯选集》第1卷，41页，北京，人民出版社，1995。
⑥ 同上书，345页。

物，是资本主义工商业发展的产物。理解这一社会的运作机制也是马克思毕生的理论工作。

资本主义国家不仅以市民社会为基础，并且获得了独立的存在。马克思指出："由于私有制摆脱了共同体，国家获得了和市民社会并列的并且在市民社会之外的独立存在；实际上国家不外是资产者为了在国内外相互保障自己的财产和利益所必然要采取的一种组织形式。"①有学者概括出了马克思的国家理论中资本主义国家与社会的三个主要区别：其一，国家是普遍性领域，社会是特殊性领域；其二，国家是自为性领域，社会是自在性领域；其三，国家是政治领域，社会是经济领域。②

二、资本主义国家的起源和本质

在马克思看来，资本主义国家不是从来就有的，而是生产发展到一定阶段的产物。资本主义国家是从市民社会的基础上产生，并与之并列的存在。那么，为什么会产生资本主义国家？答案应当到市民社会中去寻找。马克思和恩格斯的回答很简单：市民社会是一个阶级对立的社会，为了使整个社会不至于因为这种对立而毁灭，国家就产生了。恩格斯指出了资本主义国家与阶级对立的密切关系："到目前为止在阶级对立中运动着的社会，都需要有国家。"③他在《家庭、私有制和国家的起源》中明确指出："国家并不是从来就有的。曾经有过不需要国家而且根本不知国家和国家权力为何物的社会。在经济发展到一定阶段而必然使社会分裂为阶级时，国家就由于这种分裂而成为必要了。"④为了将社会的分裂或阶级斗争控制在一定范围内，国家就不仅仅是一种独立于社会之外的存在，而且必须是高于社会之上的存在。恩格斯说："国家绝不是从外部强加于社会的一种力量……确切地说，国家是社会在一定发展阶段上的产物；国家是承认：

---

① 《马克思恩格斯全集》第3卷，70页，北京，人民出版社，1960。
② 荣剑：《马克思的国家和社会理论》，《中国社会科学》，2001(3)。
③ 《马克思恩格斯文集》第3卷，561页，北京，人民出版社，2009。
④ 《马克思恩格斯文集》第4卷，193页，北京，人民出版社，2009。

这个社会陷入了不可解决的自我矛盾，分裂为不可调和的对立面而又无力摆脱这些对立面。而为了使这些对立面，这些经济利益互相冲突的阶级，不致在无谓的斗争中把自己和社会消灭，就需要有一种表面上凌驾于社会之上的力量，这种力量应当缓和冲突，把冲突保持在'秩序'的范围以内；这种从社会中产生但又自居于社会之上并且日益同社会相异化的力量，就是国家。"①在现代社会中，这种阶级对立就是资本与劳动的对立，是资产阶级与无产阶级的对立。在恩格斯看来，控制阶级冲突并不意味着调和或消除阶级冲突，而只是把阶级冲突控制在一定范围内而已。

资本主义国家作为高居社会之上的力量，是平等地对待每一个阶级吗？恩格斯回答，在现代历史中，国家的意志总的说来是由市民社会的不断变化的需要，是由某个阶级的优势地位，归根到底是由生产力和交换关系决定的，② 或者说资本主义国家照例是最强大的、在经济上占统治地位的阶级的国家，这个阶级借助于国家而在政治上也成为占统治地位的阶级，因而获得了镇压和剥削被压迫阶级的新手段。③ 在现代社会，资本主义国家以集中的形式反映作为统治阶级的资产阶级的利益。正因为如此，在马克思看来，现代国家是资产阶级的形式。④ 他和恩格斯在《共产党宣言》中指出，资本主义国家不过是管理整个资产阶级的共同事务的委员会罢了。不过，资本主义国家也并不总是统治阶级的国家。他们注意到，当各阶级力量处于平衡状态时，资本主义国家有可能扮演调停人的角色。恩格斯指出："但也例外地有这样的时期，那时互相斗争的各阶级达到了这样势均力敌的地步，以致国家权力作为表面上的调停人而暂时得到了对于两个阶级的某种独立性。17世纪和18世纪的专制君主制，就是这样，它使贵族和市民等级彼此保持平衡；法兰西第一帝国特别是第二帝国的波拿巴主义，也是这样，它唆使无产阶级去反对资产阶级，又唆使资产阶级去

---

① 《马克思恩格斯文集》第4卷，189页，北京，人民出版社，2009。
② 《马克思恩格斯选集》第4卷，251页，北京，人民出版社，1995。
③ 《马克思恩格斯文集》第4卷，191页，北京，人民出版社，2009。
④ 《马克思恩格斯文集》第8卷，32页，北京，人民出版社，2009。

反对无产阶级。"①

　　总体而言，资本主义国家在通常情况下是统治阶级的国家，也就是维护统治阶级生存条件的工具。现代资本主义国家正是建立在资本对劳动的剥削的基础之上的，这样资本主义国家在本质上就是维护资产阶级实施剥削的组织。用恩格斯的话来说，资本主义国家是一个剥削阶级的组织，以便维护这个社会的外部生产条件。② 在正式表述中，马克思和恩格斯更多地强调资本主义国家在维护统治阶级的生存条件时采取暴力手段这一特征。例如，《共产党宣言》中有这样的表述："原来意义上的政治权力，是一个阶级用以压迫另一个阶级的有组织的暴力。"③马克思认为，资本主义国家是集中的、有组织的社会暴力。④《资本论》在论及原始积累的方法时指出，所有这些方法都利用国家权力，也就是利用集中的、有组织的社会暴力，来大力促进从封建生产方式向资本主义生产方式的转化过程，缩短过渡时间。⑤ 恩格斯在《法兰西内战》所写的导言中指出，资本主义国家无非是一个阶级镇压另一个阶级的机器，而且在这一点上民主共和国并不亚于君主国。⑥ 在《家庭、私有制和国家的起源》中，恩格斯说："国家在一切典型的时期毫无例外地都是统治阶级的国家，并且在一切场合本质上都是镇压被压迫被剥削阶级的机器。"⑦不过，鉴于马克思和恩格斯的时代及其遭遇，他们对资本主义国家机器的暴力特征的强调是很自然的。

　　恩格斯在考察资本主义国家起源时指出，与氏族相比，资本主义国家有四个明显的特征。第一，资本主义国家是根据地区来管理居民的组织。不过，这种管理方式也不是从来就有的，"当它在雅典和罗马能够代替按血族来组织的旧办法以前，曾经需要进行多么顽强而长久的斗争"⑧。第

---

① 《马克思恩格斯文集》第4卷，191-192页，北京，人民出版社，2009。
② 《马克思恩格斯文集》第3卷，561，北京，人民出版社，2009。
③ 《马克思恩格斯文集》第2卷，53页，北京，人民出版社，2009。
④ 《马克思恩格斯文集》第5卷，861页，北京，人民出版社，2009。
⑤ 同上书，861页。
⑥ 《马克思恩格斯选集》第3卷，13页，北京，人民出版社，1995。
⑦ 《马克思恩格斯选集》第4卷，176页，北京，人民出版社，1995。
⑧ 《马克思恩格斯文集》第3卷，189-190页，北京，人民出版社，2009。

二，资本主义国家有强制性的公共权力。这种权力之所以必要，在于"自从社会分裂为阶级以后，居民的自动的武装组织已经成为不可能了……这种公共权力在每一个国家里都存在。构成这种权力的，不仅有武装的人，而且还有物质的附属物，如监狱和各种强制设施，这些东西都是以前的氏族社会所没有的"①。这种强制性的公共权力一方面是控制阶级斗争的需要；另一方面，资本主义国家是以一种与全体固定成员相脱离的特殊的公共权力为前提的。② 所以这种权力是与人民大众分离的，对于人民大众而言是抽象的存在。第三，资本主义国家有权进行征税和发行公债。"为了维持这种公共权力，就需要公民缴纳费用——捐税。捐税是以前的氏族社会完全没有的。但是现在我们却十熟悉它了。随着文明时代的向前进展，甚至捐税也不够了；国家就发行票据，借债，即发行公债。"③第四，资本主义国家官吏有特权地位。"官吏既然掌握着公共权力和征税权，他们就作为社会机关而凌驾于社会之上。……他们作为同社会相异化的力量的代表，必须用特别的法律来取得尊敬，凭借这种法律，他们享有了特殊神圣和不可侵犯的地位。"④

三、资本主义国家的目的与职能

资本主义国家的目的隐含在前述的概念中，旨在保持一个阶级对另一个阶级的压迫。用恩格斯的话来说，资本主义国家的最高目的是保护私有制，私有制是一种让阶级划分永久化的制度，并且使有产阶级剥削无产阶级的权利以及前者对后者的统治永久化。⑤ 在马克思看来，它"公开承认的目的"就是"使资本的统治和对劳动的奴役永世长存"⑥。

显而易见，现代资本主义国家的一项基本职能是保持资产阶级的生存

---

① 《马克思恩格斯文集》第 4 卷，190 页，北京，人民出版社，2009。
② 同上书，110 页。
③ 同上书，190 页。
④ 同上书，190 页。
⑤ 同上书，125 页。
⑥ 《马克思恩格斯文集》第 2 卷，104 页，北京，人民出版社，2009。

条件，在阶级冲突中镇压无产阶级的反抗。即使现代资本主义国家采取民主共和国的形式，这项职能也没有任何变化。恩格斯在论及资本主义国家的最高形式时指出："国家的最高形式，民主共和国，在我们现代的社会条件下正日益成为一种不可避免的必然性……在这种国家中，财富是间接地但也是更可靠地运用它的权力的。其形式一方面是直接收买官吏（美国是这方面的典型例子），另一方面是政府和交易所结成联盟，而公债越增长，股份公司越是不仅把运输业而且把生产本身集中在自己手中，越是把交易所变成自己的中心，这一联盟就越容易实现……最后，有产阶级是直接通过普选制来统治的。只要被压迫阶级——在我们这里就是无产阶级——还没有成熟到能够自己解放自己，这个阶级的大多数人就仍将承认现存的社会秩序是唯一可行的秩序，而在政治上成为资本家阶级的尾巴，构成它的极左翼。"①不仅如此，资本主义国家的压迫职能随着资本主义工商业的发展而得到加强。马克思指出，现代资本主义国家的压迫性比古代国家和中世纪国家都要突出："现代工业的进步促使资本和劳动之间的阶级对立更为发展、扩大和深化。与此同步，国家政权在性质上也越来越变成了资本借以压迫劳动的全国政权，变成了进行社会奴役而组织起来的社会力量，变成了阶级专制的机器。每经过一场标志着阶级斗争前进一步的革命以后，国家政权的纯粹压迫性质就暴露得更加突出。"②即使资本主义发展到国家所有制，发展成国家垄断资本主义，它对人民的剥削本质也没有变化。恩格斯指出："现代国家，不管它的形式如何，本质上都是资本主义的机器，资本家的国家，理想的总资本家。它越是把更多的生产力据为己有，就越是成为真正的总资本家，越是剥削更多的公民。工人仍然是雇用劳动者，无产者。资本关系并没有被消灭。"③

资本主义国家除了作为阶级压迫的工具外，是否还有别的职能？张效敏认为，在马克思的国家理论中，资本主义国家不承担公共管理职能，它

---

① 《马克思恩格斯文集》第 4 卷，192 页，北京，人民出版社，2009。
② 《马克思恩格斯文集》第 3 卷，152 页，北京，人民出版社，2009。
③ 同上书，559—560 页。

只有一个职能，就是政治职能或镇压职能。① 过去，我国学术界片面强调资本主义国家作为阶级压迫的工具的一面，忽视了国家的公共管理职能。恩格斯说："社会起初用简单分工的办法为自己建立了一些特殊的机关来保护自己共同的利益。但是，后来，这些机关，而其中主要的是国家政权，为了追求自己的特殊利益，从社会的公仆变成了社会的主人。"②这并不意味着，资本主义国家变成了社会的主人后，便无须承担某些社会的公共职能。马克思和恩格斯多次论及资本主义国家的公共职能。马克思在一篇关于英国在印度的统治的文章中指出，"在亚洲，从很古的时候起一般说来只有三个政府部门：财政部门，或对内进行掠夺的部门；军事部门，或对外进行掠夺的部门；最后是公共工程部门。气候和土地条件……使用利用渠道和水利工程的人工灌溉设施成了东方农业的基础。……所以就迫切需要中央集权的政府来干预。因此亚洲的一切政府都不能不执行一种经济职能，即举办公共工程的职能"③。他在《资本论》中也指出，"这（指建立在资本主义生产方式基础上的国家——作者注）完全同专制国家一样，在那里，政府的监督劳动和全面干涉包括两方面：既包括执行由一切社会的性质产生的各种公共事务，又包括由政府同人民大众相对立而产生的各种特殊职能"④。恩格斯也指出，"政治统治到处都是以执行某种社会职能为基础，而且政治统治只有在它执行了它的社会职能时才能持续下去。不管在波斯和印度兴起或衰落的专制政府有多少，它们中间每一个都十分清楚地知道自己首先是河谷灌溉的总的经营者，在那里，如果没有灌溉，农业是不可能进行的"⑤；他更明确地指出，"一切政治权力起先都是以某种经济的、社会的职能为基础的"⑥。所以，有学者指出，对马克思和恩格斯

---

① ［美］张效敏：《马克思的国家理论》，田毅松译，52—53 页，上海，上海三联书店，2013。
② 《马克思恩格斯选集》第 3 卷，12 页，北京，人民出版社，1995。
③ 《马克思恩格斯选集》第 1 卷，762 页，北京，人民出版社，1995。
④ 马克思：《资本论》第 3 卷，432 页，北京，人民出版社，2004。
⑤ 《马克思恩格斯选集》第 3 卷，523 页，北京，人民出版社，1995。
⑥ 同上书，526 页。

关于资本主义国家的观点，我们应当兼顾以下三点：其一，资本主义国家是基于阶级对立而产生的，并且是为优势地位的阶级所掌握的，资本主义国家的行为准则必然贯彻和体现资产阶级的根本利益与愿望；其二，社会生活的正常运转是统治阶级取得统治合法性的基础，这样统治阶级必然需要承担必不可少的社会公共职能；其三，资本主义国家拥有军队、警察及专政的机构，其职能在于对外抵御外敌或对他国掠夺，对内维持社会秩序或镇压民众的反抗。[1]

四、资本主义国家的消亡

在马克思的国家理论中，资本主义国家是社会生产发展到一定阶段的产物。这也意味着，他的理论隐含了国家消亡的命运。马克思认为，从社会角度来看，资本主义国家仅仅是一种"靠社会供养而又阻碍社会自由发展的……寄生赘瘤"[2]。在《哲学的贫困》中，他认为，"劳动阶级在发展进程中将创造一个消除阶级和阶级对抗的联合体来代替旧的市民社会；从此再不会有原来意义的政权了。因为政权正是市民社会内部阶级对抗的正式表现"[3]。《共产党宣言》亦有类似观点："当阶级差别在发展进程中已经消失而全部生产集中在联合起来的个人的手里的时候，公共权力就失去了政治性质。原来意义上的政治权力，是一个阶级用以压迫另一个阶级的有组织的暴力。如果说无产阶级在反对资产阶级的斗争中一定要联合为阶级，通过革命使自己成为统治阶级，并以统治阶级的资格用暴力消灭旧的生产关系，那么它在消灭这种生产关系的同时，也就消灭了阶级对立的生存条件，消灭了阶级本身的存在条件，从而消灭了它自己这个阶级的统治。"[4]

由于资本主义国家源于市民社会的阶级对立，因而它的消亡首先意味着，阶级斗争消除了。马克思在《评艾米尔·德·日拉丹"社会主义和捐

---

① 吴英：《对马克思国家理论的再解读》，《史学理论研究》，2009（3）。
② 《马克思恩格斯文集》第 3 卷，157 页，北京，人民出版社，2009。
③ 《马克思恩格斯文集》第 1 卷，655 页，北京，人民出版社，2009。
④ 《马克思恩格斯文集》第 2 卷，53 页，北京，人民出版社，2009。

税"》中，明确谈到废除国家的问题。他指出，"共产党人认为，废除国家的意思只能是废除阶级的必然结果，而随着阶级的废除，自然就没有必要用一个阶级的有组织的力量去统治其他阶级了"①。《共产主义者同盟章程》中，恩格斯指出，同盟旨在"消灭旧的以阶级对立为基础的资产阶级社会"②。他在《社会主义从空想到科学的发展》中，再次强调："当国家终于真正成为整个社会的代表时，它就使自己成为多余的了。当不再有需要加以镇压的社会阶级的时候，当阶级统治和根源于至今的生产无政府状态的个体生存斗争已被消除，而由此二者产生的冲突和极端行动也随着被消除了的时候，就不再有什么需要镇压了，也就不再需要国家这种特殊的镇压力量了。"③他还指出，当资本主义社会成为生产者自由平等的联合体时，人们"将把全部国家机器放到它应该去的地方，即放到古物陈列馆去，同纺车和青铜斧陈列在一起"④。

问题在于，资本主义国家是不会自动消亡的。有什么样的办法可以促使资本主义国家早日消亡呢？马克思提出了三个步骤：首先，通过革命推翻资本主义国家；其次，建立无产阶级专政；最后，无产阶级国家自动走向解放。在第一步中，马克思强调将无产阶级组织成为一个政党。这个阶级是没有自己的生产资料因而不得不靠出卖劳动力来维持生活的现代雇佣工人阶级，它们是真正革命的阶级。然后工人阶级建立起无产阶级专政。在马克思那里，国家不是在摧毁资产阶级国家之后被废除的。工人阶级建立新的国家——无产阶级专政的国家，并把它作为最终走向无国家的过渡阶段。最后，无产阶级国家在自身的发展过程中自动消亡。

---

① 《马克思恩格斯全集》第10卷，418页，北京，人民出版社，1998。
② 《马克思恩格斯全集》第4卷，572页，北京，人民出版社，1958。
③ 《马克思恩格斯文集》第3卷，561-562页，北京，人民出版社，2009。
④ 《马克思恩格斯文集》第4卷，193页，北京，人民出版社，2009。

第二节　资本主义国家的基本性质

一、资本主义国家的矛盾存在

在本书中，资本主义国家是指建立在发达资本主义社会基础之上的国家。虽然这些国家因各自的语言、民族、文化、传统等的差异具有不同的形式，但它们均构筑于资本主义高度发展的基础上，因而具有某些重要的共同特征。英国的马克思主义政治学者米利本德(Ralph Miliband)指出，这些资本主义国家具有两个"至关紧要"的共同特点："首先它们是高度工业化的国家；其次，它们绝大多数经济活动手段都是私人所有和私有控制的。"①也就是说，这些资本主义国家一方面具有资本主义的典型形态，另一方面是以私有制为基础的。笔者在这种意义上探讨资本主义国家，用马克思的话来讲就是"现代国家制度"②基础上的国家。

在马克思看来，资本主义国家是历史发展到一定阶段的产物，是不同的社会阶级斗争的结果。对此，恩格斯是这样说的：

国家是表示：这个社会陷入了不可解决的自我矛盾，分裂为不可调和的对立面而又无力摆脱这些对立面。而为了使这些对立面，这些经济利益互相冲突的阶级，不致在无谓的斗争中把自己和社会消灭，就需要有一种表面上驾于社会之上的力量，这种力量应当缓和冲突，把冲突保持在"秩序"的范围以内；这种从社会中产生但又自居于社会之上并且日益同社会脱离的力量，就是国家。③

---

①　[英]拉尔夫·密里本德：《资本主义社会的国家》，沈汉等译，11页，北京，商务印书馆，1997。另译为米利本德。

②　马克思在《哥达纲领批判》中指出："不同的文明国度中的不同的国家，不管它们的形式如何纷繁，却有一个共同点：它们都建筑在资本主义多少已经发展了的现代资产阶级社会的基础上。所以，它们具有某些极重要的共同特征。在这个意义上可以谈'现代国家制度'。"《马克思恩格斯全集》第19卷，30-31页，北京，人民出版社，1963。

③　《马克思恩格斯全集》第21卷，194页，北京，人民出版社，1965。

我们从中可得出两个相互联系的基本命题：其一，资本主义国家在形式上脱离并高居于社会之上；其二，资本主义国家是以经济利益相互冲突的阶级为基础的。对前者来说，与社会相脱离意味着，资本主义国家在形式上独立于相互冲突的阶级的任何一方的利益，并且它有力量使社会在冲突中保持一定的秩序。就后一命题而言，它否定了资本主义国家在实质上与社会的脱离，因为前者只是将阶级的利益冲突保持在一定的秩序内，而不是消灭阶级冲突本身。因此，资本主义国家只能是在冲突中占支配地位的阶级即统治阶级的国家。资本主义国家就是"资产者为了在国内外相互保障各自的财产和利益所必然要采取的一种组织形式……国家是统治阶级的各个人借以实现其共同利益的形式，是该时代的整个市民社会获得集中表现的形式"①。可见，资本主义国家是一个矛盾的存在：在形式上，它消灭了阶级对立，是社会的正式代表，是处于社会之上的抽象存在；在内容上，它将阶级冲突限制在一定秩序内，是代表统治阶级利益的国家。

二、资本主义国家的抽象性

不能孤立地理解资本主义国家的抽象性，这个特点只有在资本主义国家与社会中的个人的对立关系中才能得到恰当的理解。资本主义国家的抽象性首先表现在它与作为社会中的个人的脱离。资本主义国家权力产生的基础是社会的普遍交往而形成的共同利益。在分工的条件下，基于共同利益而形成的社会职能(如共同防御外敌，开办教育、卫生、健康等事业)由资本主义国家机构来承担。这意味着排斥私人直接参与社会事务的管理(或者至多通过授权他人的方式间接参与)。在这个意义上，资本主义国家作为社会管理机构是外在于个人的，因而是与个人相脱离的、抽象的存在。

---

① 《马克思恩格斯全集》第 3 卷，70 页，北京，人民出版社，1960。

资本主义国家作为脱离个人的抽象存在，必然导致其在看待社会①时采取抽象的视角。也就是说，它从对象中抽取出某些共同的因素，而忽略其余的差别。在社会中，每个人均是在出身、财产、种族、性别、天赋等方面具有差异的、具体的、感性的自然人；在资本主义国家中每个人都是无差别的、抽象的公民。事实上，抽象的视角是人对待世界的基本方式，因为每个人总是从特定的角度出发选择性地注意对象的某些部分而忽略其余。这种方式不仅在理智上具有巨大的便利性，而且在技术上具有重要效益。例如，资本主义国家只需掌握每个公民的姓名、性别、婚姻、住址、财产、收入、受教育程度等统计信息，便可在极短的时间内了解全国人口的概况。

不过，这种以对象的或多或少的简化为基础的视角也存在严重缺陷：它忽视丰富的信息。斯科特(James Scott)将资本主义国家持有的这种抽象化视角称为"狭窄的管道式视野"，他提供了一个资本主义国家抽象地对待森林价值的例子：

> 从人类学的观点看，在国家管道式的视野中，那些涉及人类与森林相互影响的事务也几乎全部被遗忘了。国家很关注偷猎，因为这会影响到木材所带来的财政收入及皇家狩猎，但是有关森林其他众多的、复杂的、可协商的社会用途，如打猎、采集、放牧、打鱼、烧炭、挖设陷阱捕兽、采集食物和贵重矿物，以及森林在巫术、崇拜、避难等方面的重要作用往往都被忽视了。②

---

① 社会指"市民社会"，马克思在其思想的发展过程中用过不同的术语表示"交往形式""交往关系""交往方式"等，"市民社会包括各个人在生产力发展的一定阶级上的一切物质交往。它包括该阶级的整个商业生活和工业生活，因此它超出了国家和民族的范围，尽管另一方面它对外仍必须作为民族起作用，对内仍必须组成为国家"，"真正的市民社会只是随同资产阶级发展起来的；但是市民社会这一名称始终标志着直接从生产和交往中发展起来的社会组织，这种社会组织在一切时代都构成国家的基础以及任何其他的观念的上层建筑的基础"。《马克思恩格斯全集》第3卷，41页，北京，人民出版社，1960。

② ［美］詹姆斯·C.斯科特：《国家的视角——那些试图改善人类状况的项目是如何失败的》，王晓毅译，6页，北京，社会科学文献出版社，2004。引文有改动。

其实，从一般意义上说，这种不足是在任何视角上都存在的。因为，一个人在关注某个对象时都是从选取有限角度出发的，其结果必然选取某些信息而不涉及其余。从斯科特提供的例子来看，关注森林的经济效益和皇家狩猎的乐趣是符合资本主义国家利益的。这反过来亦说明，森林的生态的、社会的、文化的效益在国家的视野之外，因而它不属于国家的利益。假如有人站在社会的立场上指责国家不应当忽视这些效益，那么这只能说明国家不代表或不等于社会。这绝不是说，资本主义国家不会在某一天考虑森林的生态的、文化的价值。资本主义国家在利益发生变化时，其视角也随之变化，有可能将视野扩大到关心森林的生态和文化价值上。也就是说，资本主义国家作为一个主体选择注意什么或忽略什么，不是静态的，取决于国家利益的变化。

作为与个人相脱离的组织，资本主义国家从抽象的视角出发必然将社会中的人视为抽象的个人，从而进行抽象的行动。所谓抽象的个人也就是在法律面前人人平等意义上的个人，抽象的行动是指资本主义国家的行动对于个体而言总是一般意义上的行动。例如，当一个资本主义国家在法律上宣布废除性别、种族和财产对普选权的限制后，资本主义国家便消灭了这些因素对选民资格的限制。但是，如果资本主义国家仍放任性别、种族和财产等因素对选举资格在实际上发挥限制作用，那么这些因素在社会层面上并没有被废除。因此，资本主义国家的行动只是在理论上以抽象的方式消除这些障碍，而这些障碍的实际消除则需要漫长的历史过程。资本主义国家的行动之所以是抽象的，是因为它是脱离个人的组织，它只是资产阶级社会的正式代表而不是社会本身。对此，马克思讲得很清楚：

> 当国家宣布出身、等级、文化程度、职业为非政治的差别的时候，当国家不管这些差别而宣布每个人都是人民主权的平等参加者的时候，当它从国家的观点来观察人民现实生活的一切因素的时候，国家就是按照自己的方式废除了出身、等级、文化程度、职业的差别。

尽管如此，国家还是任凭私有财产、文化程度、职业按其固有的方式发挥作用，作为私有财产、文化程度、职业来表现其特殊的本质。①

对于资本主义国家而言，抽象的形式、抽象的视角，以及由此而来的抽象行动为其带来的益处不仅仅体现在技术管理上，还体现在保持资本主义国家具有使处于不同社会背景的个人（阶级、性别、种族、出身等的）在形式上的合法性。这种合法性表明资本主义的国家是社会的正式代表，能够在大量的社会冲突和争论中保持中立，不偏向任何个人和组织。在国内，它作为社会的代表，代表公众的利益。当国家既不是穷人的，也不是富人的；既非工人阶级的，亦非资产阶级的，而是为公众服务的国家时，国家在政治形式上就消灭了阶级的存在。在国际上，资本主义国家作为民族的代表维护全体公民的利益。这样，国家便在执行国内外的职能时将自身与国内的个人，从而与阶级的政治关系抽象化为非政治关系，也就是说，资本主义国家完成了国内外职能中政治关系的去政治化。

作为阶级冲突的产物，资本主义国家脱离了任何个人。它代表社会行使从社会普遍交往中产生的公共权力。作为社会个体的公民与作为资本主义社会正式代表的资本主义国家存在着利益的冲突，并转化为个体利益与公共利益的冲突；资本主义国家对一个阶级的压迫被看作是履行资本主义社会的管理职能；阶级之间统治与被统治的权力关系被消解为个人与个人之间的冲突；阶级之间的不平等被看作是个人的不平等；最后，资产阶级的国家被看作是所有人的国家。面对阶级地位的差别，资本主义国家平等地看待同样的人。国家的去政治化也就是资本主义国家否认自己的阶级本质。② 资本主义国家将关于政治、阶级、权力的问题变成纯粹技术的事务性问题。

---

① 《马克思恩格斯全集》第 1 卷，427 页，北京，人民出版社，1956。

② Wilfred Carr, "Educational Research and Its Histories," in Sikes P., John Nixon J., Wilfred Carr, *The Moral Foundation of Educational Research*：*Knowledge*, *Inquiry and Values*, Maidenhead, Open University Press, 2003. Wilfred Carr, "Philosophy and Method in Educational Research," *Cambridge Journal of Education*, 1997, 27(2), pp. 203-209.

三、资本主义国家的阶级性

在马克思看来，在资本主义国家中，人们根据占有生产资料的情况，或者说在剥削性生产方式中所处的地位而划分为不同的阶级。阶级间的冲突在形式上使资产阶级的国家成为超阶级的存在。从个体层面看，资本主义国家超越作为阶级成员的个人，但它不是超阶级的，因为资本主义国家源于阶级冲突，并且是为冲突本身（当然也为秩序）而存在的。但是，资产阶级社会中存在阶级利益的对立，居于统治地位的阶级又总是借助国家机器来维持使剥削性的生产方式得以存在的社会条件，因此资产阶级的国家不可能保持中立。当然，这仅在一般意义上而言。在特殊条件下（如革命时期），资产阶级社会中的任何一个阶级在控制国家机器时都可能不占绝对优势，这时资本主义国家就表现为一个超越各个阶级的存在。

资本主义社会建立在资本与雇佣劳动、资产阶级与工人阶级对立之上。资产阶级与工人阶级的冲突在经济、政治、意识形态等领域表现为阶级斗争，这些斗争归根结底是围绕经济解放进行的。[①] 由于资产阶级社会中存在着剥削阶级与被剥削阶级，因而资产阶级社会有必要将被剥削阶级控制在资本主义生产方式所决定的雇佣劳动制下。现代资本主义国家尽管在形式上消灭了阶级，但在实质上是非中立的，它总是统治阶级的国家[②]，是资产阶级的国家。[③] 从阶级的观点看，现代资本主义国家的基本职能是维护和调整资本主义生产方式得以运行的社会秩序，从而保持资产阶级对工人阶级的压迫。

随着资本主义的发展，现代资本主义国家制度在维护资产阶级利益方面变得异常复杂、精巧、隐蔽。这一点突出地表现在发达资本主义国家通

[①] 恩格斯：《路德维希·费尔巴哈和德国古典哲学的终结》，43 页，北京，人民出版社，1997。

[②] [英]拉尔夫·密里本德：《资本主义社会的国家》，沈汉等译，北京，商务印书馆，1997。在本书中，作者考察了发达资本主义国家统治阶级的利益群体如何影响国家机器使之为自己的阶级利益服务。

[③] 《马克思恩格斯全集》第 20 卷，305 页，北京，人民出版社，1971。

常不再借助直接的暴力镇压被剥削阶级的反抗(尽管如此,这丝毫不改变资本主义国家的暴力基础),而是通过容忍广泛的言论、出版、集会的自由借助于意识形态的霸权使自身合法化。然而,这并不改变资本主义国家为统治阶级进行阶级压迫的本质。对此,米利本德指出,

> 　　除了某些特别例外的情况,在这些国家中阶级统治容忍广泛的文明和政治的自由的;它们的所作所为无疑在文明社会的许多领域有助于缓和阶级统治的形式和内容。这种缓和的代理人便是国家,这有助于解释为什么它始终能以社会公仆的身份出现以及为什么它一直能得到广泛的接受。事实上,这种缓和作用并没有取消阶级的统治,甚至作为一种代价有助于保证这种统治。但是,这并不损害它对附属阶级的重要性。①

可以看出,现代资本主义国家作为总资本家②在维持和调整资本主义社会的秩序方面具有两种基本职能:其一,以暴力为基础在物质上保证资本主义生产方式正常运行;其二,在精神上使工人阶级形成有利于维护现存资产阶级社会秩序的价值观、习惯、性格等,也就是资本主义国家在意识形态方面使自身合法化。

第三节　资本主义国家与现代教育③

一、现代教育的双重存在

作为阶级统治的工具,资本主义国家总是以履行一定的社会职能的面

---

① 　[英]拉尔夫·密里本德:《资本主义社会的国家》,沈汉等译,266 页,北京,商务印书馆,1997。引文有改动。

② 　《马克思恩格斯全集》第 20 卷,303 页,北京,人民出版社,1971。

③ 　在字面上,"现代教育"同"古代教育"相对,在形式、内容、价值取向等方面有别于后者。考虑到这一概念在内涵与外延方面的模糊性和教育学知识的相关度,本书将其理解为以学校为基础的正规教育系统,专指资本主义社会中的学校教育系统。

目或以公众利益的代表的身份而出现。正因为承担公共职能，资本主义国家才可能在涉及社会利益时以社会的代表自居。例如，资本主义国家对公民人身权利、言论自由的侵犯总是以危害公众的、社会的、国家的利益为借口。如果资本主义国家不以执行某种社会职能为基础，它便失去了存在的合法性。① 因此，资本主义国家所履行的社会职能具有双重性质。一方面，社会职能本身是人们因交往和发展而产生的共同利益的需要。它存在于任何交往水平的社会形态中。这使社会职能表现为人类社会生活的自然必然性。另一方面，资本主义社会职能又是在资本主义社会中由资本主义国家履行的职能，因而资本主义社会职能又具有资本主义国家所赋予的压迫性质。可见，资本主义国家的社会职能具有形式上的自然性和实质上的阶级性双重属性。形式上的自然性使资本主义国家在履行社会职能时表现出超越阶级差别的抽象性；实质上，阶级性使资本主义国家在执行社会职能时将社会秩序维持在资本主义限度内。②

在资本主义国家履行社会职能时，教育方面是其中之一。从历史上看，强迫教育的实施和现代教育系统的建立既是以资本主义社会生产力的充分发展为前提和基础的，又是适应资本主义发展的产物。③ 从经费来源看，只有国家才能担负这样巨大的开支。资本主义发展到一定程度需要大批不仅具备一定技术水平的劳动者，而且具备一定情感、态度、价值规范、思维习惯的劳动者，因此领导和管理教育事业成为资本主义国家的职责。作为一项社会事业，教育对现代社会的生存和发展都极其重要，因而它对社会具有一种自然的必然性。同时，在资本主义社会中，国家领导和管理下的教育又具有独立于这个社会形态的特殊规定性——阶级性。这两

---

① 《马克思恩格斯全集》第 20 卷，195 页，北京，人民出版社，1971。

② 马克思在《波拿巴的雾月十八日》中对法国 1848 年六月事变后资产阶级共和派颁布的新宪法的批判很清楚地说明这种双重性。

③ 需要指出的是，在资本主义基础上发展起来并适应资本主义的教育系统，其性质受到所处的资本主义社会的决定，但这并不意味着，这种教育的所有方面或主要方面都是资本主义决定的，或呈现出资本主义生产的典型特征。本书对此的理解，涉及马克思主义教育思想研究中的两个命题（"社会性质决定教育性质"和"社会决定教育"）的讨论。参见董标：《马克思主义教育思想论纲》，85-135 页，徐州，中国矿业大学出版社，1999。

种性质只能在逻辑上进行区分，因此现代教育系统在资本主义的社会中具有抽象性和阶级性双重属性。

二、现代资本主义教育的抽象性

现代资本主义教育系统的抽象性表现为从入学标准，到教育过程，再到学业评定整个过程的标准化、规范化。首先，资本主义教育系统作为一种制度与作为社会成员的个人在形式上相脱离。儿童不是作为社会的个人来自由地决定是否接受教育，而是作为资本主义国家公民必须接受教育。这样，凡属于一定年龄的儿童不分出身、种族、性别、阶级等都要接受教育。也就是说，资本主义教育系统将这些个人的差别在形式上取消了。

其次，作为现代资本主义教育系统基本单位的学校，是一种人化的自然，因而其本身便是对现实生活的一种抽象。在杜威看来，学校的首要职责在于，

> 提供一个简化的环境……在于尽力排除现存环境中的丑陋现象，以免影响儿童的心理习惯。学校要建立一个净化的活动环境。选择的目的不仅最简化环境，而且要消除不良的东西。每一个社会都被一些无关紧要的东西、旧时留下的废物以及确实是邪恶的东西所累，阻碍进步。①

然而，这种学校并不生活在真空中，它的土壤是资本主义的政治、经济、文化交织的现实，因而受制于这些因素。资本主义国家的阶级性决定了现代教育首先是一项政治事务，资本主义国家根据自己所代表的阶级利益来制定学校教育依什么样的原则对现实生活进行抽象、简化。具体而言，资本主义国家规定了什么样的目的是教育应当追求的，什么样的内容能够进入课堂，教师在教育过程中表现出什么样的言行是适宜的，等等。当然，除了资本主义国家能够在形式上进行控制的内容外，社会上的各种

---

① [美]约翰·杜威：《民主主义与教育》，王承绪译，22页，北京，人民教育出版社，2001。

价值观、态度、行为模式等通过难以觉察的方式渗入学校教育中。有学者提供了一个种族因素在美国精英大学招生中起微妙作用的例子①。

再次，课程、教学及学业评定等方面的抽象是以规范、统一的标准表现出来的。学校对生活于其中的学生、教师、管理者而言是一个高度制度化的因而是抽象的环境。古得莱得调查了 38 所学校，分析了 1000 多个课时的数据，他指出，许多学校的课堂教学活动有共同特征：课堂的主要组织形式是通常被教师视为一个整体的一组活动；教师是决定课堂活动和创造课堂气氛的中心人物；教师在教学活动中的统治地位是显而易见的；学生通常置身于狭隘的课堂活动中，如听教师讲课，写下对问题的回答，参加考试和测验，等等。②

最后，资本主义教育系统的抽象性还表现于人们的意识形态中。由于现代资本主义教育中的入学、教育过程、评定均有统一的规范，这使学校教育在形式上超越了出身、财产、种族、肤色、性别等方面的差异。这种抽象性在那些早期思想家和社会改革家眼中特别明显。例如，莱斯特·弗兰克·沃德(Lester Frank Ward)认为：

> 普及教育是必定能推翻任何一种等级制度的力量。它必定能铲除一切人为的不平等和抛开先天的不平等，以找到他们真正相称的地位。由于存在着社会等级的、社会阶层的、所有权的、血统的、出身的、种族的、肤色的以及性别的人为不平等，因而将产生几乎所有的、人类目前极易遭受的压迫、凌辱、损害、敌意和不公正。③

这类教育观令人想起 18 世纪启蒙思想家们对教育的热切期待。那些富有人文主义精神的进步教育改革家坚定地相信，资本主义学校教育在改善

---

① 孙碧：《平权运动误伤亚裔?》，《比较教育研究》，2018(2)。

② ［美］约翰·I. 古得莱得：《一个称作学校的地方》，苏智欣等译，139–140 页，上海，华东师范大学出版社，2006。

③ 转引自［美］S. 鲍尔斯、H. 金蒂斯：《美国：经济生活与教育改革》，王佩雄等译，38 页，上海，上海教育出版社，1990。

社会中有重大作用。对于很多人来说，教育仍然是一种医治各种社会弊病的良药。当资本主义国家力图推进教育改革时，教育的抽象性在官方意识中甚至表现为一种夸张的文学修辞。例如，美国 1983 年的著名报告《国家在危机之中》(*A Nation at Risk*)说：

> 所有人民，不分种族、阶级和经济地位，都有权利要求公平的机会和充分发展其心智能力所需要的工具。这项承诺意味着所有的儿童，经由其个别的努力及适当的指导，都有希望获得就业和处理其日常生活所需的成熟度及判断力，因而不只有利于他们本身，并且兼顾了社会的进步。[①]

这里，资本主义国家俨然以社会、公众、个人的真正代表自居。资本主义国家之所以能够如此，是因为现代资本主义教育系统在形式上对于个人而言是抽象的，并且其本身是资本主义国家制度的一部分。

三、现代资本主义教育的抽象性存在的意义

首先，现代资本主义教育系统的抽象性使学校教育贬低了曾经在资本主义社会中占主导地位的非制度化教育。特别是，不仅学校教育的经验得到文凭的证明，而且这种证明越来越成为重要职业的必备条件。柯林斯(Randell Colins)从历史社会学角度考察了美国的学历系统的历程，他指出教育文凭在现代资本主义社会不仅成为个人获得闲职的重要工具，而且也是那些收入丰厚的专业实施垄断的有力武器。[②] 暂且勿论文凭本身能够在多大程度上表征学生在学校学到了有价值的东西。文凭对个人在现代资本主义社会向上流动的作用使学校教育的价值大于其他形式的教育经验。

---

① 林宝山编译：《国家在危机之中：美国的教育改革计划》，10 页，高雄，复文图书出版社，1984。引文有改动。
② ［美］柯林斯：《文凭社会》，刘慧珍等译，第五、六、七章，台北，桂冠图书股份有限公司，1998。

正是在这个意义上，伊里奇(Ivan Irich)质疑"儿童只能在学校中受教育"的假设。① 20世纪60年代，出现一种终身教育理念，旨在倡导不同的形式的学习经验和教育经验，它的兴起在很大程度上是对现代资本主义教育系统标准化的一种反抗。

其次，现代资本主义教育的抽象化不仅忽视、贬低其他形式的教育经验，而且还抽象地对待受教育者。资本主义国家制订一系列有关入学、课程、内容、评估等的标准，其本身将受教育者的阶级、家庭、种族等因素抽象掉，其所导致的结果必然是学校教育无视这些因素造成的差别。如此，现代资本主义教育系统借助一整套规范抽象化了受教育者的社会差异，从而资本主义国家在中立、客观、公正的形式下完成了教育的去政治化过程。也就是说，教育事业成为一项对公众、社会、国家、民族有利的技术性、工具性事业。

在资本主义国家看来，教育是一项中性的、非政治化的、技术性的事业，因而它在意识形态上才能将教育鼓吹为达到各种高度抽象目的(如国家强大、民族认同、社会民主、个人自由、道德完善等)的手段。杜威曾严厉地批评过这类抽象的教育目的。他指出，

> 从外面强加给活动过程的目的是固定的，呆板的；这种目的不能在特定情境下激发智慧，不过是从外面发出的做这样那样事情的命令。这种目的并不直接和现在的活动发生联系，它是遥远的，和用以达成目的的手段没有关系。这种目的不能启发一个更自由、更平衡的活动，反而阻碍活动的进行。在教育上，由于这些从外面强加的目的的流行，强调为遥远的将来作准备的教育观点，使教师和学生的工作都变成机械的、奴隶性的工作。②

---

① [美]伊万·伊利奇：《非学校化社会》，吴康宁译，38页，台北，桂冠图书股份有限公司，1992。

② [美]约翰·杜威：《民主主义与教育》，王承绪译，122页，北京，人民教育出版社，2001。引文有改动。

这种视角决定了资本主义国家对教育问题的定性：教育问题是非政治化的技术性问题。如此，有关教育目的的问题表现为选择何种具有高度抽象的、适用于每个人的关于个人、社会、国家的理想人格；有关教育手段的问题表现为诸如教学、课程、技术、经费、管理等方面的纯粹技术性问题。教育问题一旦技术化，其核心问题就转变为教什么、怎么教的问题。因此，资本主义国家对教育目的与手段的技术化就遮掩了教育的阶级性。只要资本主义国家还是建立在阶级对抗基础上的国家，就仍然是阶级国家，资本主义教育的阶级性并不因国家看待教育视角的变化而消失。

四、现代资本主义教育的阶级性

就教育过程本身而言，在一般意义上，它是由教育者借助于一定的手段和材料对受教者在体力、智力、道德、精神等方面施加影响，以使其达到某种理想状况的活动。简言之，教育就是改变人之本性的过程。在较具体的层面上，我们可以从不同的角度界定教育，例如，人类学通常将教育视为一个保存和传承文化的过程；社会学家将其视为个体的社会化过程等。这样的界定对揭示教育在资本主义社会中所特有的规定性是不够的，因为教育在任何社会中都或多或少地起着文化传承和个体社会化的功能，教育功能的差别仅仅在于程度和方式上的不同。资本主义条件下的教育的特殊性不是来自一般意义上的教育，而是源于它是资本主义社会性质的教育。

如前文所言，现代资本主义教育系统是国家制度的一部分，而资产阶级国家建立在阶级对抗的基础之上，其基本功能是保证资本主义社会生产的秩序，也就是维持剥削阶级对被剥削阶级的统治秩序。一方面，资本主义发展到一定的水平，需要大量的劳动者，既包括雇佣工人，也包括政治家、管理者、律师、诗人、科学家、医生等；另一方面，现代资本主义教育使资本主义生产秩序在工人阶级的意识中合法化。由于学校教育是一个旨在改变未成年人的身体、智力、精神等方面的状态的长期活动，因此作为总资本家的国家赋予学校教育两个基本任务：其一，培养资本主义生产所需要的各类劳动者，也就是说，学校教育向未来的劳动者传授某些知识和技能；其二，学校教育使这些劳动者成为资本主义社会主导的规范、价值观和态度的承担者。

学校教育完成这些任务是在客观的、公正的、为了公众的口号下进行的。这些口号是适用于一切人的高度抽象的教育目的，如统一的入学标准、课程、教学，标准化的测试、证书等。资本主义学校在这样制度化的环境中向未来的工人们传递现存生产关系所需要的知识、技能、行为、态度、规范和价值观等。在这个意义上，学校教育在未来工人的行为和意识中复制了对现存生产关系的认同。对于那些持有更理想化的教育观念的人而言，学校教育更多地履行的是社会化的功能而不是教育功能。① 但是，现代资本主义教育系统所做的工作是在其抽象性的形式下不知不觉地完成的，也就是说，是在掩盖资本主义教育系统的阶级性的形式下完成的。资本主义教育的阶级性之所以能够被掩盖恰恰是因为它是抽象的，从一开始就将个体的社会差别抽象掉了。而对于那些不愿接受官方在学校中主导价值观及行为规范的意识形态的学生而言，包括学校教育在内的社会再生产机制自然有办法令他们在劳动力市场上"失败"。20 世纪 70 年代，威利斯（P. Willis）考察了工人阶级子弟中的反学校文化（Counter-school culture）。他发现那些"家伙们"看穿了学校教育的个人主义和精神主义，他们并不幻想能够通过学校向上流动，他们反抗学校的权威，对学校的理智生活持一种反智主义态度。结果，他们很自然地在学业上"失败"，并且也接受子承父业的命运。②

1966 年，《科尔曼报告》（*Coleman Report*）的主要发现是，白人学生与黑人学生在利用学校资源上是不平等的，这些资源的投入对学生的成就影响很小。③ 再生产理论亦表明，学校教育系统在很大程度上再生产的是社会的不平等关系，而不是社会的平等关系。在经济学家鲍尔斯（Samuel

---

① ［美］哈利斯：《教师与阶级——马克思主义分析》，唐宗清译，1–10 页，台北，桂冠图书公司，1994。

② ［英］保罗·威利斯：《学做工》，秘舒等译，南京，译林出版社，2013。

③ James S. Coleman, *Equality of Educational Opportunity Study*, Second ICPSR Version, August, 2000.

Bowels)和金蒂斯(Herbert Gintis)看来，资本主义教育系统是一个把青年人统合到劳动力大军中去，从而使现存的经济关系固化的机构。[①] 在社会学家布尔迪约(Pierre Bourdieu，又译布迪厄、布丢)等人看来，教育系统在维护资本主义社会合法性方面是作为符号暴力而存在的。[②] 这些发现所阐明的教育系统与机会均等、经济关系、意识形态等方面的关系蕴含在现代资本主义教育本身的抽象形式中。尽管现代资本主义教育系统将人的社会差别抽象掉了，但没有现实地消除这些差别，从而不可能消除由这些差别所必然产生的结果，现代资本主义教育系统只是任由它们自由地发生作用。

在现实中，一个进入资本主义教育系统的人不是抽象的人，而是具体的、感性的、具有丰富的社会关系的人。尽管他可能与其他同学依照共同的公民身份进入同一所学校，但是他是自己过去生活经验的历史产物。也就是说，他是过去的物质条件和精神条件的产物。这些条件使他成为现在的自己：一个拥有某种特定的观念、自我意识、能力、语言、身份认同的人。他带着自己的历史经验进入资本主义教育系统，便与学校的规范标准产生或多或少的距离。在我们所研究的资本主义社会中，最重要的社会差别是阶级差别。一个人能否在学校系统中取得学业上的成功在很大程度上取决于他与官方标准距离的远近。英国教育社会学家伯恩斯坦(Basil Bern-stein)的符码理论揭示出，不同阶级出身的受教育者在学校中取得成功的机制不同。[③] 教育的再生产理论指出，资本主义教育并不是促进阶级(或阶层)流动与平等的重要途径，而是再生产了不平等的社会关系。从个人角度而言，资本主义教育系统在多大程度上能够促进较低阶层出身的人向上流动很重要。我们从道义上可以批评，资本主义教育系统并不像其自以为

---

① [美]S. 鲍尔斯、H. 金蒂斯：《美国：经济生活与教育改革》，王佩雄等译，15 页，上海，上海教育出版社，1990。
② [法]P. 布尔迪约、J. C. 帕斯隆：《再生产——一种教育系统理论的要点》，邢克超译，12 页，北京，商务印书馆，2002。
③ 周利敏、谢小平：《从"权力再制"到"文化再制"：教育实践中的符码逻辑——伯恩斯坦符码理论框架下的教育不平等问题》，《广州大学学报(社会科学版)》，2008(4)。谭光鼎、王丽云主编：《教育社会学：人物与思想》，第十章，上海，华东师范大学出版社，2009。

和许多人认为的那样公正、客观。但是，从阶级的角度看，即使教育能够公正地平等地促进不同阶级成员的社会流动，资本主义教育系统的阶级性并不因此而消失。因为，在资本主义社会中，教育系统借助一种客观、公正的形式在培养各种劳动者（雇佣工人、专业人员、政治家、艺术家等），它在意识形态的合法性方面始终以维持资本主义生产秩序为前提。只要资本主义生产方式存在，从而资产阶级与工人阶级的对立存在，教育在社会的阶级划分中便起到平衡器的作用。一个工人阶级出身的孩子可能更有希望进入中等阶级或资产阶级行列，这不过扩大了统治阶级的力量，或者将工人阶级中的优秀子弟资产阶级化，但阶级本身仍然存在。可见，即使作为公平的平衡器，教育在将不同的人分流到不同阶级的队伍中仍然起着重要作用。

第四节 资本主义国家对教育学知识的选择

一、资本主义国家需要教育学知识

资本主义国家与现代教育的关系具有抽象性与阶级性。这一命题是讨论资本主义国家对教育学知识关系性质的基础。首先，资本主义生产的基础是革命性的。随着生产技术的革新及生产的社会形式的变化，资本主义社会在政治、经济和文化领域面临着诸多挑战。贫富分化、政治革命、经济危机、传统道德观念的衰落、人与人之间的疏离等问题，直接或间接地威胁着资本主义的生产和社会秩序。资本主义国家作为总资本家客观上需要回应这些挑战，承担解决这些问题的责任。

其次，在应对上述问题时，教育被资本主义国家视为一种重要的工具。这是源远流长的教育万能论思想从意识领域走向普遍的实践领域的体现。卡内基（Andrew Carnegie）的话具有代表性："请注意，我们可以从何处找到国民生活最细微的源头？医治国家一切弊病的真正万应灵药怎样才能源源流出？——教育、教育、教育。"[1]从与资本主义教育系统的相关性

---

① [美]S. 鲍尔斯、H. 金蒂斯：《美国：经济生活与教育改革》，王佩雄等译，25 页，上海，上海教育出版社，1990。

看，这些问题可分为两类：一类是非教育问题，即不属于教育系统内产生的问题，如国家之间的竞争，国内的贫困、性别歧视等问题；另一类是资本主义教育系统内部的问题，如师资质量、课程编制、教学与管理的效率、测验与评估等。对于第一类问题而言，学校教育长期以来被视为解决各种社会问题的主要手段。① 例如，资本主义生产方式对自然环境的掠夺式开发使生态环境保护成为教育内容的一部分；在全球化时代，资本主义国家不同程度地面临不同民族国家的认同问题，由此产生国民教育课程等。从教育角度解决此类问题来看，非教育问题需要最终转化为教育问题，这样所有非教育问题在学校层面上表现为若干核心问题：培养什么样的人？课程是什么？怎样教学？如何评估目标？虽然学校教育经常被视为解决社会问题的手段，但非教育系统在极大程度上制约着教育目标的实现。例如，教师的社会地位在多大程度上吸引优秀人才从事教育，社会流行风尚是否与资本主义教育培养理念一致，资本主义国家对教育的财政投入有多少等。19 世纪前，资本主义教育还主要在意识中与广泛的社会主题产生潜在的联系，只是在资本主义充分发展的基础上，它不仅在意识领域，而且在实践中与广泛的社会议题产生现实的联系。资本主义社会基础的革命引发的问题是如此之多，以至于使作为社会正式代表的资本主义国家在 20 世纪不断发起教育改革的浪潮。

因此，资本主义国家需要大量的专业人员和有关教育的知识以解决这些问题。在现代社会，除专门的教育研究院(所)外，大学仍然是生产有关教育的知识的重要组织(假定大学是唯一的机构)。

---

① 在某种意义上，"教育"这种活动的特殊性也有利于把各种社会问题转化为教育问题。资本主义教育是一种以系统方式影响人性的活动，以使人被导向"善"的方向。而几乎一切资本主义社会问题都会或多或少地败坏人性，因而被损害的人性作为结果便表现在个体身上。为了矫正、修补被损害的人性，旨在改良人性的教育自然应当被不断地强调。从这个意义上说，一个社会赋予教育的责任越重大，越强调教育的重要性，那么越能够表明这个社会所面临问题的严重性。有学者专门探讨了资本主义社会问题教育化的现象。

二、教育学知识的去政治化

在解决教育问题时，资本主义国家通常至少需要四类教育学知识(从知识的功能来看)：第一类是为资本主义国家的客观、公正的立场进行辩护的教育学知识；第二类是描述教育事实的知识；第三类是解释教育事实的知识；第四类是直接有助于解决问题的技术性(策略、法律、政策等)教育学知识。资本主义国家与教育关系的内在矛盾决定着国家与教育学知识的关系的性质。正如资本主义国家抽象地看待教育一样，它以同样的方式看待教育学知识。在作为社会正式代表的国家看来，教育是一项非政治的技术性事业。也就是说，教育不是为社会中某一部分人谋利益，而是全体公众的、民族的、国家的事业。但是，资本主义国家的阶级基础使其在社会的阶级对立中不可能真正代表全体公众的利益。资产阶级的国家为了达到自己的目的不得不将自己的利益说成是全体社会成员的利益。这样，资产阶级的国家必须使自己在教育问题中的价值立场具有普遍性。因此，资产阶级的国家需要第一类教育学知识使自己的立场合法化。这类教育学知识通常以各种关于自由、民主、平等的理论表现出来。这类知识直接或间接地有利于维护资本资产阶级的国家在教育事业中的公众立场。一旦资产阶级的国家使自身的价值立场具有普遍形式，教育学知识也就成为改善公众教育的技术性、理智性的工具。这样，资产阶级的国家便将第二、三、四类教育学知识技术化。以美国为例，19世纪末20世纪初，资本主义教育系统强调科学管理，追求效率，泰勒主义与社会效能主义盛行一时。这一点在学校管理者身上最能表现出来，他们"热衷于新的角色，努力创造一套统一的程序和控制标准。标准化成为一个有魔力的词语，管理者完全沉浸在标准化的学生表格、学生老师评估表、出勤记录、员工记录及聘用程序中"①。

---

① [美]乔尔·斯普林：《美国学校：教育传统与变革》，史静寰等译，395页，北京，人民教育出版社，2010。卡拉汉在《教育与效率崇拜》中详细地考察了20世纪上半叶美国商业价值观和实践对学校管理的影响。参见[美]卡拉汉：《教育与效率崇拜——公立学校管理的社会影响因素研究》，马焕灵译，北京，教育科学出版社，2011。

因此，资本主义国家对不同类型的教育学知识采取抽象化、技术化的立场，可用图 5-1 表示如下：

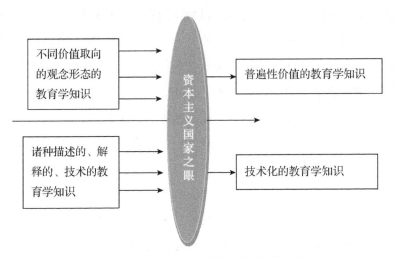

图 5-1　资本主义国家对教育学知识的立场

在各种价值取向的教育学知识中，资本主义国家只看到那些普遍性的教育学知识。经过利益的"过滤器"，资本主义国家有意地淡化、模糊、掩饰自身在价值追求上的阶级差别。在解决教育问题的过程中，研究者在对教育事实进行描述、解释时同样具有价值选择性。基于对教育问题性质界定的不同，研究者选择不同的教育事实进行描述，做出不同的解释，进而提出一定的解决方案。这些描述、解释与方案只能限于资本主义国家可以容忍的范围内，不能威胁到资本主义秩序的合法性。就资本主义国家作为总资本家而言，它只选择那些对资本有利的，至少是无害的技术方案。即使资本主义国家达到了这样的文明程度以至于能够容忍那些对资本主义国家批判的知识，它也会采取措施（如减少资助）使其边缘化，将影响降至最低。

三、不平等的教育学知识

实际上，由于不同类型的教育学知识在维护资本主义国家利益的作用上不同，因而资本主义国家对这些知识进行系统的抽象化、技术化过滤。

这意味着，不同类型的教育学知识在资本主义国家面前并不平等。至今，人类的文化存在着大量关于教育的观念、思想、学说、理论即关于教育的观念形态的知识，它们属于人们认识教育的产物。自从教育知识生产成为一项职业以来，专门的研究者生产的关于教育的意识形态因而也属于教育学知识的范畴。资本主义国家作为社会的正式代表，对教育的立场表现为客观中立的：为了大众的利益，为了促进个人、社会的福祉等。在价值-规范类型的教育学知识中，那些直接或间接地有利于维护资本主义国家在教育事业中代表公众的立场的知识，通常更容易得到国家的研究资助，而那些批判取向的研究则受到贬抑。

在科学-技术类型的教育学知识中，研究者倾向于探寻引发教育问题的个别的、技术性的直接原因而不是结构性的、政治性的根本原因；在研究方法上，他们偏爱对教育的客观化、量化的经验进行研究。这类研究由于其成果的实用性经常能够得到国家研究基金的大额资助。事实上，不少教育研究者和组织往往主动迎合资本主义国家的关注主题。①

一些质疑资本主义国家在教育的公正立场上具有激进倾向的研究明显地不受欢迎，其研究者受到国家或显或隐地压制。从历史上看，资本主义国家更多地作为暴力工具实现自己的政治功能。但是，自学校教育系统发展起来后，资本主义剥削关系的维持更多地依赖国家机器在意识形态方面的功能。这主要表现在学校教育对现存秩序合法性的认同和服从。资本主义国家作为一个强制性的政治组织，它的权力首先是以暴力为基础的，这是其行使权力的基础和保障，但并不意味着，它总会以直接暴力的形式出现。事实上，在用不着直接暴力的时候，它就用温和的手段来达到自己的目的。而统治阶级的精神生产对资产阶级的阶级统治起着至关重要的作用。葛兰西（Antonio Gramsci）指出，现代国家在维护统治的策略上有变化：

---

① 例如，美国教育研究协会（AERA）就很好地迎合教育部拟订的优先研究项目。Erwin V. Johanningmeier & Theresa Richardson, *Educational Research, the National Agenda, and Educational Reform*, Charlotte, Information Age Publishing, 2008, pp. 77-78.

资产阶级在法律观以及国家职能方面所引起的变革特别表现为适应环境的意志(从而表现为法律和国家的伦理)。先前的统治阶级基本上是保守的，因为他们根本不打算建立一种使其他阶级可以进入统治阶级的有机过渡，就是说，不打算在"法律上"和意识形态上扩大统治阶级的范围：他们的观念是封闭的特权等级观念。资产阶级把自身看作是处于不断运动变化中的有机体，能够吸收整个社会，使之被同化而达到他们的文化和经济水平。国家的职能已经在总体上发生改变；国家已经变成"教育者"，等等。①

　　正如资本主义国家为了达到自己的目的不得不将自己的利益说成是全体公众的利益一样，它支持那些具有普遍形式的教育观念(例如，自由、平等、正义、民主、富强等)，压制具有批判精神的教育学知识。资本主义国家通常利用其掌握的研究资金使教育学知识的生产在观念上有利于维护资本主义国家的公正形象。大量的资金掌握在国家手中，这完全可以使资本主义国家在"公正"的情况下抑制批判性教育学知识的生产。因此，在资本主义社会中，批判性的教育学知识难免处于一种边缘性的地位。

四、教育学知识的失败

　　为了使自身在意识形态上获得合法性，资本主义国家资助那些温和的价值-规范类型的教育学研究。这类研究通常并不直接解决问题，其效用在于使资本主义国家的教育行动在思想和理论上能够得到社会的支持。在解决实际问题上，科学-技术型教育学知识相对来说更加有用，因而它们最易获得国家资助。但是，从学术角度看，这给教育学知识带来了一系列不利后果。首先，资本主义国家对教育学知识的实用性态度使得教育学知识在逻辑特征上表现出系统性差的特点。大量的研究成果显得零散、孤立，难

---

① 《葛兰西文选(1916—1935)》，中共中央马克思恩格斯列宁斯大林著作编译局、国际共运史研究所编译，441页，北京，人民出版社，1992。

以在教育研究领域形成有效的知识积累。甚至有人批评教育研究是一种琐碎的追求的游戏。① 教育学知识的零散性大大地削弱了教育学的学术性和理论性。

其次，即使是高质量的科学-技术型的教育学知识在改善教育的作用上也极其有限。效用上的有限性主要既不在于生产这类知识的研究者无能，亦不在于实践者对相关政策、方案在操作层面难以避免"曲解"。这种有限性根植于现代资本主义教育的目标与手段的内在矛盾中。② 一方面，教育在资本主义国家看来属于中立的技术性事务，因而教育目标本身是超阶级的；另一方面，资本主义国家实现目标的手段深受社会阶级关系的限制，或者说，资本主义国家只能在阶级对立的限度内采取行动。可见，现代资本主义教育的目标与资本主义国家所能采取的手段具有内在的矛盾。这种矛盾使资本主义国家的教育改革必然归于失败（相对于其承诺的目标）。事实上，大多数教育问题根源于社会的、经济的、政治的问题。在最理想的情况下，技术性的教育学知识能够解决由于技术性原因造成的教育问题，但它无力解决只能用社会的、政治的、经济的手段才能解决的作为社会问题、政治问题、经济问题表现出来的教育问题。如果利用技术性手段来解决非技术性问题，其结果或者是遭受失败，或者是将非技术性问题掩盖起来。只要阶级国家还存在，教育在抽象的形式外表下便发挥着阶级再生产的功能。在最理想的情况下，资本主义国家只能在统治阶级利益允许的范围内代表全体公众的利益，因为"公众"之间存在着以资本主义生产方式为基础的阶级利益的对立。因此，教育问题不是纯粹的技术性问题。但是，教育作为抽象形式掩盖了自身的阶级性。由于教育的这种客观、中立的形式，资本主义国家作为社会的代表在理论上提出代表所有人利益的教育目标。要真正实现资本主义国家向公众承诺的目标，就需要从根本上改变现

---

① Donald Melntyre，"The Profession of Educational Research," *British Educational Research Journal*，1997(5)，p. 130.

② 当然，这种有限性部分源于教育的特殊性，只是在这里我们侧重探讨现代资本主义教育问题的特殊性。

存的、以阶级压迫为基础的生产关系的性质。而这对资本主义国家来说是不可能的，因为一旦社会不是建立在阶级对立的基础上，政治国家也就失去了自身存在的基础和必要。因此，资本主义国家经常提出一些超出其能力的、就其本质而言不可能实现的教育目标。而学校教育实际上完成的目标只能局限于资产阶级允许的框架内，也就是局限于保持资本与雇佣劳动对立的范围内。在实现教育目标时，资本主义国家将教育问题定性为技术问题。或者说，解决问题的手段和策略丝毫不触动现存的生产关系的性质，从而不改变既有的阶级关系即保存阶级本身。教育本身也不可能改变这些关系的性质，因为真正的具有革命性的变革来自生产关系领域。在此意义上，一切由国家发起、主导的教育改革都是保守的。鲍尔斯和金蒂斯是正确的，他们强调，教育改革应当与广泛的社会政治变革结合起来。①解决教育问题的目标与手段之间的内在矛盾意味着，绝大多数教育改革从设定目标开始便埋下了失败的种子。教育改革的历史表明，失败是通则，有限的成功只是偶然的例外。正如教育史家克立巴德（Hebert M. Kliebard）在评论美国的课程改革时认为，"虽然课程改革者在 20 世纪里非常活跃积极，但他们真正成功的改革却仅如昙花一现般地偶尔有之而已"②。总之，教育学知识在解决教育问题中所起的作用非常微弱。

另外，教育作为一个制度系统，深深嵌入现代资本主义的社会结构中。教育与资本主义社会结构之间的关系使教育的管理和决策涉及广泛的阶级利益，许多表现出来的教育问题远远地超出了资本主义教育制度本身的范围。或者说，许多社会问题是以教育问题的形式表现出来的。鲍尔斯和金蒂斯在评论美国教育改革时指出，"各种教育改革运动由于拒绝深入考察经济生活中财产和权力的基本结构而跟跄前进。……过去 10 年的教育

---

① ［美］S. 鲍尔斯、H. 金蒂斯：《美国：经济生活与教育改革》，王佩雄等译，上海，上海教育出版社，1990。

② ［美］Herbert M. Kliebard：《课程的变革：20 世纪美国课程的改革》，杜振亚译，1 页，台北，巨流图书股份有限公司与"国立"编译馆，2008。

改革在社会政策上几乎没有留下什么重要的革新业绩"①。国家在各种力量的压力下所采取的措施，试图在不触动社会结构的情况下解决这些结构必然产生的弊病。

五、资本主义国家对教育学知识的投入

本研究讨论的前提之一是，教育学知识是作为商品被生产出来的。其社会地位取决于教育学知识生产者的经济力量。在资本主义条件下，前者表现为教育学知识生产者对价值的占有量。价值本身是抽象的社会劳动，是一种社会存在物，其物化形态是货币。而货币本身是一种随时可以交换的商品。因此，占有货币意味着占有了一定量的社会劳动产品，也就意味着能支配一定量的社会劳动即人的劳动本身。简言之，货币是一种支配人的劳动的社会权力。社会地位本身就是权力大小的结果，而在资本主义社会中，资本就是最大的权力。因此，社会地位本身是一种表现社会权力大小的社会存在物。这种社会关系是通过物即货币的形式表现出来的。"随着商品流通的扩展，货币——财富的随时可用的绝对社会形式——的权力增大了。"②正如一个人对货币，从而对社会权力的占有决定着他的社会地位，一门作为商品的知识能够交换多少货币量既决定着这门知识的地位，也决定着其生产者的社会地位。

在教育学知识的商品交换中，资本主义国家是教育学知识的主要需求者之一。它购买教育学知识是为了解决自身在领导和管理教育事业中所面临的问题。研究者与资本主义国家之间的买卖，不像一般的日常商品那样存在买者与卖者的充分竞争。一方面，在货币与商品的交换中，货币作为绝对可以转让的商品使买者在形式上占据了有利地位，而卖者，尤其是在大量卖者互相竞争时，为了吸引买者的货币，卖者不得不迎合买者的需要；另一方面，资本主义国家不仅握有大量的研究资金，而且作为买者在

① [美]S. 鲍尔斯、H. 金蒂斯：《美国：经济生活与教育改革》，王佩雄等译，19、24 页，上海，上海教育出版社，1990。
② 马克思：《资本论》第 1 卷，154 页，北京，人民出版社，2004。

很大程度上处于垄断地位。此外，资本主义国家作为买者对教育学知识的需要通常是不急迫的，毕竟没有人因缺少教育学知识而死亡。① 正如购买者总是对商品采取实用的态度即依其效用来判断商品的质量，资本主义国家作为教育学知识的购买者同样如此。

由于资本主义国家将教育问题非政治化，从而使解决教育问题的目标与手段之间存在内在矛盾。这种矛盾决定了资本主义国家解决教育问题的成功局限于细小的、纯粹技术性的范围内，而资本主义国家对大多数教育问题的解决往往以失败告终。一个著名的例子是，美国联邦政府于20世纪60年代发起了向贫困宣战的号召。国会于1964年通过了《经济机会法》(Economy Opportunity Act)，采取的措施之一是实施零点计划(Head Start)。该计划旨在使贫穷儿童能够与家境富裕的儿童有平等地接受教育的机会。零点计划于1965年开始实施，它在健康、社会服务和教育等方面为贫困儿童提供帮助。至2002年这一项目服务的对象超过80万名儿童，每年花费47亿美元。尽管有研究表明，参与零点项目的儿童在短期内学业成就有所进步，但是其成就不能长久保持。大量研究者对该项目是否达到目标及其长期效应表示怀疑。② 美国学者库姆斯(Arthur W. Combs)在反思20世纪60年代以来的教育改革时，深有感触地指出，1958—1988年各种各样的人，一直试图改革教育现状，"多半没有成功"。其中失败的原因之一是"关注的是物，而不是人"③。尽管这类失败是从一开始就注定的，且基本上与教育学知识的质量关系不大，但是失败本身倾向于形成一种假象：

---

① 一位政治人物曾说，"并没有很多人死于缺少教育研究"。参见[美]埃伦·康德利夫·拉格曼：《一门捉摸不定的科学：困扰不断的教育研究的历史》，花海燕等译，210页，北京，教育科学出版社，2006。

② Janet Currie and Duncan Thomas, "Does Head Start Make a Difference?" *The American Economic Review*, 85(3), 1995, pp. 341-364. Sadie Grimmett and Aline M. Garrett, "A Review of Evaluations of Project Head Start," *The Journal of Negro Education*, 1989, 58(1): 30-38. Alison Aughinbaugh, "Does Head Start Yield Long-term Benefits?" *The Journal of Human Resources*, 2001, 36(4), pp. 641-665. Eliana Garces, Duncan Thomas and Janet ACurrie, "Longer-term Effects of Head Start," *The American Economic Review*, 2002, 92(4), pp. 999-1012.

③ 瞿葆奎主编：《教育学文集·国际教育展望卷》第25卷，273-274页，北京，人民教育出版社，1993。

研究者没有为问题的解决提出更好的策略和方案，或者断定教育学知识无用等。据此，从长远来看，在解决教育问题中，一个理性的资本主义国家很难对教育学知识的生产投入大量资金。① 这便限制了教育学知识生产者所能"吸引"到的货币量，从而他们作为整体难以拥有较大的社会权力。值得一提的是，20 世纪 80 年代以来，美国教师教育进行的改革，在一定程度上印证了这个趋势。20 世纪 80 年代，一系列报告如卡内基报告、霍姆斯报告等纷纷提倡教师教育专业化，90 年代，全美教学和美国未来委员会(NCATF)的两个报告把教师教育专业化运动推向高潮。与教师教育专业化潮流相伴的是"教师教育的解制"(Deregulation Agenda of Teacher Education)，它对当时的教师教育进行严厉批评，反对教师教育的专业化。倡导专业化者认为，应当从教师具备的知识、技能、品性等方面制订新的标准和考试内容，而解制派则认为教育学院培养的教师缺乏学科专业知识，未来教师在本科阶段要主修学科专业而不是教育学学位，提出了一种新的教师教育专业，即"替代性教师证书计划"(alternative certification programs)。有的解制派甚至断言：拥有学科专业知识便可以成为一名成功的教师，断然否认教育学知识的价值。② 尽管解制派的观点受到专业化支持者的有力反驳，但各级政府的决策者却在不同程度上采纳并支持了他们的建议。③

---

① 施韦贝尔(Milton Schwebel)将教育学院与其他学科对比发现，国家对教育学院的投入远少于其他学科。Milton Schwebel, "Research Productivity of Education Faculty: A Comparative Study," *Educational Studies: A Journal of the American Educational Studies Association*, 1982, 13(2), pp. 224-239.

② Kennth M. Zeichner, "The Adequacies and Inadequacies of Three Current Strategies to Recruit, Prepare and Retain the Best Teachers for All Students," *Teacher College Record*, 2003, 105(4), pp. 490-519.

③ 周钧：《美国教师教育理论与实践》，71-72 页，北京，北京师范大学出版社，2015。

第六章 教师与教育学知识

本章探讨教育学知识与教师之间的关系对教育学知识地位的影响。教师将教育学知识作为使用价值来使用，作为消费品来使用，他们以效用来评判教育学知识。在分析中，我们假定国家是教育学知识的购买者。资本主义国家根据教育学知识对教师劳动作用的大小来决定是否购买教育学知识。相应的，国家的购买量决定了教育学知识的生产者所能获得的经济利益的大小。而教师的劳动结构决定了他们需要什么性质的教育学知识，以及这些知识发挥作用的空间，从而直接影响资本主义国家购买教育学知识的意愿。因此，本章分为四个部分：其一，阐明教师的劳动结构；其二，论述教师劳动的社会性质；其三，说明教师需要什么样的教育学知识；其四，讲述教育学知识对教师的作用限度。

第一节 制度化的教学

我们将教师视为教育关系的承担者（或教育关系的人格化），并且仅仅把教师视为这样的人。制度化的教育是现代社会占支配地位的教育形式，它规定了教师的劳动结构。制度化的教育的基础是最简单的教育过程，我们的分析就从最简单的教育过程开始。

如果将教育视为一种类似于劳动的活动形式①，那么简单的教育过程的三个基本要素是教育者的有目的的活动、教育资料、受教育者。教育者以教育资料为中介影响受教育者的认识、价值观、情感、态度、技能、行为方式等，将其导向某种值得追求的目标，这种目标在伦理学中被称为善。在资本主义社会条件下，教育功能的实现均需要以上三个基本要素的结合。② 三者凭借实现结合的社会方式的不同而形成不同的教育形式。在历史进程中，三要素实现结合的方式具有多样性，且实现方式本身反映了教育过程的社会基础，从而表明教育者与受教育者之间有多样的社会关系。例如，家长对子女的教育是建立在血缘关系基础上的自然教育形式；在家长聘请他人做家庭教师的情况下，教育关系的实现是以家长与他人的雇佣关系为前提的；在校外兴趣辅导班中，家长向辅导机构购买教育服务，教育关系的实现至少以两种关系为前提：家长与辅导机构之间的关系、辅导机构与教师之间的关系。虽然，这三种教育形式均实现了教育过程三要素的结合，从而使教育关系得以发生，但是它们反映了教育者与受教育者不同的社会关系。简单的教育过程作为最一般的概念不足以理解制度化的教育，后者是以简单的教育过程为基础的，只不过它以独特的社会形式实现了三个要素的结合。在制度化的教育中，教育者被强制性地要求掌握一定量的教育知识，这些知识有别于日常经验得来的教育知识，从而教育学知识成为商品。

　　在资本主义社会中，学校教育系统是占支配地位的教育形式。在这种形式中，资本主义国家是教育事业的领导者、管理者（在一定意义上，学

---

　　① 与通常将教育视为一种活动形式不同，彼得斯将教育理解为一种价值规范："所谓'教育'主要是指刻意以一种合乎认知性与自愿性的方式，来传递价值事物的一些历程，它能使学习者产生成就动机，同时也和生活中其他事物一样受到重视。"张人杰、王卫东主编：《20世纪教育学名家名著》，612-638页，广州，广东高等教育出版社，2002。
　　② 赫尔巴特认为"教育"最初没有涵盖"教授"（或"教学"）的概念，他说，在教育中，学生直接处于教育者的"心"中；而教授中，教师要借助于中介材料。其实，即使教师不教学生学习某些东西，或多或少还是要借助于一些中介，这里不局限于一般学习材料的中介，还包括教育过程中物理和精神的材料。[德]赫尔巴特：《普通教育学·教育学讲授纲要》，李其龙译，146页，北京，人民教育出版社，1989。

校是国家机器在教育领域的肢体)。① 教育者是资本主义国家的雇员，从事教育的场所、桌椅、实验设备、教材等教育资料均由国家提供，受教育者是作为资本主义国家的公民而非个人进入教育过程的。② 上述关系可表示为如图 6-1：

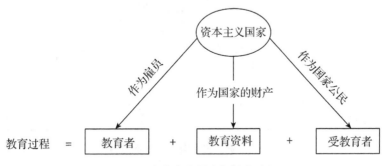

图 6-1 资本主义国家与教育过程

从教育者角度来说，教育过程是一个劳动过程。教育者作为资本主义国家的雇员进入劳动关系中，借助教育资料施加影响于受教育者，以使后者达至某种善的状态。在制度化的教育中，大量的教育劳动(备课、批改作业、测验、家访等)是围绕教学过程进行的，且对于教育者而言教育劳动主要表现为课堂教学。因此，在下文中，笔者将教育者称为教师，教学

---

① 当然，就是否直接出资而言，在现代教育体系中广泛存在的私立学校并不属于国家，因而其教师不属于资本主义国家雇员，教育资料的所有权属于私立学校的主办者，与资本主义国家直接出资举办的公立学校在具体运作方面存在差异，但是这不改变如下事实：一个学校无论是否由国家直接出资举办，只要它属于现代教育体系的一部分，那么其教育内容、形式及结果均受到国家的监控。从本研究的角度看，私立学校虽不由国家直接出资举办，但国家依然为其活动划定了界限(师资、教学、评估等)。因此，在这个意义上，我们将现代教育系统看作是属于国家的。

② 资本主义启蒙思想家拉·夏洛泰(1763)说得很清楚："我呼吁建立一个完全依赖于国家的教育，因为教育在本质上就属于国家；因为国家有不可推卸的责任来教育其成员；因为国家的儿童最终必须由国家的成员带大。"资本主义国家对教育的介入使现代教育在本质上不同于以往的教育，因为资本主义国家为现代教育设置了限度。拉·夏洛泰的话清晰地表明了这种界限："社会目标的实现，要求人们所掌握的知识不超过其职业范围。如果一个人去关注自身之外的世界，那么他就不可能再勇敢而耐心地干下去。"[英]安迪·格林：《教育与国家形成：英、法、美教育体系起源之比较》，王春华等译，149-150 页，北京，教育科学出版社，2004。

代指教育，受教育者为学生。① 由于教育与教学、教育者与教师、受教育者与学生之间的差别不影响我们的研究，因此这种简化对展开教育过程结构的分析有益无害。于是，我们可以得到(如图 6-2 所示)：

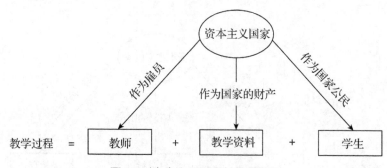

图 6-2　资本主义国家与教学过程

由上图可知，单个教学过程的发生是以两种社会关系为前提的：(1)资本主义国家雇佣一部分劳动者作为教师履行对学生施加有益影响的职责，后者从国家处取得工资，这是一种经济关系；(2)另一部分人作为资本主义国家公民必须接受一定的教育，这是一种政治关系。只有在这两种关系的前提下，我们才发现教学关系(教育关系的简化)。在这种关系中，教师和学生在现实性上完成其自身作为教师和学生的职责。在这之前，他们还只是潜在的教师和潜在的学生。可见，教师与学生的教学关系不是一种基于当事人双方的社会关系。也就是说，教学的实现形式反映的不是教师与学生的个人关系，而是两者以资本主义国家为中介产生的经济的、政治的关系。只有在孤立地考察教学过程时，即将教学关系得以产生的政治的、经济的关系抽象掉之后，我们才会认为教学是一种发生于个人与个人之间的交往关系。其中，我们发现教师与学生之间的个人化的关系，包含道德的、知识的、情感的、审美的关系等。因为教学关系是以特定的政治的和

---

① 在严格意义上，这种简化是错误的，"教育"与"教学"是两个不同的东西，前者较后者具有更丰富的内涵，但是在现代学校教育系统中，教育者最主要的活动便是课堂教学。由于本研究分析的是现代学校系统中的教育，因而我们可以在一定程度上将教育简化为教学。陈桂生：《常用教育概念辨析》，3-15 页、104-107 页，上海，华东师范大学出版社，2009。

经济的关系为前提的，因而教师与学生之间的个人性交往的内容与方式不能不受制于前两种关系。在研究中，我们将撇开师生之间的个体性的关系，因为它们与探讨教育学知识的地位无关。

教学关系的发生是基于资本主义国家的意志和行为的。这意味着，教师和学生均被国家带入教学关系中：教师作为资本主义国家雇员无权选择自己的劳动对象——学生，除非他解除与资本主义国家的雇佣关系，退出教学过程；学生必须接受教育，没有选择不做学生的权利。资本主义国家介入教育是不少近代思想家的共同心声。18世纪下半叶，许多法国思想家[爱尔维修(C. A. Helvetius)、拉·夏洛泰(La Chalotais)、杜尔哥(Turgot)、狄德罗(Denis Diderot)等]在论述国民教育时都表达了这样的思想："国家必须把教育由教会手中收回并加以控制，使学生成为'受国家人员教育的……国家的儿童'；国家不能安心地容忍任何其他组织插手国民教育……所有的人民都是国家公民，都应受到教育。"[①]教师和学生或许可以选择不同的学校，从而选择不同的学生和教师，但是只要他们作为教师，作为学生，便必须以资本主义国家为中介才能获得自身的存在。一句话，教师、学生、教学资料只有在资本主义国家的作用下才实现了统一。

这三种要素统摄于资本主义国家，是人类社会长期发展的结果。一方面，这是资本主义高度发展的产物，资本主义不仅使普及教育在物质条件上成为可能，而且使其成为社会存在和发展的必要条件。另一方面，在资本主义条件下，知识总量(尤其是科学技术)的急剧增长，对知识的广泛需要使教学成为一项专门职业。教育是一项劳动密集型事业，其直接的经济效益很少，即使它要培养技术人才，也需要这些人进入生产领域后才能真正地转化为经济效益。可以说，教育的一切经济价值只是潜在的。因此，教育是一项特别需要长远眼光的事业。只有国家才可能担负起现代教育系统的庞大开支。在过去的一个半世纪中，上述三种要素结合的典型形态逐渐在现代学校教育系统中得以实现。伴随着学校教育系统的不断完善，教

---

① [美]S. E. 佛罗斯特：《西方教育的历史和哲学基础》，吴元训等译，354页，北京，华夏出版社，1987。

育者、教育内容和受教育者高度复杂化。教育者被要求提高专业水平：师资训练机构出现，师范学校升格为大学，大学介入师资培训，开展教育研究等；教育内容世俗化，科学知识进入课堂，课程编制成为一个重要的研究领域等；大量受教育者涌入学校，被按照能力或年龄分班进行授课等。至 20 世纪初，学校教育首先在一些发达资本主义国家开始取得支配地位。北美、西欧和澳大利亚、新西兰等较为发达的工业化地区和国家，确立了普及教育制度，实施义务教育。至 1900 年，美国 5~7 岁儿童的在学率大约为 72%，英国为 64%，澳大利亚为 52%。① 今天，几乎所有人都被卷入了学校教育系统，它已成为现代资本主义社会存在和发展的必要条件。这种教育系统在资本主义国家取得了极为不同的表现形式②，但是本研究也是在最一般的意义上探讨它对教师劳动所产生的影响的。

在现代社会中，各种科层组织在制度形成中占据统治地位③，学校教育系统属于典型的科层制。教育领域的科层制对教师的生存和劳动性质具有重要意义。米尔斯(C. Wright Mills)指出，在科层制中，"大多数专门职业者现在变成了领薪水的雇员；许多工作被分割开，经过标准化而被纳入高级技能和服务的科层组织"④。从职务层级来看，教师直接面向教学过程，处于科层制等级的底端；从分工角度来看，教师的劳动对象是以班级为单位的学生，劳动内容主要限于特定科目的课堂教学。这就是当今教师所处的典型的劳动结构，它可以表示为如图 6-3。

教师一旦进入教学过程，便开始利用国家所提供的材料有意识地对学生施加影响，但他绝不是在进入教学过程时才确定教育目的的。教学得以发生的经济的和政治的关系已经先于教师而设定了教育目的，从而也为教

---

① [澳大利亚]W. F. 康纳尔：《二十世纪世界教育史》，孟湘砥等主译，8-9 页，长沙，湖南教育出版社，1991。
② 雷国鼎：《欧美教育制度》，台北，教育文物出版社有限公司，1978。
③ [美]彼得·布劳、马歇尔·梅耶：《现代社会中的科层制》，马戎等译，8 页，上海，学林出版社，2001。
④ [美]C. 赖特·米尔斯：《白领——美国的中产阶级》，杨小东等译，136 页，杭州，浙江人民出版社，1987。

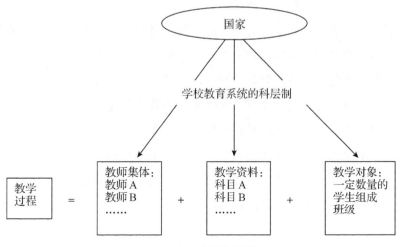

图 6-3　国家、学校与教学过程

师个人的具体的教育目的设定限度。这绝不意味着，进入教学过程后教师没有任何主动性，不能有任何自己的目的，而是说无论教师作为个体在主观上怎样理解既定的教育目的，他都必须在客观的、不以个人意志为转移的政治的和经济的关系为其所确定的教育目的的限度内劳动。当教师自觉地在这个限度内进行教学时，他仍然可以在劳动中有自己的创造性，可以发展自己的教学艺术，创造出独特的教学风格。教师的创造性只能理解为政治的和经济的前提之下的创造性。教师一旦试图突破这些前提所设定的限度，必定会受到相应的制度性惩罚，遭遇到不可逾越的障碍。这里，暂不考虑教师在多大程度上能有自己的创造空间（在不同的教育管理体制下，这种空间无疑是相当不同的），只是指出这种空间是受到严格限制的。如前所述，我们将教师当作教学关系的人格化，因而教师没有自己的个人目的。他完全朝向经济的和政治的关系为其确定的教学目的。

　　当教师开始成为资本主义国家雇员时，教学活动的目的便潜在地存在于他的意识中了。只是这种目的源于资本主义国家的而非教师的意志。因为，劳动目的从一开始便存在于由国家决定的、与教师之间的雇佣关系中。从国家角度看，教师是执行国家意志的工具，学生是其意志的对象，教学过程是这种意志在现实性上的完成。然而，在现实中，教师并不仅仅是上述教育关系的人格化，还是一个具有独特性格、需求、愿望、理想的人。教师可以表现为一名富有个性的教师。可是，一旦教师试图表现出其超出限度的个性时，国家与作为个人的教师的对立便立刻表现出来，具体表现为教学过程和对象同教师的对立。这种对立在教师身上表现为他的双重存在的对立，即作为资本主义国家雇员的教师与作为个人的教师之间的对立。对立本身表明，教师是在一种不取决于其意志的制度化情境中进行劳动的。但是，这一事实不能表明教师在其中进行劳动的社会性质，从而无法说明他为了有效履行其职责而需要何种性质的教育学知识。因此，我们的分析应当转向教师劳动的社会性质。

第二节　教师劳动的社会性质

教师的劳动属于社会劳动分工体系的一部分，其具体内容是教师有目的地对学生施加影响，使其成为具有某种理想人格的人。但是，教师劳动的目的是什么？他教授什么？怎么教？即劳动内容本身不能表明这种劳动的社会形式。既然教师劳动的实现是以国家为中介才实现的，那么，只有理解国家的本质，我们才能理解教师劳动的社会性质。

理解制度化教育中教师劳动的社会性，也就是要理解现代资本主义国家的性质。马克思主要从资本主义国家与经济基础的关系角度来探讨国家。在恩格斯看来，

> 现代国家却只是资产阶级社会为了维护资本主义生产方式的共同的外部条件使之不受工人和个别资本家的侵犯而建立的组织。现代国家，不管它的形式如何，本质上都是资本主义的机器，资本家的国家，理想的总资本家。它愈是把更多的生产力据为己有，就愈是成为真正的总资本家，愈是剥削更多的公民。[1]

---

① 《马克思恩格斯全集》第20卷，303页，北京，人民出版社，1971。

从引文中我们可知，现代资本主义国家的基本职能之一是维持资本主义生产方式的外部环境。而资本主义生产方式本身建立在工人与资本家对立的基础之上，维持资本主义生产的秩序便是维护资本家生存和发展的条件，从而也就是保持资本家压迫工人的条件。因此，建立在资本主义生产方式基础上的现代国家是资产阶级的国家。也许职业化的资本家作为个人并不直接掌握国家的正式权力，但只要资本主义国家维护他们的生存条件(这种条件也就是对另一个阶级保持压迫的条件)，国家权力便是站在他们的一边。因而，资本主义国家便是资本家作为统治阶级的国家。资本主义国家"一直是一种维护秩序，即维护现存社会秩序从而也就是维护占有者阶级对生产者阶级的压迫和剥削的权力"①。当然，这并不意味着，资产阶级始终能够绝对支配国家机器，使其完全为自身的利益服务。在特定的历史时期，当阶级力量对比发生变化时，工人阶级有可能利用国家机器来达到自身的目的。不过，无论何种情况，现代资本主义国家都是建立在阶级对立之上的阶级国家。

现代资本主义国家从一开始便是以社会的正式代表自居。这样，资本主义国家便从形式上消灭了自己作为统治阶级国家的外观，但它从不忘记利用一切机会剥削劳动群众。当旧的剥削和压迫秩序还被群众当作自然的现象时，"国家政权就能够摆出一副不偏不倚的样子。这个政权把群众现在所处的屈从地位作为不容变更的常规，作为群众默默忍受而他们的'天然尊长'则放心加以利用的社会事实维持下去"②。随着知识的普及和交往的扩大，群众日益觉醒。任何一种统治秩序不仅成为研究者认识的对象，而且也成为讨论和质疑的对象。因此，现代社会中的资本主义国家都需要使自身成为合法的暴力组织。用韦伯(Max Weber)的话来说就是，资本主义国家"要求(卓有成效地)自己垄断合法的有形的暴力"③。在他看来，资本主义国家，

---

① 《马克思恩格斯全集》第 17 卷，643 页，北京，人民出版社，1963。
② 同上书，643-644 页。
③ ［德］马克斯·韦伯：《经济与社会》下卷，林荣远译，731 页，北京，商务印书馆，1997。

是一种依仗合法的(也就是说：被视为合法的)暴力手段的人对人的统治关系。因此，为了使国家存在，被统治的人就必须服从进行统治的人所要求的权威。他们什么时候以及为什么这样做，那只有当人们认识到某一种统治所赖以支撑的内在的辩护理由和外在的手段时，才能够理解。①

资本主义国家要使自己成为一种合法的暴力形式，或者使自己的暴力取得合法性，它就需要拥有一个为自身辩护的价值体系。也就是说，它需要一种意识形态使自身在理论上获得合法性。在这个意义上，葛兰西对资本主义国家的界定——"统治阶级赖以维护其统治并赢得被统治者积极支持的那一整套实践和理论活动"②——并非没有道理。可以说，现代资本主义国家的另一项基本职能就是编织关于自身合法性的意识形态。

对于经济基础来说，教育作为培养人的活动属于社会的上层建筑范畴。③ 就其本身而言，教育的直接成果是提升受教育者的素质(能力、观念、情感等)。从国家作为总资本家来看，尽管教育可能通过改变人的素质(包括劳动能力的提高)而有助于提高生产率，但其并不直接具有生产性。因为对于总资本家来说，只有劳动力的使用，即作为雇佣工人进入生产过程才具有生产性。至多在一定意义上可以说，教育的生产性是潜在的或间接的。因此，对于社会总产品而言，教育投入首先是一项庞大的支出，它需要消耗大量的剩余产品。只有当教育能够提高受教育者的劳动能力，并且这些劳动力能够在现实上接受资本剥削(也就是找到工作以后)且

① [德]马克斯·韦伯：《经济与社会》下卷，林荣远译，732页，北京，商务印书馆，1997。
② 《葛兰西文选(1916—1935)》，中共中央马克思恩格斯列宁斯大林著作编译局、国际共运史研究所编译，425页，北京，人民出版社，1992。
③ 作为一种社会活动形式，教育活动并不直接与物质生产领域相关。在与经济基础相对的意义上，它属于上层建筑的范畴。事实上，关于"教育"是否属于上层建筑，国内学者颇多争论，不过大多数学者认为它属于上层建筑。这里沿袭旧说。关于这个问题的最新讨论，参见陈桂生：《关于教育属于社会上层建筑问题——唯物主义教育历史观的探求》，《教育发展研究》，2018(8)。

提供剩余价值时,资本主义国家作为总资本家在教育上的投入才具有生产性。因此,在相当长的时期内(那时教育与生产的联系非常微弱、松散),教育一直被人们认为是一项纯粹消费性的活动。① 但是,当资本主义生产的进一步发展越来越依赖于知识的进步和劳动者素质(不仅仅是劳动能力)的提高时,现代教育制度即系统地培养人的活动便成为社会存在和发展的必要条件,其在理论上的表现便是人力资本理论的流行。这种理论认为,教育不纯粹是一种消费,也是有经济效益的投资,并且强调人力资本投资在国民经济增长中的作用大于物力资本的投资。② 现代资本主义国家的基本职能是维护资本主义生产方式的存在和发展,因此从资本主义国家作为总资本家的角度看,现代教育的基本职能之一就是培养社会所需要的不同素质的人(雇佣工人、经理、教师、官员、医生、律师等)。资本主义国家不仅需要培养一批资本主义发展所必需的各类人才,而且需要在意识形态方面为自身的存在辩护。因此,现代资本主义教育从一开始便承担的一项基本职能便是充当为资本主义国家统治的合法性进行辩护的工具,即维护以资本主义生产方式为基础的社会秩序的工具。资本主义国家担负领导和管理教育的责任,通过对教育的监督、审查以确保教育合乎自身的利益,至少无害于自身。

这里,我们可以将现代资本主义教育的两个基本职能作为事实确定下来。在此基础上,我们来探讨教师劳动的制度化情境。从总资本家的角度来看,教师作为雇员表现为资本主义国家培养人的工具,学生是教师的劳动对象。教师作为个人与其作为雇员是对立的,这种对立通过教师服从资本主义国家的意志表现出来。首先,教育目的是由作为国家机器的科层制机构拟订。资本主义国家期望每个公民通过教育的影响形成符合自己要求的认知、情感、技能、态度、审美、价值观等。这些规定作为强制的必然

---

① 鲍尔斯和金蒂斯对美国学校教育史的考察可以清楚地说明这一点。参见[美]S. 鲍尔斯、H. 金蒂斯:《美国:经济生活与教育改革》,王佩雄等译,上海,上海教育出版社,1990。

② 靳希斌主编:《从滞后到超前——20 世纪人力资本学说·教育经济学》,29-36 页,济南,山东教育出版社,1995。

性约束着教师作为雇员的教学活动，教师一旦试图突破这个限度，表现出个人的自由意志，并且与国家意志相冲突，就很快会受到制度的惩罚。① 其次，教育资料，尤其是课程，必须接受资本主义国家的审查。其核心问题是"谁的知识最有价值"，或者说，在人类创造的知识中，哪些知识被资本主义国家认定是合法的、值得传授的，这本身是一个极其复杂和富有争论的主题。如阿普尔（Michael W. Apple）所言，有关"正式知识"（formal knowledge）的争论，"事实上蕴含了更深层次的政治、经济、文化联系和历史"②。最后，教师对自己的劳动对象没有选择权。即使教师对自己的学生不满，也没有开除学生的权利，正如他无权决定学生能否进入教育过程一样。

可见，在资本主义社会，教育目的、资料、对象均同作为个人的教师相对立。这种对立表现为这样的事实：尽管教师在决定目的、资料、对象中处于相对无权的地位，但是这种处境实际上假定，教师必须对作为其直接劳动成果的学生的质量负责。总之，教师在一个高度制度化的情境中进行劳动。这一情境为其划定了劳动的范围：（1）教育目的在词句上或形式上的价值取向为资本主义占统治地位的社会中的自由、民主、平等等观念，以淡化、抹杀阶级对立，因此，这从一开始便不利于教师对资产阶级意识形态进行批判，从而限制了其批判性思维的发展水平；（2）教师必须接受资本主义国家为其指定的合法的知识，也就是说，他们只能传授有利于（至少无害于）统治阶级的知识，从而在精神上再生产不平等的阶级关系；（3）在培养什么样的人、教授什么知识由资本主义国家确定后，学校教育系统留给教师的任务就是"怎样向学生传授特定的知识"，"如何在学生身上培育出特定的情感、态度"，"如何使其养成特定的行为或思考模式"等技艺性问题。这从一开始便将问题的性质界定为技术性的。也就是

---

① 如，1935年美国国会通过的年度拨款预算案包含一项条款，严令禁止支付工资给任何宣传共产主义信条的教师。参见［美］乔尔·斯普林：《美国学校：教育传统与变革》，史静寰等译，461页，北京，人民教育出版社，2010。

② ［美］M. 阿普尔、L. 克丽斯蒂安-史密斯：《教科书政治学》，侯定凯译，4页，上海，华东师范大学出版社，2005。

说，对于教师而言，资本主义教育完成了自身的去政治化过程。

尽管现代资本主义教育制度在形式上为教师划定了进行活动和发挥创造性的范围，但是，在现实中教师并不仅仅是教师，他首先是一个人，是一个具有多种需要、兴趣、利益的感性的存在物。因此，为了使教师恰当地履行作为雇员的职责，科层制的学校不仅为教师们制订专门的条例和规定，而且借助于各种评价手段(校长听课、学生测验、教案、考勤、填写各种表格等)监督教师的行为。这些手段是教育机构的科层化的产物，并且是适应这种体制的自然结果。一方面，这类行为严重地掠夺了教师的时间和精力；另一方面，这些行为增加教师对学校教育的反感。一位教师说：

> 我们中有许多人热爱教育，却不喜欢学校教育。学校教育思想实质是科层制思想。你通过写备忘录或设计新的表格来解决问题。周围已经有新事物发生并持续了好几年。我总看到人们在通过填写新表格来解决问题——但其实根本未被解决。只是文件里多了些纸而已。[1]

因此，对于教师而言，教育目标、内容、过程是作为异己的存在与作为个人的教师相对立的，是对教师个人的教育艺术的否定，或者是对教育艺术的限制。学校教育过程本身是与作为个人的教师相对立的，其根源于学校教育本身的社会形式。这种形式不仅使教师作为国家的雇员失去了对教育目的、过程、劳动对象的控制权，而且使其与之对立。

如前所述，现代资本主义学校教育系统是资本主义存在和发展的必要条件，为社会提供所需的高素质的人才。与物质劳动相比，教师从事的是非生产劳动，这种劳动虽不创造价值，但是其对于现代社会的发展来说是必要的。[2] 教师的工资来源于社会的消费基金，是社会总产品的一种扣除。

---

① [美]理查德·迈·英格索：《谁控制了教师的工作？——美国学校里的权力和义务》，庄瑜等译，77-78 页，上海，华东师范大学出版社，2009。

② 《卫兴华选集》，481-496 页，太原，山西人民出版社，1988。

从资本主义国家作为总资本家的角度看，教育并不直接具有生产性。因此，资本主义国家在教育上的投入是资本主义生产的必要费用。这一点在资本主义生产还没有感受到自身需要大量的、具有一定文化水平的、驯顺的劳动者时，就已经表现得很明显了。这时资本主义国家对教育持放任态度。这意味着，教育支出需要消耗大量的社会剩余产品。舒尔茨（Theodore W. Schultz）在讨论教育资本的构成时提供了他所估算的学校提供服务的成本，它不仅包含教师、图书馆工作人员和学校行政管理人员的服务成本，还包括校办工厂用以维持和进行经营的年生产要素成本和折旧费及利息。他分析了 1900 年至 1956 年美国教育的成本，如表 6-1、表 6-2 所示：①

表 6-1　1900—1956 年美国中学教育中学生放弃的收入和其他资金成本，
折合成当前价格计算（四舍五入）

年份	学生人数（百万人）	每位学生放弃的收入（美元）	学生放弃的收入总计（百万美元）	学校成本（百万美元）	其他开支（百万美元）	总计（百万美元）	生均成本（美元）
1900	0.7	84	59	19	3	81	116
1910	1.1	113	124	50	6	180	164
1920	2.5	275	688	215	34	937	375
1930	4.8	224	1075	741	54	1870	390
1940	7.1	236	1676	1145	84	4775	673
1950	6.4	626	4006	2286	200	6492	1014
1956	7.7	855	6584	4031	329	10944	1421

---

① ［美］西奥多·W. 舒尔茨：《论人力资本投资》，吴珠华等译，82-83 页，北京，北京经济学院出版社，1990。笔者在舒尔茨数据的基础上增加了一栏"生均成本"。

表6-2　1900—1956年美国大学生所放弃的收入和其他资金成本，
折合成当前价格计算(四舍五入)

年份	学生人数 （千人）	每位学生 放弃的收入 （美元）	学生放弃的 收入总计 （百万美元）	学校成本 （百万美元）	其他开支 （百万美元）	总计 （百万美元）	生均 成本 （美元）
1900	238	192	46	40	4	90	378
1910	355	259	92	81	9	182	513
1920	598	626	374	184	37	595	995
1930	1101	509	560	535	56	1151	1045
1940	1494	537	802	742	80	1624	1087
1950	2659	1422	3781	2128	378	6287	2364
1956	2996	1943	5821	3500	582	9903	3305

然而，只要资本主义国家是资产阶级的总资本家，它就遵循资本的效率逻辑(以最少的投入获得最大产出)行事。也就是说，资本主义国家在教育上以尽可能少的投入来培养尽可能多的驯顺的、具有一定文化水平的人。一个学校或其教师具有再高的生产率，其成效也受制于教育作为一种培养人的活动的自然本性：一旦班级规模超过一定的限度，教育成效将大幅降低。欲取得较为理想的教育效果，班级规模不能过大，也就是说教师与学生要保持在平衡水平。这意味着，教育成本在人力方面的投入是一项很大的支出。这也是为何许多资本主义国家一方面声称尊重教师劳动，另一方面难以提高教师待遇的重要原因。尽管班级规模与教学效果之间的关系仍存在争议，但是，显而易见的是，在其他条件相同的条件下，存在这样一个限度，一旦班级规模超过此限，教学效果就会显著下降。例如，安塞尔·夏普(Ansel M. Sharp)等人曾提供了一个例子。2002年佛罗里达州选举计划中的一个提案，要求明显减少公立学校K–12体制的班级规模，在2010年前严格控制在规定范围内：幼儿园到三年级为18人，四至八年级为22人，高中为25人。这个提案引起包括州长在内的众多人的反对，

因为它的成本要花费 100 亿~250 亿美元。① 因此，教师的薪水与其负责的班级规模之间存在潜在的冲突。从资本的角度来看，一方面，资本主义国家作为总资本家试图利用最少的教育投入培养最大量的劳动者。最终通过大量劳动者之间剧烈的竞争来降低其价值，从而为资本带来更多的剩余价值。这意味着，教师负责教授的学生量即生师比应当维持在经济上看来合理的水平。另一方面，由于教育并不直接具有生产性，教师的薪水对于资本来说是必要的费用，因此，保持教师的低水平的工资是符合资本主义国家作为总资本家的利益的。如米尔斯所言，教师属于经济上的无产阶级。②

总之，教师在学校中处于这样一个制度化的情境：教师对教育目的、目标、对象、材料等方面没有选择权，在教育过程中受到各种监督和审查，在经济上处于低工资水平。这一切是符合资本主义国家作为总资本家的利益的。

第三节　教师需要的教育学知识

在教育制度化的情境中，教师是同整个教育目的、对象、过程相对立的，其必然的结果是教师处于很尴尬的地位——没有任何一种职业像教师那样，承担的责任是如此之重，而享有的权利是如此少。英格索尔（Richard M. Ingersoll）通过对美国学校里的权利和义务的研究指出：

学校管理者和公众经常会认为或者谈到老师就是掌控学校的人员。但是认为老师只是那些掌控者的代理人员更为精确。老师不是决策者和真正的学校管理者，也不是简单地让做什么就做什么，不考虑后果的机械操作者。像工头一样，老师要为学生负责，并且需要依赖

---

① ［美］安塞尔·M. 夏普、查尔斯·A. 雷吉斯特、保罗·W. 格兰姆斯：《社会问题经济学》，郭庆旺译，159 页，北京，中国人民大学出版社，2007。

② ［美］C. 赖特·米尔斯：《白领——美国的中产阶级》，杨小东等译，154 页，杭州，浙江人民出版社，1987。

于来自他的下属即学生的可靠的动机和行为表现。如果学生没有按照所期望的去表现和努力，学生可能会失败，但是受责备的或许是老师。……跟工头一样，当不合理的要求加诸老师身上或者不能够为老师提供充足资源时，老师的中间角色就会变得尤其不堪一击。①

要想使学生达到理想状态，现状与目标之间的张力使教师通过一系列的操作活动实现教育目标。仅就教育成效而言，教师越能够将自己的操作建立在对教育过程本身进行理性把握和对教育情境进行明智判断的基础上，就越可能获得理想的实践结果。换言之，教师需要关于教育目的、对象、方法、过程等方面的知识。他所需要的知识量取决于教育劳动情境的复杂程度。

一、教育活动的复杂性

在现代教育中，一个典型的教育劳动情境是一名教师面对由若干学生构成的班集体，利用教育资料(如教材、黑板、电脑等)对学生施加某种影响以使其掌握一定的知识和技能，并形成某种态度、情感和价值观等。

资本主义教育劳动的复杂程度可从两方面考察：从量上看，影响教育结果的主要变量多，如教育目的、内容、性格、家庭、天赋、经验、努力程度等。其中，大量非教育因素远远超出了教师个人可以掌控的范围。从质上看，这些变量之间的相互作用方式是多样的。教育劳动是一个教师以教育资料为中介，利用富有理智性、道德性、精神性的交往来影响学生的过程。资本主义教育目的本身不仅经常充满争议，而且只能在极其有限的程度上以清晰的形式呈现出来。而教育过程是动态的，它充满了大量的偶然性、不确定性，这种特征对教育效果具有重要影响。这意味着，教育劳动情境对教师在知识、技能方面形成的挑战绝大部分难以转移到辅助设备或技术与制度规范之类的工具上。即便教育技术或教学技术的发展某一天

---

① [美]理查德·迈·英格索：《谁控制了教师的工作？——美国学校里的权力和义务》，庄瑜等译，122页，上海，华东师范大学出版社，2009。

能够提供一套教育教学的行动指南，这些技术仍然需要由作为劳动者的教师来实施。就此而言，在教学中人们难以发现有什么普遍适用的原则或原理（如通常说的因材施教、循序渐进等），即使原则存在也必定高度抽象，需要教师根据不同的情境灵活地加以运用。在内容上，教学具有模糊性，因而难以形成一套有效的、可推广的操作模式，即使这种模式存在，也往往难逃被机械化、僵化的命运，像曾经流行的赫尔巴特学派、裴斯泰洛齐学派一样。任何学派所倡导的思想如果没有被合理地理解为一套抽象原则，没有被结合具体情境而灵活运用的话，它们就不可避免地在实践中变得僵化。也许正是由于教育活动的这些特征，有学者怀疑教师职业能否成为名副其实的专业。① 教育活动的直接目的是影响学生的精神成长，但是教师无法潜入学生的意识中控制其精神活动，亦难以通过课堂教学屏蔽大量对教育结果具有重要影响的非教育因素。

此外，教育成效本身在很大程度上受制于学生的主动参与。因此，就教育过程本身而言，教师对结果的控制是相当有限的。可以说，教育过程在客观上是极复杂的。可以断言的是，即使我们能够通过严谨的科学方法说明所有影响教育结果的因素之间有因果联系，研究者仍然不可能提出一个完美的教学模式或方法。因为教学过程的进展有赖于教师对整体情境的把握，教师需要适时地对课堂情况做出明智的判断。当不确定性因素越多地介入教育过程时，它对教师的实践智慧便提出越大的挑战，从而对他们提出的要求就越高。令人奇怪的是，长期以来不少教育工作者都持有这样一种幻想：他们希望教育专家们提供一套可以遵循的科学的教育模式，而自身不必做出理智上的努力。早在 1934 年，芝加哥大学的一位课程论教授就指出，

---

① 类似于中国教师职业，陈桂生指出，同其他许多职业相比，一方面，教师职业因其职能中烦琐的事务性、简单重复性的工作繁重，从而接近于"职能简单"的职业；另一方面，因其职能活动，牵涉面较广、牵涉到的可变性因素较多，教师职业有赖于教师主观判断与努力的成分较重，从而又接近于比一般技术性专业"职能更为复杂"的职业。参见陈桂生：《"教师专业化"面面观》，《全球教育展望》，2017（1）。

许多年以来，在对我们的艺术的基础进行研究的尝试中，首先是与实践中的校长和教师一起，然后是与大学教育系的学生一起，我尤其被他们的这种表现所震动：他们渴望被告知"如何做"，并且他们不愿意相信那种对每一个人都速成有效的处方是不可能写出来的，他们认为遵循这种处方，只要付出很少的努力，就能达到教育效果。与学校工作人员的这种缺乏耐心相似，那些介绍自己是"实践的"男人和女人、并寻找"我们的教师可以照着做的那些东西……"的那些人，似乎也缺乏耐心。与任何这类整齐划一的教学过程概念所远远不同的是这样一种原则，即一天又一天、一个学生又一个学生、一个学区又一个学区，他们的问题是各不相同的，必须永远重新陈述、重新解决。①

二、教育活动的基本特点

教育活动的复杂性使教育表现出若干基本特点，这些特征为教师的劳动带来了极大的困扰。首先，教育活动的目的具有模糊性。教育的直接目的主要是影响学生的精神方面的发展(认知、情感、态度、技能等)。在教育过程中，当涉及物质方面时，教育活动都还比较确定，但当涉及精神时，教育活动都变得含糊不清，而任何活动一旦涉及精神几乎均会增添无限的困难。当然，任何人类实践都不可避免地涉及精神方面，但当活动的目标、手段和过程的主要方面是物质，较少地关系到精神时，这种活动通常比较容易确定，比如，工程师、建筑师、物理学家的工作。随着精神因素的增加，教育工作的模糊程度越来越高。按照涉及物质与精神因素的比例，我们可以将所有人类实践粗略地用图6-4表示：

---

① [美]威廉·F. 派纳等：《理解课程——历史与当代课程话语研究导论》，张华等译，56页，北京，教育科学出版社，2003。

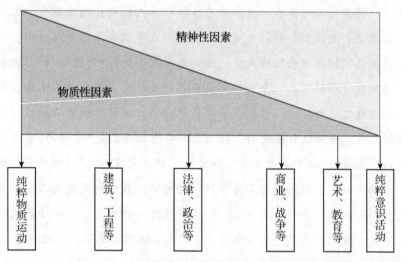

图 6-4　人类实践的物质性与精神性因素的比例

　　像律师、商人和精神病医生的工作就要比靠近左端的工作少许多确定性。像教育和艺术创作这类主要涉及精神方面的活动，极少存在某些普遍有效的操作规范和程序。从中，我们可以看到，教育活动是非常接近右端的。若孤立地考察教育活动，众多精神因素的介入使教育活动在目标、内容、手段方面充满高度不确定性。虽然在特定的条件下，目标和内容在形式上是确定的，但仔细考察我们就会发现它充满争议。例如，人民教育出版社出版的教材小学一年级上册的《品德与生活》，第二单元的教学目标之一是认识我国的国旗、国徽，为自己是中国人感到自豪。认识国旗、国徽，也就是能在众多图案中识别中国的"国旗和国徽"。但是"为自己是中国人而感到自豪"，这是情感和态度方面的目标，是一个极其模糊的目标。这种不确定性产生了一系列问题："'中国人'意味着什么"，"怎样才算是感到自豪"，"怎样做才能使一个人为自己是中国人感到自豪"……目标不清致使教学结果难以评估，如果强行评估的话，我们通常只能测量出一些简单的外显行为和内部的认知指标。

　　其次，教育活动的效果迟滞。这一特点根源于教育活动目的的特殊性——试图影响学生的知识、技能、态度、价值观、情感等方面的发展。

相对而言，知识与技能在一定意义上容易为学生在比较短的时间内所掌握，但是一个人在情感、态度和价值观方面的发展，若不是遭遇某种突然变故，难以在短时间内被导向教育者所期望的方向。为了将一名学生的态度、情感和价值观导向值得追求的方向，教育者往往需要长期做大量琐碎、细致的工作。即便如此，这些努力也不能保证一定能成功实现目标。然而，一旦教育活动真正能够强烈地塑造一个人的情感、态度和价值观，那么这种影响往往可以保持相当长的时间，甚至伴随终生。而效果的迟滞性也使许多低劣的教育方式没有产生显著的不良后果。结果是，教育活动更容易受到人们对短期利益追求的伤害。在教育上投入巨资，我们容易看到办学条件的改善(校舍、图书馆、实验室等)、师生人数的增加等等，却难以在短期内看到学生素质的提升。教育活动见效慢，并不意味着教育没有成效，只是教育效果不易在短期内以可观察的方式表现出来。从个体角度看，教育效果直接表现在学生的知识、技能、性格、情感、价值观等方面，但这种效果通常不是直接的、即时的，而是缓慢的、日积月累的。教育对社会的功效是间接的——通过学生步入社会之后以个体的方式逐渐显现出来。因此，在这个意义上，教育活动远不如经济和政治活动能够给社会带来更显著、更直接的冲击，或者说教育对个体和社会的影响(有益的或恶劣的)大都是缓慢的、间接的，而不似政治活动和经济活动对个体和社会的影响往往是紧迫性的、直接的。历史上有过许多革命、罢工、游行，绝大部分是直接的经济的或政治的原因，鲜有人因为遭受低质量的教育而走上街头。

最后，教育活动的直接成效取决于师生互动的质量。教师面对的是一群理智、道德、情感不成熟的儿童，因此他首先面临的问题是学生的纪律控制问题。这是任何教学成功的先决条件。由于学生是以求学的身份进入教育关系的，因此教师在这一过程中的权利是受限制的，他不得不面对一个两难处境：一方面是权利的有限性，另一方面是儿童的不成熟。同时，教师想要取得良好的教育效果需要学生的合作。教师面临的一个重要问题就是激发学生的学习动机。因此，对于教师而言，教学工作本身不具有自足性，它往往有赖于学生的配合才能取得成功。① 绝大多数教师主要依赖他们自己的技能来引发结果。① 教学的成功严重依赖于学生的配合，除非学生主动有意愿地学习，否则教师便被理解为失败的。虽然教师必须花费大量的精力来激发学生的合作动机，但这仍然并不能保证成功。此外，学生的儿童世界与教师代表的成人世界的差距(或者冲突)使教师的努力面临着巨大的挑战。关于师生关系，教学社会学的奠基人华勒(Willard Waller)是这样说的：

> 师生关系是一种制度性的支配与服从。教师和学生在学校中彼此的最初的冲突表现在追求方面，无论这一冲突在多大程度上被降低，或无论它被隐藏多少，它仍然存在。教师代表成人群体，也是儿童群体的自主生活的敌人。教师代表的是正式的课程，其兴趣是以任务的形式把课程强加于儿童；儿童们对自己世界中的生活比教师为他们提供的成年生活的干瘪碎片(desiccated bits)更感兴趣。②

三、过程的复杂性对教师的要求

一般来说，教学不像法官、医生、会计等专业那样拥有标准的实践模式，其特殊性赋予教师的角色非常复杂。美国学者格兰布斯(J. D. Grambs)认为，教师角色分两类：教学指导者角色和社会文化传播者角色。前者包括知识、技能等的定夺者、纪律调控与维持者、道德氛围与情境的创造者、成绩评定者等；后者包括中产阶级文化的坚守与宣传者、青年人的楷模、理想主义者、有文化的教养者等。③ 教师需要广泛而深刻地理解学习者，关心如何传授被选择的生活经验。这一切对教师的道德、理智和

---

① David F. Labaree, *The Trouble with Ed Schools*, New Haven, Yale University Press, 2004, p. 40.

② Willard Waller, *The Sociology of Teaching*, J. Wiley & Sons Inc., New York, 1932, pp. 195-196.

③ 厉以贤主编：《西方教育社会学文选》，629-648 页，台北，五南图书出版有限公司，1992。

精神提出了巨大的挑战。具体而言，教育过程的复杂性要求教师对教育情境做出更自觉、更理智的判断，从而使行为更具有针对性和灵活性。在杜威看来，"一切科学的发现最终是通过教师与学生的直接接触才到达学生那里"的，"社会科学的知识可能使教育者对他们做的事情更慎重，更具有批判性，可能使他们看得更远，使其判断建立在长远发展的积累的基础上，但是，它必须通过他们自己的观念、计划、观察和判断来运用，否则它就根本不是教育的科学（educational science），而仅仅是社会学信息"①。换言之，教育者需要关于教育目的、对象、内容、方法等方面的知识。当教育目的确定、教育对象数量少、教育内容简单时，教师完全可以从日常的教育经验中获得这类知识。但是，伴随着教育的普及，教育对象扩大，教育目标多元，教育内容剧增，教育者的日常知识难以满足社会需求，从而国家要求教育者必须掌握一定量的系统的教育知识。

现代教育是制度化的教育，它一方面增加了教育系统的复杂性，另一方面又使教育过程看起来更简单。因为，在制度化的情境中教育目的、教育对象、教育内容等方面已相当确定，这是教师无法改变的。只要教师履行教育的职责，那么无论其个人在主观上是否认同这些规定，他都必须按照国家规定的要求进行教学。因而教师在工作中真正需要的教育知识的量并不大。也就是说，现代教育的政治和经济性质已为教师的活动限定了范围，从而也为他所需要的教育知识划定了范围。因此，现代教育在事实上的复杂性与其在主观上的简单存在并行不悖。如果说，现代教育系统高度复杂是一个客观事实，那么许多人将教育活动视为一项简单事务也是客观事实。一方面，人们要求教师成为真正的专业人员，是合理的；另一方面，许多人将教学视为一项准专业工作，同样是合理的。教育的简单性表现在：在实际教育过程中，教育目的明确，教育过程有确定性，学习结果能够量化。毋宁说，教育的简单性是以高度复杂性的形式表现出来的，这种简单性具有复杂性的外观。教育的复杂性远未导致从业者准入门槛同比例地提

① John Dewey, *The Source of a Science of Education*, New York, Horace Liveright, 1929, p. 47, 76.

高，因而它虽然复杂，但看起来似乎是相当容易的事情。在这种情况下，教师面临着内在矛盾：情境的复杂性与资源的缺乏。使其不足以应对目前教育过程中产生的问题。因而教师通常的做法便是将问题简化，其中最主要的是将学生简单化。这样教育客观上的复杂便在主观上获得简单的存在。

教师对教育学知识的需要深受两股力量的推动：其一，社会公众对教师质量的担忧，最初源于社会团体、改革家、政治家等对教师质量的担忧，而后国家以制度化的形式确立这种对教师质量的需要，即掌握一定的教育学知识是从事教师职业的必要条件；其二，教师作为一个现代职业，其群体为提高自己的社会地位和收入而提高自身工作的专业性。自教学试图成为一个正式职业开始，教育活动家们一直致力于提高教师的地位和教学工作的专业化程度。

从劳动角度看，教师对教育学知识的需要是工具性的。作为一个学术或日常主题，教育目的、目标、内容等方面通常充满争议，但是在制度化的劳动情境中，这些对于教师而言相当确定。因为教师是在相当确定的情境中教学的，他们对此没有发言权。换言之，教育目的是否应当由国家规定？现有的教育目的是否合理？哪些内容可以进入课程？诸如此类的问题处于教师的工作范围之外，也极少是他们关心的问题。因此，教师的主要工作限于在既定的条件下(教育目标、教育内容、教育对象等确定)怎样高质量地实现目标。这种工具性需求源于教学的社会形式，源于教师无权的地位，源于他们与教育目的、教育内容、教育对象、教育过程本身的对立。在这种形式中，教师是学校教育官僚机器中最末端的一个齿轮，但却要为教育的直接结果负责。对于教师来说，学生同教育资料一样，不过是活的材料，均为国家所有，教师与其发生一定的相互作用，以产生国家希望在学生身上发生的变化。因此，对于教师而言，劳动材料和对象都是异己的，正如工人面对的生产资料作为资本家的所有物与其对立一样。从社会形式看，教师与学生之间的关系不是一种个人性质的关系，而是国家主导下发生的社会关系。因此，教师处于一种结构化、不依赖其个人意志的社会关系中。

在这种劳动制度下，教师自然将教育视为一项简单的工作。因为教师的地位使他们将教育目的、教育内容、教育对象视为既定的，因而只能使自身的活动适应客观条件。这样做的结果必定是，教学活动很机械，很平庸，缺乏创造性。即便教师在自己的课堂上具有创造的空间，这种空间也是极其有限的，且主要集中于技艺层面，而不能影响教育活动本身的社会性质。现代学校教育系统的形式本身便迫使教育者将教育视为一门简单的事情。资本主义学校制度本身的内在要求使教师处于一种无权的，因而是不发展的地位，也就使他们无暇亦无力注意教育劳动的复杂性。资本主义教育的社会形式将学生视为待加工的对象，因为学生被迫进入教育关系中，资本主义国家一开始就没有将个人视为自由的个人，而是将其作为公民来培养。① 也就是说，资本主义国家一开始就将学生当作自己的工具，从而在教育过程中，教师作为资本主义国家的雇员自然便视学生为加工的对象。这样，学生从进入教育过程开始，就已经被简单化为有待加工的对象。因此，教师在教育活动中自然也就将其视为简单的对象。教育目的、教育内容是由国家制订的，这些内容均外在于作为个人的教师。杜威在论及"外面强加的教育目的"的危害时可谓一语中的：

> 教师从上级机关接受这些目的，上级机关又从社会上流行的目的中接受这些目的。教师把这些目的强加于儿童。第一个结果是使教师的智慧不能自由；他只许接受上级所规定的目的。教师很难免于受官厅督学、教学法指导和规定的课程等等的支配，使他的思想不能和学生的思想以及教材紧密相连。这种对于教师经验的不信任，又反映了对学生的反应缺乏信心。学生通过由外面双重或三重的强迫接受他们

---

① 关于资本主义国家培养公民与培养人的矛盾，卢梭有深刻的见解："由于不得不同自然或社会制度进行斗争，所以必须在教育成一个人还是教育成一个公民之间加以选择……自然人完全是为他自己而生活的；他是数的单位，是绝对的统一体，只同他自己和他的同胞才有关系。公民只不过是一个分数的单位，是依赖于分母的，它的价值在于他同总体，即同社会的关系……从这两个必然是互相对立的目的中，产生了两种矛盾的教育制度：一种是公众的和共同的，另一种是特殊的和家庭的……在没有国家的地方，是不会有公民的。"这些见解表明，卢梭在多大程度上超越了现代教育思想。[法]卢梭：《爱弥儿》上卷，李平沤译，北京，商务印书馆，1996。

的目的，他们经常处于两种目的的冲突之中，无所适从。①

这样，教师能做的只是努力正确地理解教育目的、教育内容，并将之有效地教授给学生。这样，整个教育过程本身已被自身的社会形式所简化，因此这导致了教师的机械性的平庸教学和常见的职业倦怠。约翰·泰勒·盖托(John Taylor Gatto)——一位在曼哈顿从教 30 年，好学校、差学校都待过的教师——表达了倦怠的普遍存在现象：

> 在漫长的教师生涯中，我谙熟了厌烦的滋味。周围的事物索然无趣……事实上，厌烦在学校老师中普遍存在。在老师的办公桌前待过一阵子的人，都肯定会感到疲乏无力、牢骚满腹、无精打采。……老师们也是这种十二年义务教育的产品，这个制度给学生的厌烦无以复加，教师作为体制内的人，受到的限制比学生更多。②

教师在教育过程中承担的是一个执行者的角色，绝不是批判的知识分子角色。③ 平庸的机械性教学是一种常态，这是学校教育的资本主义社会形式本身必然带来的产物，而教师作为批判性知识分子则是一种偶然，是个人反抗这种形式本身的产物。

教师在确定的资本主义劳动条件下进行教学，因而教学在教师眼中是简单的，同时整个劳动环境与作为个人的教师是对立的，因此教师作为个

---

① ［美］约翰·杜威：《民主主义与教育》，王承绪译，120 页，北京，人民教育出版社，2001。

② ［美］约翰·泰勒·盖托：《上学真的有用吗?》，汪小英译，1 页，北京，生活·读书·新知三联书店，2010。

③ 如美国教育学者吉鲁主张将教师视为"转化性的知识分子"，这意味着"教师不只被视为获得专业训练来有效地实现可能是为他们而设定的任何目标的执行者。被看作是自由的男性和女性，尤其献身于智识的价值及提高年轻人的批判能力"。但是，教师的劳动结构在本质上排斥这种观点。吉鲁也承认，现存的条件使"教师工作无产阶级化"，在不触动结构本身的情况下，教师成为知识分子的空间非常狭小。参见［美］亨利·A. 吉鲁：《教师作为知识分子——迈向批判教育学》，朱红文译，北京，教育科学出版社，2008。

人希望逃离这样的劳动领域。教学本身已经成为一种异化劳动。采用的方式就是利用最有效的手段达到目的，因为教师要对教学效果负责。此外，教师在教学中独自面对出现的问题，在教学过程中，教师之间的合作也是在极其有限的意义上的合作。美国学者古得莱得率领的团队在对教师工作环境做了大量调查后认为，

> 我们收集了大量的有关教师与他们教学工作中的影响因素之间的关系以及教师之间关系的数据。总的来说，我们样本中的教师能比较自主地工作，但他们行使自主权的环境往往是孤立的，而不是与同行在一起进行有关一系列有挑战性的教育问题的热烈讨论。教师在教室里度过大量的时光，而教室本身的构造象征着教师的孤立，它把教师互相隔开，并妨碍教师接触超出他们个人背景的思想源泉。①

工作的封闭性极大地性限制了教师群体的交往水平。这种工作的特点难以使教师对批判性、理论性的教育学知识感兴趣。

对作为总资本家的资本主义国家来说，教育的所有投入都是一种支出，尽管是一项必要的支出。按照资本理性的原则，资本主义国家应当以尽可能少的投入取得最大的效益。资本主义国家在教育上的投入是吝啬的。在有些学校中，教师甚至不得不自己购买一些教学资料。资本主义国家本身是建立在阶级对立基础之上的，作为社会的正式代表，它从一开始就试图掩盖教育的阶级性，将它去政治化。资本主义国家绝不希望教师成为批判性的知识分子(因为这与其作为总资本家的利益相冲突)，它希望人们把教育作为中立的公共事业。

可见，现代教育的资本主义社会形式本身便否定了教育的复杂性。教师服从资本主义国家的意志，一方面使学生具备一定的素质；另一方面使其认同，至少不反对现存的社会秩序。从社会角度看，教育关系实质上反映的不

---

① ［美］约翰·I. 古得莱得：《一个称作学校的地方》，苏智欣等译，211 页，上海，华东师范大学出版社，2006。

是教师与学生作为个人的社会关系，而是国家与教师，资本主义国家与公民之间的关系。资本主义国家作为承办教育的主体，选择教师进入教育过程，也选择相应的课程，也就是说，资本主义国家为教育过程划定了范围，例如，在主导的价值取向上，教育的善是什么；在教学的内容上，什么东西可以进入课堂。因此，教师的主要工作是，如何才能有效地传授知识和技能，影响学生的价值观、情感、态度的形成。这也是教师们能够发挥自身创造性的主要领域。这实际上已经划定了教师所需要的教育学知识的范围，从而决定了他们所需要的教育学知识的类型，以及这些知识的效用。

第四节　教育学知识对教师的局限性

本节探讨教育学知识对教师的使用价值即效用。在分析中，我们假定在职教师的培训费用由雇用他们的资本主义国家来支付。资本主义国家购买一定的教育学培训服务使教师更高效地完成任务。所谓高效就是提高生产率，也就是说，使教师的同样的劳动量在质量不变的情况下能培养更多的学生，或者说，在学生数量相同的情况下，培养更高质量（自然是资本主义国家眼中的高质量）的学生，或者用更少的劳动量达到同样的效果。从经济上看，资本主义国家是消费者，但具体的消费活动的实现由教师以雇员的身份消费教育学知识来完成。下面我们分析教师作为消费者的代理人对教育学知识的需要。

教师在课堂教学中的主要任务是在学生身上再生产出资本主义国家规定的知识、技能、态度、情感、价值观等。由于整个教育本身与作为个人的教师是相对立的，他们面临的问题是：怎样高效地完成既定任务。他们作为教师的创造性大体上只限于知识、技能、价值等的再生产，这是他们活动的空间。为此，他们需要的知识的技术性质决定了他们所需的教育学知识的非批判性。他们更可能青睐布鲁姆（Benjamin Bloom）的目标分类学或者加涅（Robert M. Gagné）的教学设计法，而不是具有批判精神的马克思主义的教育哲学。

作为一种实践形式，教育劳动可按照目的与手段的关系来理解。为了高效地完成目标，教师至少需要四方面的知识：关于教育目的的知识、关于教育资料的知识、关于教育对象的知识、关于教育过程的知识。从现有的教育学知识的构成来看，依陈桂生的见解，这些知识可分为四大类，如图 6-5 所示：①

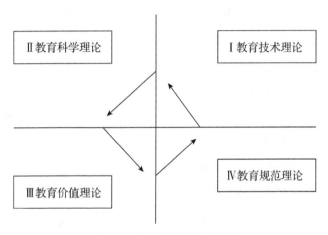

图 6-5　教育学理论的成分②

每种不同性质的成分指向的问题及呈现命题的类型不同。这些不同成分与教育实践的距离不同，因而对教师需求满足的程度不同。

表 6-3　教育学理论的成分、问题、命题、成果类型

象限	教育问题	命题类型	理论成果形式
Ⅰ教育技术理论	做什么和怎样做？	程序性命题	教育规则
Ⅱ教育科学理论	是什么？	描述性命题	反映教育规律的原理
Ⅲ教育价值理论	应当是什么？	评价性命题	教育理念的原理、原则
Ⅳ教育规范理论	应当做什么和怎样做？	规范性命题	教育规范

---

　　①　陈桂生：《教育学的建构》(增订版)，54 页，上海，华东师范大学出版社，2009。作者在注释中指出，这里教育理论成分的划分，不包括"分析教育(学)哲学"和"元教育学"。因为它们不属于"对象理论"，即它们在性质上不属于"教育"理论，而属于同"教育学"(教育陈述)相关的理论。

　　②　同上书，54 页。

一般来说，从科学与技术维度看，这两类知识对于教师来说最有吸引力。教育技术类的知识主要回答"做什么和怎样做"的问题，它直接涉及教师作为实践者的关切。这类知识在抽象程度上与实践的距离最近，有可能比较明确地告诉教师在一定的条件下做什么，以及怎样做能够取得预期效果。当然，这类知识通常不会向教师提供工作手册式的教育学知识。但这类知识的抽象度不高，模糊程度低，较易为教师掌握，并运用于具体情境。这正是教师需要的典型的工具性教育学知识。教育科学知识主要回答"是什么"的问题，这类知识能够向教师展示一些教育事实，以及从中抽象出较普遍的原理。这对教师们理解真实的教育过程具有意义。但是，它对教师的教育实践的效用是间接的，因为它提供的知识具有抽象性，这样便为教师个人如何利用这些知识留下了较大的空间。这类知识的有效性在更大程度上取决于教师主观上如何将知识和教育经验相结合，形成对教育情境的判断力。教育价值理论提供了关于教育"应当是什么"的知识。它提供教育活动应当遵循的原则和理念，这类知识抽象度较高，与教育实践的距离较远。教师在掌握这类教育学知识时获得的是对教育的理论性思考，它不向教师提供具体可行的方案，而试图使教师接受、思考一定的教育价值观念系统。至于教师实际上是否接受，则取决于它与教师已有的教育价值观念距离的远近。从教师劳动观点看，这类知识容易表现为理论的说教。因为教师与整个教育过程是对立的，他"应当"采取怎样的教育价值观念，往往意味着教师需要承担更多不同的角色，比如，教师"应当"热爱学生，"应当"具有奉献精神，"应当"将学生视为独特的个体，等等。也就是说，教师需要付出更多的理智劳动，更少地采用教条式的简单机械的做法。然而，即使教师付出这些努力，教育效果是否成功，仍然取决于大量的偶然因素。教师的任务是，利用一定的材料，作用于学生，完成一定的教学任务。教育规范理论主要回答"应当做什么和怎样做"的问题，从抽象层次上讲，它与教师的经验非常接近。但是，它可能发挥作用的前提条件是，价值观至少不与教师的价值相冲突，还应能够提高教师工作的有效性，减轻而不是加重教师的负担。

教师对教育学知识的技术化偏爱是由教师作为雇员即作为资本主义国家的施教工具的性质所决定的。从命题性质上看，这类知识是中性的，是对教育起描述和说明作用的知识，但更多的是接近操作层面的技术性的教育学知识。这意味着，教师最需要的教育学知识是非理论化、非学术性的知识。不过，即使这些知识能够对教师的工作提供直接的帮助，这种帮助也是极其有限的。因为，教育过程在客观上的复杂性使任何科学与技术性教育学知识的使用都存在很大困难。由于理论性教育学知识与教育实践之间存在这样的逻辑鸿沟，因此这个问题引起了教育学界持久的兴趣。符号化的知识本身的性质决定了其只有被主体内化后才能使用。教育学知识需要经过教师的内化。因为科学与技术性的教育学知识不能提供具体的解决问题的方案，它仅仅向教师表明，事实是什么，或者在一定条件下，采取某种措施将会产生什么结果。但它本身不会向教师指明，这些知识在不同的课堂教学中何时应用，"何时""怎样"应用取决于教师对课堂情境的把握和判断能力。也就是说，科学与技术知识的合理使用归根结底需要教师全面、理智的思考。心理学家詹姆斯曾对教师们谈及科学与教学艺术的关系问题：

> 我再次说明，如果你认为心理学，即关于心理规律的科学，是一门可以从中引出供课堂直接使用的明确的教学的程序、计划和方法，那可是大错特错。心理学是一门科学，教学是一门艺术。科学从来不能直接从自身中产生艺术。一个居于科学与艺术之间的富有创造力的心灵才能通过自己的创造性应用心理学于教学。①

然而，教师所处的劳动结构使其难以在理智上得到较高水平的发展：一方面教师的课堂环境是孤立的；另一方面，与教师交往的主要是在理智、情感、态度和价值观等方面不成熟的未成年人。这决定了教师在劳动

---

① William James, *Talks to Teachers on Psychology*：*And to Students on Some of Life's Ideals*, New York, Henry Holt and Company, 1995, pp. 7-8.

中的社会交往水平相对偏低。而"一个人的发展取决于和他直接或间接进行交往的其他一切人的发展"①，况且，教师劳动形式的压迫性也不鼓励，甚至压抑教师的批判性思维。在教育实践中流行的许多教育理论流派一旦在实践中推广开来，经常沦为机械式的做法，教师大多是操作式的拙劣模仿，很少掌握其精粹。这也是绝大多数教育理论在实践中的结局——不可避免地变得机械化和僵化。因此，科学与技术性教育学知识对教师的意义极其有限。一些研究者经常争论教育研究的工具性价值和启蒙性价值。前者偏重于教育学知识对教师的直接帮助，后者侧重于对教师的启发，进而改善教育实践。不过，总体而言，教育学知识的两种价值均相当有限。②

　　制度化的劳动结构倾向于使教师在教育价值观上是保守的。教师需要的价值与规范的教育学知识是为了准确地把握教育目的和内容所隐含的价值意图。资本主义国家作为总资本家，主导的价值与规范维护与资本主义生产方式相适应的自由、民主、平等、博爱等价值观念。教育学知识使这些价值观得到辩护，使教师信服，形成一般性的抽象教育观念。这类知识有助于教师更好地把握既定的教育目的、教育内容、教育对象的一般观念，能够为教师们很自然地接受。然而，当这些观念一旦超出资产阶级的自由、平等、民主的界限时，这类知识便受到教师的排斥。因为这类知识对于教师来说是具有乌托邦色彩的说教，这类知识高度抽象化、理论化。教师们不理解，为什么他的价值观、情感、信念、行为同专家们告诉他们的"应当如何"存在差距，并且这种"应当"总是必然要求他们做出自我牺牲。此处的"牺牲"意指教师作为个人欲超出其作为国家雇员为其设定的限度，必须与维持学校制度的权力做斗争。在与学校制度的斗争中，教师的失败是不可避免的。对此，拥有多年中小学执教经历的马克思主义教育学

---

① 《马克思恩格斯全集》第3卷，515页，北京，人民出版社，1960。
② 英国教师培训机构(Teacher Training Agency, TTA)的主席哈格里夫斯(David H. Hargreaves)在1996年做报告中指出，每年花费五六千万英镑在教育研究上，但是这些研究对学校教育质量的改进价值很小。David H. Hargreaves, "Teaching as a Research-based Profession: Possibilities and Prospects," Martyn Hammersley, *Educational Research and Evidence-based Practice*, Walton Hall, The Open University, 2007, pp. 4-17.

者哈利斯（Kevin Harris）深有感触。他在《教师与阶级》的"传记性导言"中回顾自己还算"成功"的教师经历时说：

> 入学新生将近700人，拿到初级证书并升入高中的不到50人。我猜想其中能读到大学毕业的学生不超过5人。在第七年年底我辞去了教职。这是我一生中最努力的七年，这一年我们全校教师同甘共苦……但是，我们在某些方面失败了，而且失败得很惨。我不认为我们是坏教师……另一方面，我也不认为给我们的都是坏学生。现在，在我看来，那种失败，那种惨痛的失败，在很大程度上是不可避免的，是以一种我不理解，我们中也无人理解的方式深深地嵌入在那种情境的结构之中的。……我有一种十分强烈的感觉：教师失败的倾向是深深根植于资本主义社会的学校结构内部，尽管这种倾向会因为某些偶然因素而稍有变化。所以，从总体上看，教师的失败是命定的。[①]

这里，我们不打算像很多理论家那样带着理想主义的眼光去看待教师这个职业。首先，他们都是普通人，并且是在一个政治和经济方面高度结构化的情境中的劳动者。因而他们的生活本身排斥这种具有浓厚说教色彩的教育学知识。为什么他"现在做的"总不是那些理论家们认为"应当做的"？教师的现实取向就是按照国家的价值与规范来对待教育，他一旦在理论上超出这种水平，便会在现实中过一种双重生活：他认为"应当"做的与实际做的是矛盾的；假如他屈从于教育过程，那么他必须压抑自己的个性；如果他在实践上超出这种水平，那么教师便将自己置于同现存的教育过程对立的位置上，必然会受到现存体制的惩罚。因此，这类教育学知识在理论层面上不受教师待见，在实践中的作用很微弱。印度学者萨兰加帕尼对教育学学科的观察表明，教育学知识与教师的关系，与教育系科自身的定位和反思、基础学科介入教育事务等问题交互渗透。在谈到教育学科时，她说：

---

① ［美］哈利斯：《教师与阶级——马克思主义分析》，唐宗清译，xii-xiii，台北，桂冠图书有限公司，1994。

这门学科的历史之根在于培养师资；其主流形式是应用性和实践-口头式，特别是在印度背景中。教育院系教员倾向于将自己的工作首先看作为一个由他人设计的教育体系培养教师。换言之，尽管关注的活动范围很广，包括课程、政策、管理、内容设计和特殊群体的教育，但教育院系教员倾向于仅仅为课堂培养教师，因而接受了这样的一种地位：接收他人(通常来自主流学科学者群体)有关教育目的、课堂、结构和认证的决定，在某种意义上正是这些人设计了教育院系教员被期待在其中发挥作用的总体布局。……教育院系因而倾向于不关心政治的和受政府严厉控制的，因而也导致教育在社会中扮演一种保守的而不是变革性的角色。……尽管经常受到社会学和哲学研究的影响，这些基础学科通常被认为提出的问题超出了教师(或教师教育者)的视野、权限或行动("是的，我们知道，但我们能拿它怎么办？")。只有儿童中心论是教师们的直接关切。这强化了如下观点，即教育不是在教育学科内被问题化而是在其他学科中，或在政治-公共领域，教育学科自身总体来说缺乏一种自我反思的话语。①

概言之，教育学知识对教师的实践价值不是直接的，它不能提供实践上直接应用的规则和程序，但它可以为教师提供思考教育问题的理论工具。这些知识真正地成为对实践"有用"的知识是有条件的。首先，教师必须真正地掌握这些知识，也就是说他不仅理解了这些知识的意义，而且能够批判它们。否则，他们只能将教育学知识降低到狭隘的经验层次上，甚至简化为一套方便的操作模式、规程，或者完全技术化、教条化。其次，教师在实践中必须不仅具有判断的自由，而且拥有执行自由地判断的自由。而教师在劳动结构中完全缺乏这两个基本条件，因此教育学知识不可能对教师的实践提供很大的帮助。从科学与技术、价值与规范两个维度来

---

① Padma M. Sarangapani, "Soft disciplines and Hard Battles," *Contemporary Education Dialogue*, 2015, 8(1), pp. 67-84.

看，教育学知识对教师高效地实现教学目标的意义均相当有限。因此，这使教师普遍地对教育学知识产生一种"无用"感。然而，这种无用感仅仅是教师对教育学知识的效用即使用价值的评价。这绝不意味着，教育学的地位不高是由于教育学知识对教师的效用微弱造成的。因为一种知识的地位不是由其使用价值决定的，因而也不是由使用者的评价决定的，而是由教育学知识生产者的力量决定的。

决定教育学知识地位的因素之一是其价值而不是使用价值，其价值取决于消费者购买教育学知识时付出的货币量。根据本研究的假定，在经济上教育学知识的消费者不是教师而是国家。国家购买教育学知识是为了教师更有效地完成教学任务。虽然实际的消费活动由教师完成，但教师通常不是以个人而是作为国家雇员来消费教育学知识的。在假定中，资本主义国家总是作为总资本家依照理性的方式行事，也就是说它遵循资本的逻辑。当教育学知识对教师完成一定的教学任务的效用不大时，资本主义国家会理性地购买教育学知识，即不会向教师培训投入大量的资金（相对于"理想的"投入）。由于国家直接向大学购买教育学知识，国家的购买行为将通过大学来影响作为大学雇员的教育学知识生产者。国家作为货币持有者在市场上具有先天优势，它在教育学知识方面的支出直接决定着教育学知识生产者的经济力量。教育学知识的效用微弱，这使国家不会在购买教育学知识方面支出很多，从而限制了教育学知识生产者作为群体所能获得的货币量，最终削弱了他们的力量。

第七章　师范生与教育学知识

　　本章探讨教育学知识与师范生的关系对教育学知识地位的影响。师范生是另一个需要教育学知识的庞大群体。对于师范生来说，他们不是单纯地将教育学知识作为一种使用价值来使用，而是将购买教育学知识当作一种投资。师范生购买教育学知识，提高自身的教育能力，并非为了满足自身将来更好地教育子女之用，而是为了被国家雇用以承担教育职责。换言之，他们不是把消费教育学知识作为类似于生活必需品那样的日常消费。他购买教育学知识的直接目的是提高教育能力，以期在教师劳动力市场上获得相应回报的工作。对于他们而言，这种消费是一种生产意义上的消费，也就是为了使消费本身带来更大回报的消费。可见，师范生不仅以教育学知识的训练，而且还以未来职业的预期回报来衡量其价值。前者在技术意义上是教育学知识的使用价值，表现为教育学知识对师范生所形成的态度、知识、情感、技能等的效用；后者在经济意义上是教育学知识的价值，表现为师范生的未来工资(劳动力价值的货币表现)。教育学知识的使用价值越大，越能够提升师范生的能力。但是能力的提高未必一定能带来回报的增加，或者与回报同比例增长。因为这种回报受制于师范生的劳动力价值的大小，而教育学知识本身的价值只是形成师范生劳动力价值的一部分。

　　从考察教育学知识价值的角度来看，本章分四个部分来阐述：(1)教育学知识与师资培养；(2)教育学知识对师范生的使用价值；(3)师范生受到的限度；(4)教育学知识对师范生的价值。

第一节　教育学知识与师资培养

　　尽管人类关于教育的思考源远流长，但它作为一个主题在大学中得到学术研究是晚近得多的事情。近代以来的绝大多数教育学在性质上属于实践教育学。这一事实表明，教育学主要是面向教育者的教育学。近代教育学奠基人夸美纽斯在《大教学论》的开篇即指出："我们这本'大教学论'的主要目的是在寻找一种教学的方法，使得教员因此可以少教，但是学生可以多学。"①

　　教育主题受到系统探讨，有两个主要的思想背景：其一，教育（最初主要是初等教育）的价值逐渐受到重视；其二，从教者需要具备一定的资格，接受一定程度的训练。伴随着 18 世纪下半叶开始的工业革命，在一些资本主义国家，这两个思想不仅得到越来越多人的认同，而且逐渐转变成为现实，那就是初等教育的普及提上日程。由此而来的培养师资的机构也就应运而生。就后者而言，早在 17 世纪就已经产生了师资培训学校。具有代表性的是，1681 年法国"基督教兄弟会"神父拉萨尔于地斯创办了世界上第一所师资培训学校，成为人类师范教育的滥觞；1695 年，德国人弗兰克于哈雷创设教员养成所，为德国最早的师资训练机构。② 就美国来说，直到 1823 年才由霍尔在佛蒙特市开办了美国第一所正规的师范学校。不过，早期产生的师资训练机构着重于教学方法方面的简单训练。即使如此，美国教育史家孟禄指出："在美国工业化之前，教学工作只是那些认识一些粗浅知识的人，为了谋生所做的短暂的工作，毫无专门的知识或学理可言，勉强称其为教书匠或混生活的人，绝对无法称其为教师。"③教师不需要接受专门的训练，只要熟悉所教的内容即可，这类观点在 19 世纪早期的美国相当普遍。

---

① ［捷克］夸美纽斯：《大教学论》，傅任敢译，2 页，北京，人民教育出版社，1979。
② 曾煜编著：《中国教师教育史》，7 页，北京，商务印书馆，2016。
③ 林永喜：《师范教育》，46 页，台北，文景出版社，1986。

教育学知识与师资培养之间的关系主要表现在以下方面。师范教育产生之后，教育理论在各类师范教育机构中得到传播。从师范机构中毕业的教师，多拥有职前培训时获得的教育理论；这些理论，或多或少、有意无意地在教师的日常实践中，得到部分的应用，也必然会得到一定程度的综合应用。师范教育中所传播的教育理论的质量，既与师范教育机构的发展有关，也与教育理论的成熟度有关，还与人们对教师的要求有关。人们对高水平的教师需求越来越多，必然要求教师具备较高的教育理论素养；这既刺激了师范教育机构的发展，也刺激了教育理论的发展。传授教育理论的专门团体产生，其专业人员在不断参与教育研究的过程中，质量得到不断提高，而教育理论在 20 世纪以来，也无疑得到了巨大发展。在师范教育所传授的教育理论与教师质量需求之间、在师范教育所传授的教育理论与教育理论研究之间，存在着唇齿相依的关系。①

教育主题进入大学主要有两个基本路径。一是传统上培养师资的师范学校升格为大学，由大学的教育学院承担培养师资的任务；二是大学建立教育学讲座制再到大学教育学院。前一种情况的典型代表，可见于美国的师范学校到教师学院再到大学教育学院的发展。后一种情况，可见于德国教育学的发展。赫尔巴特在《普通教育学》中直言："我在这里就要为那些没有经验而希望知道他们应当寻找并具备什么样的经验的人提供这样一张地图。"②这在一定程度上预设了教育者的培养问题。不过，真正使教育学与师资培养联系起来的，还是在 18 世纪末以后，教育学开始进入大学。教育学在大学由讲座、教席而发展成为专门的系科。其背后的重要推动力之一就是通过大学的教育学院培养师资。由于大学的传统是生产学术性知识，衡量大学教师的标准也倾向于采用学术标准，而教育学院主要承担培养师资的任务，因此，教育学知识生产者长期在理论取向与实践取向之间徘徊，这在师资培养改革中通常表现为学术性与专业性、技术性与自由

---

① 唐莹：《元教育学——西方教育学认识论剪影》，412 页，北京，人民教育出版社，2002。

② ［德］赫尔巴特：《普通教育学·教育学讲授纲要》，李其龙译，11-12 页，北京，人民教育出版社，1989。

性、学术性与师范性之间的争论。

师资培养主要分为职前教育、入职培训与职业训练，如今通称为教师教育，区别于以往专注于职前教育的师范教育。就本文目的来说，主要聚焦于教师的职前教育，即师范生的培养。师范生所需要的教育通常包括三个主要部分，即通识教育、学科教育与教育学的专业教育。就师资培养来说，教育学知识充其量只是其中一部分而已。自然在不同的社会-文化中，教育学知识在整个师资培养中所占比重有所不同。① 无论它们的差别有多大，对于师范生来说有两个基本尺度来衡量教育学知识：（1）是否有助于提高处理教育事务的能力；（2）是否带来较大的经济回报。前者是针对教育学知识的使用价值来说的，后者是针对教育学知识的价值（交换价值）来说的。

一般来说，师范生接受过专业教育，其应具备的专业素质包括三方面：知识、技能和人格。最近30年来，社会在教师教育领域中推进教师的专业化运动，在很大程度上关注教师应当具备什么样的知识、技能，或者说，从知识与技能方面寻求教师作为专业人员的合法性，相对地忽视了教师人格的重要性。如此一来，推进教师专业化运动的努力实质上不自觉地将教师的专业活动简化为教学。高质量的教育学知识完全可能在培养教师的知识与技能方面取得成功，问题在于，教育教学工作的成果不仅仅取决于教师的知识与技能，更受到教师人格的影响。而人格是一个人的道德、信念、习惯、情感等的综合体，教师人格的形成是更广泛的因素影响的结果。对于师范生的人格形成而言，教育课程的作用相当有限，它更可能取决于师范生的整个学习与生活氛围。这也许就是教育学知识的界限。教育学知识的另一个界限在于，它在内容上对师范生专业素养的形成并不充分，师范生至少还需要通识教育和学科教育。

---

① 20世纪70年代，国际劳工组织和联合国教科文组织对70多个国家的师资培训情况做了调查。参见苏真主编：《比较师范教育》，381-383页，北京，北京师范大学出版社，1991。

第二节　教育学知识对师范生的使用价值

从经济观点看，师范生购买教育学知识，目的在于初步形成与国家对教师要求的标准相适应的知识、态度、技能、情感，以便将来从事教师职业，获取收入。作为消费者，师范生需要大学为其提供教育学知识方面的训练。通过这种训练，他们能够合乎某种被指定的标准完成一定的教育任务。从实用(或使用价值)角度看，师范生评判教育学知识的尺度是，是否具有训练效用，即教育学知识在多大程度上有助于提升师范生的教育能力。

一、符号化的教育学知识

大学可为师范生提供两种主要形态的教育学知识：可以言说的、符号化的教育学知识和以技艺形式存在的、活化形态的教育学知识。师范生在教育学知识生产者的指导下掌握这两类知识(前者通过理论学习获得，后者通过实践训练获得)。他们购买教育学知识服务的直接目的是，(1)在理论上掌握教育学知识；(2)具备在实践中使用这些知识的能力。所谓在理论上掌握教育学知识是指，为使师范生能够在毕业后具备承担一定教育任务的能力，而为其设计的知识基础的一部分，即系统的关于教育的知识。这些知识是培养师范生应该具有的一定的教育能力所需要的。相对于个人经验来说，符号化的教育学知识是抽象的、一般的理论性知识[1]，它们是可以言说的知识，因而也可以通过讲授法、研讨课、案例分析等方式进行传授。

理论性的教育学知识主要对师范生提出认知要求。依布鲁姆的认知目标分类理论来说[2]，认知的高级形式是应用这些知识分析具体的教育问题，

---

[1]　之所以说它是抽象的，是因为它是一个文字符号构成的知识体系，无论它是关于教育理论的，还是关于教育史、教育经验的，它都表现为与个体的直接经验不同的另一个意义系统。因而它对个体而言是理论性的。这种学习在本质上也是理论学习。

[2]　[美]B. S. 布卢姆等编：《教育目标分类学——第一分册：认知领域》，罗黎辉等译，上海，华东师范大学出版社，1986。布卢姆又译为布鲁姆。[美]L. W. 安德森、L. A. 索斯尼克主编：《布卢姆教育目标分类学——40 年的回顾》，谭晓玉等译，上海，华东师范大学出版社，1998。

提出解决方案，并能够评价它们。理论性知识对师范生的意义在于，它通过向师范生提供关于教育的一般性知识，提高他们认识教育的能力，为教育行为提供一定程度的指导。简言之，它形成师范生从理论层面认识教育问题的能力。这类知识对师范生形成一定的教育能力（一种实践能力）虽属必要，但不具有自足性。

事实上，对于任何一种指向实践的专业来说，理论性知识具有或多或少的必要性，但远不是充分的。一旦将理论性的知识作为形成某种实践能力的主要的甚至唯一的基础，学习者便会抱怨课程过分理论化、不实用、脱离实践等。除理论性知识外，一种专业能力还包含一定的态度、情感、规范、技能等，其中大量的内容无法直接传授，理论性知识只是能力的构成要素之一，但不是能力的全部要素（甚至不是关键要素）。能力表现在完成某一任务的效益和效率上。因为专业能力的运用总是表现为具体情境中的个别行动。为了取得理想的效果，行动者除了具备一定的理论性知识外，还应掌握关于具体情境的知识和有效地操作对象所需要的各种技能。因此，在这个意义上，对于师范生来说，理论性的教育学知识对其提高教育能力的效用（使用价值），类似于法学之于律师、法官和商学之于经理人的意义。教育学知识为未来的教师提供关于教育的一般性知识，法学知识为未来的律师或法官提供所需要的理论性知识，商学知识为经理们提供有关商业的知识。在此意义上，教育学知识与法学知识、商学知识并没有本质区别。但理论性知识不能替代学习者的个人经验。一名专业的律师或法官不仅需要一定的理论性知识和分析问题的能力，而且还需要个别的经验。无论一般性的法学知识如何完美，都无法替代那种只有个别的、具体的、感性的经验才能给予实践者的知识，这种知识有助于实践者在具体的案件中形成明智的判断，进行果断的行动，并且它们不能在教育中被直接传授。

由于教育能力是一种实践能力，只能在具体的教育实践中形成。能够直接传授的教育学知识总是理论性的、一般性的、脱离情境的。即便在我们分析一个案例时，它是作为经验的代表从诸多经验中抽象出来的，但仍然是理论的、一般意义上的。因此，理论的教育学知识对教育能力的形成是不足的，要形成实践能力还需要个体经验。亚里士多德曾指出：

> 在业务上看，似乎经验并不低于技术，甚至于有经验的人较之有理论而无经验的人更为成功。理由是：经验为个别知识，技术为普遍知识，而业务与生产都是有关个别事物的；因为医师并不为"人"治病，他只为"加里亚"或"苏格拉底"或其他各有姓名的治病，而这些恰巧都是"人"。倘有理论而无经验，认识普遍事理而不知其中所涵个别事物，这样的医师常是治不好病的；因为他所要诊治的恰真是些"个别的人"。①

相对于经验世界，任何理论性知识都是片面的。在实践者面对具体情境时，现实却是整体性地呈现的，它需要实践者在与情境的互动中把握整体，从而做出相应的判断。因为，师范生将来的教学对象总是个别学生，而不是一般的学生。因此，师范生购买的教育学知识还包括一定的教学实习环节。

二、活化的教育学知识

活化形态的教育学知识也就是技能性的教育学知识。这类知识存在于教育学知识生产者身上，不能仅仅通过讲授的方式使学生理解，是需要指导和反复的演练、模仿才能形成的知识。它是指完成教育任务所需要的一系列具有可操作性的规范、技术，它与个人的天赋、经验的结合在某些情况下能够达到艺术的高度。② 师范生学会一种教育技能，主要不是指在理论上理解它，而是指在实践上掌握它，能够将它在实际教育情境中展示出

---

① [古希腊]亚里士多德：《形而上学》，吴寿彭译，2-3 页，北京，商务印书馆，1959。
② 美国学者舒尔曼提出的实践智慧不属于一般理论形态的教育学知识，它是活形式的教育学知识。[美]舒尔曼：《实践智慧：论教学、学习与学会教学》，王艳玲等译，上海，华东师范大学出版社，2014。

来。为完成一定的教育任务，教师需要掌握一系列基本的教育技能（如维持班级秩序、课堂导入、内容讲解、练习巩固、评价等）。而完成教育任务所需要的技能受制于教育活动的结构特点。在现代教育制度下，主要的教育活动表现为教学。通常的教学结构是：一名教师面对由若干名学生组成的班级，教师利用教育资料对学生施加影响以使他们的知识、情感、技能等方面得到发展。一节完整的课堂教学通常需要教师具备一系列的教育技能：课堂管理、内容导入、激发学生的学习动机、练习、考评等。

教育学知识的生产者在理论上既可以生产关于整个教育过程的知识，也可以生产关于构成教育过程的诸环节的知识。用波兰尼（Maechel Polanyi）的话来说就是对教育活动的局部进行"破坏性分析"。教育学知识的生产者可以向师范生提供关于完成教育任务所需要的一系列的教育技能的知识，也就是说揭示有效的教育技能的原理，以及教师应当遵循的原则、程序等。但是，师范生不能仅仅通过理解这些规则来学会这些教育技能。他们掌握的只是关于教育技能的静态知识，而未能将这些技能在新情境中展示出来。对技能的真正掌握是在具体的教育情境中恰当地演示它，而不仅仅是理解它。一个人掌握了关于教育的知识，并不能使他学会如何进行教育，只有现实的教育活动才能表明他是否掌握了相关技能。与游泳、篮球、羽毛球等活动技能相比，教育技能不仅难以直接迁移，而且面临特殊的困扰。下面，我们以一个极端的例子（教学技能与羽毛球运动技能，见图 7-1）揭示教育技能的特性。教育教学活动的结构：1 名教师+教育资料+若干名学生（如 30 人）。羽毛球活动的结构：1 名选手+运动设施+1 名选手。

这两种活动至少具有五方面的共同之处：（1）达成目标均需要一系列的操作性技能；（2）同属于人际交互性质的作用；（3）知识生产者对两种活动的研究均可在细节上揭示出完成整个活动所需要的技能，即可以提供关于这些技能的知识；（4）这些技能均需一定量的练习才能熟练地展示出来；（5）实践者要在真实情境中自如地运用这些技能，均需要将这些技能与个人的实践经验相融合。这两个活动的差别也表现为五个方面。（1）在

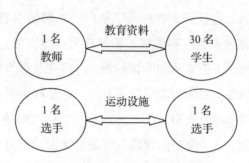

图7-1　教学与羽毛球活动的结构

教学活动中，实践主体表现为一对多；在羽毛球运动中，实践主体表现为一对一。(2)实践主体在两种活动中的地位不同。在教学活动中，教育者与受教育者在理智、情感等方面是不平等的；在羽毛球活动中，两个主体在理智、情感等方面是平等的。(3)两者目标的清晰度不同。在教学活动中，教师的目标不仅多元，而且模糊(记忆、理解、情感、技能等方面)；在羽毛球活动中，目标清晰且单一，即战胜对手。(4)目标评估的难易程度不同。在教学活动中，某些目标(情感、认知目标等)的实现程度难以测量；在羽毛球活动中，目标的评估要容易得多。(5)教学活动更侧重认知、交往等方面的技能，羽毛球则更侧重肢体运动方面的技能。

　　两者的共同点构成比较的基础，其差别在一定程度上揭示出师范生在掌握教育技能方面面临的特殊困境。下文以教育技能中的"课堂导入"技能和羽毛球技能中的"握拍"技能为例进行详细说明。首先，两者在各自领域中均属于基础技能。其次，知识生产者对教育活动和羽毛球运动的研究能够提供关于"课堂导入""握拍"的知识。假设师范生学习"课堂导入"技能，羽毛球运动员学习"握拍"技能。"课堂导入"的主要目的是激发学生的学习动机，帮助学生在学习新知识前做好心理和知识上的准备。在教育实践中，教师常用的导入策略有以下数种：借助旧知识导入新知识，借助多媒体手段导入，以故事与诗词导入，联系生活经验导入，利用游戏导入，设置悬疑导入等。以"联系生活经验导入"策略为例，它要求师范生在课堂正式开始之前，根据教育目标展开对学习内容和学生的已有经验的分析，从中发现两者的交汇点。然后，师范生需要创设情境，引发学生的学习动机。在这一过程中，师范生需要考虑到教学所能利用的资源，需要将所设计的情境变成现实所需要的技能，如语言、肢体、制作、设计等方面的技能。

在羽毛球运动中，"握拍"常见有四种握法：正手握拍、反手握拍、锤式握拍、钳式握拍。运动员只要运用"握拍"技能，大体只有有限的几种"握法"。在学习动作技能中，运动员通常的做法是，首先将整个运动技能分解为更细小的技能单元，其次通过训练逐步掌握每一个技能单元，最后再将这些技能综合起来在实际情境中练习，以达到融会贯通的目的。在教师教育中，20世纪六七十年代，流行的微格教学便是将教育技能分解为若干更小的技能单元，使师范生逐步掌握的。在此意义上，教育技能与羽毛球技能没有本质差别。通过这种方式，师范生可以掌握"课堂导入"策略的技能，正如运动员掌握"握拍"的技能一样。两者的重要差别在于：它们的可迁移程度不同。孤立地看，教育技能本身具有高度的不确定性；羽毛球技能具有高度的确定性。所谓不确定性是指教育技能远不像羽毛球技能那样包含大量的技术性规则。虽然教育技能中也有某种确定的东西，但这些东西本身是比较抽象的、一般的。例如，教师在教授鲁迅的《药》和巴金的《小鸟天堂》时，运用"联系生活经验"导入策略。我们便会发现，虽然采用的策略相同，技能类似，但实质过程有重大差别：创设情境是以教育的目标、内容、对象为转移的。虽然两课都是同样的策略，但设计的结果差别极大。虽然师范生在两种情况下均使用了"课堂导入"的技能，但他们在最终展示时可能会完全不同。动作技能则不同，"握拍"的方式无论在业余比赛，还是在正规比赛条件下都没有太大的差别，羽毛球运动的基本条件有高度的确定性。这使运动技能一旦被掌握，便容易迁移到其他类似的羽毛球运动情境中。一方面，教育技能本身有高度的不确定性、模糊性；另一方面，这些技能应用情境（教育目标、内容、对象等方面）的差别易变性，使一种教育技能被掌握后不易迁移。

假如师范生掌握了教育技能（如导入课堂的种种策略），他必须具有探究能力和积极主动的态度才可能恰当地将技能运用于新的情境中，否则容易使教育活动显得太机械。因为师范生每次在使用"导入技能"时，所面对的目标、内容、对象都是新的，需要重新做出分析以决定具体实施导入课堂的方式。而羽毛球运动员则不同，他们面临的情境高度同质化，无论对手的种族、信仰、出身、水平等有多么不同，羽毛球比赛使用的技能基本上是一样的。羽毛球运动的情境因素相当确定，而教育过程的因素则高度不确定。主体的不平等、目标的不清晰、评估的困难性、技能所要实现的目的不同等因素均为教育技能的迁移带来极大困扰。这一切要求师范生在运用教育技能时必须具有探究能力，也就是具有"具体问题具体分析的能力"，否则极易僵化地理解、迁移教育技能。同时，鉴于教育本身的特殊性(目标的模糊性、效果的迟滞性、评估困难等)，如果师范生没有受到全面、严格的训练，在教育过程中就很难考虑到大量影响教育结果的因素。因为"忽视"通常也不会导致"直接的""明显的""严重的"后果，这使教育技能对于师范生而言显得不那么"紧迫"，或者说，教育技能的迁移留给师范生极大的空间，即平庸的教学与卓越的教学的距离。

此外，教学实习对师范生的能力形成至关重要。实习的主要目的是给学生以经验，使其将理论知识、教育技能与具体的经验相结合，形成独属于个人的知识，最终能够在实践中进行明智的判断和富有智慧的行动。然而，大学本身缺乏形成师范生教学能力的真实情境，因而它只能在极有限的程度上向师范生提供所需要的实习指导。① 由于教育领域中理论与实践有分工，大学的教育学知识生产者通常缺乏中小学教师的经验，他们已不像 20 世纪初的前辈那样既是认识教育的专家，又是实践教育的专家。在现有的劳动分工体系中，教育学知识的生产者大多只是擅长认识教育的理论家，而不是教育实践家。因此，那些指导师范生教学实习的人通常是具有丰富经验的中小学教师。师范生的教学实习与教育学知识生产者已没有多大的关系，因此，这不属于本研究考察的范围。

---

① 这一限制产生了大学在教师教育方面与中小学校进行合作的必要性。两者合作的观念虽早已有之，然而(就美国而言)只是到 20 世纪 80 年代末始在实践层面大规模展开，主要表现形式之一就是专业发展学校的出现。参见[美]达林-哈蒙主编：《美国教师专业发展学校》，王晓华等译，北京，中国轻工业出版社，2006。

上述师范生培养的方式，实质上预设了一系列有关教师教育的技术理性观念。其中重要的有：(1)将教育学知识视为科学的，师范生在掌握这些科学后，能应用于教学实践之中；(2)教育教学是一项技术工作，教师是技术人员，即运用科学的教育学知识来解决实际教育教学工作的人；(3)教育教学作为实践活动本身隐含了一套清晰的知识与技能体系。实际上，这些假设一直以来都受到挑战。① 最近的观点是把教育教学理解为一种反思性实践，这种观点认为，教育教学是一种情境性实践，具有复杂、不确定、多变的特点；教师不是简单的知识传授者，而是反思性的实践者；除了知识与技能外，教师的人格和缄默知识对学生产生至关重要的影响。有学者对这两种观念在教师教育中的体现做了比较：

表 7-1　两种教师教育观的比较②

比较内容	技术理性的教师教育观	反思性实践的教师教育观
理论基础	技术理性主义、行为主义、要素主义	反思性实践认识论、认知心理学、进步主义、批判理论
假设	掌握知识和技能就能引起教学行为的改变	依靠理论在教学中及对教学进行反思，才能改进教学行为
知识的特征和来源	显性的公共性知识，通过理论学习而获得	隐性的缄默知识，在实践中产生
教学观和教师观	教学是技术性事业、传授系统、应用科学。教师是技术人员，是知识的传授者，是单向度的人	教学是情境性的"专业艺术"，教师是专业人员，是反思性的实践者，是多向度的人，具有多重角色
教师资格能力	教学的知识和技能	知识、技能和品性，强调反思和批判能力
评价观	标准化的纸、笔考试，方法单一，注重结果	绩效(真实性)评价，方法多样，注重过程

---

① 在西方，元教育学的发展最好地说明了这一点。唐莹：《元教育学——西方教育学认识论剪影》，北京，人民教育出版社，2002。程亮：《教育学的"理论-实践"观》，福州，福建教育出版社，2009。

② 周钧：《美国教师教育理论与实践》，89 页，北京，北京师范大学出版社，2015。

第三节　师范生所受的限制

教育学知识的生产者向师范生提供两种形态的知识——符号化的教育学知识与活化的教育学知识。从使用价值来看，它们对师范生教育能力的形成的影响相当有限，而师范生教育能力的最大影响来自教育活动独特的结构性特征。

作为一种实践活动，教育像医疗、工程一样必须遵循一定的规律，但是，教育所涉及的大量精神性因素使教育学知识生产者只能在高度抽象同时也极有限的意义上揭示教育的规律。对于这种高度抽象因而是模糊的规律，许多人干脆不承认存在所谓教育规律。特别是，教育无法像医疗、工程、法律等活动那样能够在具体层面概括出一套行之有效的技术性操作体系，这一特点使教育为教育者的个人发挥留下了很大的空间。因此，教育在实践中更多地表现为一种艺术。杜威指出，过分重视直接技能的师范生的训练模式将师范生的注意力导向外在的形式而不是思想的过程。结果是师范生至多能学会如何教学，却不知为何这样教学，这只能将教学束缚在盲目试探、武断决策和生搬硬套的行为习惯中。这种模式是学徒式的而不是实验式的，后者致力于"发展学生对实践技能的个人独立运用所要求的理智方法的掌握，而非立即成为技能的熟练掌握者"。在杜威看来，强调教师需要精通教学和管教，"这让实习教师把注意力放错了位置，而且朝向错误的方向——也许不是完全'错误的'，但从需求和机会方面来看，相对而言，则是错的"[1]。20 世纪 80 年代，美国学者肖恩（Donald Schön）指出，实践者的专业知识是在模糊和不确定的活动中表现出来的，专业化的教师应是反思的实践者。反思性思维不同于技术理性的理论思维，它强调的不是实践者对

---

[1] 《杜威全集：早期论文与〈批判的伦理学理论纲要〉》第 3 卷，吴新文等译，188–189、190页，上海，华东师范大学出版社，2010。

实践进行预测和控制，而是在活动中确认问题和解决问题的思考方式。① 教学中包含复杂的人际交互作用，其中意义问题先于真理问题。教育技能本身包含了大量的认识技能，教育行为也建立在认知判断的基础之上。

教育活动的特点使大学提供的教育学知识（无论这种知识在科学上多么完善）难以显著提高师范生的教育能力，这是不难理解的。应当指出，这种限度根源于传授教育学知识与形成教育能力两种任务之间的根本差别。教育能力最终表现为，师范生为完成一定的教育任务而展示出来的一系列的技艺。一般而言，学习技艺最好的方式是学徒式，即长期跟着师傅观察、模仿。在波兰尼（Michael Polanyi）看来，

> 通过示范学习就是投靠权威。你照师傅的样子做是因为你信任师傅的办事方式，尽管你无法详细分析和解释其效力出自何处。在师傅的示范下通过观察和模仿，徒弟在不知不觉中学会了那种技艺的规则，包括那些连师傅本人也不外显地知道的规则。一个人要想吸收这些隐含的规则，就只能那样毫无批判地委身于另一个人进行模仿。一个社会要想把个人知识的资产保存下来就得屈从于传统。……像技能一样，行家绝技也只能通过示范而不能通过技术规则来交流。要成为酒类品尝专家，要习得品尝茶叶的无数种不同混合的味道之知识，要把自己培养成医疗诊治医生，你就得在师傅的指导下经过长期的实践。②

而这些至关重要的教育学知识恰恰是大学中的教育学知识生产者所无法提供的。

卓越的教育能力需要师范生在教育实践中观摩经验丰富的教师，并不断地反思，进行自我教育，这样经过长期的过程，师范生才能将学到的技

---

① Donald A. Schön, *The Reflective Practitioner*: *How Professionals Think in Action*, New York, Basic Books, 1983, p. 21.
② ［英］迈克尔·波兰尼：《个人知识——迈向后批判哲学》，许泽民译，79—81 页，贵阳，贵州人民出版社，2000。

能融入实践，最终形成一种似乎是本能的东西，这完全是一种高度个人化的知识。仅仅正规的教育训练并不足以使一个人成为真正的专业教师，它只是为他在将来成长为专业人员打下基础。教育学知识的生产者能够提供的是理论性教育学知识和教育技能，无法提供那些只能在实践中必须由师范生通过经验才能形成的高度个人化的知识。教育活动的复杂性为个人的教育艺术留下了很大的空间（当然也为平庸留下了空间）。如果有人指责，大学的教育学院没有培养出具有专业水平的教师，那么他便是不明了教育学知识的限度。因为我们不能要求，教育学知识的生产者提供给他们无法提供的东西。教育学知识的生产者能够提供的是师范生所需要的知识和技能，但教育学知识的生产者本身不是教育专家，分工使他们中的大多数并未掌握教育工作中所需要的实践技能。他们不像羽毛球教练那样兼具知识与技能演示于一体。因此，师范生的实践技能往往比较薄弱。在教学实习中，师范生学到的教育知识不是由教育学知识的生产者传授的，而是由业余的教育知识的生产者（通常是经验丰富的在职教师）提供的，师范生的教学技能是只有在实践中不断反思才能获得的技能。其中隐含了师范生的自我教育、个人经验、理论知识等因素的相互融合，发生类似于化学反应的过程，最终形成独属于个人的教育知识。这种教育知识类似于舒尔曼（Lee S. Shulman）所讲的"实践智慧"①。

在上述意义上，教育学知识对师范生的意义是有限的。他们在大学学到的知识和演示的技能可直接迁移至其他教育情境中的技能不多。在许多情况下，他们必须依赖自己的判断。正规教育教学类课程有局限性：师范生的知识主要还是来源于课堂授受和理论学习，缺少实践的检验和对知识的感悟，这使得他们对教育教学的认知仅仅停留在理性或粗浅层面，而与真实的实践是有差距的。当他们接触了真实的教育情境，或开始走入教育

---

① 舒尔曼探讨了教学知识基础至少有四个主要来源：（1）所教学科的学术知识；（2）有关组织的教育过程的材料和环境的知识；（3）有关学校教育、社会组织、人类学习、教学与发展的研究等方面的知识；（4）来自实践的智慧。参见［美］舒尔曼：《实践智慧：论教学、学习与学会教学》，155-159 页，上海，华东师范大学出版社，2014。

生活时，他们会在复杂的教育情境中遭遇挑战和挫折，感觉无法用自己所学的理论知识来解决复杂多变的现实问题，甚至会对多变的教学课堂和学生束手无策，感到无助、迷茫，甚至退缩，对自己在教师教育专业学习中的课程与专业知识产生怀疑与否定。在本研究的假定中，教育学知识的生产者仅仅是知识的生产者(教育学家)，而非教育实践专家。诚然，教育系并不旨在从一开始就将师范生培养成熟练的教师或教学专业人员，而只是为其将来走向教师岗位打下基础。教育技能及其应用情境的高度不确定性为师范生学习、运用教育学知识留下巨大的空间。因为大量的教育技能并不是外显的，并且在实际情境中对它们的运用取决于师范生的知识及其对教育目标、内容、对象的感知和理解。这一特点使教育学知识对师范生的使用价值很难以一种显著的方式显现出来。但这绝不意味着，理论性的教育学知识对教育工作意义不大。教育哲学家索尔蒂斯说："一个肤浅的教育工作者，可能是好的教育工作者，也可能是坏的教育工作者，但是好也好得有限，而坏则每况愈下。"①现实中也的确有不少教师具有丰富的学科知识，他们因缺乏教育理论的指导，并没有取得预期的教育效果。因汶川地震成名的语文教师范美忠就痛彻地感受到缺乏教育理论所带来的困扰，他的反思提出了一些非常重要的教育学问题，值得大段摘录：

　　从我的切身体验来看，基本的教育学心理学素养、对课堂理念的思考、自觉的理论意识和反思意识都太重要了，如果我更早具备这样的知识背景和反思意识，那么我不会走这么长的弯路，教了三年书还没入教育之门。当然，课堂虽然重要，却绝不是教育的全部；教材虽然是基础，但教师仅局限于教材却是远远不够的。我的问题主要在这里。而很多老师恐怕就是知识、思想、视野和教育学素养等都缺乏了，而所谓技巧还可能是同样违背了教育规律的缺乏思想支撑和基本真诚的伪技术……还有就是我依然漠视学生的主体地位，不顾"最近

① [美]J. 索尔蒂斯：《论教育哲学的前景》，《国外社会科学》，1984(3)。

发展区"这样的基本的教育规律。我总是觉得很多内容过于简单，匆匆几句话交代过去，而迷恋于讲高深前卫的知识和思想，根本不顾及学生的接受和消化能力；我依然对学生进行知识轰炸，很多时候只图自己讲得痛快，而很少让学生参与，也很少去了解学生的感受和想法；我较偏爱文学和艺术方面出众的学生，而较少顾及其他学生的感受；除了思想启蒙之外，学生的人格培养方面我基本不关心；我在课堂上气势慑人，再加上学生眼中惊人广博的知识和高深的思想，他们根本不敢起来发言。在课堂上，我对学生是一种居高临下而非平等的姿态，可我反而奇怪：你们为什么不主动提问？为什么不站起来反驳我……我给学生创造了这样的进行质疑和讨论的环境和气氛了吗？我有自觉引导学生质疑和思考的意识吗？……我依然对引导学生在多元观点之间进行思考和比较选择缺乏足够的意识，而沉迷于思想灌输。应该说，有些老师也对我进行了提醒，但我对他们的意见根本不屑一顾。过度自负带来的封闭，导致我难于实现视角转换。我想跟我类似的一些老师也当警惕，千万不要自我封闭，要持续不断地从各个角度对自己的教育教学理念和实践进行反思。同时，我仍然缺乏足够的热情去寻求和接触教学类的书籍和杂志，也不知到哪里去寻找。因为以前看过的几本垃圾教育书籍(我在广州时曾买过四本广东省教科所的研究人员写的教育类书籍，这几本拙劣的书籍倒尽了我的胃口，我还以为教育学就是毫无实际价值的伪科学)，以及大量的垃圾教育杂志已经让我根本不想去接触它们。[①]

第四节　教育学知识对师范生的价值

一、师范生的劳动力价值构成

孤立地看，对知识商品的消费与其他任何消费活动类似，消费者均需

----

① 范美忠：《追寻有意义的教育》，http：//www. sohu. com/a/42971453_ 100934，2018-03-12。引文有改动。

要付出或多或少的身体的、精神的活动。这种付出是消费者为实现商品的使用价值所必需的、附带的活动。其差别仅仅在于：由商品本身的使用价值所决定的消费方式是不同的。面包消费者为了消费面包的使用价值需要付出一定的身体运动，如咀嚼、肠胃消化等。音乐会的听众需要付出"听"的活动。对于知识商品而言，消费者必须通过自身的学习活动，才可能实现购买知识的目的。师范生在大学接受教育学训练的过程是一个消费教育学知识的过程，这种消费与其他商品的消费一样，师范生需要付出一定身体的、精神的活动——学习努力才行，然而，从经济关系来看，师范生购买和消费教育学知识不是为了满足个人的求知欲或个人对教育学知识的需要，而是为了训练一定的教育能力，这种能力在将来可以为其带来经济利益。这种收益从一开始就主观地存在于师范生的头脑中。

师范生购买教育学知识商品，目的是使自己掌握一定的知识和技能，形成一定的教育情感和价值观念，具备一定的从事教育的能力。毕业后，他们通过成为教师而使用这种能力并从中获得工资。对于师范生而言，他们购买的教育学训练实质上是一种投资。按照资本的原则，这种训练如能为购买者带来的收入越高，其价值便越大，从而地位越高。师范生的教育能力的形成包括两部分劳动：其一，师范生在学习理论知识与训练技能中所付出的学习劳动；其二，师范生向大学购买的、以服务形式呈现的、指导师范生学习教育学知识的一系列劳动。从经济观点看，这两类劳动都形成师范生的教育能力的费用的一部分。为了简化分析，我们假定师范生同其他专业（如法学）的学生在进入大学前具备相同的经济能力，也就是说，教育专业的学生与其他专业的学生相比，虽然其能力的形式不同，但他们形成能力所付出的劳动在经济上是相同的。在此条件下，教育学知识为师范生的教育能力带来的价值增量取决于师范生学习的劳动量，以及其购买的教育学知识的价值，教育学知识的价值主要表现为学生必须交纳的学费。当然，在现实中学费远不足以弥补生产教育学知识的成本，不过它在一定程度上可以成为反映教育学知识价值的一个指标。在分析中，我们假定：师范生交纳的学费与知识商品的价值相符。这两项费用在很大程度上影响着师范生在劳动力市场上所能获得的工资。像舒尔茨说的那样，"从长远观点看，工人的人力资本投资的数量差别可以视为解释工资差别的简单而最重要的因素"①。

按照马克思的观点，劳动力的价值是由劳动力再生产所需要的生活资料的费用构成的。"劳动力的价值也是由生产从而再生产这种独特物品所必要的劳动时间决定的。"②劳动力的价值有三个基本构成部分：（1）维持个体生存所需要的一定量的生活资料的费用；（2）维持子女的生活资料的费用；（3）获得一定技能的教育或训练费用。马克思考察的是一般工人的劳动力的价值构成。对于我们的目的而言，第（3）项费用至关重要。在发达的资本主义条件下，大量的基本生活资料变得便宜，而知识的学习、教育或训练费用变得非常昂贵。个人的学习劳动及购买教育或培训服务的多少在很大程度上决定劳动力的生产费用。为了在纯粹的形式上分析师范生的教育能力的价值构成，我们在分析中假定构成劳动力价值的前两项费用相同，这里仅仅考虑第（3）项教育或训练费用。在这种情况下，不同专业的知识为学习者带来的价值增量的差别，在于学习者的学习劳动及其购买的知识商品的价值不同。

知识商品对个人性情、道德、人格等方面的影响主要通过掌握这些知识的交往活动表现而来。对师范生精神方面的影响是重要的，但该影响在大学提供的知识服务中是附带的、伴生性的，不具有独立性。因此，在分析中，我们假定这些精神方面的影响是不存在的。从经济角度看，师范生的教育能力是一种劳动能力。这种能力可以使其完成合乎一定质量规格的教育任务——利用一定的教育资料对受教者施加某种影响。现在，我们从结果上分析作为劳动能力的教育能力。

师范生在毕业时，通过前一阶段接受教育学训练而具备一定的教育能力。从经济角度看，师范生形成一定的教育能力需要付出三种劳动：

---

① [美]西奥多·W. 舒尔茨：《教育的经济价值》，曹延亭译，82 页，长春，吉林人民出版社，1982。
② 马克思：《资本论》第 1 卷，198 页，北京，人民出版社，2004。

（1）师范生在入大学前为具备一般能力所付出的劳动；（2）大学为师范生提供教育学知识训练的劳动；（3）师范生在掌握教育学知识时所付出的学习劳动。入大学前，一个打算购买大学知识商品的学生需具备一定水平的劳动能力，并且已为此付出了一定量的学习劳动和购买了一定量的知识商品（教育或训练）。为了毕业后能够形成一定的劳动能力，从而在劳动力市场上卖一个好价钱，师范生需要付出一定的学习劳动和购买大学的知识商品。因此，在毕业之际，师范生形成的总劳动能力价值就是之前所付出的学习劳动和购买的相关知识商品的价值总和。具体如表7-2所示：

表7-2　一定的劳动能力所需要的教育和训练费用

大学前的劳动支出	个人的学习劳动支出：A1	大学前的总支出：A1+A2
	购买学校知识商品的支出：A2	
大学期间的劳动支出	个人的学习劳动支出：A1′	大学期间的总支出：A1′+A2′
	购买大学的知识商品的支出：A2′	
毕业之际的劳动支出	个人的学习劳动支出：A1+A1′	毕业时的总支出：（A1+A2）+（A1′+A2′）
	购买知识商品的支出：A2+A2′	

　　师范生通过学习教育学知识，提高自己的教育能力，从而获得教育学知识的价值。大学期间师范生通过学习教育学知识所获得的能力价值是A1′+A2′，A1′代表师范生在大学期间学习教育学知识付出的学习劳动，A2′代表师范生购买的教育学知识商品转移的价值。在经济上，大学提供的教育学知识商品的价值即A2′是不变的，也就是说，它并不因学习者的主观努力而有所变化。假如，师范生每年交纳学费4500元，无论他学到多少知识，是否提高了教育能力，这笔费用在经济上已作为其劳动力形成费用的一部分。师范生的学习劳动即A1′是一种主观努力，因而可以在一定的限度内发生变化。师范生的学习劳动支出A1′主要与两方面的因素有关：其一，教育课程的难度，课程的难度不同，师范生掌握它需要付出的学习劳动也不同；其二，大学对学生的考核严格程度，学生受到的考核越严格，制度迫使学生必须付出的学习劳动就越多，反之则越少。我们假定考

核的严格程度对所有学生是一样的。师范生欲掌握一定量的教育学知识，需要付出的学习劳动便取决于教育课程本身的难度。课程难度本身又决定了生产课程所需要的劳动，以及掌握它必须付出的劳动。因此，课程难度可用生产它所需要的社会必要劳动时间来衡量，时间越长，难度越大，价值越大。难度越大，考核越严格，掌握它需要付出的学习劳动便越多，反之则越少。这时，师范生的能动性对其能力价值的形成发挥作用——师范生有一个学习劳动的弹性空间，即大学规定的考核基准与掌握课程的全部内容之间的空间。如果达到大学规定的最低规定，那么他付出的学习劳动的价值是一个关于考评基准与课程难度的函数。如果他掌握了全部课程内容，那么其能力价值便获得了与课程价值相同的价值。

我们用 D 表示教育课程的难度，它意味着生产教育课程所需要的社会必要劳动时间。假定 $D=250$ 小时，表示社会上平均生产教育课程所需要的劳动时间为 250 小时。大学对学生考评的严格程度用考评系数 E 表示，它表示大学规定学生必须掌握课程内容的程度。假定 $E=0.6$，表示大学要求学生最少掌握全部课程 60% 的内容，否则为不合格。在最低与最高标准之间存在一个限度：$150(250×0.6)$—250 小时。也就是说，一名师范生修习完一门课程，并通过学校考核后，所获得的教育能力价值增量在 150—250 个劳动小时之间。具体而言，一名师范生修习完教育课程后，所获得的能力价值的计算公式是 $A1'+A2'$，其中 $A1'$ 处于 $(D×E)$ 与 D 之间。依据这一思路，所有内容均可以在量上进行比较。

我们假定，在一定的生产力条件下，社会平均熟练程度的工人每小时创造的价值是 30 元。如果教育专业平均学费为 4500 元，那么它相当于150 个劳动小时；教育课程平均难度为 250 个劳动小时；考核系数为 0.6，师范生学习劳动的上、下限分别为：150、250 个劳动小时。具体如表 7-3 所示：

表 7-3　教育学知识对师范生的价值

专业	学费 （T/元）	课程难度 （D/小时）	考核系数 （E）	学习劳动下限 （L/小时）	学习劳动上限 （H/小时）
教育	4500 （150 小时）	250	0.6	150	250

教育专业的学生一年的劳动支出在 300—400 小时之间，四年的学习劳动时间就在 1200—1600 小时之间。这里，我们考虑的是一般情况，也就是依照下限计算。我们再考虑到师范生入大学前的能力价值 A1+A2，便可得到一个师范生毕业时的能力价值总公式：$C = (A1+A2)+(A1'+A2') = (A1+A2)+(L+A2') = (A1+A2)+[(D×E)+A2']$。

二、师范生的价值增量

我们探讨的是教育学知识对师范生教育能力的价值问题。它可以通过与其他门类的知识进行比较来获得。我们选择教育学知识与法学知识进行比较。我们假设教育专业的学生与法学专业的学生在入大学前具备的能力价值相同，即两个专业的学生付出的学习劳动（1000 小时）和购买的知识商品的价值（150 元）均相同。两者之和用 A 表示，假设 A = 2000 劳动小时。教育学和法学的学费均为 4500 元（150 劳动小时），考评系数均为 0.6。两者的课程难度分别设为 D1 和 D2，总劳动支出分别为 C1 和 C2。C1 = 1000+150+（0.6×D1）= 1150+（0.6×D1），C2 = 1000+150+（0.6×D2）= 1150+（0.6×D2）。可见，教育学和法学专业的学生最终形成的能力价值取决于两者的课程难度。如果 D1>D2，那么教育学专业学生形成的能力价值大于法学专业学生的能力价值；反之，法学专业学生的能力价值大于教育学专业学生的能力价值。

表 7-4　教育学与法学的价值比较

专业	大学前的劳动支出 （A1/小时） 购买的知识服务 （A2/小时）	学费 （T/元）	课程难度 （D/小时）	考评系数 （E）	学习劳动下限（L/小时）	总劳动支出 （C/小时）
教育学	1000	150	D1	0.6	0.6×D1	1000+150+0.6×D1
法　学	1000	150	D2	0.6	0.6×D2	1000+150+0.6×D2

虽然，笔者未见到确切的资料证明教育学知识与法学知识哪个的难度大，或者说哪门知识生产所花费的时间更多，但从教育课程遭受的广泛批评来看，教育课程的难度系数偏低。① 这意味着教育学知识的生产率比较高。也就是说，对于整个社会而言利用较少的劳动便可生产出较多的教育学知识。这突出地表现在，教育学院颁发了不少教育学学位。以美国为例，1972 年教育本科生共有 444000 人集中于 1190 家教师教育机构，颁发的教育学学士学位占颁发学位总量的 21.4%，至 1982 年下降至 10.6%，但这也是一个惊人的数字。② 1980 年，美国共颁发 7900 个教育领域的博士学位，超过英语、数学、物理科学、社会科学等领域的总和。③ 在很多研究者看来，它的内容是肤浅的，重复乏味的，学生学习起来缺乏理智上的享受。历史学家克尔纳在《美国教师教育的错误》中严厉地批评了教育课程，他说："绝大多数公正的观察都会承认，典型的教师训练项目被浪费时间的、单调重复和平淡乏味的、关于'知道如何'的课程所充斥着，其中很多都应当被砍掉，除授课的教员外丝毫不会损失什么。"④如果教育学知识的生产率很高，难度很小，那么教育学知识的价值也就较低，因而师范生教育能力的价值增量必然偏低。

假定，教育学与法学考评系数不同，分别为 E1 和 E2，其余均相同。如果 E1>E2，那么教育学转移到师范生的能力价值较法学转移得大，其价值也就大。但没有证据显示，教育专业比其他专业在考核方面更严格，相反，大量的批评似乎表明教育学院的考核并不严格。

再假定，其他因素相同，学费即 T1 和 T2 不同，如果 T1>T2，那么，教育学知识与对应的师范生的能力价值就高。反之，法学知识与对应的师

① James D. Koerner, *The Miseducation of American Teacher*, Boston, Houghton Mifflin Company 1963, pp. 54-81.

② Geraldine Joncich Clifford and James W. Guthrie(ed.), *Schools: A Brief for Professional Education*, Chicago, The University of Chicago Press, 1988, p. 39.

③ Ibid. , p. 39.

④ James D. Koerner, *The Miseducation of American Teacher*, Boston, Houghton Mifflin Company, 1963, pp. 56-57.

范生的能力价值就高。但是，师范生的学费在大学中偏低是众所周知的事实，低于许多其他专业，因此教育学知识转移到学生的能力价值偏低。

进一步假定，大学中不同学科在学费、考评系数、课程难度方面均相同，也就是说，对于任何大学生而言，他们在四年大学教育中获得的能力价值的增量相等，但入学前的学习劳动支出（A1）与购买的知识服务（A2）存在差别，毕业时每个大学生的劳动力价值仍然不等。人们倾向于把劳动力价值的不等归结于四年大学教育，认为他们接受了不同价值的训练。某些专业的学生在入学之前的能力价值（即 A1+A2）越大，其专业训练的价值便被认为越高；另一些专业的学生在入学前的能力价值越小，其专业训练的价值被认为越低。实际上，他们接受的四年教育训练在价值上是等值的，只不过他们在大学入学之前具有不同的能力价值。学生的起点的能力价值不同，再加上等量的能力价值，其结果仍然不等。

三、大学前的劳动力价值分析

为了揭示形成上述假象的原因，我们需要考察入学前学生的能力价值。假如大学四年中教育学转移至每个学生身上的能力价值相等，那么在入学前谁的能力价值越高，在大学毕业后他的能力价值也越高。为了便于考察，我们假定：（1）所有大学生在入学前受到的正规教育即学校教育（师资、学费、课程难度、考评系数等）完全相同；（2）每个学生的努力程度也是相同的。这意味着所有学生的 A2 相等。A1 是个人的学习劳动支出，也即校外学习劳动支出，它作为能力价值转移到学生身上。入学前的能力价值差别只能来自学生的天赋与生活本身。这里，我们不考虑天赋因素，假定每个学生都具有平均的天赋。这样，学生的能力差别只能来自生活本身。在不同条件下，以不同的方式生活，学生获得的能力在质和量上不相同。因此，能力的生产率也不相同。也就是说，学生的能力价值不同。

在现代社会，人们因分工而隶属于不同的阶级。由于阶级有差别，人们能够获得的生存条件在物质上和精神上均存在差别，因而人们从生活本身中获益的程度不同。这便造成不同环境出身的儿童在成长中形成的能力的生产率不同。能力的生产率不同即形成一定能力所花费的劳动时间不同，其能力价值亦不同。无疑，每个人无论在何种环境下生活，都会自然地形成某些能力。这是人的本能与环境相适应的结果，形成这些能力不需要人们付出多少意识上的注意与主观努力上的学习劳动，仿佛他们自然而然便掌握了大量宝贵的知识和技能(如语言、人际交往等)。这时，人们的能力价值为零(当然这在不考虑作为劳动力的个体与子女生活资料的情况下)。这好比原始森林中果树长出的果实，它没有吸收人类的劳动(施肥、裁剪等)，因而没有什么价值，尽管它具有使用价值。理论上，我们将人们的生活条件归为社会平均条件，在此条件下，人们从出生至18岁会具备一定的能力(我们假定，每个大学生都是18岁上大学，暂不考虑正规教育)。这是社会的平均能力，我们用 $\bar{C}$ 表示。一个人获取 $\bar{C}$ 水平的能力，不需要花费什么，因而其能力价值为零。大自然在一个人身上生产出这样的能力需要18年时间。那么，能力的平均生产率为 $\bar{C}/18$。

上述社会的平均状况只是一种理论假定。实际上，由于社会分工，人们的生活条件极不相同，经济的、文化的、社会的资源在不同群体的分配并不平均。这使人的成长受制于所处的群体环境，并不是每个人在18年中都是自然成长的。一些儿童可能用10年便达到 $\bar{C}$ 水平，另一些儿童用15年才能达到 $\bar{C}$ 的能力水平，还有些儿童可能需要20年，有的儿童可能永远也达不到 $\bar{C}$ 水平。儿童的生活条件不同，其能力生产率就不同。依上述假定，这种生产率的差别不是由于受到正规教育或天赋导致的，而是由于生活本身的差别导致的。下面，我们考察这种能力生产率的差异是如何产生的。

按照马克思的劳动价值理论，一种商品的价值取决于生产它的社会必要劳动时间。在现代社会，劳动能力是一种商品，其价值也取决于生产它的社会必要劳动时间。人们在不同阶级的条件下生活，家长能够为其子女提供的资源不同，不同的生活条件本身自然也会为孩子们提供各种学习机会，从而造成出身于不同阶级的孩子的能力生产率不同。假如所有家长均持一种自然教育的观点，也就是不刻意在子女身上培养某种能力，而是任其自然成长，那么，不同出身的孩子的能力生产率由于生活条件的不同会产生差异。社会生活本身给人创造的学习机会，是那些条件优越者的天然财富，不需要他们付出什么，却可以学到很多东西。对于学生个人而言，虽然他不需要经济上的直接付出（这种付出是间接的，因为维持一定社会地位的生活水平本身也需要以经济为基础），但却获得能力的增长。正如，天然肥沃的土地不需花费多少劳动便比在贫瘠的土地上投入更多劳动产出更多的产品。由于能力上的社会必要投入时间不变，这些能力仍然作为价值转移至个体身上。需要强调的是，在特定社会背景下，尽管不同出身的人自然地习得的能力不同，但这些能力并不是同样重要的。对于在教育上和社会上获得成功而言，某些能力（如在现代社会中语言表达能力、抽象思维能力等）往往较另一些能力（如用某个地方的土语骂人的能力）更重要。在这个意义上，能力本身也是不平等的。这一点可以从教育专业学生的社会出身上看出，他们大部分出身于下层或中等偏下阶层。① 这意味着，他们的能力的生产率偏低，为获得与中上阶层出身的孩子同样的能力需要付出更多的劳动。同时，一些出身中上阶层的孩子有大量参与其他活动的机会，可以得到能力上的锻炼（礼仪、人际交往、音乐、舞蹈等方面），这些均作为能力价值转移到学生身上，而这往往是进入地位较高的职业所需要的能力。

　　对这种源于社会生活的自然恩惠（社会条件），我们暂且忽略不计，也就是假定每个儿童在接受自然恩惠方面都一样。事实上，所有家长均会或多或少地干预子女的成长，或阻止他们学习某些东西，或鼓励他们掌握另一些东西，等等。在正规教育系统之外，家长会或多或少地在子女身上付出一定的教育劳动。这些劳动投入将会转移到子女的能力价值中。于是，问题变成孩子们在上大学之前在什么样的条件下生活，如何度过自己的生活。假定在资本主义国家中，人们所处的阶级对一个人的基本生活面貌有决定性作用，当考虑到不同阶级的家长安排孩子的日常生活时，我们便会从中得到答案。

---

① David F. Labaree, *The Trouble with Ed Schools*, New Haven, Yale University Press, 2004, pp. 36-38.

我们试图探讨影响一个大学生入学前的能力价值的因素，较长的时间跨度有助于厘清哪些关键因素影响一个人的能力价值。对此，我们参考美国社会学家安妮特·拉鲁(Annett Lareau)的研究。拉鲁从1989年开始深入访察88个家庭，特别是在1993—1995年运用民族志方法对12名9~10岁儿童的日常生活进行超过一年的自然主义观察，这些儿童分别来自中产阶级、工人阶级和贫困家庭。调研期间，拉鲁及其团队深入孩子们生活的家庭、学校和社区，观察他们的日常生活。有时为了观察孩子们完整的一天活动，调研员还要在每个孩子家里过夜。在掌握第一手资料的基础上，拉鲁探讨了阶级地位对儿童日常生活的影响，利用大量的细节展示家庭教养在不平等的再生产过程中的作用，其成果之一便是《不平等的童年》(2003)。

《不平等的童年》重点考察了来自不同阶级的儿童的家庭教养方式。中产阶级家长对子女的教养采取协作培养的策略，工人阶级和贫困家庭的家长采取自然成长的策略。《不平等的童年》主要从日常生活、语言应用、家庭与教师机构的互动三个维度展现了两种策略的差别。具体差别如表7-5所示：①

表7-5　两种不同的儿童教养方式

	协作培养	自然成长
关键元素	家长主动培养并评估孩子的天赋、主张和技能	家长照顾孩子并允许他们自己去成长
日常生活的组织	成年人互相配合为孩子精心安排了多种休闲活动	小朋友们约在一起打发时间，尤其是和亲戚的孩子在一起
语言运用	讲道理或发指令 孩子反驳成年人的话 家长和孩子之间延绵不断的协商讨论	发指令 孩子们很少对成年人进行质疑或挑战 孩子通常都接受所给指令
对公共教育机构的干预	代表孩子对教育机构提出批评并采取干预措施 训练孩子也承担起批评和干预的角色	依赖于公共(教育)机构 无权力感和失败感 家中和学校里的儿童教养习惯产生冲突
结果	孩子出现了逐渐生成中的优越感	孩子出现了逐渐生成中的局促感

---

① ［美］安妮特·拉鲁：《不平等的童年》，张旭译，31页，北京，北京大学出版社，2010。

从上表可以看出，资本主义国家中的中产阶级的家长为子女安排很多花费不菲的有组织的活动，他们在日常生活中利用语言进行引导，积极干预学校教育使子女受益最大。他们所付出的大量劳动将会转移至子女身上作为他们的能力价值而存在。不仅如此，他们为子女付出大量的金钱。比如，中产阶级塔林格先生家，"除了花很多时间在体育活动上以外，还要花很多钱在这些活动上。加勒特的活动很昂贵。足球每月 15 美元，但还会有另加的大笔花销。森林足球队的新球衣、袜子和汗衫一共 100 美元。……当塔林格女士应我们的要求把注册费、制服费、活动器具费、营地费和宾馆住宿费都加起来时，她报告说，每年在加勒特一个人身上花的钱就超过了 4000 美元；其他中产阶级家庭也报出了同样的数字"[1]。在日常生活方面，中产阶级家长通常为子女安排了大量有组织的活动。他们的子女通过这些活动获得了大量的宝贵的知识和技能。有家长在日常生活中努力为孩子们创造学习条件（说话、学习知识、认知技能、抽象的概念等）。在学校教育方面，我们假定是完全一样的，但实际情况是，家长们积极介入学校教育，使子女从中受益最大。这样学生们生产出同样的能力，中产阶级使用的时间更短，或者说同样的时间中产阶级的孩子的能力提高得更快，因而他们的孩子的能力价值更大。而工人阶级与贫困家庭的孩子也学到了许多宝贵的技能，但这些技能（习惯）的价值偏低。因为他们花费的劳动时间很少，因而其价值偏低。[2] 这样在进入大学之前，不同阶级儿童的能力价值不同，尽管他们可能考的分数一样高，但是能力价值是不同的。这样，我们就很容易理解资本主义国家中不同阶级对不同专业的学生在大学入学前的能力价值的影响。10 年后拉鲁又探访了当年 12 名调研儿童的状况，结果表明了阶级地位的强大力量：在八名工人阶级和贫困家庭的儿童中，只有一人上了大学，六人与大家庭生活在一起，做着不同

---

① [美]安妮特·拉鲁：《不平等的童年》，张旭译，58 页，北京，北京大学出版社，2010。

② 一些新教育社会学家早已指出，目前的学校教育体系对中产阶级的儿童更有利。参见[英]麦克·F. D. 扬主编：《知识与控制——教育社会学新探》，谢维和译，上海，华东师范大学出版社，2002。

的全职工作，另一名女孩结婚，并做了全职家庭主妇；在四名中产阶级儿童中，有三人考取了非常不错的大学（其中一人就读于常春藤盟校），只有一人进了美容学校。[1] 日常生活中的活动安排仅仅是家庭为子女所做的一个方面，另一个重要的方面是家长参与学校教育的程度。研究表明，来自不同阶级的家长参与学校教育的程度存在显著差别。工人阶级的家长更倾向于将家庭与学校视为分离的机构，他们很少获得关于学校的信息，对学校的批评也属于非学术性的；他们很少介入子女的学校教育，为子女提供的学习支持非常零散；中产阶级家长用联系的观点来看待家庭与学校，获得更多关于学校的信息，积极介入子女的学校教育，为他们的学业成功争取教育资源。[2] 无论家长们采取的教养策略是否成功，他们所付出的教育劳动都会转移至子女的能力价值中，从而造成不同阶级出身的儿童在能力价值方面的差异。

四、师范生的劳动力价值起点

假如学生在入大学前，其能力价值相等，他们经过四年的教育专业或法律专业的学习，最终毕业时价值相等。一般而言，人们选择的专业与专业包含的能力有差异，教育专业素有难度小、学费低等特点。且从学生入学前的社会出身也可以看出来，教育学专业来自低收入家庭的学生居多。因此，教育专业的毕业生的能力价值偏低亦在情理之中。

在资本主义国家中，阶级对社会个体而言是一种先验的存在。它对个人是独立的，阶级状况决定个人的物质生活和精神条件，因而也制约着一个人能力的发展。因此，在马克思看来，个人的发展是由阶级地位决定的，它隶属于一定的阶级范畴。[3] 为了使自己形成一定的对个体的教育与社会成就来说至关重要的能力，不同阶层的人付出的学习劳动是不同的。

---

① Anette Lareau, *Unequal Childhoods*, Second edition with an Update a Decade Later, Berkeley, University of California Press, 2011, pp. 267-277.

② Anette Lareau, *Home Advantage*, Oxford, Rowman & Littlefield Publishers, Inc, 2000, pp. 8-10.

③ 马克思、恩格斯：《德意志意识形态：节选本》，62 页，北京，人民出版社，2003。

出身下层阶级的学生要付出更多才能达到与上层阶级出身的学生同等的水平，也就是说，下层阶级出身的学生能力的生产率比较低，上层阶级出身的学生能力的生产率较高。从现实层面看，在选择购买某种专业的知识商品前，购买者处于不同的能力水平上。不同专业的学习者在进入大学之前已具有不同程度的劳动力价值。而这些价值的差异大多是由于以往的教育和生活方式造成的。具有不同劳动力价值的学习者在选择不同的专业后加剧了劳动力价值的差异。有研究者指出，师范生入学前的成绩偏低（相较于艺术和科学学院、医学院、法学院等）①。因此，从入大学开始，来自不同阶级的学生的能力便存在极大的差别。这些能力不同的人即使接受完全相同的大学教育，最终也会形成不同的能力。因此，在劳动力市场上，这些能力按其价值来说获得的工资不同。

如果我们考虑到师范生的家庭出身便更容易明白这一点。在资本主义国家中，教师大都出身于中产阶级以下阶层。他们的阶级地位在很大程度上决定他们在进入专业训练前具有不同的劳动力价值。他们在选择教育专业后，只是进一步加剧了劳动力的价值差距。出身于中产及以上家庭的学习者更有能力担负得起具有较高价值的训练（艺术和科学学院、医学院、法学院、商学院等）。在课程难度方面，教育课程显得比较容易，相对而言，教育学的知识商品便宜得多。教育学知识之所以便宜，不过是因为教育学教师对教授这些知识的能力的训练的价值较低（这其中包括教授们的出身、学习经验、能力等②）。因此，他们付出的学习劳动和教学劳动价值不大。教育学院作为一个专业学院的价值是比较低的，这并不奇怪。一般来说，与法学、医学、商学相比，教育学的学位比较便宜，生产率更高。教育学院可以在较短的时间内，培养出大批获得学位的人。在教育学教授的构成方面，出身于中下层者居多，其经验和能力的价值比较低。美国教

① Jame Koerner, *The Miseducation of American Teachers*, Boston, Houghton Mifflin Company, 1963, pp. 39-49. Geraldine Joncich Clifford and James W. Guthrie, Ed. , *Schools*, Chicago, The University of Chicago press, 1988, pp. 32-34.

② Jame Koerner, *The Miseducation of American Teachers*, Boston, Houghton Mifflin Company, 1963, pp. 34-38.

育学者杜沙姆(Edward R. Ducharme)和阿格尼(Russell M. Agne)在 20 世纪 80 年代初调查了全国 1200 名教育学教授，他们发现：68%的教育学教授的父亲不是大学毕业生，仅有 12.6%的教育学教授的父亲是大学毕业生；教育学教授本身绝大部分是家庭中第一个接受大学教育的人；他们大多在低声望的大学里获得教育学士学位，他们的研究生学位是通过兼职或在职学习完成的；75%的教授是在不超过 300 英里的学院或大学就读。[1] 根据同一项调查，他们在另一篇论文中还指出，绝大部分教育学教授具有低一级学校的任职经历。[2] 他们的研究佐证了不少学者如富勒(J. Fuller)、鲍恩(O. Bown)、拉尼尔(Judith E. Lanier)[3]等关于教育学教授出身的观点。这种地位只是在很大程度上反映了教育学知识的市场价值，从而反映了教师在整个社会生产和分配中的地位。如果从整个社会分配上来看，师范生将来作为教师主要服务于普通民众的子弟。因此，有学者指出，教育学院的地位在美国地位之所以不高是因为它所培养出来的教师，其服务的对象是大众、平民子弟。而医学院、法学院、商学院培养的学生将来主要服务于有产者阶级。这些人更可能得到较高的经济社会地位，从而为培养他们的机构带来地位和声望。

由以上分析可知，对于师范生而言，最终决定其价值的基本因素是家庭出身、教育课程的难度、考核的严格程度、大学学费。与医学、法学、商学等的学生相比，师范生为形成一定的劳动能力所必需的劳动支出逊于

---

① Edward R. Ducharme & Russell M. Agne, "Professors of Education: Uneasy Residents of Academe," In Richard Wisniewski & Edward R. Ducharme (ed.), *The Professors of Teaching: An Inquiry*, Albany, State University of New York Press, 1989, pp. 67-86. 按照詹克斯与里斯曼(Christopher Jencks & David Riesman)的观点，上学地的远近与家庭经济收入具有很大的关系。Christopher Jencks, and David Riesman, *The Academic Revolution*, Chicago and London, The University of Chicago Press, 1977, p. 183. 1 英里≈1.6 千米。

② Edward R. Ducharme & Russell M. Agne, "The Education Professoriate: A Research-based Perspective," *Journal of Teacher Education*, 1982, 33(6), p. 32.

③ F. Fuller, and O. Bown, "Becoming a teacher", In K. Ryan (ed.), *Teacher Education* (74th *Yearbook of the National Society for the Study of Education*, Pt. 2), Chicago, University of Chicago Press, 1975, pp. 25-52. Lanier, J., "Research on Teacher Education," In M. C. Wittrock (ed.), *Handbook of Research on Teaching*, (3rd ed.), New York, Macmillan Publishing Company, 1986, pp. 532-533.

这些专业的学生。因此，他们在劳动力市场上的工资也偏低。就教育学知识来看，它对师范生的价值取决于三个因素：教育课程的难度、考核的严格程度、专业的学费。就目前的一般情况来看，这三个变量很难发生较大变化。也就是说，它的价值很少较其他专业更高。因此，师范生通过研习教育学知识获得的能力价值增量相对偏少。

第八章 教育学知识生产的竞争

在第五、六、七章中，我们从教育学知识消费者的角度主要考察了这一状况，消费者从长远来看不能为购买教育学知识付出大量的货币，从而限制了教育学知识生产者作为群体的经济力量。本章将从教育学知识生产者的角度考察教育学知识的价值。从知识生产来看，教育学知识生产者与其他领域的知识生产者之间是一种劳动分工的关系。之前，我们假定，教育学知识生产者是那些将生产"关于教育的知识"作为职业的人。然而实际上并非如此，知识生产的分工是动态的，不少生产者可以在不同的领域之间跳转，也就是说其他领域的知识生产者有可能也会介入教育学知识的生产中，从而与原有的教育学知识生产者展开竞争（当然，教育学知识生产者也有可能转向其他领域）。下面我们考察，这种竞争对教育学知识价值的影响。

在本章中，假定所有知识生产构成一个知识商品市场，包括教育学知识生产者在内的所有知识生产者提供不同的知识商品。国家是教育学知识的主要需求者之一。我们在考察教育学知识生产者的经济力量时，就需要考察这个群体在竞争国家研究资金时的能力。他们的竞争力深受教育学知识特点的制约，后者又受制于研究对象的特点的制约。如在物质生产领域，不同的知识生产领域准入门槛不同，像自然科学这样的"硬"知识的生产不易受到外来竞争者的介入①，而人文社会科学领域"软"知识的门槛相

---

① 不过，在自然科学内部，"跨界"也是一种常见的现象。有趣的是2017年诺贝尔化学奖颁给了三位物理学家，不仅如此，历史上有相当一部分诺贝尔化学奖颁给了来自其他学科的化学家。

对较低，教授们经常会跨越传统的研究边界，侵入另外的知识门类中，从而拓展出一些新的知识分支。下面我们具体考察，生产教育学知识的门槛对教育学知识价值的影响。

第一节　作为认识对象的教育的特征

教育学知识的生产者不以教育实践为职业，在这个意义上，他作为认识主体存在于作为认识对象的教育之外。这一事实使教育的特征为研究者对教育的探究过程设定了限制，从而影响了教育学知识的特征。基于研究对象对知识特征的影响，恩格斯按照"自古已知的方法把整个认识领域分成三大部分"。他指出，

> 第一个部分包括研究非生物界以及或多或少能用数学方法处理的一切科学，即数学、天文学、力学、物理学、化学。如果有人喜欢对极简单的事物使用大字眼，那末也可以说，这些科学的某些成果是永恒真理，是最后的、终极的真理，所以这些科学也叫作精密科学。然而决不是一切成果都是如此。……第二类科学是包括研究生物机体的那些科学。在这一领域中，发展着如此错综复杂的相互关系和因果联系，以致不仅每个已经解决了问题都引起无数的新问题，而且每一个问题也多半都只能一点一点地、通过一系列常常需要花几百年时间的研究才能得到解决；此外，对各种相互联系作系统了解的需要，总是一再迫使我们在最后的、终极的真理的周围造起茂密的假说之林。……在第三类科学中，即在按历史顺序和现在的结果来研究人的生活条件、社会关系、法律形式和国家形式以及它们的哲学、宗教、艺术等这些观念的上层建筑的历史科学中，永恒真理的情况还更糟。……在这里认识在本质上是相对的，因为它只限于了解一定的社会形式和国家形式的联系和后果，这些形式只存在于一定的时代和一定的民族中，而且

按其本性来说都是暂时的。①

因此，我们要探讨教育学知识的特征，需从分析教育的特征开始。

在资本主义社会中，占支配地位的制度化教育是一个庞大的系统，但其核心仍然是教育过程本身。教育过程的简单要素包括：教育者的有目的的活动、教育对象（受教育者）、作为教育者与教育对象联系中介的教育资料（相当于劳动资料，不相当于生产资料）。这样，我们便可以在最一般的意义上将教育理解为：一部分人借助于某些中介材料影响另一部分人，以使其达至某种理想的、通常被称为善的状态的活动。作为自觉的实践者，教育者于教育活动之前在意识中便存在一个理想的人格原型，他借助于语言、文字、图画等材料作为中介作用于受教育者，受教育者对教育者的活动做出反应。教育者再依据受教育者的反应做出相应调整。正是在双方互动的过程中，教育者影响受教育者的人格的形成。因此，从这一意义上讲，教育是一种特殊的、具有明显道德意图的交往活动。

如果说生产劳动是人类延续物质生活的必需，那么教育便是人类自身再生产精神生活的必需。② 教育不以人类生活的任何形式为转移，是一切社会所共有的。从这个意义上讲，教育属于永恒的范畴。从简单教育活动来看，相较于其他类型的实践（如商业、医疗、工程等），教育具有三个基本特点：（1）具有强烈的道德意图；（2）其目的通常集中于受教育者的精神方面（道德、性格、智力等）；（3）教育活动的效果具有迟滞性，通常需要长时间的累积和教育者大量耐心细致的工作。

随着教育者、教育目的、教育对象、教育资料的复杂化，教育的基本

---

① 恩格斯：《反杜林论》，84-87页，北京，人民出版社，1970。
② 这一观点对应了赫尔巴特学派的教育学家莱因的观点，他把经济学与教育学视为对国家命运最重要的两门学问。蒋径三在《西洋教育思想史》中引述了莱因的话："教育有学与术的二方面，与医学、农学无异。今既有医科大学、农科大学的设立，而教育大学当亦不可不存在。因为教育学是与经济学相立，而为支配国家运命的理法的紧要学科。抑欲使国家的运命进于发展之域，则不可不依赖理论的与物质的助力。其关于物质方面的，是经济学的所有事，而其关于理论方面的，则为教育学的任务。"参见瞿世英编：《西洋教育思想史》，270页，福州，福建教育出版社，2011。

形态也经历了一个从非形式化教育到形式化教育、从非制度化教育到制度化教育的过程。在现代社会，虽然教育的诸种形态在或大或小的范围内都存在着，但是制度化教育占据支配性地位。这样，教育的基本要素获得了特殊的规定。例如，教育作为社会分工的一部分，成为一项职业；教育者一般是国家雇员；受教育者通常是强制性地进入教育过程等。

现代教育作为一个庞大的社会系统，体现为社会在精神上再生产新一代的制度安排。从资本主义角度看，现代教育承担了两个基本功能：其一，再生产社会由于分工而需要的高素质的劳动者；其二，使新一代生产者具有维持以资本主义生产为基础的社会秩序的意识。因此，教育的基本要素在资本主义条件下至少获得三个新的规定：（1）各种教育目的依自由竞争原则表现为越来越具有普遍形式的思想（如民主、自由、平等、博爱等①）之间的斗争；（2）教育担负起培养社会所需的各类素质的人的责任；（3）国家全面介入教育事务（受教育者的入学、课程、教学、评价等方面）。总之，从教育者的任职、教育目的的择取、课程的设计、教育过程的规范到结果评估等方面，社会、政治、经济等因素全面渗入教育目的和过程中，并最终制约教育目的的实现。如果说，在《理想国》中，教育只是在理论上与全部的社会生活发生想象的联系，② 那么制度化教育已经在实践上以国家为中介与社会生活本身建立了现实的联系。

在近代之前，教育者在实践中的试误和反思，大体上可以满足教育的要求。但是，随着制度化教育成为占支配地位的教育形式，一方面教育目标、过程、结果更加复杂；另一方面教育者提高教育能力不仅成为自我发展的要求，而且成为一种社会要求。因此，知识生产分工使生产关于教育

---

① 马克思和恩格斯指出：在考察历史时，如果将统治阶级的思想与阶级本身分割开来，使这些思想独立化的话，那么"在资产阶级统治时期占统治地位的则是自由平等等等概念。……占统治地位的将是愈来愈抽象的思想，愈来愈具有普遍形式的思想。"马克思、恩格斯：《德意志意识形态：节选本》，53-54 页，北京，人民出版社，2003。

② 在《理想国》中，柏拉图对护卫者的教育明显表现出社会生活本身对受教育者的全面影响：神话、故事、音乐、诗歌、游戏、说谎、法律、私有财产、共产主义倾向的生活、贫富问题等方面。[古希腊]柏拉图：《理想国》，郭斌和等译，44-176 页，北京，商务印书馆，1986。

的知识即教育学知识成为一项职业就显得必要。而作为认识对象的现代教育又赋予教育学知识以独特的气质。

第二节　教育学知识的特征

知识生产总是以研究问题为开端。根据教育问题的目的与功能，教育学知识可分为三类问题：(1)教育在事实上是什么？(2)理想的教育应当是什么？(3)教育在特定的实践背景中应当怎么办？研究者在解答这些问题时产生三类性质不同的教育学知识：科学的教育学知识、哲学的教育学知识、实践的教育学知识。① 在现代社会中，占统治地位的教育形式是制度化教育。因此，在本研究探讨的限度内，三类问题转化为：(1)制度化教育在事实上是什么？(2)理想的制度化教育应当是什么？(3)制度化教育在特定的实践背景中应当怎么办？

一、科学的教育学知识

我们对制度化教育的研究需要大量的基础学科，这些学科包括研究人的生命科学与社会科学。在相关学科领域接受训练的研究者一旦对教育问题发生兴趣，或者说与教育相关的研究一旦成为新的知识增长点，便会有大量的研究者提供教育学知识。在逻辑上，一旦新知识的生产成为一个独立职业的目标，那么知识生产本身就会受到鼓励，而竞争必然使大量的研究者为生产新知识而不断地寻找知识生长点。在现代社会，不同的大学之

---

① 此处借用布列钦卡对教育学知识的分类。参见[德]沃尔夫冈·布列钦卡：《教育知识的哲学》，杨明全等译，1-28 页，上海，华东师范大学出版社，2006。布氏的三分法未把教育理论中的规范成分与价值成分、科学成分与技术成分区别开来。陈桂生将教育学理论分为四类：教育技术理论、教育科学理论、教育价值理论、教育规范理论。参见陈桂生：《教育学的建构》(增订版)，52-55 页，上海，华东师范大学出版社，2009。刘庆昌将教育学分为历史研究、理论研究和应用研究，其中理论研究有教育哲学和教育科学两个层次，应用研究则有教育工学和教育技艺两个层次。参见刘庆昌：《教育工学——教育理论向实践转化的理论探索》，4 页，福州，福建教育出版社，2016。虽然刘氏的分类尚有待进一步具体化，陈氏的分类在逻辑上更为精致，但就教育学知识的现状而言，布氏的三分法更为恰切。

间、系科之间、个人之间的知识竞争越来越使这种可能成为现实。对于个人而言，许多为获得教授职位而竞争的年轻教师可能会被迫在极狭小的领域内从事新知识的生产，发表尽可能多的成果。而这些成果未必具有多大的实际价值和理论意义，在公众看来，其中有些成果不过是自娱自乐。在知识分工发达的时代，新知识生产本身便成为研究的目的。弗莱克斯纳(Abraham Flexner)的《现代大学论》中有一个极好的例子，表明在知识生产分工越来越细的情况下，五花八门的主题均可成为新知识的增长点。芝加哥大学的家庭经济与家政管理系：

> 为下述论文颁授哲学博士学位：《学童的基础新陈代谢与尿肌酸酐，肌酸与尿酸研究》《一种简单混合食品的消化系数与特定机能活动：不同类型者之对照研究》《不同收入水平的服装需求差异：消费者行为之研究》；为下列论文授予文学学士学位：《沸冰摄相研究》《袜类广告的趋势》《对削皮刀削土豆的时间与材料浪费状况分析》《煎火腿的控制条件研究》《妇女服装邮购研究》《妇女内衣时尚周期研究》，最后，还有《四种洗盘方法的时间与动作比较》。①

在知识生产分工远未分化的时代，人类便对教育具有深入的思考，同时教育历来也是学者、政治家、社会活动家等探讨的主题。金蒂斯在论及社会理论家对教育的关注时曾指出，"一个社会理论家很少屈从于这样一种诱惑：将其洞见运用于教育领域。哪一个教育家，无论其对理论多么不喜欢，会承认忽视了知识史上的大师的观点？从柏拉图到帕森斯，多种多样的教育分析被印刻在新手们的心灵之中"②。教育以制度化的形式在现代社会生活中获得前所未有的重要地位。除政治家、企业家、社会改革家等热衷于讨论教育外，在知识生产分工日益细化的趋势下，大量曾在其他学

---

① ［美］亚伯拉罕·弗莱克斯纳：《现代大学论——英美德大学研究》，徐辉等译，134-135页，杭州，浙江教育出版社，2001。

② Herbert Gintis, "Marx on Education," *The Review of Education*, 1976, 2(5), pp. 482-491.

科领域接受过训练的研究者均可通过对教育相关问题的研究介入教育学知识的生产中。这是一个极其自然的也是必然的结果。这一事实意味着：与其他知识领域相比，教育对学术界是一个高度开放的探究领域。可以说，没有任何单一的学术群体能够垄断教育学知识的生产。散布于大量相关学科的研究者只要对教育相关问题(这种问题未必就是教育问题)感兴趣，便可在已有的学术训练的基础上生产教育学知识。并且这些非专门研究教育学的研究者往往生产出的教育学知识更为专深。这令人再次想起皮亚杰的话："如果我们看一下每本教育史的目录，不可避免地会看到的另一件事情就是在教育学领域内，极大一部分的革新家们都不是职业的教育家。"①他列举了一大批非职业的教育家：夸美纽斯、卢梭、福禄贝尔、赫尔巴特、杜威、蒙台梭利、克拉帕雷德。实际上，这个名单还可以再接下去：皮亚杰、伯恩斯坦(拥有教育硕士学位)、布迪厄、福柯(Michel Foucault)、哈贝马斯(J. Habermas)等。因此，当教育学与那些可以生产教育学知识的其他学科并列时，从事教育学研究的门槛往往显得低。

(一)依赖性

第(1)类问题旨在解释和说明影响教育结果的诸因素间的联系。研究者首先需要借助获取事实信息的研究工具和方法，描述教育事实；其次，需要通过分析与综合对占有的材料进行加工以探寻造成特定教育事实的机理。这类研究生产的是科学性质的教育学知识，其陈述采用描述性命题，旨在解释和说明教育事实，其合法性须依靠经验和逻辑的证明。

在资本主义条件下，制度化教育与生物、心理、政治、经济、文化等因素紧密交织，特别是作为制度化教育的核心的教育者、教育资料、受教者三者之间的关系，受制于广泛的政治、心理、社会、文化等因素。这使任何试图科学地探讨"教育是什么"的研究者不得不以一定的生物学、心理

① ［瑞士］让·皮亚杰：《教育科学与儿童心理学》，傅统先译，9 页，北京，文化教育出版社，1981。

学、政治科学、经济学、人类学等一般性知识为基础。① 也就是说，那些以人为研究对象的基础学科(或学术性学科)在一定的条件下均可能成为研究教育相关问题的基础。或许正因为如此，拉伊才将科学的实验教育学建立在更为广泛的基础上：生物学科(生物学、解剖学、生理学、卫生学、心理学和精神病学等)和哲学学科(知识论、政治经济学、伦理学、美学和宗教哲学等)。② 可见，教育受大量不同性质因素影响的事实使研究者对教育的科学探究不得不依赖大量的基础科学。

(二)碎片化

科学的教育学知识的基础学科大体可分为两类：将人作为生物人来研究的生命科学和将人作为社会人来研究的社会科学(两者的界限并不总是泾渭分明的)。由于两者的研究对象均为具有一定自由意志的人，因而这两类科学的结论(尤其是社会科学)远不如以自然世界为对象的物理科学那样精确。不过，总体而言，社会科学对教育学研究影响更大。

由于动机、研究对象、方法论等方面的差异，研究者在社会学科内部存在着不少分歧和争论(价值与事实、主观性与客观性、质性研究与量化研究等)。在大多数情况下，一些被作为前提的命题既难以被完全证实又难以被证伪，因此，不少研究结果只能被视为比较可靠的但有待证实或证伪的假设。③ 这使社会科学的知识增长机制不似物理科学那样近乎线性地发展，而呈现出多元化发展，即一门科学的发展表现为不同的研究传统下的知识积累。这些不同的传统之间相互质疑辩难，借助新的研究方法(论)

---

① 我们不能不承认一个事实：各个知识领域是不平等的。或者说，有些知识领域涉及更一般性、理论性、学术性的问题，有些领域主要探讨一些比较具体的、抽象层次更低的问题。与其他许多学科(经济学、心理学、物理学等)相比，教育学虽然也探讨一些普遍的、理论性问题，但更多关注较为具体层面的问题。但是，这仅仅意味着教育学研究(除了教育理论、教育哲学等)主要是在具体层面探讨教育的相关问题，并不是说教育学就是其他学科在教育上的应用。

② [德]W. A. 拉伊：《实验教育学》，沈剑平等译，21 页，北京，人民出版社，2007。

③ 陈桂生在论及社会科学或人文科学的"科学性"时指出，"现代人文学科界定研究对象的基本概念一般并非从普遍的人文现象中抽象而成，而是以古代希腊文或拉丁文中某个语词为词根建构的新词……其词义实际上是参照时代的需求而暂定的假设。这种假设既有待论证，更有待实现。其中合乎逻辑的论证在一种理论得以成立过程中不可或缺"。参见陈桂生：《略论我国教育实践的理论基础》，载《现代教育论丛》，2020(4)。

与材料修正已有的假设。因此，教育学对大量基础科学的依赖意味着，科学的教育学知识的增长表现为不同的社会科学在各种研究传统下对教育的探究。涂尔干、帕森斯（T. Parsons）对教育的研究是在功能论的传统下进行的，而布迪厄、鲍尔斯和金蒂斯、维利斯等人明显倾向于冲突论的社会学传统。这样，科学的教育学知识生产者必须将自己置身于不同的学科研究传统下对教育进行探究。或者说，科学的教育学知识不仅分散于不同的基础科学中，而且分散于这些学科内部不同的研究传统中。这些教育学知识易于呈现出一种碎片化的状态，以至于它们的内在联系难以得到揭示。以社会学生产的教育学知识为例，其结构如图 8-1 所示：

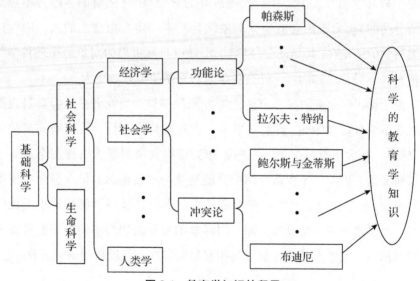

图 8-1　教育学知识的积累

（三）积累性弱

由于科学的教育学知识分散于不同基础学科的研究传统中，这些基础学科对于教育学知识往往只能在比较狭隘的范围内进行知识的积累。即使如此，这种形式的积累仍相当脆弱，更近于哲学知识的积累。哲学家艾耶尔（S. A. Jules Ayer）在比较自然科学与哲学的进步时指出，

物理学的理论就像技术仪器一样，工作一个时期之后，就要被取

代……而哲学则是另外一回事。哲学史家确实也可以追溯一个哲学家对另一个哲学家的影响，这种情况尤其发生在作为一个专门"学派"的范围之内。例如，哲学史家可以说明：贝克莱如何反对洛克，以及休谟以何种方式既继承又摈弃了这两位哲学家的思想……然而，这里不存在这些哲学家中的某一位取代另一位的问题，除非是在这种意义上：某一位哲学家的著作一个时期内或许更时髦些。①

一般来说，不同的研究传统是基于一系列预设的命题的，这些前提一旦受到其他研究者的致命打击，就会导致如下结果：以这些预设为基础发展起来的知识系统中的很大一部分内容在科学上将失去存在的合法性。或者说，社会科学领域的知识的有效期比较短。韦伯在比较科学成就与艺术品时指出这一特点："真正'完美的'艺术品是绝对无法超越，也绝对不会过时的。……另一方面，我们每一位科学家都知道，一个人所取得的成就，在 10 年、20 年或 50 年内就会过时。这就是科学的命运。"②事实上，由于现代社会变迁迅速，科学的教育学知识的半衰期（half-life）更短。美国教育学者伯利纳（David C. Berliner）举了一例：在 20 世纪 60 年代，社会科学家完成的有关男女成就动机根源的高质量研究，到了 70 年代伴随着女权主义革命对社会的影响，其所有描述女性的数据变得完全无用。③

此外，社会科学研究中的意识形态问题也使知识的积累变得很困难。虽然大多数社会科学家主张区分事实与价值以使研究成果更客观，但是完全排除个人的偏见、情感、利益、阶级立场等因素对研究的影响是不可能的。随着各学科反思意识的增强，特别是意识形态批判理论向社会科学领域的渗透，许多建立在意识形态基础上的成果被抛弃。在社会科学领域中，这是一种常态：不同的研究取向、范式、学派之间的斗争使某些取

<hr>

① ［英］艾耶尔：《二十世纪哲学》，李步楼等译，6-7 页，上海，上海译文出版社，1987。引文有改动。

② ［德］马克斯·韦伯：《学术与政治——韦伯的两篇演说》，冯克利译，27 页，北京，生活·读书·新知三联书店，2005。

③ David C. Berliner, "Educational Research: The Hardest Science of All," *Educational Researcher*, 2006, 31(8), p. 20.

向、范式、学派崛起，使另一些衰败，如此循环往复，生生不息。英国教育社会学家伯恩斯坦曾经指出，教育社会学领域中的情形：

> 一旦意识形态被揭穿之后，所有的研究会被注销。每种新的研究取向都是一种社会运动或教派，借由重新界定传承的内涵和范围来界定主体的本质，因此每一个新的研究取向主体几乎都是全新的开始。旧有的参考书目不断被删除，而新的参考书目不断与时增进，新的合法性是"社会建构的"，而课程也开始转向到不同的焦点。所谈论的议题以及谈论的方式都跟着改变。①

二、哲学的教育学知识

哲学的教育学知识欲解答的问题是：理想的教育是什么？生产这类教育学知识就是生产教育价值观念系统。当生产教育价值观成为一项职业时，对教育的价值研究不仅需要提出鲜明的教育价值思想，而且应当在逻辑上对其进行严密的论证。就教育价值取向的内容而言，许多观点本身并不新奇。例如，崇尚个人的自由或全面发展，或追求平等、民主的教育价值取向等，这些观点在历史上已被学者、政治家、社会活动家等表达了无数次，如今已沉淀为现代文明的一部分。在资本主义条件下，教育中的个体作为公民在形式上已经实现了平等。因此，这些价值观通常高度抽象，适用于所有个体，具有普遍性。但是，正因为这些价值观是如此的抽象，以至于它既适用于所有人，也能包容人们对其做出独特理解。像"民主""平等""自由"这些概念的内涵可谓言人人殊，一般研究者能够在某种原则的水平上达成有限共识。因此，研究者在主张一种教育价值取向时求助于严密的逻辑论证。

就教育价值问题作为学术探究的对象来看，研究者可以从不同的伦理学前提出发提出相应的教育价值命题，并为其进行辩护。从纯粹学术的角

① [英]巴索·伯恩斯坦：《阶级、符码与控制——教育传递理论之建构》，王瑞贤译注，189页，台北，联经出版事业股份有限公司，2007。引文有改动。

度来看，诸种价值观的竞争主要不在于观点本身，而在于对观点进行缜密严谨的论证和辩护。或者说，价值观的内容主要不是通过若干命题表达出来的，而是借助专业的复杂论证才得到全面的阐发。如果哲学的教育学知识的观点不能建立在扎实的逻辑推理的基础上，那么这些观点不过是意见而已。或许正因为教育学缺乏严谨的推理与论证，不少研究者才批评教育学的信条和断言多于知识和证明。哲学性教育学知识像科学的教育学知识一样，只能在有限的价值取向传统内进行积累。

同时，哲学的教育学知识本身属于意识形态（或观念形态）的一部分，因此在马克思主义看来，不能将教育学知识与不同群体的利益（尤其是阶级利益）问题割裂开来。在哲学的教育学知识生产者之间进行的知识竞争使不同价值取向的教育学知识不断地反思自身与利益的关系，进而相应的修正已有的观点。因此，与科学的教育学知识相比，哲学的教育学知识的累积更加困难。① 知识积累上的困难使哲学教育学知识显得比较脆弱和松散。这意味着，大量哲学的教育学知识的生产者很难在较大程度上形成共识。因此，教育学知识生产者内部共识的缺乏极大地削弱了他们作为一个研究群体的力量。

第（2）类问题属一般价值性问题，解答这类问题的努力产生了具有评价性的知识，这里用评价性命题对其进行陈述。这类知识旨在评价教育事实，它必须为自己的合法地位辩护。就教育问题而言，其核心是教育应当培养什么样的人。对此的回答是以研究者所秉持的世界观、人生观等更一般性的哲学观念为前提的。

---

① 假如按以赛亚·伯林（Isaiah Berlin）观点，哲学教育学在知识上本身不能积累，但这并不是一个缺陷，恰恰是其存在的价值。在伯林看来，哲学本身不具有积累性，因为它没有可以传授的程序和技术，它需要处理的那类问题相当特殊——"它们的解决方法不清楚，表述问题时也没有给出解决方法"。哲学在本质上是不能用特定的技术手段解决的，"哲学问题……恰恰是那些在科学中或在别处那么成功的技术所不能解决，或者干脆什么技术都解决不了，因此让人困惑和压抑的问题；这么看来，哲学问题更像艺术'问题'而非科学问题"。哲学在本质上是一种尝试，"其目的是找到思考和谈论的方法，这些方法通过揭示以前未被注意的相似点和未被发现的差别之处……引起人们观念上的变化，其程序足以彻底改变思考和说话的态度及方式，这样来解决或消解问题，重新分派研究领域，重新阐述，重新区分对象之间的关系、改变我们对世界的看法"。参见[英]以赛亚·伯林：《现实感——观念及其历史研究》，61—85 页，潘荣荣等译，南京，译林出版社，2011。

在资本主义社会，社会的价值观念具有不同于以往的特征。价值观越来越多元化，不同观念之间的包容性增大。在价值观上旧权威已失去权威，在形式上不存在任何机构有资格为全社会提供统一的价值观。① 尼采以宣布"上帝死了""重估一切价值"的方式确认了这一事实，资本主义社会的快速变化使生活"碎片化"，这些现象形成了一个在价值上的"无根基的"世界。如果我们要选择一本书的名字来表达现代世界的精神状况的话，可能伯曼（Marshall Berman）的《一切坚固的东西都烟消云散了》最为恰切。在这样的世界中，"如何认真地推动道德、善良、公正的事业是根本不明确的"②。传统价值权威的衰落表现为不同价值观按照自由平等原则进行竞争，或者说，权威的丧失表现为自由平等本身成为新的权威。每个人必须面对由资本主义所带来的"无序"。这些变化将个人的心灵置于被称为后现代的困境之中，选择何种价值观成为一件私事。

在资本主义时代，旧价值权威的丧失在哲学的教育学知识生产者回答"教育应当是什么"时产生三方面的影响。其一，任何一种教育价值观均不享有免于被质疑的权利，不再是为人们盲目接受的自明之理。因此，如果今天有人还像赫尔巴特那样对待伦理学，这种行为很难不被视为轻率的。他将教育目的按照未成年人的意向目的和道德目的来区分，"这两个主要纲目对于每个人，只要他记得起伦理学最著名的基本思想的话，便会立即清楚"③。因此，不同研究者所主张的教育价值观呈现出多元态势，自由竞争难以使某种具体的价值主张长期在学术界占据绝对支配地位。其二，在相互质疑和诘难中，不同的教育价值观念越来越具有包容性，因而也更抽

---

① 之所以说"在形式上"价值选择自由，因为在资本主义社会中，仍然有占统治地位的价值观，"人类的选择是不自由的。这不仅是因为公众没有处于理性地比较选择的位置上，还因为公众常常接受被告知去做的事务。这其中有更深的原因。经济和社会的事务因内因而运动，随之而来的情况促使个人和群体无论想做什么都得遵循特定的方式——不是通过摧毁他们的选择自由，而是通过形成选择的思想并缩小可供选择的可能性"。[美]约瑟夫·熊彼特：《资本主义、社会主义与民主》，吴良健译，208 页，北京，商务印书馆，1999。引文有改动。

② [英]齐格蒙·鲍曼：《生活在碎片之中——论后现代道德》，郁建兴等译，23 页，上海，学林出版社，2002。

③ [德]赫尔巴特：《普通教育学·教育学讲授纲要》，李其龙译，37 页，北京，人民教育出版社，1989。

象(例如,自由、平等、民主等)。其三,在诸种教育价值观之间的竞争中,研究者已不能简单地诉诸昔日的权威为自己的主张进行合法性辩护,而是更多地借助于严密的推理和论证。或者说,对于哲学的教育学知识生产者而言,重要的已不再是"教育应当是什么"的内容本身,而是对"教育应当是什么"的论证本身。这意味着,哲学的教育学知识的生产不仅在内容上依赖于哲学(尤其是伦理学),而且在形式上需要符合一般的学术规范(研究、道德、引用、注释、评价、批评等方面)。

总体来看,哲学的教育学知识表现出三个特征:其一,教育学知识价值取向因旧价值权威的丧失而呈现多元态势;其二,不同价值取向的教育学知识在相互竞争中变得越来越具有普遍的形式;其三,不同价值取向的教育学知识为争取自身的合法性诉诸哲学(尤其是伦理学)等学科,在形式上求助于严谨的论证。

三、实践的教育学知识

第(3)类问题(教育在特定的实践背景中应当怎么办)具有混合性质。一方面,研究者从其实践目的出发必须在价值与规范层面做出有关应当的举措;另一方面,他还需要在制度与技术层面回答怎么办的问题。因此,就其陈述本身而言,这里主要采用规范与描述性命题进行陈述。实践的教育学知识旨在为一定社会、文化情境中的实践者提供价值判断、规范和行动指南。由于任务的实践性质,一方面,实践教育学知识依赖于更为一般的科学的与哲学的教育学知识。这两类知识的积累在很大程度上决定着实践知识的进步程度,尤其是当科学的教育学知识存在严重匮乏时,若实践的教育学知识制订出不切实际的教育目标,向实践者提出难以达到的要求,最终就容易沦为脱离教育现实的说教。作为实践理论的教育长期处于师范生不受欢迎的课程之列与此不无关系。另一方面,实践的教育学知识必须考虑教育实践的制度与技术条件,才可能成为对实践者具有意义的行动指南。这一要求意味着,实践的教育学知识不能远离实践,不能变得高度抽象和理论化。或者说,在实践教育学中,理论应是研究者对教育实践具有针对性的概括。

（一）研究主题多样

教育学研究者在生产实践的教育学知识时通常不以单一学科为基础，而以实践主题（课程、教学、班级管理等）为导向，采用跨学科的研究方式。这使研究主题高度多样化，有时甚至显得细小、琐碎（比如，学生批改作业的评语研究，教师课堂肢体语言研究等）。这大大地降低了教育学知识的理论性，限制了教育学对其他知识领域的影响。同时，由于教育事业的特殊性，国家是教育学知识的主要需求者之一，因而实践的教育学知识深受国家需求变化的影响。这容易使研究主题随国家关注重心的转移而变化，不利于知识积累。

（二）实践的教育学知识不易专深

研究者对一门知识的垄断程度在生产上表现为知识分工的专深程度。知识界是一个围绕新的知识生产与再生产而形成的学术界。在知识生产竞争日益激烈的背景下，教育学知识生产者必须生产专深的知识才能在其中立足，以此赢得作为一门学术性学科的尊严。在学术职业化的时代，任何一项有意义的成就必定是通过最彻底的专业化取得的。正是这一点将专业知识与常识区分开来。

实践的教育学知识是按照实践逻辑来探讨教育问题的。也就是说，它涉及两个基本问题：实践的目标是什么，达成目标的手段是什么。这意味着，实践者欲取得理想的实践结果，必须在实践上对影响结果的因素做出综合考虑。实践教育学是关于教育实践的知识，对象的特殊性在本性上使实践教育学不同于对教育的片面理解。在教育界，有三种关于教育的流行观点：教育是一个使人社会化的过程；教育是一个将文化传承给新一代的过程；教育是一个不平等的社会关系再生产的过程。这些观点在一定条件下均有其合理之处，但它们并不是教育的全部。当教育被理解为社会化时，它并不排斥把教育作为一个心理过程，也不排斥文化传承的观点。在这个意义上，那些在不同学科基础上生产教育学知识的研究者是对教育的片面的认识。因为，这类研究或多或少地在理论上撇开了交织在教育现实中的大量因素，而只取其中一部分。随着知识生产分工的深化，关于教育的认识选取的部分将越来越少，所得知识也将越"片面"越专业。这种生产方式本身所带来的弊病也很明显，它倾向于使研究者对事物的理解狭隘化。例如，从事教育心理学的研究者倾向于将大部分教育问题归因于心理因素，或者极端地认为，教育问题主要是心理问题。那些对教育心理学做出重大贡献的研究者更是将专业化发挥到极致。知识生产的专业化属于社会分工的一部分，因此，它同样体现了分工的优点。

如果研究者能够理解专业化的方式本身所带来的局限，而不夸大其研究的意义，那么这种知识生产方式无疑有益于知识的进步。研究者生产的知识具有高度专深的特点，一旦某一方面有新的发现，这些新发现往往会颠覆人们已形成的认识。像皮亚杰的发生认识论、有关教育机会均等的科尔曼报告、布迪厄有关教育的再生产理论等，这些研究在很大程度上颠覆了人们关于教育的日常观念。这些专深的教育学知识对于推进人类对教育的认识而言具有理论上的合理性。显而易见，如果将某种专深的知识视为对教育的全部或主要认识的话，这在理论上至多可以指责为学科偏见或视野狭隘。但是，只要将这类观点直接应用于实践，那么这种实践必然遭受失败，高尔顿（Francis Galton）的优生学可以作为一个例子。实践是以现状的某种改善为直接目的的，并不以知识本身为目的。从实践角度考虑，教育是一个主体认识发生的心理学过程，又是社会不平等关系的再生产过程，也是为社会培养各种劳动力的过程，还是一个文化传承的过程等。因此，实践的本性要求实践者必须超越片面的观点，尽可能按照教育在现实中的实际情况较为全面地理解教育对于达至理想结果是必要的。只有在考虑实践问题时，不同门类的专深知识才可能产生某种有机联系。例如，在赫尔巴特的实践教育学中，伦理学为教育提供了有关目的的知识，心理学为教育提供手段方面的知识，两者因为目标与手段之间的逻辑而产生了内在联系。麦克莱伦（James E. Mclellan）曾指出，一旦将教育哲学与学校的实践性工作联系起来，哲学就成了含有各种东西的大杂烩。① 可见，教育实践的综合性要求理想的实践的教育学知识是综合的。这种综合是教育学知识成为实践性知识所必需的，在知识分工上不同于那些以生产专深认识为己任的学科。

但是，这种综合性使实践的教育学知识不合乎知识分工日益专深化的趋势。就其目的而论，实践的教育学知识围绕教育实践的逻辑而展开，主要指向行动而非认识领域，因此它作为一个知识领域在学术上对其他领域的启发有限，它本身也无意启发其他知识领域。从形式上来看，实践的教育学知识的抽象程度不高，其综合性大大地增加了研究者生产专深知识的难度。可以说，实践的教育学知识与现代学术知识生产的专深化之间存在根本的矛盾。前者旨在全面地理解教育，后者旨在专门深入地因而也必然是片面地理解教育；前者指向教育的实践领域，后者则指向教育的认识领域。这种矛盾可以从赫尔巴特教育学的命运中得到佐证。赫氏的思想之所以对教育实践产生重大影响，是因为其继承者从中发展出一套可供操作的教育模式，而不是因为他提出了富有洞察力的教育思想。总之，与其他知识门类相比，实践的教育学知识难以专深。

(三)深受非理性的困扰

在内容上，实践的教育学知识具有混合的特质：它一方面提出比较具体的价值规范，另一方面提供系统的具有操作性的原则或建议。从目的上看，它主要不是为了增进人们对教育的认识而生产新知识，而是为了导向理想的教育行动。但是，纯粹的认识上的变化往往不足以引发理想的行动。也就是说，纯粹理性的规范(包括价值的和技术的规范)和行动建议对于实践的教育学知识的目的而言是不充分的。因此，以实践为旨归的实践的教育学知识通常具有不少非理性的内容。

非理性使实践教育学在对象观上不同于其他类型的教育学知识。实践的教育学知识将人当作教育实践中的感性存在，而不是冷冰冰的认识的对

---

① ［美］詹姆斯·麦克莱伦:《教育哲学》，宋少云等译，17 页，北京，生活·读书·新知三联书店，1988。

象。这样，教育中的人便不是由科学知识进行描述和说明的对象，而是需要理解和倾听的对象。与科学语言的理性、客观的特点不同，实践的教育学知识的语言通常具有鲜明的价值倾向，是富有感情色彩的表达，甚至是艺术化的表达。不像科学诉诸严谨的逻辑推理和经验证明那样，实践的教育学知识强调人的感性、直觉、直观、体悟、隐喻、信念，甚至神秘的观念，以此拉近与实践者的常识的距离。例如，教育学史上的经典之作，如洛克的《教育漫话》、卢梭的《爱弥儿》、裴斯泰洛齐的《林哈德与葛笃德》等属于实践的教育学知识，它们提出教育的规范和方法。其中所用的语言可以说明这类知识的特点。在内容上，这些著作属于实践教育学的杰作。但是，从生产方式来看，它们不属于作为专业的研究性质的学术著作，因而也不属于本研究所界定的教育学知识。这样就形成了一个奇怪的悖论：以非专业方式生产的教育学知识，却成为以专业方式生产教育学知识的研究者的对象。

随着知识生产成为一门职业，相应的学术规范也产生了。虽然在学术界之外有不少知识生产上的业余者，但是绝大部分知识创新属于职业的研究者的研究活动。学术研究的规范化过程是一个认识世界的理性化过程。即使研究对象是难以用精确的方式所把握的感性事物（体验、激情、隐喻等非理性因素），学术研究也绝不像维特根斯坦①那样在未知的、难以捉摸的事物面前保持沉默，而会采取多种方式掌握它。在这一过程中，客观、逻辑、证据、量化等成为衡量知识的主要尺度。这意味着，学术知识的生产和评估在很大程度上与日常的感性、直观、经验、体验等划清界限。尽管人们难以在学术知识与日常知识之间划出清晰的界限，但这种界限确实存在。这正是现代学术建制的产物。在知识生产专业化的进程中，实践的教育学知识面临两种选择：或者在学术界，像赫尔巴特那样以理性的方式探讨教育实践；或者在学术界之外，延续洛克、卢梭、裴斯泰洛齐等人的传统以感性、直观、经验的方式探讨教育实践。前一种选择是研究者在认

---

① 大哲学家维特根斯坦曾言，"对于不可说的东西我们必须保持沉默"。［奥］维特根斯坦：《逻辑哲学论》，贺绍甲译，104 页，北京，商务印书馆，2009。

识上将感性的教育理性化的表现，是为了认识教育实践而生产知识，其直接目标在于知识，其态度是理性的、客观的，它的情感是没有感情的，或者是被理性化了的感情，它是实践的教育学知识的理性存在，它在研究者群体内部寻找自己的读者；后一种选择是研究者将教育作为感性的教育来认识，是为了改变教育实践而生产知识，其直接目标在于行动，其态度是感性的、主观的，它的情感就是激情，或者是更多的感情，它是实践教育学知识的感性存在，它在实践者中间寻找自己的信徒。

事实上，这两类实践的教育学知识的生产在现实中并未截然分开。但是，它们给教育学知识生产者带来很大困扰。其中之一是，在那些严谨的学术同行看来，后一类教育学知识不符合所谓学术标准，因为它过于感性、主观、经验化，弱化理性的分析和论证。狄尔泰曾批评这类教育学知识过分强调各种教育目标，在这些目标中，人们"把道德生活领域、幸福、至善、伦理人格……的各种最美丽的花朵扎成一束友谊的花束"①。同时，一些研究者没有区分上述两类实践的教育学知识，特别是他们在生产前一类教育学知识时夹杂过多的个人信条、情感等非理性内容，缺乏经验的分析和合乎逻辑的论证。然而，即使研究者有意识地区分这两类知识，前一类教育学知识仍处于尴尬境地：一方面它在形式上脱离实践，因为它是以理性化的即学术的方式探讨实践问题；另一方面，它在内容上是实践的，这限制了它对其他门类的知识影响的范围。

在学术界，实践的教育学知识面临着双重困境。从知识生产方式上看，生产实践的教育学知识成为一项职业，它的生产者与使用者是分离的（前者属于学术界，后者属于实践界）。这意味着，实践的教育学知识的生产须遵循基本的学术研究规范，即它是研究者对教育进行理性探究的结果。这类教育学知识需要依靠研究者借助于逻辑的力量为相关命题进行论证和辩护。因此，从理论上来讲，实践的教育学知识当与信仰、信念、情感等非理性因素划清界限（尽管完全做到是不可能的）。从知识内容看，实

---

① 转引自陈桂生：《教育学的建构》（增订版），38 页，上海，华东师范大学出版社，2009。

践的教育学知识首先服务于教育实践，其直接目的并不是增进人们关于教育的知识本身，而是在实践者身上激发出理想的教育行动。但是，单纯的认识因素远不足以激发出教育实践者的行动。①

事实上，理想行动的产生更多地依靠在实践者心中唤起的激情、信念、使命感等感性因素。由于这一点，不少实践教育学便采取与冷冰冰的理性完全相反的夸张的、极端的、煽情的文学方式进行研究。典型的代表是卢梭的《爱弥儿》和裴斯泰洛齐的《林哈德与葛笃德》（当然，这只是从内容而不是从生产方式的意义上讲）。尤其是前者作为教育小说的语言极富文采，感情真挚而热烈。文中的艺术修辞随处可见，例如，"他的天性将象一株偶然生长在大路上的树苗，让行人碰来撞去，东弯西扭，不久就弄死了。……我恳求你，慈爱而有先见之明的母亲……""我们生来都是软弱的，所以我们需要力量；我们生来是一无所有的，所以需要帮助；我们生来是愚昧的，所以需要判断的能力。"②如果说，《爱弥儿》是以文学方式表达实践的教育学知识的经典，那么洛克的《教育漫话》则是以日常语言表达实践的教育学知识的范例。《教育漫话》的语言平实质朴，普通人可以毫无障碍地阅读，并从中受益。诚如洛克所言，"这些漫话，与其说是一篇公诸公众的论文，不如说是一段朋友间的私人谈话"③。他所阐明的道理大都建立在普通人的常识上，因而几乎用不着什么证明。例如，"我们要能工作，要有幸福，必须先有健康；我们要能忍耐劳苦，要能出人头地，也必须先有强健的身体；这种种道理都很明显，用不着任何证明"④。在洛克和卢梭的时代，知识生产远不像现在这样高度职业化。生产这些知识并不是他们的职业，洛克是贵族，卢梭则是一个颠沛流离、穷困潦倒的文人。因

---

① 然而，西方思想史一直存在一种强有力的知识支配行动的传统，其中最有代表性的人物是苏格拉底、柏拉图、黑格尔、马克思等人。有学者指出，这是一种政治辩证法的哲学传统，其中人被教导着通向一种由理论指引的生活。Walter L. Adamson, "Marx and Political Education," *The Review of Politics*, 1977, 39(3), pp. 363-385.

② ［法］卢梭：《爱弥儿》上卷，李平沤译，5—6页，北京，商务印书馆，1996。

③ ［英］约翰·洛克：《教育漫话》，傅任敢译，1页，北京，人民教育出版社，1979。

④ 同上书，5页。

此，尽管这些著作早已跻身于经典的行列，成为学术研究的对象，但是从生产方式来看，它们不属于教育学知识。并且正因为这些作品还不是作为职业分工从而不是作为商品生产出来的，它们的语言风格才可能具有高度的灵活性，它们的内容才可能充满非理性色彩。也正因此，这些作品才散发着恒久的魅力。

在知识生产成为一种职业的时代，如果一位研究者以《爱弥儿》的风格生产出一部实践教育学著作(尽管它可能极受实践者欢迎)，那么这样的成果或者没有资格列于学术著作中，或者被视为对神圣的学术规范的亵渎。实践的教育学知识生产作为社会知识生产分工的一部分，也是社会理性化(用韦伯的话来说)过程的一部分。但是，这种知识的生产方式本身从职业化伊始就隐含着内在的理论与实践的矛盾。如今，这种矛盾表现在这样的悖论中：实践的教育学知识的生产者为改善教育实践，需要实践的教育学知识，但是他们并不从事教育实践，反而不得不按照学术规范来生产那些需要严密推理和论证的实践的教育学知识，这样有关教育实践的教育学知识不可避免地表现为疏离实践者的知识，因为这种理论性的知识在学术规范中一方面远离实践者的感性(激情、信念、冲动等非理性因素)活动，另一方面其复杂的论证和专业术语无形中为实践者设置了理解的障碍。结果便是，教育实践者对那些遵循学术规范的实践的教育学知识敬而远之，而那些深受实践者欢迎的实践的教育学知识则在学术界受到贬抑。

第三节　教育学知识生产的垄断

为了在知识商品市场上占据有利地位，教育学知识生产者维护自身利益的重要手段表现为对知识生产本身的垄断。知识生产的垄断有两个必要条件：一方面，研究者在学术训练和知识生产方面具有高度相似的知识基础，足以使他们组成单一紧密的专业组织；另一方面，知识特征能够形成天然的屏障以阻止外来者的侵入。知识特征深刻地影响着教育学知识生产者对教育知识的垄断权。然而，就教育学知识而言，其生产者在两方面均处于不利地位。

首先，科学的和哲学的教育学知识的理论基础相当多元，甚至显得芜杂。这表现在两方面：其一，接受了教育学训练的研究者往往需要借助于其他学科提供的基础展开研究。以笔者的训练经历为例，在读研究生期间，除所有学生必修的数门基础课程和若干教育名著外，大多数研究生共享的专业知识不多，常见的是依托"人头"的现象。所谓依托"人头"就是借用其他领域（主要是哲学、社会学、政治学等）的学者的理论来探讨与教育相关的问题。在笔者的同学中，有人钻研狄尔泰、伽达默尔（Hans-Georg Gadamer）等人的诠释学，也有人倾心于布迪厄、吉登斯等人的社会学理论。人类知识的海洋仿佛是教育学的素材库，任其取用。受到教育学训练的学者选择的基础不同，背景知识差异很大。对于任何一门学科而言，共同的知识基础及相似的学术训练都是研究者形成相互理解和认同的重要纽带。在教育学内部，研究者难以在较大范围内共享概念、术语、命题和理论。这种情况严重地妨碍了教育学内部的统一性。因此，与其他学术群体相比，教育学知识生产者的专业组织通常比较松散，在不少基本问题上难以达成共识。其二，在其他领域接受过训练的研究者可以从各自的角度（经济学、社会学、心理学、哲学、人类学、医学等）切入与教育相关的问题进行研究。这意味着，除接受过教育学训练的研究者外，大量接受过这些学科训练的研究者都是潜在的教育学知识的生产者。这两种情况使教育学知识的生产者作为一个群体缺乏共同的理论基础和学术传统。可能的结果是，研究者们根据不同的理论基础组成自己的学术专业群体。比如，教育社会学学会、教育哲学学会、教育经济学学会，等等（在这之下可能还存在更小的分会）。虽然生产教育学知识的人数很多，但是由于知识基础和学术训练方面的差异，这些研究者们形成了大量分散的群体，无法在广泛的问题上达成共识，从而无法形成紧密的专业组织。① 这使教育学知

① J. Stephen Hazlett, "Education Professors: The Centennial of an Identity Crisis," In R. Wisniewski, E. R. Ducharme (ed.), *The Professors of Teaching*, Albany, State University of New York, 1989, pp. 11-28.

识生产者之间缺乏联合的基础，不能形成一种强大的力量。

其次，所有知识构成了一个商品市场，每门知识都面临竞争的问题。如果社会对教育学知识的需求量大，那么大量相关学科的研究者便会涌入教育研究领域，生产教育学知识，这会迅速提高教育学知识的生产率，因而其价值也会降低。教育学领域就像一个蓄水池：当人们对教育学知识的需求大时，大量其他学科的研究者会蜂拥而入；当人们对教育学知识的需求减少时，他们再退出教育学领域。而那些科班出身的教育学知识生产者由于不能轻易进入其他领域而只能固守教育学领域。门槛低使教育学知识的生产者易受来自其他学科的竞争，这削弱了教育学知识生产者对教育知识的控制。

一旦教育学知识生产者的垄断受到削弱，那么他们在市场上便处于不利地位，难以获得由于国家和社会对教育学知识的大量需求而带来的较大的经济利益。假设不同知识领域中，每位生产者的社会平均劳动能力为5000元/（人·年）。也就是说，每个人每年能够生产价值5000元的知识。而在2010年某国向教育学知识生产领域投入5000万元，全国共有教育学知识生产者10000名，平均每人的产值为5000元。2011年，由于某种原因，国家急需教育学知识，投入急剧增加至1亿元。假设仅有教育学知识生产者参与生产这些知识的话，每人的产值应为10000元。但是，由于教育知识领域投入大增，教育知识生产的门槛低，有10000名其他学科的研究者涌入教育知识生产领域，因此共有20000名教育学知识生产者，平均每人产值为5000元。这时产值水平与其他知识生产领域持平。而2012年，由于某些原因资助急剧减少，国家投入为4000万元，来自其他学科的生产者退出教育知识生产领域。此时每人的平均产值为4000元。假设2013年继续减少至3000万元，那么平均每人只能获得3000元的资助。进一步假设，由于某些原因2014年国家投入又增加至8000万元，那么又有来自其他领域的研究者6000人加入（由于其他领域不景气），直至平均每人每年获得资助5000元的水平。具体如表8-1所示：

表 8-1　教育学知识生产者的竞争收益

年份	国家投入/万元	教育学知识生产者/人	其他学科的知识生产者/人	每人所获利益/元
2010	5000	10000	0	5000
2011	10000	10000	0	10000
2011	10000	10000	10000	5000
2012	4000	10000	0	4000
2013	3000	10000	0	3000
2014	8000	10000	6000	5000

也许有人问，为何教育学知识生产者不入侵其他领域？比如，经济学、法学等。这涉及不同研究领域的基础性问题。需要指出的是，并不是所有研究领域都属于基础领域。也就是说，有一些研究领域的知识是研究另一些领域知识的必要基础，研究者不掌握这些基础知识很难在这个领域中做出高质量的研究。从这个意义上讲，相对于经济、政治、社会、历史等领域，教育并不是一个基础研究领域，而是一个更具体的领域。为了深入认识教育中的相关问题，我们不得不借助相关基础学科的知识。教育社会学、教育经济学、教育人类学、教育政治学等都是这类学科的代表。因此，无论是科学的、哲学的，还是实践的教育学知识，均依赖其他学科较多。这使相关基础领域的研究者比较容易借助相关问题进入教育领域。同时，由于专门生产教育学知识的研究者在进行教育学研究时往往以相关学科的知识为基础，他们只是把其他学科的成果当作基础，很少像基础学科的专家那样比较系统全面地掌握该学科的知识，因此教育学知识生产者通常不是基础学科领域的专家。这使他们不能轻易地入侵相关知识领域。当国家对教育研究投入增加以至于每项研究获得的资助高于社会平均水准时，那些接受过教育基础学科训练，并且在本领域内资助较少的人便有可能侵入教育学领域，与原有的教育学知识生产者争夺国家的资助；当国家对教育学研究投入减少以至于每位教育学知识生产者获得的资助低于社会平均水平时，来自其他知识领域的教育学知识生产者可能退出教育学领域，而教育学知识生产者由于难以入侵其他领域不得不相互之间竞争研究

资金。因此，从经济上来看，教育学知识生产者在最好的时期能够获得的收入也不多，他们在经济上缺乏强大的共同利益，又不能使教育学知识生产者团结起来抵制外来者的入侵。

最后，实践的教育学知识具有研究主题多样化、深受市场影响等特征。教育学知识生产者可能围绕某些实践主题而形成专业组织。从长远来看，国家对实践的教育学知识投入不会很多，即使由于某些因素，国家增加了对此类知识的需求，也会因为其他领域研究者的进入而不可避免地降低教育学知识生产者整体所获得的经济利益。因此，实践的教育学知识很难因为拥有强大的、共同的经济利益而组成紧密的同盟。与律师、医生等的专业组织相比，教育学知识生产者的组织缺乏凝聚力。此外，由于实践的教育学知识生产者大多围绕实践问题，采用跨学科的方式开展研究，因此他们也难以因为共同的知识基础和学术背景而巩固其组织。

总之，教育学知识生产者们缺乏共同的学术训练和研究规范，与其他学科的学术群体相比，其专业组织显得松散。同时，其他基础学科的研究者能够轻易地侵入教育学领域，因而减少了教育学知识生产者的经济收益。结果是，虽然教育学知识的生产者数量庞大①，但他们在理智上高度分散，未能形成一个强大的专业群体。

第四节　一个与教育学相似的例子②

教育学知识生产者们由于缺乏共同的学术训练和研究规范，与其他学科的学术群体相比，其专业组织显得松散，难以垄断教育学知识的生产。

---

① 例如，美国教育研究协会的会员数量庞大，1950 年只有 650 名会员，1977 年已经拥有 13438 名会员。在 1980 年年会上，310 名外国学者发表演讲（on the program），900 人出席代表 40 个国家。Geraldine Joncich Clifford and James W. Guthrie, *Ed Schools*, Chicago, The University of Chicago Press, 1988, p. 226.

② 本节是在《知识特征对教育学学术地位的影响》一文的基础上修改而成。参见张建国、崔中平：《知识特征对教育学学术地位的影响——以教育学与地理学比较为视角》，《教育理论与实践》，2014（22）。

这一特点并不独属于教育学。事实上，如地理学在学术等级中具有与教育学类似的困扰。德国教育学家梅伊曼在论及教育学的独立地位时指出，教育学利用了其他学科的知识，但并不必然丧失其独立性。他注意到教育学与地理学存在的相似性："不可能把教育学看作应用心理学，就像不可能把物理学看作应用数学，把生物学看作应用化学和应用物理学一样。因为教育学正为其他科学广泛利用，它似乎更像地理学，地理学就可以吸收几乎是其他各门科学的成果，但它却依旧是一门独立学科。"①也许我们可以通过两者的比较来更好地理解研究对象的特殊性和知识的逻辑特点对知识生产者力量的影响。

一、教育学与地理学比较的前提

教育学与地理学虽隶属不同的知识门类，但是它们在三个方面面临相似的学科发展困境。第一，成熟度不高。尽管教育学和地理学于19世纪末已在不少大学取得建制，但是它们从未像成熟学科那样具有一套相对独立的概念、术语、方法(论)。这标志着教育学发展水平的教育理论总给人以不成熟之感。"从十九世纪七十年代直到第二次世界大战，全世界地理学者都在努力确立作为一门在概念与过程上区别于其他学科的独立学科的地理学的地位。"②迪肯(P. Dicken)在对地理学家参与全球化问题讨论的程度进行分析后，指出地理学"像一个操场上的小孩，没有人愿意理睬它"③。可见，这两门学科长期面临成为一门独立的学科(或科学)的问题，这突出地反映在教育学家和地理学家关于本学科的性质、概念、方法(论)等的大

---

① 转引自[苏]阿图托夫等主编：《教育科学发展的方法论问题》，赵维贤等译，5页，北京，教育科学出版社，1990。引文有改动。

② [美]普雷斯顿·詹姆斯、杰弗雷·马丁：《地理学思想史》，李旭旦译，15页，北京，商务印书馆，1989。

③ Dicken, P., "Geographers and 'Globalization': (yet) Another Missed Boat?" *Transactions of the Institute of British Geographers*, 2004, Vol. 29, Issue 1.

量争论中。①

第二，对相关学科高度依赖。在历史上，教育学深受其他学科(哲学、心理学、社会学等)的滋养，却很少回馈它们。在许多人看来，"教育学本身并不是一门学科"②。类似地，地理学深受地质学、物理学、经济学等学科的影响，它亦很少产生对这些学科有影响的思想。地理学家特纳(B. L. Turner, II)认为，地理学并不是一门严格意义上的学科，它允许那些聪慧的人将吉登斯(A. Giddens)、福柯或列斐伏尔(H. Lefebvre)的工作纳入地理学的范围。③ 对其他学科的高度依赖，使教育学和地理学更多地表现为依附的学科。

第三，学术水平备受质疑。长期以来，教育学家与地理学家都致力于使自己的学科变得更加严谨、系统和科学。自 19 世纪末 20 世纪初以来，教育学虽曾借鉴过大量其他学科的方法(论)，然而，它是否有资格成为一门学科，它是怎样的学科，这些仍然是争论的问题。④ 为了使地理学成为"真正的"科学，20 世纪 50 年代地理学界掀起了"计量革命"(Quantitative Revolution)，试图借助数学方法发现普遍的地理规律，结果以失败告终。这两门学科在美国精英大学的遭遇均比较令人沮丧：1948 年哈佛大学关闭地理系；1997 年芝加哥大学关闭教育系。前者的地理系和后者的教育系都曾是全美最优秀的学科之一。哈佛大学关闭地理系的理由之一是它的学术

---

① 有关地理学的讨论可参见[德]阿尔夫雷德·赫特纳：《地理学——它的历史、性质和方法》，王兰生译，北京，商务印书馆，1986。[美]理查德·哈特向：《地理学性质的透视》，黎樵译，北京，商务印书馆，1983。[美]理查德·哈特向：《地理学的性质——当前地理学思想述评》，叶光庭译，北京，商务印书馆，1996。有关教育学的讨论可参见[德]沃尔夫冈·布列钦卡：《教育知识的哲学》，杨明全等译，导论，上海，华东师范大学出版社，2006。

② Lagemann, E. C. , *An Elusive Science: The Troubling History of Education Research*, Chicago, The University of Chicago Press, 2000, p. xiv.

③ Turner II, B. L. , "Contested Identities: Human-Environment Geography and Disciplinary Implications in a Restructuring Academy," *Annals of the Association of American Geographers*, 2002, 92(1).

④ Robarts, J. R. , "The Quest for a Science of Education in the Nineteenth Century," *History of Education Quarterly*, 1968, 8(4).

贡献小，甚至时任校长的科南特（J. Conant）认为，地理学不是一门大学科目。① 芝加哥大学则认为，教育系的学术水平愧对本校的社会科学标准。②

二、研究对象及其复杂性

一门学科的知识特征取决于研究对象及其复杂程度。因此，对教育学和地理学的比较应当从研究对象开始。

（一）研究对象

像许多人文社会科学一样，教育学和地理学内部在各自的研究对象问题上很少存在一致的看法。重要的原因之一在于，一门学科的对象不是自在的存在而是为我的存在。研究者总是从某一角度认识整体世界的某一部分，因此他们所认识的对象是已被对象化的世界。角度体现在研究者所运用的一系列概念、命题、理论上。研究者对角度的选择，以及对理论的解释具有很强的主观性，因此他们对一门学科的研究对象只是在极其有限的意义上才能取得共识。

就教育学而言，它将自己的研究对象视为教育现象（或称教育事实、教育问题、教育存在等）。如果人们将教育视为使人向善的活动，那么教育学便是从使人向善的角度探讨被称为教育现象的存在的。而研究总是对问题（包括理论的、实践的问题）的研究，因此教育现象在研究实践中作为教育问题而存在。教育本身是一种使人向善的人与人的交往活动，因而教育学探讨的核心便是人与人之间的教育关系，受教育者在这种关系中被有意识地引导至某种善的状态。如果说，一门学科在陈述形式上是从某一角度依逻辑原则被组织起来的知识系统，那么教育学的基本任务便是从教育的角度组织那些有关使人向善的知识。由于研究者对善的理解不同，相关知识得以在不同性质的教育学系统内获得统一。

① Smith, N. , "Academic War over the Field of Geography," *The Elimination of Geography at Harvard*, 1947-1951, *Annals of the Association of American Geographers*, 1987, 77(2).

② Bronner, E. , "End of Chicago's Education School Stirs Debate," *New York Times*, Late Edition (East Coast), 1997, 9(17), A. 27.

依康德的观点，地理学是"按照空间的描述"，涉及"就空间而言同时发生的现象"①。从研究角度看，地理学探究分布于空间中的事物因地理位置而产生的联系。这门学科在历史上所形成的四大传统②（地球科学、人地关系、区域研究、空间）实质上都是从地理空间的角度把握自然因素、人文因素之间的联系的，只是侧重点不同而已。因此，地理学探讨的核心是自然之间，以及人与自然之间的地理关系。

（二）研究对象高度复杂

教育学与地理学的研究对象在内容上鲜有交叉重叠之处，但是它们均具有高度复杂的特征。从一定意义上，任何学科的对象都不简单，否则也无须专门研究。比较不同学科研究对象的复杂性总是相对于把握对象的研究手段而言的。判断一门学科研究对象的复杂程度可以从量与质的角度来考察。前者表现为研究对象涉及变量的多寡；后者体现为诸变量间相互作用方式的多样性。这两方面在很大程度上限制研究者在探究中所能采取的方式，进而形塑研究成果即知识的特征。

教育学从教育角度探讨使人向善的因素之间的关系。其内在要求意味着教育学需要承担两个基本任务。其一，尽可能考虑一切使人向善的因素，这包括教育的、经济的、政治的、文化的、心理的、生物的等方面的因素。其二，在特定条件下，教育中的善是什么？就前一任务而言，不仅存在大量的非教育因素制约善的实现，而且这些因素的影响往往更加深远。在后一任务中，教育所欲达到的善因时代和研究者立场的不同而差异极大。因此，教育学在逻辑上涉及几近无限的因素。

由于绝大多数事物及其变化总是存在于某一特定的地理空间中，因此地理学所关涉的因素涵盖大量的自然因素（地形、植被、河流、气候等）与人文因素（农业、工业、商业、交通等）。如康德所言，"地理学填满了空

① ［德］康德：《康德著作全集：逻辑学、自然地理学、教育学》第9卷，李秋零主编，161-162、164页，北京，中国人民大学出版社，2013。

② Pattison, W. D., "The Four Traditions of Geography," *Journal of Geography*, 1990, 89(5).

间的全部范围"①。在探讨人与自然的关系时，地理学同样难以回避价值问题。"计量革命"后，一些地理学家在反思逻辑实证主义方法论的基础上认为地理学并不客观。"地理知识的形式和内容都依赖于社会背景。一切社会、一切阶级、一切社会集团都掌握某种独特的'地理知识'，某种关于他们的国土、关于与他们有关的使用价值的空间形态、关于他们本身的行为的实用知识。"②

可见，教育学和地理学在逻辑上均涉及大量的物质的和精神的变量，并且诸变量间相互作用的方式具有无限多样性。在学科史早期，教育学相对局限于教育过程；地理学偏重于描述和解释某一区域的自然因素间的地理联系(人类通常被视为自然的一部分)。随着现代教育制度在世界范围内的确立，以及人类活动对生态环境施加的影响越来越大，教育学和地理学的研究对象在外延上急剧扩大。此外，由于研究对象的特殊性大大地限制了实验手段在教育学和地理学中的运用，因此，对于任何认识手段来说，这两门学科的研究对象均高度复杂。

三、两类知识的基本特征

在教育学和地理学中，研究对象的高度复杂使这两类知识明显地表现出三个基本特征。

(一)高度依赖性

对复杂对象的科学认识总是建立在对其局部认识的基础上，而教育学和地理学本身并不将"教育现象""地理现象"的局部抽出作为单独的领域进行研究。对局部的研究通常属于以分析为主的学科，这些学科从"教育现象""地理现象"中选取某些关系进行研究。例如"教育现象"中的经济关系、文化关系、阶级关系通常属于经济学、人类学、社会学的研究主题；

---

① [德]康德：《康德著作全集：逻辑学、自然地理学、教育学》第9卷，李秋零主编，161-162、164页，北京，中国人民大学出版社，2013。

② [英]大卫·哈维：《论地理学的历史和现状：一个历史唯物主义宣言》，《地理译报》，1990(3)。

"地理现象"中的地形属于地貌学，动植物分布属于生态学，地球的物质构成属于地质学。因此，研究对象的高度复杂性使它们成为以大量相关知识领域为基础的综合性学科。

由于相关学科发展不平衡，教育学家和地理学家通常会借用比较成熟的学科知识，亲自发展那些薄弱学科的知识以便为各自的学科提供基础。正如赫尔巴特在构建教育理论时直接利用已有的伦理学，但却必须构筑自己的心理学一样。在人才培养方面，教育学和地理学的训练须以某些相关学科为辅助学科（或基础学科）。例如，德国近代地理学的奠基人之一李希霍芬（F. V. Richthofen）认为，"地理学的学习必须建立在受过一门辅助学科的完善培养的基础上"[1]。随着知识门类的分化，这两门学科对相关学科的依赖在数量上增多，在程度上加深。20世纪的学科发展史表明，教育学和地理学的突破往往依赖于相关学科的重大进步，似乎它们注定是其他学科的"随从学科""影子学科"。这种情况使教育学和地理学的依赖性经常表现为依附，因而它们长期面临着独立性问题：教育学、地理学是独立的学科（或科学）吗？皮亚杰曾感叹："在教育学领域内，极大一部分的革新家们都不是职业的教育家。"[2]也有学者指出，地理学的理论"无一例外的都是对物理学、化学、生物学、地质学、历史学、社会学中各种理论的移植和借鉴"[3]。

（二）高度异质性

研究对象的高度复杂性使两种可能的综合路径得以产生：（1）围绕广泛的主题进行综合；（2）在不同的知识基础上进行综合。在学科发展早期，由于研究主题集中及知识资源有限，教育学和地理学曾表现出鲜明的个性特征：在教育学中，赫尔巴特奠定了普通教育学的研究传统；在地理学

---

① ［德］阿尔夫雷德·赫特纳：《地理学——它的历史、性质和方法》，王兰生译，489页，北京，商务印书馆，1986。

② ［瑞士］让·皮亚杰：《教育科学与儿童心理学》，傅统先译，9页，北京，文化教育出版社，1981。

③ 张祖林：《当代西方地理学中的地理虚无主义》，《华中师范大学学报（自然科学版）》，1994（2）。

中，李特尔（C. Ritter）开创的人文地理学传统，后经赫特纳（A. Hettner）和哈特向（R. Hartshorne）发展为长期占主导地位的区域研究传统。第二次世界大战后，在教育学和地理学内部，一方面，研究者围绕极为不同的主题开展研究；另一方面，他们深受不同思想（现象学、存在主义、马克思主义、女性主义等）的影响，这使研究者所利用的知识资源差异极大。因此，大量零乱和琐碎的研究成果使学科内部知识之间的可通约性很差，这使教育学和地理学在知识上表现出高度的异质性。

（三）高度开放性

教育学和地理学在知识上的异质性表现为这两门学科对其他相关学科的开放性。对于教育学来说，那些影响教育目的的因素若被其他学科研究，那么这些学科均可能与教育学发生关联。对于地理学来说，那些探讨存在于地理空间中的事物的学科均可借助相关地理问题而同地理学产生关系。也就是说，教育学和地理学在逻辑上同绝大部分学科均具有内在联系。在此意义上，教育学和地理学在所有学科中具有最大程度的开放性。为此，有学者甚至认为，可以将教育学作为"所有学科的言说的平台"①。有地理学家认为，地理学是"自然科学、社会科学和人文科学乃至工程技术之间的一座桥梁"②。

四、知识特征对学术地位的影响

一门知识的学术地位本质上是一种社会地位，因而它是与其他门类知识竞争的结果。它们之间的较量集中地表现在三个方面：研究者对本领域的垄断程度、本学科对其他学科的影响力、研究者群体的话语权。教育学和地理学在知识方面的三个基本特征（高度依赖性、高度异质性、高度开放性）使它们在与其他学科的竞争中处于不利地位。

（一）对学科领域的垄断程度低

在知识分工高度深化的时代，一门知识的学术地位首先建立在研究者

---

① 王洪才：《教育学：学科还是领域》，《厦门大学学报（哲学社会科学版）》，2006（1）。

② 蔡运龙等：《地理学：科学地位与社会功能》，2页，北京，科学出版社，2012。

对该领域垄断的基础之上。垄断程度主要体现为准入门槛的高低。一般而言，"硬"学科所需的知识和技能在不同的学科间不易迁移，"软"学科所需的知识和技能在"软"学科内部可迁移的自由度很大。因此，"硬"学科通常较"软"学科的垄断性高，因而前者的地位一般高于后者。教育学和地理学的高度开放性表明，这两门学科对"外来"学者难以形成有效阻隔的天然屏障。因此，纯粹的教育学家和地理学家难以垄断自己的知识领域。

比较而言，教育学较地理学更"软"。它不似"硬"学科那样只属于经过特殊训练的专家，它甚至对那些关心教育的普通公民亦不设防。而地理学(无论是自然地理学，抑或人文地理学)均需一定量的"硬"知识作为基础，不掌握这些知识便难以进行地理学研究。可以说，在所有学科中教育学最具平民气质。一般来说，自然地理学家对本领域的垄断程度最高，人文地理学家次之，教育学家最低。因此，其学术地位大体遵循相同的次序。

需要指出的是，学科门槛低倾向于产生这样的假象：教育学和地理学的研究很容易进行。事实上，这类学科较一般学科有更困难的一面。门槛低意味着，高质量的成果需要利用诸多相关学科的知识，而吸收和消化这些知识本身便大大地增加了研究的难度。因此，大量的研究成果显得"简单""琐碎"，高质量的成果却不多见。而这种情况又反过来成为人们质疑教育学和地理学水平的"证据"。

(二)对其他学科的影响力弱

一门知识在学术界的地位还取决于它是否能贡献伟大的、影响其他学科的思想。教育学和地理学是否只是被动地吸收其他门类的知识？抑或也能对其他学科有所贡献？理论最能体现一门学科的学术水平。就质量来看，我们可以从理论的抽象度和复杂性角度进行考察。前者表征着理论对自身的超越程度，从而暗示其在逻辑上涉及知识领域的广度；后者意味着理论在何种程度上是严密的逻辑思维的结晶，从而表明其在真理性方面的高度。有学者在论述教育思想的伟大与不伟大时指出，两者的差别"不在于教育思想本身的完整性、具体性、可操作性，而在于对教育超越的程度。超越的程度越高，思想体系的内部联系越复杂，复杂的思想体系与复杂的社会现象之间越具有更高的相似度，因而具有更高的真理性，因而就伟大"①。

对于教育学和地理学而言，学科的综合性大大地增加了它们在发展高度抽象和复杂理论方面的难度。一方面，研究者对这两门学科的研究对象的科学把握是以相关学科的发展为前提的，这使它们在一般理论方面往往滞后于其他学科；另一方面，高度抽象和复杂的教育学和地理学理论通常需要研究者同时在多个领域具备深厚的造诣，在知识高度分化的时代，这即使对于勤奋的天才也绝非易事。因此，当今时代难以产生对整个学术界有重大影响的教育学和地理学理论。相较而言，地理学在发展有影响力的理论方面较教育学成功，它的个别理论曾在学术界产生不小的影响，例如，拉采尔(F. Ratzel)的国家有机体思想、麦金德(H. Mackinder)的地缘政治学思想。

(三)研究群体的话语权小

对于一门知识而言，其学术地位的"人格化"表现为研究群体在学术界的话语权。通常所谓"纯"学科较应用学科地位高，主要是因为"纯"学科的研究者在更大范围内共享相似的概念、术语系统，拥有相似的学术训练，而应用学科的研究者因应用主题的不同而缺乏共同的关注，难以形成紧密的群体。

对于任何一门学科而言，共同的知识基础及相似的学术训练都是研究者形成相互理解和认同的重要纽带。知识的高度异质性意味着，在教育学和地理学内部，研究者难以在较大范围内共享概念、术语、命题和理论。这种情况严重地妨碍了它们各自学科内部的统一性。由于高度的差异性，人们一直怀疑是否存在一门教育学科。② 在 20 世纪 60 年代国际地理学大

---

① 董标：《马克思主义教育思想论纲》修订本，18 本，徐州，中国矿业大学出版社，1999。

② [德]沃尔夫冈·布列钦卡：《教育知识的哲学》，杨明全译，1 页，上海，华东师范大学出版社，2006。

会(IGC)上，地理学由于研究领域芜杂甚至不得不做清理门户的工作。①
缺乏共同的知识基础和相似的学术训练使教育学家和地理学家难以在较大
范围内发展出他们对各自学科的共同理解和认同。因此，与其他专业群体
相比，教育学家和地理学家的组织通常比较松散，在不少基本问题上难以
达成共识。这在很大程度上影响了他们在学术界的话语权，进而影响了这
两门学科的学术地位。

---

① 白光润：《地理学的哲学贫困》，《地理学报》，1995(3)。

第九章 对若干现象与解释的批判

根据前文的分析，本研究的结论是，在满足国家、教师和师范生对教育学知识的需求中，教育学知识生产者作为一个群体难以获得较大的经济价值，这妨碍他们获得较高的社会地位和声望。此外，由于他们无力垄断教育学知识的生产，这进一步削弱了他们获得经济利益的能力。在现代社会，经济是决定一个专业群体的社会地位最强有力的因素，这导致教育学知识生产者的地位普遍不高，而教育学知识生产者处于知识分工体系中的一个环节，是社会分工将教育学知识生产者与教育学知识联系起来的，从而教育学知识也具有了人才具有的地位。如果本研究的结论具有某些理论价值，那么它应当能够对若干令人困扰的教育学现象做出部分解释，也能够对某些教育学地位问题的解释进行批判。本章利用研究结论对若干教育学现象及解释进行批判。

第一节 教育学的"殖民地"现象

教育学中的"殖民地"现象指，大量教育学研究在探讨教育问题时要借用相关学科(哲学、心理学、社会学、经济学、人类学等)的理论，这种现象如此严重以至于威胁到教育学的独立性和存在的必要性，好像其他学科"入侵""占领"教育学而令其沦为"殖民地"一样。19 世纪初，赫尔巴特曾担忧教育学成为各学派的玩具。[①] 1938 年，中国教育学者廖泰初也说，

---

① ［德］赫尔巴特：《普通教育学·教育学讲授纲要》，李其龙译，10 页，北京，人民教育出版社，1989。

教育本身是什么东西，要研究什么的问题，很使我们相当的踌躇，我们见到有教育心理学家，教育社会学家，教育哲学家，教育生物学家，这些各家的研究者，似乎把教育学各分得了一杯羹，各自去消化咀嚼，此外剩下的教育行政可归入"教育政治学"的范围，教育财政，归入"教育经济学"的范围，教育的园地里，都满种上了别人的花果，是佃农而不是自耕农，收获多多少少全是各地主的问题，教育学者似乎是各个雇用的园丁罢了。无疑的，要解决教育问题，常得求助于其他科学，不和这些科学携手，是绝对没有办法的。①

当代学者李政涛认为，20 世纪涌现出的众多教育学科是教育学的一种"虚假的繁荣"，它们"是寄生性学科，即寄生在相关学科的枝干上，没有自己的根基"②。这一现象在教育学领域存在时间之长，对研究者影响之深，是其他任何学科现象均无法比拟的。由此而生的自卑与困惑、无奈与绝望也是许多教育学人难以回避的。

在知识生产中，不同学科之间进行相互借用和渗透是一种极普通的自然现象。由于研究对象的性质及研究任务不同，一些学科对其他学科借用得少一些，另一些学科向其他学科借用得多一些。这本是再正常不过的现象。然而，恰恰是这种正常现象使不少教育学研究者感到难堪。在他们看来，这种现象并不正常。在学科建制上，大学存在两种情形：其一，其他学科的学者从各自学科出发探讨教育；其二，在教育学科中，本学科出身的研究者借用其他学科的资源研究教育。无可否认，大量学科介入教育学研究，从不同方面极大地推进了教育知识的增长。在历史上，对教育学产生重大影响的教育学著作大都不是出自教育学研究者之手。这使教育学研究者感到自己是无力的，似乎无须接受教育学训练也可以生产对教育学有

---

① 廖泰初：《中国教育学研究的新途径——乡村社区的教育研究》，《教育学报》，1938(3)。引文有改动。

② 李政涛：《教育学的智慧》，9 页，合肥，安徽教育出版社，2008。

重大贡献的教育知识，教育学研究者无法主导自己的领域，遂有被侵犯、殖民之感。对其他学科的"依赖"或"借用"似乎损害了教育学的独立和尊严，教育学成了附庸学科、影子学科、随从学科，沦为其他学科的"殖民地"。

教育学研究者将教育学研究大量借用其他学科理论的现象称为"殖民地"现象，这本身并非一种事实的客观描述，它明确表达了一些教育学研究者对教育学缺乏独立性，甚至依附其他学科的不满。因此，对于教育学而言，问题不在于事实本身——教育学在发展过程中借用了许多其他学科的知识和理论，而在于为何教育学研究者把这种正常现象视为其他学科对教育学的"殖民"。因为，不同知识领域间的借鉴本身并不必然导致某些知识门类成为另一些知识的"殖民地"，或者说导致一种"被殖民"的自卑心态。比如，以物理学家为代表的自然科学家把数学作为工具，恐怕他们不会将自己的学科视为数学的殖民地。医学把生物学、生理学、物理学等学科的某些分支作为自己的基础，但他们也不会感叹自己"被殖民"。有不少学科(法律社会学、法律经济学等)研究法律，法学也很少把这种现象视为"被殖民"。对于教育学研究者来说，似乎频繁利用其他学科的资源对于教育学来说成了一件极不光彩的事情。这是因为教育学研究者缺乏物理学家那样的自信(也许还有傲慢)？① 抑或这仅仅是某些人臆造出来自娱自乐的伪问题？这一切似乎只有将教育学的"被殖民"理解为教育学研究者的"被殖民"才能得到合理的解释。因为只有人才会有"被殖民"的心态(而知识本身不过是人认识世界的产物)。

在现代社会，知识生产分工已达到高度专业化的程度，以至于知识固定地由某些接受过系统训练的研究者来专门生产，也就是说生产知识已经

---

① 布莱森讲述了一些物理学家"傲慢"的例子："物理学家特别瞧不起其他领域的科学家。当伟大的奥地利物理学家沃尔夫冈·泡利的妻子离他而去，嫁了个化学家的时候，他吃惊得简直不敢相信。'要是她嫁个斗牛士，我倒还能理解，'他惊讶地对一位朋友说，'可是，嫁个化学家……'卢瑟福能理解这种感情。'科学要么是物理学，要么是集邮。'他有一回说。这句话后来反复被人引用。但是，具有某种讽刺意味的是，他 1908 年获得的是诺贝尔化学奖，不是物理学奖。"[美]比尔·布莱森：《万物简史》，严维明等译，南宁，接力出版社，2005。

成为一项独立的职业。社会分工将知识生产者与特定的知识门类或领域强制性地联系起来，人的身份表现为知识的身份。就教育学而言，它在劳动关系上的人格化就是教育学研究者。研究者的"被殖民"心态表现为教育学的"被殖民"，一种普通的正常现象也就人格化为一种社会现象——教育学沦为"殖民地"。其实，这种现象不止教育学领域，相似的情形在经济学领域表现为"帝国主义"现象。20世纪70年代后，经济学家大举涉足传统上属于其他学科的领域（如家庭、婚姻、教育等），而一些其他学科的研究者也借用经济学的分析方法研究本领域的问题。这种现象被称为"经济学帝国主义"。经济学家贝克尔（G. S. Becker）甚至因为将经济理论扩展到对整个人类行为的研究而获得1992年诺贝尔经济学奖。[1] 事实上，教育学的"被殖民"与经济学的"帝国主义"本质上属于同类现象，只是表现形式完全相反。

教育学的"殖民地"现象使不少教育学研究者面对这种现象表现出自卑，导致这种心理的根源在于研究者力量严重不足。在资本主义条件下，经济力量是一种决定社会地位的最基础、最强大的力量。在分工条件下，教育学知识是一种商品，而教育学研究者作为生产者向教师、师范生和国家提供教育学知识，从长远来看，他们不能从中得到大量的经济利益（就总体而言），且他们作为一个群体缺乏对自己领域的垄断能力。货币本身是一种社会力量，因而教育学研究者作为一个群体缺乏在现代社会中能够获得信心的基本力量。如果教育学研究者能够通过提供教育学知识获得更多的收益，那么他们便有可能树立起信心，至少不会令大量研究者过分纠结于教育学是否"过多地"依赖其他学科。这一点可以与商科相比较。其实，商科各专业也像教育学一样是许多学科"入侵"的领域，其研究者大多来自经济学、社会学、哲学、法学、政治科学等，这个领域在那些学科严

---

① 一些关于"经济学帝国主义"的讨论，参见苏力：《经济学帝国主义?》，《读书》，1999(6)。刘易平：《傲慢与偏见——"经济学帝国主义"批判》，《社会学家茶座》，2007(3)。秋风：《告别"经济学帝国主义"》，《社会学家茶座》，2007(3)。赵昆：《"经济学帝国主义"在西方的相关论争》，《齐鲁学刊》，2015(1)。赵昆：《"经济学帝国主义"理论辨析》，《伦理学研究》，2016(2)。

谨的人看来不过是一个大杂烩。① 但是因为商科知识在市场上具有较高的价值，对于绝大多数人而言它受到相关学科的"入侵"并不会成为一种困扰，相反这倒是一种被坦然接受的正常现象。简言之，一门知识的经济价值不仅在很大程度上决定生产者的地位，而且会影响到这门知识对优秀学生和学者的吸引力。教育学知识的价值偏低严重限制其吸引优秀生源和高水平学者的能力。

当然，除经济因素外，影响教育学研究者信心的还有许多其他重要力量（如学术、组织等）。假如教育学研究者能够在其他方面获得这些力量，那么他们或多或少可以消弭经济力量不足的劣势，仍然可能对"殖民地"现象保持一份坦然心态。然而，对于教育学而言这一切似乎都很不幸。由于研究对象和任务的特殊性，教育学在知识上不得不依赖大量相关领域的知识，并且难以发展出高度抽象、复杂的教育学理论（并非不可能）。这限制了教育学对其他知识领域的影响力。此外，由于大量的教育学知识生产是分散进行的，这些研究者拥有差异极大的学术训练背景，因此他们并未因共同研究教育而结成紧密同盟。教育学研究者没有一个强大的组织机构，也不能使来自其他学科的研究者聚集在同一面旗帜之下。教育学研究者（无论是否处于教育学科内）内心大都倾向于认同地位更高的学科。这一切均限制了教育学研究者作为一个专业群体的力量。

在资本主义条件下，知识生产是社会分工的一个环节，知识具有商品属性，因而不同门类的知识在市场上并不平等。知识生产者的地位便会反映在知识的价值上。尽管知识生产在建制上，即在学科上可能会采取不同的形式，不同门类的知识在地位上的差别也会以多种形式表现出来（"殖民地"、"帝国主义"、边缘学科、中心学科等），但是知识之间的不平等也将持续存在。因而这种不平等为不同门类的知识生产者带来的精神困扰也将存在。如果知识生产分工还作为一种外在的（异己的）强制性力量将研究者的认识活动局限于不同的知识门类中，从而使研究者探索世界的活动限制

---

① 霍斯金（Keith W. Hoskin）："教育学和商科一样，都只是各种'真正'学科的大杂烩。"［美］华勒斯坦等：《学科·知识·权力》，刘健芝等编译，北京，生活·读书·新知三联书店，1999。

在狭小的范围内，那么知识的地位问题始终存在。要消除知识的地位问题，就要使知识不再成为一种商品，使人们的认识不再受到分工的限制。当然，这绝不意味着不再有知识上的分工，而是说这种分工不必采用建制的方式，不必使知识成为商品，成为束缚人们自由探索的障碍。如果这样的话，我们便需要对知识问题提出共产主义的要求了。也就是要求消灭知识分工及由此而来的商品属性，从而消除分工强加于认识活动的限制。用马克思的话来说就是，

> 当分工一出现之后，每个人都有了自己一定的特殊的活动范围，这个范围是强加于他的，他不能超出这个范围：他是一个猎人、渔夫或牧人，或者是一个批判的批判者，只要他不想失去生活资料，他就始终应该是这样的人。而在共产主义社会里，任何人都没有特定的活动范围，每个人都可以在任何部门内发展，社会调节着整个生产，因而使我有可能随我自己的心愿今天干这事，明天干那事，上午打猎，下午捕鱼，傍晚从事畜牧，晚饭后从事批判。①

第二节　皮亚杰问题②

皮亚杰曾对教育学的发展提出了一系列异常尖锐的问题："和儿童心理学与社会学本身的深刻发展相比较，教育科学为什么进步得这么缓慢。"③在教育学领域中，"基本的科学研究为什么仍然这样贫乏呢？"在1935—1965 年，"没有出现过伟大的教育家（pedagogue）可以列入杰出人物

---

① 《马克思恩格斯全集》第 3 卷，37 页，北京，人民出版社，1960。

② 也有其他学者注意到皮亚杰问题在教育学上的重要性。参见李文正：《"皮亚杰问题"与现代教育学前景》，《华东师范大学学报（教育科学版）》，1990(2)；董标：《毛泽东教育学》，2页，香港，时代国际出版有限公司，2011。

③ ［瑞士］让·皮亚杰：《教育科学与儿童心理学》，傅统先译，3 页，北京，文化教育出版社，1981。主要译文参考了傅统先的译法，只是在翻译"pedagogue"时，笔者根据上下文联系将该词译为"教育家"而不是傅氏的"教育学家"。Jean Piaget, *Science of Education and the Psychology of the Child*, Translated by Derek Coltman, New York, Orion Press, 1970.

之列或他们的名字可以在教育史上构成一个里程碑"。"如果我们看一下每本教育史的目录，不可避免地会看到的另一件事情就是在教育学领域内，极大一部分的革新家们都不是职业的教育家。""医学大体来说，毕竟都是医生们的著作，而工程学则是工程师们所建立的，等等。那么为什么教育学却很少是教育家的著作呢？这是一个严重的，永远存在的问题。""为什么这样庞大的一个教育工作者队伍，现在这样专心致志地在全世界各地工作着，而且一般地讲来，都具有胜任的能力，却产生不了杰出的科学研究者，能够使教育学变成一门既是科学的，又是生动的学问，在立足于文科与理科方面的其他应用学科中占有它的正当地位？"皮亚杰对教育学的描述大部分属实，他提出的问题恐怕令每一位教育学研究者难以回避。

事实上，皮亚杰问题可以归结为一个问题：为什么对教育学做出重大贡献的人都不是职业的教育者？或者说，为什么庞大的教育学工作者队伍产生不了杰出的科学研究者？在《教育科学与儿童心理学》中，皮亚杰提供了对上述问题的部分解释。皮亚杰首先否定了导致上述问题的原因是教育学本身的性质——在它的科学数据与社会应用之间不可能达到稳定的平衡，他认为，主要原因在于社会环境对教育科学的发展不利，随后他列举了四个方面的障碍。[①] 皮亚杰指出这些障碍都是重要的，但却远不是充分的。一方面，他没有了解现代知识分工对教育理论与教育实践关系的深远影响；另一方面，皮亚杰对现代教育者所处的制度环境重视不足。

亚里士多德在《形而上学》的开篇处便指出，技术与经验有差别。前者是对普遍事物的认识，属于理论；后者是关于具体的、个别的事物的认识，源于实践。从某种程度上说，我们可以把这种区分看作是理论与实践的关系。皮亚杰忽视了教育学家(或教育理论家)与教育家(或教育者)的区别，前者旨在认识教育，获得关于教育的理论性知识；后者指向教育行

---

① 这四个因素分别是：第一，公众，包括相当数目的教师没有意识到问题的复杂性，不知道教育学乃是一门可与其他科学相比较的科学，而且由于它所包括的各种因素的复杂性，这门科学甚至是一门研究起来十分困难的科学；第二，学校教师缺乏职业自主权；第三，教师专业团体缺乏科学活力；第四也是最重要的一点，教师培训与大学缺乏联系。参见［瑞士］让·皮亚杰：《教育科学与儿童心理学》，傅统先译，13-14页，北京，文化教育出版社，1981。

动，结果是被改变了的教育实践，与之相伴的是获得关于教育的经验。在探讨教育理论对实践者的价值时，第斯多惠对此有所区分：

> 我们决不指望学习一种理论就能成为一个实际的教师。只有在生活实践中才能真正学会实践。有人能够了解所有的规律或规则，但并不一定会适当地运用，有人虽然可以适当地运用规律或规则，但又不一定懂得一般规律的理论。教育理论家不一定是教育家，教育家也不一定是教育理论家。前者（理论家）空谈理论，后者（实践家）实际行动。①

其实，理论家与实践家的分离在历史上很早便存在。教育知识，在柏拉图那里已经出现。如果要为皮亚杰的名单再加长一些，也许我们会把古代的柏拉图（Plato）、亚里士多德（Aristotle）等，近代的蒙田（Michel de Montaigne）、洛克（John Locke）、弥尔顿（John Milton）、卢梭、康德（Immanuel Kant）等，现代的桑代克、布鲁纳（J. S. Bruner）、加涅等都包括进来。他们都是贡献了伟大的教育思想的学者，却几乎算不上教育实践家。可见，认识教育和教育实践的分离早在2000多年前便开始。当然，也有一些学者[像赞科夫（Leonid V. Zankov）、马卡连科（Anto S. Makarenko）、陶行知等]将教育理论与实践结合得很好。因此，以下情况是可以理解的：对于一名学者而言，无论他是否有过教育实践经验，或者实践效果如何，他均可能生产出对教育学影响深远的思想或理论，因为拥有教育实践经验和接受教育学训练并不是深刻认识教育的必要条件。②

从18世纪末开始，教育学进入大学，并逐渐取得学科建制。从这时起，作为认识主体的教育学家与作为实践者的教育家相分离，或者说，教

---

① [德]第斯多惠：《德国教师培养指南》，袁一安译，64页，北京，人民教育出版社，1990。
② 这本是一个常识，谁会要求政治家去发展政治科学，商人去发展经济学？认识教育与教育行动虽有联系，但却是完全不同的事情。

育理论家与行动者的分离已经开始。当教育学科在大学中牢固地建立后，两者之间便存在制度上的障碍：一部分人在大学的教育学院或研究所以研究教育和传授教育知识为己任，另一部分人在中小学校专事教育实践。只是在教育学进入大学初期，教育学教授大都具有中小学任教经历，但随着教育学术人才培养体系日趋成熟，教育学家则很少具有中小学的从教经验。他们也许到中小学校"做"教育研究，甚至研究怎样"做"教育，但通常"做"教育并不是他们的职业。与此相应，教育者主要局限于中小学校，他们是实践家，具有丰富的教育经验，或许他们有思想，懂得教育实践的艺术，有自己的教育哲学、思想体系和认识，但他们的著作主要是针对教育实践问题，通常不为教育学术界著述，而是为实践者或教育者写作。教育者与教育学家的两种身份在早期教育家身上往往是相互交织的，他们既对教育有理论上的洞见，亦在实践上深谙教育艺术之道。① 教育知识生产的分工一方面使教育者囿于实践，远离教育学术；另一方面使教育学家们在行动上与教育实践保持距离。从社会分工来看，这种背离不仅是合理的，也是必然的。因分工而产生的偏见也是显而易见的：教育者或者对教育理论充满敬畏（因为它有难懂的术语、复杂的推理和论证），或者瞧不起教育理论家（他们不过是纸上谈兵）；在教育理论家中间则普遍存在轻视实践的倾向，他们指责教育者轻视理论，甚至刻意保持与教育实践的距离，即使他们接近教育实践，也只是为了"认识"教育，而非"做"教育。

为什么教育者不能像工程师发展工程学，医生发展医学那样发展教育学？除教育知识分工外，还有更深层的原因。皮业杰注意到，学校教师的经济待遇不高，缺少应有的社会地位，并且他们缺乏职业自主性。然而，教师为什么会这样？皮亚杰并没有进一步解释。从本研究的角度看，建立在资本主义生产方式基础上的现代教育的本质，在于其所处的资本主义的

---

① 美国教育学者阿利森（Clinton B. Allison）提供了田纳西大学的三个早期教育学教授的个案研究：Thomas C. Karns（1886－1899），Philander P. Claxton（1902－1911），Benjamin O. Duggan（1922－1939）。Clinton B. Allison，"Early Professors of Education：Three Case Studies，" in Richard Wisniewski & Edward R. Ducharme（ed.），*The Professors of Teaching：An Inquiry*，Albany，State University of New York Press，1989，pp. 29-51.

政治和经济形式，在于其具有阶级性。对于资本主义国家作为总资本家而言，现代教育按照资本的逻辑运行，以最小的投入取得最大回报。在国家看来，教育支出是一笔庞大的开支，应当用尽可能少的教师培养尽可能多的学生，将教师工资保持在较低水平才符合其经济利益。① 此外，国家赋予现代教育的任务之一是教育者在意识形态上维护现有社会秩序的合法性，也就是说，教育的阶级性不允许教师发展出批判的意识和能力。这表现在，教师劳动的制度结构本身排斥教师的批判精神，现代教育给予教师的个人空间在于怎样富有创造性地传授既定的"合法"知识，在学生身上培养合乎官方认可的价值观念和情感。现代教育的阶级性导致的结果是：一方面教师职业在经济上对优秀人才缺乏吸引力；另一方面教师的劳动环境在理智上缺乏挑战和刺激，压制教师在学术理论上对教育的批判性思考。

同样重要的是，学术研究在今天已是一项高度专业化的工作，高质量的学术研究大都来自经过学术训练的学者。诚如韦伯所言：

> 首先受一个事实的制约，即学术已达到了空前专业化的阶段，而且这种局面会一直继续下去。无论就表面还是本质而言，个人只有通过最彻底的专业化，才有可能具备信心在知识领域取得一些真正完美的成就。……只有严格的专业化能使学业在某一时刻，大概也是他一生中唯一的时刻，相信自己取得了一项真正能够传之久远的成就。今天，任何真正明确而有价值的成就，肯定也是一项专业成就。②

---

① 斯坦福大学的教育学教授达林-哈蒙（Linda Darling-Hammond）说，"在绝大多数大学里，教育学院享有的资源是最少的，师资培养则是教育学院接受资金资助最少的活动。学区用于教师专业发展的经费不到其预算的 0.5%，……每一代人可能都会经历一次国家极为关注教育改革的时期，但即使是在这样的时期内，联邦政府和州政府、大学和中小学校似乎也并不愿意在教师教育方面加大经费的投入。……这……或许是因为坚持对所有加入教师行业的人员进行严格的培养将要求提高教师的工资待遇，而对这一点，基本上没有一个政府体系愿意承受。为避免增加工资，绝大多数的州通常采取放宽培养要求、发放紧急性准入证书或者最近出现的'预备培养方式'等措施以补充周期性的师资短缺"。参见［美］达林-哈蒙主编：《美国教师专业发展学校》，王晓华等译，北京，中国轻工业出版社，2006。

② ［德］马克斯·韦伯：《学术与政治——韦伯的两篇演说》，冯克利译，23 页，北京，生活·读书·新知三联书店，2005。

在历史上，对教育学做出重大贡献的学者大都接受系统的学术训练，如皮亚杰在心理学，杜威在哲学和心理学，涂尔干在社会学领域均有深厚的造诣。如果考虑到学校教师所面临的工作压力与劳动环境，社会要求教育者做出卓越的教育学研究实在是太难了。与教育者的生存和发展状况相对应的是，教育学著作很少是教育者的作品，这有什么好奇怪的呢？

第三节　教育学太"软"太"应用"

在探讨教育学的地位时，一种流行的观点是：教育学地位不高是因为教育学太"软"，太"应用"。这一判断符合人们的一般经验：大体而论，"硬"科学领域比"软"科学领域地位高，"纯"科学领域比"应用"科学领域地位高。然而，这一观点似乎假定，知识的逻辑特征（"硬""软""纯""应用"）①与地位具有某种天然联系。可是事实上，知识的特征与其学术地位之间的关系不是天然的，而是历史的产物。例如，"硬""纯"的自然科学是在16—17世纪于大学外得到发展的，它们从19世纪开始才在大学里逐渐获得显赫的地位。可见，上述观点值得认真分析。

"软"与"应用"，"硬"与"纯"描述的是一门知识的自然特征，就称谓而言，可以说是带有某种文学上通感修辞的意味。"软"与"硬"表征一门知识在逻辑上的术语、概念、命题，以及理论上的抽象、清晰、明确、一致

---

① 从认识论和社会组织角度，对知识（科学或学科）做这样的分类大体上是从20世纪下半叶开始，并逐渐获得广泛认可的。斯托勒（Norman W. Storer）较早地用"硬"和"软"来标志科学不同分支的特征。硬科学通常意味着知识在推理、组织方面更严谨，更多地运用数学，在专业群体关系中更具非个性化特征；软科学则相反。比格兰（Anthony Biglan）从三个维度勾勒出不同学术领域的内容特征：是否具有范式区分硬学科与软学科；根据是否关注应用来区分纯学科与应用性学科；以是否与生命系统相关把生物领域和社会领域同研究非生命的学科区分开来。后来，从硬—软，纯—应用两个维度区分知识的特征被广泛接受下来。Norman W. Storer, "The Hard Sciences and the Soft: Some Sociological Observations," *Bulletin of Medical Library Association*, 1967, 5(1); Anthony Biglan, "The Characteristics of Subject Matter in Different Academic Areas," *Journal of Applied Psychology*, 1973, (3).

性程度；"纯"与"应用"表明的是一门知识与实践距离的远近。一门知识的具体特征取决于研究对象的特点与研究者所采用的方法。一门知识的逻辑特征会为其研究者带来某些方便或者困扰。例如，在人文社会科学领域，几乎所有研究者往往不得不花费很大力气澄清所采用的概念和术语。如果我们认定，教育学的地位不高在于其太"软"或太"应用"，那么就应当回答为什么一门知识的自然特征会影响其地位。是因为教育学的术语和概念模糊或其命题空泛吗？是因为教育学研究起来存在特殊的困难吗？是因为教育学不能简单地应用于实践吗？对这些问题的肯定回答似乎都能获得经验上的支持。但是，这并不是关键所在。因为一门知识的地位与其术语、概念是否模糊，与其命题是否空泛，与其研究起来是否困难，与其能否应用于实践并无直接关系。

如前文所言，教育学的地位实为教育学研究者的地位，它取决于教育学知识生产者的力量。假如，教育学又"软"又"应用"的特征对其地位有某种影响，那么它必定影响教育学研究者的力量。在知识生产高度专业化的时代，所有知识生产在一定程度上构成一个知识市场，其中不同知识的相互竞争，最终决定各自的地位。一门知识的自然特征（"软""硬""纯""应用"）像一道天然屏障为那些没有接受过本学科系统训练的外来者设置障碍，这主要是基于接受不同训练的研究者的知识与技能的可迁移程度来说的：一般而言，"硬"学科所需的知识和技能在不同的学科间不易迁移，所谓"隔行如隔山"。"软"学科所需的知识和技能在"软"学科内部可迁移的自由度较大，故有"文史哲不分家"之说。在资本主义条件下，知识成为商品，一门知识的所有生产者便构成了一个知识供给群体，他们作为一个群体的力量首先表现在对本门知识的垄断程度上。相应的是，一门知识的地位也是建立在研究者对该领域牢固控制的基础之上的。就教育学而言，它属于"软"学科，那些从未接受过教育学训练的研究者在一定范围内将自身的知识与技能借助相关问题应用于教育学领域。由于教育学的研究对象使大量学科或多或少地与教育有关，因此这一特点使"外来者"涉足教育学研究成为可能。相对于其他人文社会科学而言，可以说教育学的门槛较低。

另外，不少教育学研究者往往只是借用其他基础学科来探讨教育问题，他们本身不是基础学科领域的专家，因而不易涉足基础学科领域。这使教育学在知识生产市场中处于不利地位：当国家为教育学研究投入大量资助时，其他学科的研究者可能会进入教育学领域，与教育学研究者竞争资助，从而损害教育学知识生产者的经济利益；当国家为教育学研究投入过少时，教育学研究者不能轻易地进入其他学科领域争取经济利益。而经济利益是决定一个群体地位的最基本力量，在这一方面教育学研究者处于不利地位。

教育学的另一个特征是"应用"性（与"纯"相对）。应用类知识注重实用性、功利性，注重专业实践。① 这类知识由于同实践联系密切，因而一方面其研究会较"纯"学科更实际地考虑问题，另一方面其研究主题随实践需求的变化而变化。这意味着，应用性知识并不单纯地从理论上考虑问题，更侧重于从实践上考虑问题。就教育学而言，应用特征也深刻地影响教育学研究者的力量。由于教育问题的多样性，以及社会对教育知识需求的易变性，教育学研究者在生产教育学知识时由此出发的理论基础、采用的方法和视角均存在极大异质性，这难免使不少教育学研究的语言琐碎，命题空泛，论证乏力，缺乏系统性和理论性。② 教育学知识的高度异质性意味着，在教育学内部研究者难以在较大范围内共享概念、术语、命题和理论。这种情况严重地妨碍了教育学科内部的统一性。这不仅使教育学研究者作为一个学术群体在一些基本问题上难以达成共识，而且使年轻的教育学研究者在学术训练中缺乏大量共同的知识基础。对于任何一门学科而言，共同的知识基础及相似的学术训练都是研究者形成相互理解和认同的重要纽带。缺乏共同的知识基础和学术训练使教育学研究者难以形成一个

---

① ［英］托尼·比彻、保罗·特罗勒尔：《学术部落及其领地》，唐跃勤等译，39 页，北京，北京大学出版社，2008。

② 导致这种情况的还有一个重要原因是，教育实践问题不同于教育理论问题。在教育领域，的确存在许多本质上是琐碎的教育问题。出于实践的考虑，有时为唤起实践者的热情和信念，研究者们难免会采用一些空泛的假设和口号，倡导一些理论和信念。也许，这在学术上没有多大的合理性，但在实践上却合情、合理、合法。

紧密的学术群体，从而影响其群体的话语权。在这个意义上，教育学的应用特征削弱了教育学知识生产者的力量。

教育学的"软"与"应用"的特征削弱了教育学研究者的力量，这使他们在竞争中处于不利地位。在此意义上可以说，教育学的"软"和"应用"的特征导致了教育学地位不高。但是，教育学的这两个特征并不必然影响教育学的地位。如果知识分工不再使教育学知识成为一种商品，从而不再将一部分人局限于从事教育学知识的生产，那么教育学的"软""应用"的特征丝毫不会影响其地位，因为那时知识地位本身将不复存在。

第十章　怎么办：教育学人可能的选择

第一节　人的地位问题

在资本主义条件下，由于知识生产的劳动分工，知识成为商品。知识生产者们不得不依凭自身的专长生产市场需要的商品，由于市场需求在不断地变化，因而知识生产者的地位也伴随行情浮沉。在此意义上，所有知识门类形成了一个思想市场，其中它们依照丛林法则展开竞争，有些知识门类具有很高的价值，居于中心、支配地位，另一些价值偏低，处于边缘、被支配地位。这一事实使大量人文学科面临窘境，这是一个世界性问题。1999 年，29 个欧洲国家在意大利博洛尼亚提出欧洲高等教育改革计划，强调将就业和应用作为高等教育的导向。而日本文部科学省通知国立大学自 2016 年起调整和废除不符合社会需求的文科专业，不过是最新一例。

教育学的地位是许多研习教育学的人或多或少面临的问题。因为，在知识分工的时代，我们与这门学问之间的联系是社会关系所强加的。我们不能想象，在现代社会没有教育学研究者的教育学和没有教育学的教育学研究者是什么样子。目前，我们不得不以专门（常常以学科）的方式接受学术训练，不得不接受外界以学科的方式来辨识我们的身份，即教育学研究者（教育学家或教育学研究者），因此教育学地位令许多教育学人，尤其是那些有志于施展学术抱负的青年学子产生一种难以言表的复杂感情——尴尬、难堪、自卑、迷惘等。

在世界范围内，教育学的地位不高是一种相当普遍的现象。这种现象不能简单地归因于一些偶然的、个别的因素（如教育学研究者素质不高，教育学缺乏明确的立场，术语和概念模糊，命题和假设空泛等）。本研究表明，教育学的地位根植于现代社会高度发达的知识分工结构之中。教育学知识由特定的知识群体生产（教育学研究者），它作为商品参与社会总产品的交换。教育学服务的最主要的主体是教师、师范生（未来的教师）和国家。在满足这些需求时，教育学研究者通常从中获得的经济利益不大。此外，由于教育学知识本身的特征，教育学研究者未能构成一个具有高度凝聚力的专业群体以垄断教育学知识的生产。这使教育学研究者难以获得足够的力量以抗衡来自其他知识生产者的竞争。

如果将目光转向制度化形式的现代教育，即教育学的主要研究对象，我们会发现另一个更深层的原因。一般来说，现代社会主流的意识形态几乎一致认为，教育对一个社会的经济、政治和文化发展非常重要。对于现代社会的存在和发展而言，教育当然极其重要。遗憾的是，现代教育系统并不是围绕着社会的利益被组织起来的，而是按照国家作为社会的正式代表、作为总资本家的利益来组织的。国家在理论上重视教育，并且对教育提出了看起来符合社会利益的目标，但教育在实际上很少享有与其被赋予的责任和期待相符的资源（教育投入，尤其是教师待遇）。也就是说，对社会极其重要的教育在国家（本书的国家专指资本主义国家）眼中并不重要。这种矛盾根源于国家的阶级本质：国家的基石是阶级的社会，也就是说它是建立在阶级对立的基础上，并且正是这种对立的产物。而现代教育从诞生时便天然地具有阶级性，它在本性上仅仅将受教育者看作工具而不是同时视为目的。这表现在教育的价值上就是工具价值与育人价值的割裂，并且前者压倒了后者。

如果我们按照现代价值观，也就是继承了文艺复兴和启蒙运动遗产的人文主义观点来理解人，那么人首先意味着对个体价值和独立性的承认，从而间接地承认个体的复杂性。在这个意义上，现代教育可以说与人的培养完全对立：培养人需要高质量的教师，现代教育却普遍难以吸引和留住优秀的人才；培养人需要有智慧的教师，现代教育却很少给予他们运用理智的自由；培养人需要教师做出大量牺牲，现代教育却没有给予他们应有的地位和尊重；培养人需要大量投入，现代教育却迫使教师以最小的成本培养学生；培养人需要从长计议，现代教育却急功近利；培养人的效果是迟滞的，现代教育却要求立竿见影。① 不错，现代教育确实或多或少地发展了学生的知识和技能，但是它这样做不过是为了利用他们的能力，把他们分配到不同的工作岗位上，一些人占据低贱的工作，受到剥削；另一些人占据体面的工作，剥削他人。不错，现代教育或多或少地在学生中间传播了一些文明的观念，但它只是在统治阶级允许的范围内灌输一些无害的教条罢了。② 不错，现代教育也在一定程度上促进了不同阶级出身的学生的流动，但它却保留、维护了造成阶级差别本身的社会经济基础。总之，现代教育本身不需要具有远见的教师。也就是说，这些教师不需要学术的、批判的教育学知识。从教师的收入、地位、工作内容和环境看，现代社会中的教师更近于无产阶级。如果说，产业工人是物质生产领域中无产阶级的代表，那么教师则是精神生产领域中无产阶级的代表。而教育学最初也只是由于教师的需要才获得了自身存在和发展的动力，并且教师至今仍是教育学知识最主要的消费者。在这个意义上，教育学，从而教育学研

---

① 近半个世纪以前，早有人断言"学校在害人"。霍尔特："我认为在某些方面学校确实比以前强些了。我又在想，那么为什么学校还是这么害人？我深深相信它们在害人。早先的日子里，没有人认为一个人就仅仅是他的学校所认定的那个样子。在学校里表现不好也就是——在学校里不适应，不善于读书学习，不是个学者。（但回过头来说）生活的大部分仍然是开放的，正在成长的孩子们在通向成人生活的过程中，有着许许多多其他路径可以尝试，去表现他真正的智能。"转引自[美]柯尔斯滕·奥尔森：《学校会伤人》，孙玫璐译，37 页，上海，华东师范大学出版社，2014。在《重新想象为了教育的学校》中，作者们通过对一些非传统教育机构中的学生和教员的访谈，呈现了许多"学校教育如何反教育"的故事。Mcgregor G., Mills M., Te Riele K., et al., *Re-imagining Schooling for Education*, New York, Palgrave Macmillan, 2017, pp. 39-69.

② 学生们接受的所谓文明的观念（民主、自由、平等等）真的能影响他们的行为吗？学生们真的相信它们吗？至少杜威对学校教授学生这些"文明观念"的有效性持怀疑态度。齐泽克在最近纪念马克思 200 周年诞辰的文章中则说得更直截了当："在我们犬儒的时候，意识形态就是这样起作用的：我们不必相信它。没人会真的把民主或正义当回事，我们都清楚地知道它们的腐败，但我们还是会实践它们——换言之，我们还是会展示我们对它们的信念——因为我们假设，就算我们不信，它们也有用。"[斯洛文尼亚]斯拉沃热·齐泽克：《两百年后，我们可以说，马克思经常是对的》，王立秋译，http://www.sohu.com/a/231521156_268920，2018-05-13。

究者受惠于教师这个庞大的职业群体。当然，国家也需要教育学知识，但是它不过是要求教育学知识服从统治阶级利益的需要——以最节约的方式廉价地培养大量的、驯顺的而又高效的教师，为解决所谓教育问题（更常见的是社会问题的教育化而已）提供某些工具性的政策咨询，生产和传播有利于（至少无害于）其统治合法性的、有关教育的意识形态。可见，教育学的地位困境深深地根植于现代教育乃至整个现代社会的经济结构中。

如果再将目光放得更远一些，我们会发现，教育学知识的地位问题绝不仅仅是教育的地位问题，更是人的地位问题。这里，我们是在与物相对的意义上谈论人的。简单地说，人就是人本身，不是其他东西。用康德的话来说，人是目的不是手段。① 然而，自文艺复兴、启蒙运动以来的关于人的观念不断地被重申的事实恰恰表明，现代社会远非一个将人作为人来对待的社会。这是一个物化的时代，资本的逻辑支配了其他所有可能的逻辑，物的地位和价值远高于人。生活经验不自觉地使我们这样看人：这个人占有什么物，而不是这个人本身的思想、言语和行动有什么意义。我们用这种眼光不仅来衡量他人，也衡量自己：为了彰显自身的价值，我们追求各种各样的物。擅长对我们的时代和生活进行反思的哲人将这种状态称为异化或物化。"人是万物的尺度"这句曾激起人们无限热情的格言，在当下又是何等的讽刺！与这种状态相应的知识状况是，人们把这种"看"世界的眼光也应用于知识。结果是，关于物（典型的自然科学，或者把人作为物来研究的科学）的知识地位要高于关于人的知识（典型的是各类人文学，如历史、哲学、文学等）的地位。目前，所谓人文学科的危机正是这种逻辑的自然产物。不过，即使如此在人文学领域的学者仍然能够依靠传统的声望(尽管这种声望已经日渐衰落)获得面对窘境的信心和勇气。在关于实践的学问中，教育学不像政治学和伦理学那样拥有显赫的历史传统，它本

---

① 康德是这样说的："在全部被造物之中，人所愿欲的和他能够支配的一切东西都只能被用作手段；唯有人，以及与他一起，每一个理性的创造物，才是目的本身。所以，凭借其自由的自律，他就是道德法则的主体。"[德]康德：《实践理性批判》，韩水法译，95 页，北京，商务印书馆，1999。

身的存在又以彰显人的价值为前提，就不可避免地遭到现实逻辑的嘲弄。在现代社会，它似乎是一门不合时宜的学问。

如果教育学的地位有其必然性，那么教育学人能做什么呢？难道时代留给我们的只是悲观绝望？

第二节　三种可能的选择

上述结论对关心教育学地位的教育学人①来说无疑是悲观的。因为它承认，教育学的地位是多种结构性力量的产物，并且几乎可以肯定，在可预见的未来，教育学人无论做什么，均难以改变这些力量来提升教育学的地位。不过，悲观并不总使人变得消极，也许它为我们提供了重新思考教育学的契机。

首先，我们执着地追求教育学的地位本身就成问题。因为如果我们专注于提升自己的地位，其实也就无批判性地接受或承认地位游戏规则的合理性，把知识门类分成三六九等，而教育学只是不甘做知识世界中的二等公民。这样在评价一门知识时，我们不是看研究者本人提供的知识质量如何，而是看它属于哪一门类。这同如下观点的逻辑是一致的：在现代资本主义社会，我们不是去谴责、消除造成人与人不平等的社会的、经济的、政治的和文化的障碍，而是要求底层人努力争取上进的机会。这种观点恰与教育学存在的前提相矛盾。在价值取向上，教育学的产生是以承认个体的尊严和独立价值为前提的。也只是在这个前提下，教育才显得异常复杂；为了达到理想的教育效果，教育者和管理者需要关于教育的知识，如此始有研究教育之必要。而追求所谓"知识地位"恰是以对知识生产者的简

---

① 这里使用"教育学人"这个术语，而没有采用通行的"教育学研究者"是基于如下考虑："教育学研究者"指称过于宽泛，教育学地位问题在这些人眼中不见得都成为问题；"教育学人"这个术语指称的是那些以教育学这门学问为志业的研究者，也就是从事教育学研究，生产教育知识不只是一种谋生的手段，更是一种自我价值实现的方式，这些人通过对教育世界的探索以贡献教育知识，或推动教育实践的改进。由于教育学地位问题对后一类人而言才真正地成为一个问题，所以对他们来说也才产生选择立场的问题。

单化为前提的。如果教育学人没有忘记这个众所周知的前提，并且愿意坚持其彻底性，就不应当将大量的精力用于追求所谓"知识地位"。同时，依照本研究的结论，教育学知识地位的提高只有通过增强知识生产者群体自身的力量才能实现。而知识生产者力量(经济的、政治的、文化的、组织的力量等)的提升本身与知识或学术本身的发展关系不大。从历史上看，一门知识的地位通常并不是研究者刻意追求的结果。目前，物理学在自然科学，经济学在社会科学中的地位均非有意追求的产物。造成这种局面的力量固然离不开相关研究者的参与，但最重要的背景是资本主义工商业的发展。因此，如果过分执着于"地位游戏"容易使我们的注意偏离教育学知识或学术本身的发展。

对"地位游戏"本身的批判和反思不足以消除这种游戏本身，因为这种游戏是同一定的社会知识生产分工联系在一起的。教育学人即使意识到这一点，仍不能免于被那些接受这套游戏规则的人评判的命运。由于评判在一定程度上会影响到教育学人作为专业人员的认同和尊严，所以较低的外部评价或多或少仍会对教育学从业者产生消极影响。这是一种客观事实。既然如此，那教育学人靠什么抵制外部评价可能产生的不良影响呢？在笔者看来，也许最重要的是教育学人的自信。这种信心不是对教育学这门学科或专业的信心，不是建立在对教育学未来的某种期许或虔诚的愿望(比如教育学终有一天会成为中心学科)之上，而是立足于教育学人对自身所从事的工作内在价值的认同。但是，在目前条件下确立这种认同并不容易。

多年来，教育学的状况使不少教育学人深感自卑：一些教育学从业者怀疑教育学研究的价值，甚至因此而离开教育学领域；在未离开者中，也有不少人懊悔当初选错了学科。自信有别于单纯的信念，它应当建立在对事实和证据考察的基础之上。[①] 教育学人建立自信的第一个前提就是，承

---

① 杜威在《我们怎样思维》中专门谈到了反省思维与单纯信念的区别。参见[美]约翰·杜威：《我们怎样思维·经验与教育——再论反省思维与教学的关系》，姜文闵译，14 页，北京，人民教育出版社，2005。

认教育学地位困境是现代社会经济结构的产物，也就是承认教育学的学术水平与其地位没有多大关系。接受这一点，教育学人才可能从长期形成的自卑感中解放出来。但这仅意味着，教育学人作为研究者用不着为教育学的地位困境承担主要责任，但绝不意味着，教育学人有理由无视教育学研究中存在的诸多问题，有理由放弃提高教育学学术水平的努力。一旦从长期被束缚的精神枷锁中解放出来，那么对教育学人来说，他们确立自信也就需要理解自身工作的内在意义与界限，也就是理解生产教育知识这项工作本身。如前文所言，目前教育学知识的生产已是社会知识分工体系中的一环，这使教育学知识具有商品属性，其价值不能不受市场行情的影响。这种情形对教育学知识的生产与使用产生重要影响：（1）它使人类总体上对教育学的认识在深度和广度上得到极大的拓展，却使研究者倾向于以碎片化的视角来看待教育；（2）在现实中，教育学知识的生产亦在很大程度上与教育学知识的运用分离开来，这往往使教育学人不易看到自己的劳动成果（教育学知识）的使用价值（实践意义）。可以说，教育学中教育理论与实践脱节这个老问题主要不是一个理论问题而是实践问题。

　　如何在上述背景下建立起关于自身活动的内在意义系统，这是教育学人面临的一大难题。大体而言，教育学人有三种可能的选择。第一种选择是承认这种分工的合理性和局限性（分工可能限制研究者的活动范围，甚至使其产生"职业的痴呆"），且愿意在这种体系下进行教育学知识的生产。这意味着，对教育学人来说生产教育学知识这项工作的意义不是来自教育学知识的应用，而是来自生产教育学知识本身，也就是为了教育学知识本身而研究教育。这种取向具有久远的历史传统，它在亚里士多德那里有明确的阐述。亚氏在论及早期哲学家对哲理探索时指出，"他们探索哲理只是为想脱出愚蠢，显然，他们为求知而从事学术，并无任何实用的目的……我们不为任何其他利益而找智慧；只因人本自由，为自己的生存而生存，不为别人的生存而生存，所以我们认取哲学为唯一的自由学术而深加探索，这正是为学术自身而成立的唯一学术"①。从生产教育知识本身中获得信心，也就意味着需要履行教育学人作为知识人的基本职责即解释和说明教育。从历史上看，这种取向有两个源头。第一个源头来自教育学科内部，也就是所谓科学教育学。它试图将教育作为具有内在逻辑的事物加以研究，以揭示这种逻辑本身为旨归。第二个源头来自其他学科（社会学、经济学、人类学等）对教育的研究。进入20世纪后，一些基础学科利用自身的理论资源对教育进行研究，或用特定的视角（方法）研究教育，或具体探讨与教育相关的问题。它们主要探讨对教育某一方面的规律性认识。

这两个源头的基本区别在于，前者或多或少地将教育视为一个整体，注重教育内部逻辑的探讨，"教育是什么"是一个根本性问题；后者利用其他学科的理论、概念或方法对教育的某些方面进行研究，"教育是什么"不是一个重要问题。在这种取向下，如果教育学人坚守为知识而求知传统，那么他们自然可以从生产教育学知识本身中获得研究的意义。这种取向面临的困难在于，长期以来存在这样一种观念即认为教育作为研究领域主要是实用性的，以改进实践为目的。这种观念也许并不否认教育学中有解释与说明的成分，但倾向于忽视这部分知识的重要性。近代以来，科学地位的上升同如下信念密不可分：为了达到改造自然或改良社会的目的，人们首先需要了解"自然或社会实际上是怎样"，也就是掌握关于自然和社会的科学知识。尽管乌申斯基早已认识到，"一个教育者应当力求了解人，了解他实际上是什么样，了解他的一切弱点和伟大之处，他的一切日常琐细的需要以及他的一切伟大的精神上的要求"②，但像《人是教育的对象》那样把理解教育坚定地建立在心理学和生理学等科学基础上的著作并不多见。在历史上，人们更关心的是"怎样教育"这样的实用性问题，而不是

---

① [古希腊]亚里士多德：《形而上学》，吴寿彭译，6页，北京，商务印书馆，1995。
② [俄]康·德·乌申斯基：《人是教育的对象——教育人类学初探》（上卷），郑文樾译，序言，北京，人民教育出版社，2004。

"教育是什么"这样的科学问题。① 关于教育学的实用性观点，人们大大地忽视了这样一个事实：为了改进教育，教育学人的一个重要任务就是解释和说明教育的诸方面。教育学人如不能批判性地对待这种观念，很容易对自身工作产生无意义的感觉。因为在教育知识生产专门化背景下，其生产与运用之间在理论与实践上均存在不小的距离。而社会对教育知识的大量需求又加剧了"生产"与"运用"的紧张关系，毕竟谁会期望伦理学直接提升人们的道德水平，期望政治学直接改善社会的政治状况呢？

第二种选择是，否定这种分工的合理性，强调教育学知识与行动的统一（也就是通常所谓"教育理论与实践的统一"）。对教育学人来说，信心不仅源于教育学知识，更来自对教育学知识的运用。在教育学于大学中取得学科建制前，这种取向是许多教育家的常态。那时，也不存在所谓教育学地位问题。随着教育学学科建制的完成，教育学的这一传统实质上受到侵蚀，大部分生产教育学知识的人很少从事教育实践（也就是使用教育学知识）。不过，在大学中一直都存在部分学者试图在教育学知识分工条件下将教育学知识与行动联结起来。从某种意义上，这类教育学人更令人敬佩。因为在当前条件下，教育学人要付出这种努力，不仅要克服教育学知识与行动间的逻辑鸿沟，而且还需要克服许多教育本身以外的困难。实际上，也正是在克服大量困难的过程中，他们的意志才得以磨炼；正是在联系教育知识与行动的过程中，他们才真切地感受到教育学知识的力量。相对而言，这类教育学人更容易感受到自身的工作的内在价值。

同第二种一样，第三种选择是不满足于为知识而求知的传统，倾向于强调教育学知识的实用价值，认同联系教育学知识与行动的重要性；与第

---

① ［日］大河内一男等：《教育学的理论问题》，曲程等译，1-41 页，北京，教育科学出版社，1984。不过，陈桂生教授在最近的研究中指出，"教育是什么"是一个近乎常识性问题，所以一代又一代面临的是"如何教育"未成年人的问题。不过，恰是教育"是什么"的问题反而成为"如何教育"解决中的难题。在他看来，教育"是什么"本身是习俗用语中的问法，专业的提问应是：教育是属于什么性质的。他的答案是，"经过许多代学者的探求，最终才得出教育本身就是一种特殊的价值"。参见陈桂生：《略论教育学"西学中化"问题的症结——三谈教育学究竟是怎么一回事》，《教育学报》，2019(3)。

二种选择的区别在于，第三种选择无法将教育学人的主张变为现实。在这种取向下，教育学人不仅难以获得自信，而且，其态度与实际工作是分裂的、矛盾的。原因在于，在知识生产分工背景下大量生产教育学知识的学人只是生产教育学知识，教授他人教育学知识，其本人并不直接介入教育行动（也就是运用其生产的教育学知识）。教育学知识的生产与使用的分离在很大程度上决定了这种取向只是一种理论上的态度，实际上并不可行。也就是说，大部分教育学人在主观上认同教育学知识与行动的统一，但实际上他们不能做到。这是相当一部分教育学人的心态。从某种意义上讲，这种心态具有某种必然性。一方面，教育是一种关涉价值的活动，探讨教育难以回避对教育价值和规范的考虑，也就是所谓实践教育学；另一方面，知识分工使教育学知识的生产者与使用者分离，这使有关教育价值与规范的知识成为孤立的存在。此外，教育价值与规范的知识本身不仅与教育行动者的经验存在逻辑鸿沟，而且作为学术产物主要也不是为行动者而生产的。这似乎是一个奇怪的悖论。

第三节　三种选择的困境

在知识生产分工背景下，上述三种选择实际上均相当无力。从历史上看，对教育学知识本身的信念并非教育学的主流。如今，依照教育自身的逻辑来解释和说明教育本身似乎受到教育学人的忽视，关于教育的解释和说明更多地由大量分支学科来承担这项工作。尽管这些分支学科的研究者生产教育学知识，但他们更倾向于认同自己的母学科而不是教育学。即使在这些母学科内部，有关教育的分支学科也往往处于边缘位置。再考虑到如今人文学科（教育学在很大程度上被普遍地视为一门人文学科）的边缘化①。教育学人对教育学知识信念的坚持带有某种悲壮色彩。更一般地看，

---

① 代表性著作参见［美］白璧德：《文学与美国的大学》，张沛、张源译，北京，北京大学出版社，2004。［英］蒲立拜：《人文学科的危机》，台北，环宇出版社，1971。［挪］希尔贝克：《时代之思》，童世骏、郁振华译，上海，上海译文出版社，2007。

在现代社会知识本身已无力为研究者提供终极意义。韦伯在《以学术为业》的演讲中回顾了从柏拉图到文艺复兴和现代科学的兴起期间，科学为其研究者所带来的意义："通向真实存在之路""通向艺术的真实道路""通向真正的自然之路""通向真正的上帝之路""通向真正的幸福之路"。他说，这些幻觉"如今已被驱逐一空，以科学为业的意义又是什么呢？对于这个唯一重要的问题：'我们应当作什么？我们应该如何生活'……科学没有给我们答案，这是一个根本无法否认的事实"①。这样来看，我们似乎又回到了原点：生产教育学知识的意义从何而来？如果说传统和知识本身无法先验地提供这种意义，那么它只能来自生产者自身。这时，我们才恍然大悟发现一条朴素的真理：意义是由人自己创造的，尽管这种意义不能不受到历史的、现存条件的限制。所以，第一种选择无法在这里现成地提供出来。不过，如果我们将生产教育学知识理解为一种杜威意义上的反省思维（实质上就是现代意义上的科学探究）的话，那么关于反省思维所需要的三种态度也适用于教育学人。第一种态度是虚心（open-mindedness），意指免除偏见、党派意识和诸如此类的封闭观念，免除不愿考虑新问题、不愿采纳新观念的其他习惯。第二是专心（whole-heartedness），指的是一个人沉溺于某些事物和事件时全身心投入的状态。第三是理智上的责任心，它指的是考虑到按预想的步骤行事所招致的后果，意味着愿意承受这些合乎情理、随之而来的后果。实际上，责任心意味着理智的诚实，因为它保证种种信念的连贯和协调。②

第二种选择基于对教育学知识与行动相统一的信念，由于知识分工所带来的结构性限制，以及基层教育者的精力有限，真正能够践行这一信念的教育学人相当有限。其中不少人不属于通常意义上专业的教育学人，而是卓越的教育家，他们本身重视教育学知识的学习与研究，同时能够将之

---

① ［德］马克斯·韦伯：《学术与政治——韦伯的两篇演说》，马克利译，34 页，北京，生活·读书·新知三联书店，2005。

② ［美］约翰·杜威：《我们怎样思维·经验与教育》，姜文闵译，33—36 页，北京，人民教育出版社，2005。

与教育行动联系起来。一般来说，这样的教育学人更容易建立起对教育学知识和行动的信心。问题在于，教育学知识的分工无形中在教育学知识与行动之间造成了难以逾越的鸿沟。如果没有一个良好的制度作为保障，对教育学人个体而言要实现教育学知识与行动的良性互动相当困难。一般来说，这类教育学人在数量上还是太少了。

从历史上看，第三种取向是实践教育学在知识分工条件下的自然结果。从产生伊始，教育学就是实践教育学，在教育学知识的生产实现建制化前，它本身就是教育学知识与行动的产物。随着教育学知识分工的深化，实践教育学主要由大学中的教育学教授来完成，不再是实践经验丰富的教育家的产物。尽管实践教育学在内容上探讨教育实践问题，但它采用的术语和表达都是符合学术规范的行话，反而离教育实践更远。就此而言，这不是一个理论问题，而是一个实践问题，一个由知识分工而来的实践问题。所以，在逻辑上我们不难说清楚教育理论与实践的关系，但两者的关系问题不断地以理论的形式反映到教育学人的头脑中。在没有消除教育学知识与教育行动相互孤立的现实条件下，教育理论与实践的问题仍会以不同的形式反复出现。在此条件下，这种取向的内在矛盾很难使教育学人建立起对教育工作的信心。当然，如果我们试图使自身的工作具有意义，并且认同这种意义，那么自然不能静待这种分离条件的自动消除。我们也许可以从马克思的工作中得到些许启发。马克思主义的一条基本原理是理论与实践的统一。这条原理不简单地说，理论与实践在逻辑上是统一的，更重要的意义在于，理论不是孤立地存在的，它不仅是对实践的反映，而且本身就是实践的一部分。它直接体现在马克思那条最著名的格言"哲学家们只是用不同的方式解释世界，而问题在于改变世界"①。在马克思看来，知识本身属于变革世界的一部分。这种观点本身就否定知识的生产与使用分离。它体现在马克思的另一个观点中："关于环境和教育起改变作用的唯物主义学说忘记了：环境正是由人来改变的，而教育者本人一

---

① 《马克思恩格斯全集》第3卷，6页，北京，人民出版社，1960。

定是受教育的。因此，这种学说必然把社会分成两部分，其中一部分凌驾于社会之上。环境的改变和人的活动或自我改变的一致，只能被看作是并合理地理解为革命的实践。"①

以马克思最具理论色彩的《资本论》为例，这项工作旨在探讨无产阶级求得解放的物质条件，具有非常强烈的实践目的。仅此而论，它显然违背了如今在社会科学中流行的价值与事实分离的原则。其实，这项原则本身恰恰是知识生产分工自身的产物。因为它假定一部分人专门从事解释和说明的科学工作，而实用的问题留给他人，也许它合乎了知识分工的趋势，但这项原则一直都在受到挑战。尽管《资本论》似乎背离了价值与事实分离的原则，但它并没有混淆价值判断与事实判断，所以我们能够感受到马克思认真细致的分析绝不是为了知识而求知的自娱自乐，而是为了揭示资本主义生产的秘密，探求无产阶级解放的物质条件。正是这种强烈的实践关怀使他牺牲了休息和健康，也正是这一点赋予他崇高的使命感。能够证明这一点是，在马克思的一生中他总是以不同的方式参与到推翻资本主义的活动中。正如恩格斯所言，马克思"首先是一位革命家。他毕生的真正使命，就是以这种或那种方式参加推翻资本主义社会及其所建立的国家设施的事业，参加现代无产阶级的解放事业"②。从马克思身上，我们也许可以说，教育学人对自身工作价值的认同主要不是来自对教育知识本身的信念，而是来自教育学人对教育的实践关怀。正是这种关怀赋予我们的知识生产工作以丰富的意义。自然，出于实践关怀的教育学人未必亲身参与到教育实践中去，但可以肯定的是，他总会以某种方式（即使是理论的方式）介入教育实践中，并从这种"介入"中感受到自身工作的价值。杨小微教授将实践关怀视为教育学研究的基本立场和道德使命。在他看来，教育理论工作者关怀实践的心态需要"视人为目的"，"有耐心地守望"。无论选择什么样的关怀方式，但需要的是"真诚的关怀"。③

总体而言，教育学人在建立个人对工作内在价值认同的同时有选择不

---

① 《马克思恩格斯选集》第1卷，54-57页，北京，人民出版社，1995。
② 《马克思恩格斯选集》第3卷，776-778页，北京，人民出版社，1995。
③ 杨小微：《教育理论工作者的实践立场及其表现》，载《教育研究与实验》，2006(4)。

同取向的自由，这些取向强调的价值重心有所不同。第一种取向重心在于教育学知识价值本身，后两种取向在于教育学知识与行动的统一。只是在知识分工背景下这些取向都面临各自的困境。无论教育学人选择何种取向，要真正建立起对自身工作的信心，都需要强大的意志，以及从事教育学知识生产或教育行动的热情。或者说，教育学人需要有某种献身精神。正如巴甫洛夫对有志于科学的青年所说的那样："切记，科学是需要人的毕生精力的。假定你们能有两次生命，这对你们说来也还是不够的。科学是需要人的高度紧张性和很大的热情的。在你们的工作和探讨中要热情澎湃。"①在现代社会，这一切都显得弥足珍贵。如果教育学人能够理性地看待自己的选择，明了其价值与局限，坦然地接受知识分工时代的命运，那么教育学人在对待自己的工作时会多一些自知和自信，在面对外部评价时也会多一份坦然和从容。这时，他们有可能不再执着于各类知识之间的地位竞争游戏，不再徒劳无益地尝试提高教育学地位的努力，更可能跨越劳动分工在不同知识间造成的樊篱，而专注于教育学知识的生产和使用，并以此来衡量自身工作的价值。

第四节　以教育学为事业：一种个人抉择

前述三种选择均面临各自的困境：在当前知识生产分工深化与知识商品化趋势下，为知识而知识的传统似乎不适宜；知识生产者直接介入教育实践，存在不少现实的障碍；徘徊于知识的生产与运用之间，却可能过一种充满分裂和矛盾的生活。对处于这个时代潮流中的教育学人，该如何选择？以下结合笔者自身研习教育学的经历（见附录一）和思考，尝试对这个问题提出一些初步的思考。

杜威在《经验与教育》结尾处的一段话，时常给我带来启发。"在前面，我经常使用'进步'教育和'新'教育这些名称。然而，在本文结束时，我仍

---

① 宋建林主编：《智慧的灵光——世界科学名家传世精品》，443-444 页，北京，改革出版社，1999。

要表明我的坚定的信念，我坚信，根本的问题并不在于新教育和旧教育的对比，也不在于进步教育和传统教育的对立，而在于究竟什么东西才有资格配得上教育这一名称。我希望，并且我相信，我并不仅仅因为任何目的和方法采用了进步主义的名称，就去赞成这些目的和方法。根本的问题在于教育本身的性质，而不在于给它加上什么修饰的形容词。我们所缺少的而又是必需的教育，是纯粹的和简单的教育。只要我们专心致力于寻求教育究竟是什么，以及具备什么条件才能实现这种教育，而不使它停留在名称或口号上，我们就能取得更确实、更迅速的进步。我强调一种健全的经验哲学的必要性，其唯一的理由就在于此。"①

《经验与教育》是根据他对教育工作者所做的一系列演讲整理而成。在结尾他竟然要求他们弄清楚教育是什么，而且是那种纯粹的和简单的教育。这多少有些令人奇怪，难道那些听众连"什么是教育"都不知道吗？用"纯粹的和简单的"这些形容词来修饰教育也很奇怪。杜威似乎并不是询问科学意义上的教育是什么(也就是根据所有形态的教育抽象而来的"教育一般")，因为如果是这样的话，那么人们用不着频繁地争论"什么是真正的教育"。他的意图更可能是督促人们去思考教育最本质的东西，而"简单的""纯粹的"恰恰是本质的特征。简单地说，杜威不是在问"教育是什么？"，而是要求他的听众思考"教育意味着什么"。指向问题的根本，是杜威这段话给我最大的启发。对于教育学人该如何选择这个问题，也许可以提出这样一个根本问题：教育学意味着什么？

对不同的人来说，教育学自然意味着不同的东西。在现代大学体制下，教育学可能指称一门专业或课程或学科。在本书中，它首先指称一个本科专业或一门学科。我本科专业是教育技术，因而最初对教育学专业或学科不甚了了。真正接触到教育学是在考研选择的时候。一方面出于对本科专业中的"技术"缺乏兴趣，也认定自己没有"动手"天赋，另一方面我早就发现自己对抽象的东西有较为浓厚的兴趣，心想也许可以在理论领域有

---

① [美]约翰·杜威:《我们怎样思维·经验与教育》，姜文闵译，298页，北京，人民教育出版社，2005。引文有改动。

所作为。再考虑到与"教育技术"中的"教育"有关，就选择了教育学原理(听上去似乎相当理论化)作为考研方向。读研后，对我来说教育学是一个学科而不是一个专业(当时华东师大教育学系已取消了教育学本科专业)。

由于华东师大教育学原理是全国重点学科，所以一开始颇有几分自豪感。然而随着学习的深化，教育学作为一门学科对我逐渐意味着不同的东西。在阅读方面，它要求我们既需要研读大量教育经典，又需广泛涉猎人文社会科学著作。这种安排在形式上没有问题，然而我发现，包括我在内的不少同学对人文社会科学的兴趣要浓于教育经典(更不用说一般的教育著作)。这似乎有些不正常。按照常理，教育学原理专业自然以认识、理解教育为目的，广泛涉猎其他类著作也应当服务于这个目的。更异常的是，我每年旁听硕士、博士学位论文答辩，发现不少论文从选题到分析框架，深受其他学科领域的影响，这似乎形成了一种炮制教育学论文的"套路"。照理说，不同知识领域之间相互借鉴也属常态，问题在于，这些论文实际上是其他学科的理论在教育领域中的演绎。这种情况的产生很可能源于上述阅读内容上的失衡。据个人的阅读经验，不得不承认许多教育学专著对读者确实缺乏理智刺激。总之，这些情况促使我开始怀疑教育学的专业训练价值。

在我看来，任何一门学科都有若干基本问题需要回答，正是不断的"求解"过程和结果构成了这门学科本身。就教育学来说，它所有的专业努力似乎应当回答如下基本问题：教育是什么？可能是什么？应当是什么？如何将可能变为现实？然而，在教育学标示下的知识，很难说是对这些问题的系统的、可靠的解答。大约2006年以后，"教育学的专业训练究竟是怎样的？"这个疑惑一直伴随着我。这使我产生了关于教育学的矛盾心理：一方面在教育学系接受学术训练，形成了一定的学科认同；另一方面，对教育学著作缺乏强烈的兴趣而对其他学科的著作"趋之若鹜"。令人感到讽刺的是，我们进入教育学系仿佛是为了获得其他学科方面的训练。结果，我们教育学系的学生视野很广，对许多时髦的理论和理论家大都可以侃侃而谈，但我们也自知不如那些专业学科的学生了解得深，对教育学的专业训练是怎样的，心里还没有多少底。自然，我不会天真到相信，读几本其他学科的书就能够运用它们的理论或框架来"分析""建构"教育命题（如果真这么容易，布迪厄、吉登斯、康德、哈贝马斯等就用不着有人专门研究了）。就这样，我带着矛盾的心情毕业了。毕业时，内心颇有些失落，教育学的专业训练仿佛就是：在教育学系读少量的教育著作和大量的其他学科的著作，最终写出一篇从其他学科理论中演绎出来的关于教育的教育学论文。对此，我既怀疑又不满，但又不清楚：教育学到底是什么？对个人来说，一方面认同教育学这个学科，但又苦于找不到充分的理智根据树立对它的信心。不过，在硕士学习期间，最大的收获也许就是对教育学的认同，同时又对其心存疑虑。另一个收获是，在陈桂生教授的影响下，我开始系统地研读《资本论》。我无意成为马克思研究专家，但是马克思的著作训练了我的理论思维。特别是，当发现自己似乎很容易地便理解了在马克思看来《资本论》中最困难的商品分析部分，我第一次建立起了对自己的理论才能的信心。尽管我得到了一些理论思维方面的训练，但这与教育学没有多大的关系。更不曾想到，有一天我会将《资本论》的方法用于分析教育学的地位问题。这是不是一种历史的讽刺呢？至于这种"运用"在多大程度上有别于流行的"炮制"教育学论文的套路，请读者自己做出评判。

2008 年 6 月，我从教育学系毕业，但内心并不认为自己是一名合格的教育学硕士。不过，我还是凭借教育学硕士文凭在西部某教育学院，找到了一份临时工作。在工作的两年间，一方面，基于教学需要，广泛涉猎教育史、教育评价学、教育统计学等分支学科；另一方面，准备着博士入学考试。当时，授课的主要对象是教育学专业本科生。其实，在研究生期间曾遇到教育学本科出身的同学，当时没有在意教育学本科是干什么的。工作后，这个问题才呈现在我面前。这主要是在与学生的交流中产生的，学生会不时地问："老师，我们这个专业出来干什么？"根据培养方案，教育学本科专业被定位为师范专业，但毕业生出去教什么呢？按照以往的经验，不少教育学专业的同学毕业后，去小学或初中做老师，因为这两个学段对教师的要求不那么强调学科背景。后来了解到教育学本科专业最初是为中师、师专一类学校输入教育学教师。不过，这个定位已经过时，早在20世纪90年代初期，教育学专业本科生就业问题就已相当突出。在20世纪与21世纪之交也就有了关于教育学专业何去何从的讨论和研究。其中，不少学校已减招或停招，2005年我去华东师大读硕士时，它已没有教育学本科生。如今，中师不存在了，师专大部分也早升格为本科。对教育学专业毕业生来说，传统的目标就业市场已经消失。尽管如此，这个专业在部分师范院校依然顽强地存在，多少令人感到意外。

如果毕业后要从教的话，教育学本科生需要考教师资格证，但他们不知道自己的专业属于哪一类学科。教育学专业虽属师范专业，但其师范性是相对于中师、师专而言，非面向基础教育培养师资。如今，教育学毕业生如果做老师的话只能去中小学，问题在于，随着大学生越来越多，教育学本科生如果去中小学校工作，需要考教师资格证，毕竟得有个学科背景。尴尬的是，他们最终只能选择一些门槛比较低的学科。其实，就业问题不只是在毕业后才凸显出来，这个问题往往在新生刚入校便呈现在学生面前。我目前所在的单位依然保留着教育学本科专业，因而每年入学伊始总免不了向一张张新面孔，解释一番教育学本科专业的定位、价值、意义。面对新生力量，说一些违心的话，也使本专业的教师感到相当矛盾。如所预料的那样，无论多么动听的言辞都越来越难以使学生感到满意。自然，学生和家长有理由从实用角度来提出就业问题，这对他们来说是自然的、合理的。这使我考虑，教育学与就业的关系。教育学本科专业的招生缩减、停招本身似乎是各大学用行动对这个专业的存在和前景做出的回答。在强调就业导向的背景下，这样做似乎无可厚非。如果不是狭隘地将教育理解为学校教育，把教育学理解为学校教育学，那么教育学的适应性会不会更大一些？如今，教育学的毕业生一想到就业就是到中小学去。如果换一种思路，是不是每个专业都需要有它的就业市场或方向与之相对应？这涉及大学为什么要设置专业的问题。是不是每个专业都得有其明确指向的"对口就业方向"？类似的专业，历史学本科生就业方向是什么？文学是什么？只能做历史老师、语文老师吗？那哲学本科生毕业干什么算对口？这里想到《围城》中的一段关于哲学的对话：

> 赵辛楣鉴赏着口里吐出来的烟圈道："大材小用，可惜可惜！方先生在外国学的是什么呀？"鸿渐没好气道："没学什么。"苏小姐道："鸿渐，你学过哲学，是不是？"赵辛楣喉咙里干笑道："从我们干实际工作的人的眼光看来，学哲学跟什么都不学全没两样。""那么得赶快找个眼科医生，把眼光验一下；会这样看东西的眼睛，一定有毛病。"方鸿渐为掩饰斗口的痕迹，有意哈哈大笑。①

实际上，上述问题涉及大学专业设置与就业市场的复杂关系，如果大学跟着市场的就业形势变化，那么大学的使命和角色就应当定位于职业培训。如果它不愿意承认自己是专门的职业培训机构的话，那便需要做另一番考虑。哲学能够在大学中存在，为什么教育学就不能？仅仅因为前者有很高的声望？不过实际的情况或许更复杂。如果要跳出专业与市场对应的框架，需要重新考虑：教育学专业能够在学生身上培养出什么专业素养？它们是否能够被学生应用到更广泛的社会情境中，而无论这些学生将来从事什么工作？这个问题实际上关乎教育学课程的教养价值。从教育学课程的难度、严格程度、专业训练来看，其教养价值尚有相当大的提升空间。与传统人文社会学科相比，教育学的自我意识水平和知识积累还需要得到提升。从另一个角度来考虑，没有教育学本科生，对教育学术人才的培养会产生什么影响？自然这有待进一步观察、评估。不过，可以肯定的是，教育学术人才的培养不简单的是专业知识与技能，还包括对教育学的认同、专业态度与情感的养成。如果说哲学、文学、历史学等传统学科属于自由艺术，那么教育学有没有必要、可能成为新的自由艺术？它是否能够达到那样的程度，以至于可以宣称，它培养的不是专家，而是自由人？出于就业考虑，部分院校的教育学本科专业也许可以减招，甚至停招，但优

---

① 钱锺书：《围城》，43 页，北京，人民文学出版社，1991。

质大学至少应当保留一定数量的教育学专业本科生。这就像社会学、政治学一类的学科(这些学科似乎也缺乏明确的就业指向)的本科专业有存在的必要一样，它们的存在至少应当表明自身与市场保持一定的距离，否则就不应当谈论什么大学的理想。

在我看来，教育学(至少在部分优质大学)有可能并且应当像哲学、社会学、文学一样在本科层面存在，问题在于，教育学必须向投身于它的学生证明，通过教育学训练，可以提供什么样的专业教养。在知识上，在专业上，在价值上，它能够对学生产生什么样的影响。从以往关于教育学的讨论来看，这些问题似乎尚有待进一步探讨。如果说，政治学或社会学向自己的学生提供有关政治、社会的专业知识、技能，培养它们各自学科的思维方式，树立某种政治观或社会观念，那么教育学是不是也可以做到？通过什么来保证呢？依笔者目前对教育学专业的粗略了解，教育学的状况并不令人乐观。但至少存在这种可能性。如果有一天，教育学的本科生可以自豪地说，毕业后，无论从事何种工作，教育学的训练都使我受益匪浅。那时，我们或许可以说，像哲学、文学一样，教育学也具有一般的教养价值。

教育学人才培养中尤其值得注意的是，我们不能主要通过研读其他学科的东西来训练教育学的学生，而应当在保持开阔视野的同时，真正地将精力用于掌握教育学的基本知识、研究技能、思维方式。表面上看来，要紧的事情是，弄清楚教育学的基本知识、技能、思维方式是什么，因为这些问题在我们教育学界似乎缺乏共识。但在我看来，这些问题尚在其次，重要的是，很多学生太容易在大量的其他学科面前失去判断力，成为其"俘虏"(具有讽刺意味的是，这些学生通常正是其中好学深思的那部分)，而教育学著作普遍缺乏吸引力又加剧了这种状况。道理很简单，如果我们真的愿意花工夫掌握其他学科的知识，为什么不好好地按照这些学科专业训练的方式来掌握？在教育学领域，像康德、哈贝马斯、布迪厄这些大人物的东西被频繁引用，究竟有多少人认真地啃过这些人的主要著作？如果只是浮皮潦草地利用这些人的观点来装饰教育学论文，这能算得上研究吗？更不用说"教育学研究"。自然，掌握其他学科未必需要进入相关系科，但至少是一项很严肃的事情。问题的另一面是，与对其他学科的热衷相比，教育学研究者似乎对许多教育经典的理解深度不够，尽管我们也都知道赫尔巴特、夸美纽斯、卢梭、杜威这些教育学上的大人物，也大概知道他们的主要思想和观点，然而其中又有多少人像哲学系对待康德、黑格尔那样来对待赫尔巴特、夸美纽斯、杜威？每年出版的大量教育学著作、学位论文、期刊论文，又有多少体现了教育学的专业思考？

当然，拒绝"诱惑"并不意味着，把眼光局限于教育学范围内，而是意味着应当对其他学科的知识有所取舍。普遍的情形是，教育学研究者对其他领域几乎不设防，缺乏一种取舍的意识和标准，甚至也缺乏选择的能力。总的来说，就是教育学的专业意识。另一个事实，教育学论文的发表市场相当广大，多少不利于这种专业意识的培养。目前在教育学中，似乎只要关于教育的某个主题，言之成理，观点新颖，便不难发表。这样也就不需要什么教育学的专业意识。问题在于，这类论文在多大程度上合乎基本的学术规范？我们提出的问题是真的问题吗？是不是首先得论证一番自己的问题是个"真问题"？如果是个"真问题"，前人都做过什么贡献没有？我们的观点与别人有何不同？我们论证观点的依据是什么？无论是经验证据还是理论思辨，是否都合乎通行的学术规范？流行的论文中，常见的一种情况是，引用他人的观点往往是赞同多，反对少，甚至直接将"引用"等同于"论证"。正由于存在这些方面的因素，不少教育学研究者甚至自己也认为教育学没有多少东西，轻看自己，同时又在对其他学科一知半解的情况下，崇拜它们（其实，每门学科都不乏它的批判者）。实际的情况可能是，我们压根对自己的学科都不了解，并且在这种情况下又匆忙地认定，教育学不行。

就我自己来说，在硕士期间对教育学有误解，但也没有厌弃它，也希望弄清楚，教育学究竟是怎么一回事。后来，在短暂的工作期间，我正是在阅读马克思恩格斯著作的基础上，发现一些治学中的常识。其实，每一种理论，每一个学科都有各自的界限，以及探讨问题的方式（自然这个界限和方式也在发生变化）。一些教育学研究者恰恰忽视了其他学科的界限，同时又很方便地从种种理论中获得对教育的启发，进而将其中的某些观点在教育学中演绎一番，也就顺理成章了。这使我想起恩格斯的一段话，他在致保尔·恩斯特的一封信中说："如果不把唯物主义方法当做研究历史的指南，而把它当成现成的公式，按照它来剪裁各种历史事实，那么它就会转变成自己的对立物。"①在对其他学科了解有限（也就是还不能达到批判的程度）和肤浅地理解教育学的情况下，教育学似乎很难避免成为其他学科的"跑马场"或"殖民地"的命运。只是，这类"研究"又在多大程度上能够支撑起教育学的尊严呢？

我于 2010 年开始攻读教育学博士学位，一开始并未打算研究教育学的地位问题。只是在内心深处仍有所谓的教育学情结作祟。由于我的导师扈中平教授经常在课堂谈及拉格曼的《一门捉摸不定的科学》，所以这个话题不自觉地勾起了我对教育学本身的思考。后来有意识地搜集了这方面的资料，发现这是一个世界性问题。在那些没有教育学学科的国家，教育研究、教育学院常成为批评的对象，修习教育学位的学生、教育学教授，尤其是从事教师教育的教授似乎地位也不高。我开始意识到，教育学的地位也许不只是学术地位不高那么简单。大约在 2011 年初决定以教育学地位为学位论文选题，那时我差不多已学习了五年的马克思恩格斯著作，当时有一种想法，应当通过"运用"的方式来检验自己掌握马克思恩格斯观点的水平，遂产生了从马克思主义角度探讨教育学地位问题的初步想法。当然，如果不使"马克思主义"成为一个空泛的标签，那么也就有必要使其明确化。考虑到，教育学在不同社会-文化背景下的特征，教育学知识是以专业方式生产的教育知识，而我自觉对《资本论》的研习又最有心得，所以也就从政治经济学的角度对教育学的地位做了解答。自然，这只是从经济力量的角度探讨教育学的地位，揭示了教育学地位实质上是现代社会的社会经济结构的产物，与某个时代研究者的努力关系不大。在这个意义上，它的积极作用在于，可以使教育学研究者从一些流行的偏见（比如教育学研究者素质不高，由于某种特定的原因，教育学不能成为一门严谨的学问）

---

① 《马克思恩格斯文集》第 10 卷，583 页，北京，人民出版社，2009。

中解放出来；其消极作用也很明显，易使研究者产生悲观情绪。不过，教育学的地位是诸多力量作用的产物，它并不意味着，研究者无须努力提高教育学的学术水平。这里只是确认，教育学研究者如果不能改变决定教育学地位的力量平衡，便难以提升自己的地位。一门知识(学科、学问)的地位在不同的时代自有其决定机制，这种机制在很大程度上外在于研究者的个人努力。各门知识各有自己的地位，这只是世界真实的一面。另一方面，人并不是镜式的反映世界，还是能动的存在。正因为如此，一直以来有些研究者希望通过种种努力来提升教育学的地位。不过，依照本研究的结论，教育学地位的提升与研究者的努力关系不大。只是，这并不意味着，研究者应当放弃提高教育学的研究质量。

重要的是，我们需要承认知识的社会地位有其自身的运作机制，从而接受有些知识地位高，另一些知识地位低。正如，我们尽管承认在法律面前人人平等，又接受有些人地位显赫，有些人地位低微一样。在地位竞争的游戏中，教育学似乎很不幸，没有强大的力量使其占据高贵的地位。这种说法，也只是在承认游戏规则合理性的前提下才有效。问题在于，我们是不是只能这样看问题，能不能超出这样的认识水平？如果仔细地考虑地位竞争游戏的话，这实际上是一种相当世俗的视角。就好像在日常生活中打量一个人，先看他的穿戴如何，官职多大(而不看这个人能力、品质如何)一样。日常生活很自然赋予了我们"这样看问题"的视角，既然是日常的，那么它就没有超出习俗的水平。如果我们教育学研究者还局限于这样看问题，是不是显得有些不够"专业"呢？如果我们努力提高教育学的水平只是为了提升其地位，是不是有些类似于一个公务员为了做大官而努力工作？自然，世俗的眼光也会对专业人员产生影响，不过专业人员如不能超出这种眼光，又有何"专业性"可言？在学术研究成为一项职业的时代，人们在法律和伦理许可的情况下自然有权根据自己的意志来从事研究，这本身无可厚非。对那些有志于在教育学专业领域有所建树的学者而言，就有必要超出地位游戏的眼界。

在教育学领域有所建树，对这样的研究者来说，他的努力不在于能够提高教育学的地位，而在于能够推进教育学术的进步。打一个不恰当的比方，就像一位清洁工努力工作，不是为了提高清洁工作在社会上的地位，而在于清扫工作本身带给他的价值和成就感。不过，对于这样的教育学人存在着一些特殊的困难。在我看来，有七个重要问题值得深入思考。

（1）在我们所处的时代，教育学像许多人文学科一样在现代大学体制中处于边缘位置。它们的区别在于，后者尽管被边缘化，但素来享有崇高的声望，也由于这一点传统人文学科仍然能够吸引一批批杰出人才投入其中；而教育学不仅缺乏传统的声望，且在许多方面处于不成熟状态，这使其不仅难以吸引优秀人才，还使其中的不少优异者产生"教育学负我"之感，甚至有"逃离"的打算。不过，从另一方面看，教育学的"不成熟"也有它自己的好处，就是为愿意在其中耕耘的教育学人提供广阔的发展空间。令人遗憾的是，不少教育学人在这种"不成熟"中只是看到了不满意，而没有把它看作可以施展才华的园地。

（2）如何看待外人的教育见解。与其他学科相比，教育学的一个特殊之处在于，它探讨的主题再普通不过，它的许多结论似乎也没有出奇之处。关于教育，人人都有发言权，似乎不少"大人物"的教育见识还在教育专业人员之上。教育学作为专业研究，自然应当提供关于教育的专业水平的见解。"专业见解"之所以是"专业的"，不在于它一定是正确的，而在于它是系统探索的产物。问题在于，我们是不是有意识地分辨什么是专业的与业余的教育见解？是不是能够在种种有关教育的喧嚣声中保持独立的专业判断？

（3）如何看待教育理论与实践的关系。这是教育学中的一个老问题，这里无意重复以往的讨论。只想指出，这个老问题的复杂性。首先，不同性质的教育理论与实践的距离不同，即使是实践教育理论同实践之间的距离仍然很大。其次，教育理论与实践不简单地是"指导"与"被指导"的关系，有别于科学与工程技术那样的关系。无论何种性质的教育理论要真正地影响实践，均需要教育者本人将理论与自身的经验结合，创造性地解决实际的教育问题。在这个过程中，教育理论与自身的经验都将在实践中得到改造。这意味着，教育理论对教育实践发挥作用的基本前提在于，教育者的发展能够使自身批判性地看待理论本身的价值。最后，实践价值不必是教育学的唯一指向，研究者不必事事、处处考虑其实用价值，相反应当批判性地对待来自外部的、往往又是不切实际的实用性期待。

（4）与其他人文社会学科相比，社会对教育学知识存在强大的需求。这种需求本身对教育学术来说是一把"双刃剑"，一方面它促进了教育学从业者队伍扩大，另一方面又增加了来自实践方面的期待和压力。这往往导致教育学既要满足应有的理论标准，又要具备实用价值。怎样合理地看待这种要求呢？一种比较合理的方式是在教育学内部进行适当分工：一部分进行教育基础理论探索，另一部分重在实用价值的追求。每一种都该有各自的标准和章法，但不能要求理论研究的"实用价值"，也不以科学或理论的标准衡量实用研究。

（5）教育学的分析与综合。这个问题与教育学自身的建设有关。2014年6月博士毕业后，我进入一所师范院校任教，授课之余常同教育学专业的学生交流。发现，在接受了四年的教育学专业训练后，大部分学生关于教育看法仍然停留在日常水平，或至多停留在教科书水平上。他们对教育学的总体感受就是，教育学对许多主题的论述似乎都在各说各的，每个术语和概念似乎都存在很多说法。据学生说，有些老师在课堂上告诉他们，教育中的东西本来就是这样（言下之意，教育学也只能是这样了）。但是，如果我们看一着较为成熟的人文社会学科，它们对一些基本概念的理解虽有分歧，但能形成相对稳定的解释传统，并从不同角度有力地说明自己的对象。教育学界似乎很少认真地对待本领域的基本概念问题。长期以来，尽管大家对教育学的概念、命题、体系等强烈不满，其中不乏反思者和建议者，但实实在在做工作的人并不多。布列钦卡可算是国外的代表，陈桂生教授代表了国内所做的努力。对一个学术领域而言，如果在基本概念上长期停留在"见仁见智"的状态，它如何发展出独立的思想？如今教育学领域盛行的"研究范式"——借鉴其他学科的理论拿教育说事，可谓明证。从教育学作为一门系统的学问来说，澄清这个领域的基本术语、概念、命题，相当必要。这就需要大量的分析。缺乏这种基础工作，教育学的命题和理论(综合)就缺乏一定的明晰性，缺乏基本共识性的内容。如果一门学问满足于长期缺乏最基本的共识，那么它还有什么资格称为"学"呢？

（6）如何看待教育学与所谓教育分支学科(如教育心理学、教育社会学等)、教育子学科(德育原理、课程论、教学论等)的关系。在宽泛意义上，把教育分支学科纳入教育科学并无不可。但它们在内容上并不属于教育学，而是利用母学科的理论资源探讨教育的成果。因而分支学科对理解教育的贡献在于，它们提供了母学科观察教育的视角；其局限也就在于，它们只是观察到了教育的某些方面(心理、政治、社会等)，探讨的是教育中的心理问题、政治问题或社会问题，或者说它们将所谓的教育问题还原为心理问题、政治问题或社会问题(教育学的存在本身表明，它否认教育问题可以还原为其他性质的问题)。由于现实的教育中不仅存在心理问题、政治问题、社会问题，也存在教育问题，教育学(理论教育学)旨在把教育作为一个整体进行考察，提供关于这个整体的比较系统的说明与解释，它探讨教育中的教育问题(至于"什么是教育问题"，本身需要教育学通过自己的概念系统进行界定)。由于教育中教育问题的产生和解决又同其中的心理、政治、社会因素有关，在这个意义上教育分支学科对教育学是有价值的，但由于它们只是从某一角度"看"教育，因而又不能取代教育学。教育学只是基于研究"教育问题"的需要，对相关分支学科的成果进行择取，标准则来自教育学自身的"教育问题"的界定，而教育学无力亦无必要整合所有关于教育的知识。分支学科利用母学科的理论资源对教育中的相关问题进行研究，一方面检验、修正、发展母学科的观点，另一方面也为教育学提供了相关知识。教育学的子学科是在教育学提供的解释系统内考察教育问题。它们关注的主题立足于教育，即将教育作为教育看待，探讨其中比较具体的教育问题。教育学相对于子学科而言是母学科，也是理论基础，子学科通过对更具体的教育问题的研究来检验、修正、发展教育学的观点。因此，不能笼统地将所有贴有教育标签的学科都纳入教育学，以免产生认识上的混乱。

(7)是否有可能发展一种教育的世界观？多年前，我曾考虑（也听到别人有类似的想法）：为什么相关学科可以作为一副"眼镜"来看"教育"（在实体意义上），为什么"教育学"不可以作为观察其他领域的"眼镜"？我的理解是，在对典型的特定现象的研究中，相关学科相对来说都有比较成熟的概念和理论体系，由于在现实上各领域本来便存在或多或少的联系，原来作为研究对象的典型现象本身又并非孤立的存在，因而可能将既有的某些发现运用到新领域，如果这种"运用"不注意新领域的特点，那就只能发现早已被发现的东西(或者说，演绎不提供新的知识)；如果注意到新领域的特点，这种"运用"才可能对知识做出新贡献。在教育学发展薄弱时设想，"教育学"可以用来"观察"其他领域，是不是有些多余呢？也许不见得。美国教育史家克雷明在很大程度上就是把教育看作一种世界观。他说：

> 在我的著作里，我把教育看作一个审慎的、系统的和通过不断努力去得出或唤起知识、态度、价值、技能和情感的过程。虽然人类学家和社会学家在定义教育时也提到过其中的一些要素，但这个过程比他们给教育的定义更具体。教育，如此定义的教育，显然会对个人的生活产生影响，会提高处于纷繁复杂社会中人们的辨别力。无论是从事政治或是商业、技术，遇到类似于地震这样的具体事件，总之无论是一般、还是在特殊的时间和情形之下，都可以证明这种影响的存在。有的人总是习惯于用教育的眼光去分析他们所遇到的事物，这样他们就会发现各种类型的人，发现决定一个人的类型和命运的因素。对我来说，我大概就属于这类人，我通过教育的眼光发现了这样一个结论：对教育史家来说，最重要的是研究'广义的历史'，其他的一切都不那么重要。这样的概念我自己在理解上也遇到过很多困难，但对教育史研究来说这的确是一个含糊不得的概念。①

---

① ［美］劳伦斯·A. 克雷明：《美国教育史1：殖民地时期的历程(1607—1783)》，周玉军等译，序，北京，北京师范大学出版社，2003。

这首先需要教育学具有一副"眼镜"的功能。任何学科本身既是用某种方式"观察"世界或某一部分的产物或结晶，也是用来进一步"观察"的工具，学科发展也正是这样循环往复的过程。这意味着，教育学必须发展自己的概念、命题系统。为此，它需要证明自身是对教育世界的理解，这种理解经得起逻辑的、经验的检验。在它成熟后，也许可以探讨生活领域中的"教育现象"。不过，普通人倒不必待教育学成熟后才用"教育眼光"打量世界，实际上人们在没有教育学的时候早就这样做了。我国历来重视教化就是一例。不过，用"专业的教育眼光"打量世界取决于教育学的成熟度。

以上是笔者在十多年研习教育学中的一些浅见。对那些有志于教育学的研究者来说，如果能够越出世俗"地位游戏"的眼界，专注于推进教育学术的进步，并从工作中感受到内在的意义，似乎是一种较为理想的立场。如此看来，这近于前述的第一种选择。不过，如果把教育学看作一项社会事业，那么这种立场便不单纯是一种为知识而知识的信念。在人人都有资格和权利谈论教育的情况下，教育学人有责任从专业角度提供专业的见识；在可能的条件下，利用专业知识参与教育问题的公共讨论，在一定程度上可以提升一个社会的教育文明程度。教育学人也可以以通俗的方式向公众普及专业见解，比如近些年来流行的教育随笔、教育叙事等。这样，教育学就具有更大的社会意义。毕竟，教育学知识的生产与普及不完全是分离的事情。

以教育学为事业自然不必将其视为生活的全部，一个人在专业生活之外还有一般的生活。一个人的生活质量和感受不仅取决于专业生活如何，还取决于业余生活。如果把教育学视为理解教育或世界的唯一方式，不明了学科不过是诸多看待世界的方式之一，就可能形成"专业的痴呆"。于我个人而言，教育学已成为个人生命的一部分，将教育学作为专业对待，视其为一项事业来做。也许对教育学对自己都是最好的选择吧！

附录一　一名教育学研究生的学术苦旅[①]

《苦旅》是笔者在撰写博士论文过程中对教育学地位问题思考的副产品。它大体上反映了一名青年教育学人对教育学的理解、态度以及如何治教育学的点滴思索，我将它置于附录中也许有助于读者理解这部书稿。

几年前，我偶然在西南大学主办的《教育学在线》中的看到一篇题为《教育学研究生是豆腐渣》[②]的帖子，标题本身便足以激起每位教育学人的愤怒。该帖指出，考研大军中流行的口头禅是"考研究生上不了学，那就考教育学"。平心而论，文中所列理由大体属实：教育学内容不多，好掌握；教育学专业方向多，招生多等。事实上，国内外对教育学、教育学科及其学生等的批评和讽刺不胜枚举。这些文献表明，在许多人眼中教育学的地位不高，价值不大。这种处境不仅令初入教育学之门的本科生、研究生感到困惑，甚至令一些登堂入室的学者也感到迷惘。教育学界前辈胡德海教授在一次学术会议上对此深有体味：

> 我在几天的会上，亲耳听到不少老教授、老专家激昂慷慨的发言，……总的是谈教育学的困惑和迷惘多一些，教育学的尴尬局面依然挥之不去。有的说："我教了几十年教育学了，现在可越来越觉得

---

① 该文曾发表于《现代大学教育》。参见张建国：《一名教育学研究生的学术苦旅》，《现代大学教育》，2014(2)。

② 水梦宝：《教育学研究生是豆腐渣》，http：//epc. swu. edu. cn/article. php？aid＝2306&rid＝4，2009-01-13。

不知道怎么教了。"有的说："当年我如果不是选择了搞教育学专业，而是从事别的专业，我此生的成就肯定要大些。"一种无奈的心情溢于言表，困惑与迷惘的情绪扑面而来。……我想我们这些老教授老专家其职责本是解我们的学生，其中包括大学教育学院的本科生、硕士生和博士生在学习、研读教育学专业中的种种困惑的，而现在倒好，在他们的头脑中倒说有这许多不解之惑，他们怎么能够解学生之惑呢?①

在不少研究者看来，当代教育学研究的趋势是打破界限，展开交叉和跨学科研究；探讨教育学的性质、地位和价值是一个陈旧的话题，是落伍的学科情结在作祟。在他们看来，作为学科的教育学早已终结，研究者理应抛弃"学科情结"，将其作为多学科交流和对话的舞台。然而，对教育学研究者而言，这绝非转变观念那么简单。因为，目前知识生产和学术人才培养仍以学科形式为主，学科情结是研究者在学术生活中形成的自然情感。

笔者与教育学结缘已八年，经历了从局外人的无知到局内人迷惘、怀疑、理解的过程。其间，我在教育学的学科认同上遭遇了前所未有的危机，由此而来的困惑和痛苦也是许多教育学研究生正在经历的。在此，笔者愿回顾自己研习教育学的学术苦旅，与诸君分享我的思考。这也许对那些处于迷惘中的教育学子不无裨益。

一、遭遇教育学的困惑

我于 2005 年考入华东师范大学教育学系教育学原理专业。之前，我没有读过多少教育类的书，居然能够考中，颇感意外。如今想来，我当初报考教育学：一方面是因为很早就发觉自己的思维特质偏重于抽象理论；另一方面当时只在乎能不能读研究生，很少在意读什么专业，潜意识中未尝没有教育学容易考的想法。虽然我很早便读过《围城》，但我未留意书中对

---

① 胡德海：《思考教育学》，《西北师大学报（社会科学版）》，2004(1)。

教育系的嘲讽。①也许华东师范大学教育系的地位并不低，我当时并没有感受到其他学科的敌意和轻视。总之，当时我对教育学知之甚少。

我真正对教育学地位问题有所感触始于教育学的专业训练。无论是在课堂学习还是在课外阅读教育学术刊物中，我很快发现：教育学处于一种尴尬的地位。因为，教育学研究生似乎严重缺乏共同的专业知识。除所有学生必修的数门基础课程和若干教育名著外，研究生们在学习中共享的专业知识很少，常见的是依托"人头"的现象。所谓依托"人头"就是借用其他领域(主要是哲学、社会学、政治学等)的学者的理论来探讨教育问题。在我的同学中，有人钻研狄尔泰、伽达默尔等人的诠释学，也有人倾心于布迪厄、吉登斯等人的社会学理论，而我则醉心于马克思的著作。人类知识的海洋仿佛是教育学的素材库，任教育学取用(后来我才知道，这在教育学上叫"学科殖民")。这种现象似乎有点不正常，但是当时我对教育学认识很少，再加上沉溺于《资本论》带来的愉悦中，我并没有深入思考这种现象。

在研究生学习期间，一种现象引起了我的注意。每年五六月份，我都会旁听本专业的学位论文答辩，其中最为答辩委员诟病的是论文撰写中的"两张皮"现象。教育学研究中的"两张皮"系指论文利用其他学科的理论，用相当大的篇幅阐述其原理，而后依该理论从中推演出相应的教育学命题，此部分篇幅很短。问题在于，两部分不仅比例失调，且难以融为一体。当时，我对这种现象的解释是，教育学者利用其他学科知识的水平不高，可能是因为真正利用其他学科的理论需要经过学科内系统的训练。教育学史上的另一种现象似乎也佐证了这种解释：对人类理解教育做出重大贡献的学者一般都来自相关的基础学科，且很少接受过教育学训练。后来，我才知道皮亚杰在1965年便指出："为什么教育学却很少是教育学家的著作呢？这是一个严重的，永远存在的问题。"②对这种现象的思考使我

---

① 钱锺书：《围城》，72页，北京，人民文学出版社，1991。

② ［瑞士］让·皮亚杰：《教育科学与儿童心理学》，傅统先译，10页，北京，文化教育出版社，1981。

逐渐形成了一种认识：教育学人要在教育学领域做出重大贡献，必须真正掌握一两门基础学科。从那以后，我便越发对"科班的"教育学著作（尤其是那些利用其他学科理论研究分析教育的著作）敬而远之。在教育学中，最令人不满的是，教育学著作通常缺乏理智上的刺激和逻辑上的严谨性，并且充斥着大量正确的废话，弥漫着矫揉造作的道德热情、混杂着模糊难懂的外来术语。陈桂生先生曾指出："教育学陈述中，既有过多的常识和自然语言，同时又常常冒出缺乏常识的提法和令人费解的语词。"他以国外一本关于课程的教育学著作为例：

> 这本书中，充斥着像课程建构（curricular construction）、反省水平（level of reflection）、分类学（taxonomy）、革新（innovation）、革新策略（innovation strategy）、操作化（operationalization）、最优化学习顺序（optimized learning sequence）……隐含的背景（implicational context）、可演绎的假设（deductive hypothesis）、复杂性还原（complexity reduction）等术语，其中有不少令人难以捉摸的词语。……如此陈述，除表明不让人懂得的决心而外，不知别有什么高明的见地？[1]

随着专业学习的深入，我了解到大量对教育学的批评。平心而论，当时我作为一名教育学研究生不能反驳学术界对教育学的主要批评：例如，教育学关注的问题琐碎，视野狭窄，长于情感和信念的表达而匮于逻辑和事实的探究等。"科班的"教育学研究者在探讨教育时往往不如"外来户"（哲学家、社会学家、历史学家等）对教育的研究深刻。前者的著述整体上也不如后者能给读者带来理智上的刺激和精神上的愉悦。就个人而言，我的理论分析能力主要是通过阅读马克思的著作形成的。这使我内心深处怀疑教育学对研究生的理智训练的价值：难道教育学训练就是在掌握大量其他学科的知识之外多少补充一点儿可怜的教育学知识？作为一名教

---

[1] 陈桂生：《教育学的建构》（增订版），100页，上海，华东师范大学出版社，2009。引文有改动。

育学研究生，我掌握了大量的马克思主义的知识和不多的教育学知识，如此我到底属于马克思主义学科，还是教育学科的学生？内容上，我与其他马克思主义研究者具有更多的共同知识，却没有它的名分；形式上，我属于教育学科，却具有与其他教育学研究者迥异的知识背景。内容与形式上的错位使我既疏远马克思主义研究，又同教育学存在隔阂。那时，没有人能够解决我的认同问题。

华东师范大学教育学系是全国最优秀的教育系科之一，它没能为我解答这些困惑。这使我怀疑，选择以教育学为志业是一个错误。2008年我虽然顺利毕业，但内心并不认为自己是一名合格的教育学研究生，因为我对教育学领域中存在的这些现象并不理解，也不知道应当怎样治教育学。最终，我带着大量的疑问投入工作，这些困惑在忙碌中溜到潜意识里再也没有烦扰我。

二、教育学问题的普遍性

2010年，我开始攻读教育学博士学位。出乎意料的是，导师开设的首个专题便是探讨教育学的学科性质和地位问题。于是，内心深处潜伏多年的老问题又被激发出来！我深知，那些问题从未远离我：教育学是怎样的一门学科？它为什么会是这样？教育学研究者应当怎样做教育学？……为了不自欺，我必须说服自己——教育学是一个值得我用一生中最宝贵的年华投入其中的领域，否则一切都毫无意义。导师的讲述激起我继续探索这些问题的欲望。如果说，以往我对教育学的疑惑只是一名初学者的日常观感，那么现在我开始严肃地思考它们。

于是，我遍寻对教育学的批评与辩护的文献。这些材料不仅未能消除我的迷惘，反而使我具有深深的挫败感。除语气尖酸刻薄外，那些文献对教育学的大部分批评是中肯的。教育学几乎处处令人不满：其理论缺乏严谨、思辨、逻辑的理性之美，难以带给人精神上的享受；在价值上，它更多地唤起人们的热情和愿望，很少提供关于教育的知识，且对改进实践效果微弱。以前，我还以为这些问题独属于中国，毕竟中国的教育学属于舶来品，先天根基不牢；学术评价机制不尽合理，研究者过于浮躁和功利等。可是，外域的教育学似乎并不比中国好多少。据著名教育学家布列钦卡观察，"在世界范围内，教育学文献普遍缺乏明晰性。与其他大多数学科相比，教育学被模糊的概念以及不准确和内容空泛的假设或论点充斥着"①。教育史学家拉格曼也指出，在美国"从事与研究教育被看作地位低下的工作，已经几乎不是一个秘密"②。

由于教育学的这种状况，已有学者宣判了它的死刑。1995 年，吴钢在《论教育学的终结》中认为，作为学科的教育学已经终结，因为有教育哲学、教育史学、教育社会学等学科来研究教育，且它们已与教育学分离，确立了自己的基本位置和研究框架。③ 事实上，学科意义上的教育学在美国早已终结。但是，与教育学相关的地位和价值问题并未消失：教育学科及其教员的价值经常受到怀疑，它们普遍被视为大学中的二等公民。美国学者拉巴里指出了教育学院的尴尬：

> 教育学院在大学中是人们的笑柄，教授们把它描绘为理智的荒地，它也是学校嘲笑的对象，那里教师们指责它的项目不切实际，它的研究不着边际，在教育政策中它是一个方便的替罪羊，决策者把它描绘为糟糕的教学和学习不足的根本原因。甚至教育学院的教授和学生也表达他们对其与教育学院关系的尴尬。对于学术界和普通公众而言，对教育学院的抨击长期以来是一种令人愉快的消遣。正如谈论天气一样，它是日常聊天的一部分，你可以在任何地方谈论它而不用担心冒犯谁。④

---

① ［德］沃尔夫冈·布列钦卡：《教育科学的基本概念：分析、批判和建议》，胡劲松译，1 页，上海，华东师范大学出版社，2001。

② ［美］埃伦·康德利夫·拉格曼：《一门捉摸不定的科学：困扰不断的教育研究的历史》，花海燕等译，8 页，北京，教育科学出版社，2006。

③ 吴钢：《论教育学的终结》，载《教育研究》，1995(7)。

④ David F. Labaree, *The Trouble with Ed Schools*, New Haven and London, Yale University Press, 2004, pp. 2-3.

同时，教育哲学、教育心理学、教育社会学等学科既可被视为哲学、心理学、社会学等学科的分支，亦可视为教育学的分支。两种观念在研究实践中均不乏支持者。即使将作为学科的教育学终结，教育史学、教育哲学、教育心理学等分支学科的地位也不高。在一些严谨的学者眼中，这些分支并不存在。例如，在克尔纳看来，只存在历史学和哲学，不存在所谓教育史学和教育哲学，并且大学中有关教育的历史和哲学的部分应由历史学家和哲学家承担。① 另一事实是，在分支学科中极少有学者像克雷明（L. A. Cremin）那样因研究教育而为其本学科所认同。

由于教育学地位不高，声誉不佳，不少致力于研究教育的学者不愿归属教育学名下，他们宁愿攀附更有声望的学科，仿佛知识一旦贴上教育学标签便自降身价。200余年来，无数才华横溢的研究者致力于使教育学成为令人尊敬的学科，几乎遍尝所有方法，成效却甚微。我不禁想起，20世纪上半叶，我国有大批留洋的学者研习教育学，他们学贯中西，视野宏阔，治学严谨。② 可是，他们又写出了多少不仅为教育学界，而且为学术界认可的教育学著作呢？教育学仿佛一个吮吸每个堕入其中的研究者才华的黑洞，它耗尽他们的心血而收获甚少。也许，地位不高，价值不大，是教育学的宿命吧！

三、思考教育学的宿命

作为教育学专业的研究生，我渴望它摆脱对其他学科的高度依赖；渴望它成为受人尊敬的学科；渴望它能提供更多的教育学知识和富有洞察力的思想。但是，教育学的现实促使我思考相关批评的合理性。

人们对教育学的主要批评之一是它缺少知识积累，富于表达情感和愿望而不提供知识。在我看来，导致上述问题的主要原因有三点。首先，教

---

① James D. Koerner, *The Miseducation of American Teachers*, Boston, Houghton Mifflin Company, 1963, pp. 72-78.

② 梁玲萍：《20世纪上半叶中国教育学家群体现象研究》，山西大学，硕士学位论文，2009。

育关乎每个人的切身利益，这使它极易成为公共论题，从而为外行表达教育观点提供了合法性和广阔的空间。其次，不仅社会上有影响力的人物喜欢表达对教育的关切，而且不同领域的学者和科学家也对教育表达他们的世界观、人生观、价值观。这导致两方面的结果：(1)非专业的教育论述占据教育文献的大部分；(2)它们往往是教育信念、理想、经验的混合物，而非严谨研究的结果，其主要目的是对教育信念表现某种主张和对行动进行召唤，而不是提供关于教育的知识。最后，庞大的专业群体(教师、师范生等)对教育学有强制性的需要。一方面，获得相关的教育学知识往往是教育人员任职升迁的必要条件；另一方面，这种需求通常是强制性的，即使教育课程对于提升教育学专业人员的能力效果有限，他们亦难以拒绝教育学。这使教育学偏重于对知识的传授和训练而不是探究和发现。

人们对教育学的主要批评之二是它独立性差，过分依赖其他学科。当教育学界流行新思潮(如语言学转向、文化转向等)时，其源头总可以在其他领域找到，并且对其做出贡献的基本上不是教育学家。很少有思潮源于教育学，进而惠及其他学科，教育学仿佛注定是其他领域的"影子学科"。我记得，一位知名的教育学研究者曾在课堂上向我们表达对这种现象的不满：为什么教育学研究生总喜欢读其他学科的书，很少读自己专业领域的书？他要求我们，多读教育学的书。教育学研究生多读教育学著作是自然之理，可是现实中学生们普遍喜欢且阅读更多其他领域的著作。如果教育学与哲学、历史学、社会学等学科保持距离，争得独立地位，那么教育学会是什么样子？这种纯粹的教育学的价值必然相当有限：它在深度上是浅显的，在视野上是偏狭的。因为，教育学的内容即使不似杜威所说的那样完全来自其他科学①，其纯粹属于教育学的内容也很少。何况，历史上对认识教育具有重大贡献的研究者大抵在某一或数个基础领域成就斐然。

如果，知识是研究者对现实的某种反映，那么教育学对其他知识领域的关系也许表明了教育在现实中对其他社会领域(政治、经济、文化等)的

---

① John Dewey, *The Sources of a Science of Education*, New York, Horace Liveright, 1929, pp. 35-36.

高度依赖。教育作为相对独立的领域能对社会环境施加一定的影响，但它受后者的作用更深远。现代教育从目标、内容到实施途径均与经济社会的一般条件紧密相连。与政治、经济等领域相比，教育主要表现出保守性、滞后性。美国教育哲学家布劳迪曾感叹：

> 我们可能会问，一种教育机构(教育学院)夸口开展了大量的研究努力和训练项目，为学校配备了近三百万教师和管理人员，为什么它却因为效率低下而不断地受到批评？为什么这些烦琐的问题世代如此？总之，为什么1776年的美国公民在1976年的学校发现如此多的相似之处？①

教育身处公共舞台上，容易折射出非教育领域的社会矛盾。

教育学研究者有十分浓厚的学科情结，归根结底在于教育学地位不高。知识积累困难，严重依赖其他学科，这些均损害了教育学的声望。此外，教育学知识的逻辑特征亦不利于其获取理想的地位。在研究成为职业的时代，一门学科的地位首先建立在研究者对该领域知识垄断的基础上。一般来说，教育学的知识比较"软"，且偏重于"应用"。这两个特点难以对"外来户"形成有效阻隔的天然屏障：不少基础学科的研究者均可借助相关问题侵入教育学领域。教育学准入门槛低倾向于使人认为，教育学研究比较容易。事实上恰恰相反，门槛低通常意味着高质量的成果需要利用诸多相关学科的知识，而吸收和消化这些知识本身便大大地增加了研究的难度。因此，大量的教育学研究显得零散、琐碎，这反过来又成为人们质疑教育学水平的证据。另外，教育学又"软"又"应用"的特征使研究者难以在较大范围内共享相似的概念术语和学术训练。教育学研究者缺乏大量相同的知识背景和相似的学术训练经验，他们难以形成强烈的学科认同，这不利于教育学研究者形成紧密的学术群体，从而降低他们在学术界的话

---

① Harry S. Broudy, "The Search for a Science of Education," *The Phi Delta Kappan*, 1976, 58(1), p.104.

语权。

除上述诸因素外，围绕教育学的其他因素似乎都对其不利：教育学科从大学和社会上获得的资源严重不足；它的主要顾客（学校教师）不属于有权势的阶层（不像法学、医学、商学的学生那样服务于精英阶层）；它难以吸引第一流的教员和学生……

四、选择以教育学为志业

当对长期困扰我的问题做出上述解释时，我内心有一股深深的悲哀和沮丧情绪。教育学是一个如此令人绝望的学科——它向研究者索取太多，而回报却太少！我甚至曾一度动摇是否转向哲学、社会学、经济学等更有声望的领域。尽管，教育学在不少学术同行眼中地位不高，价值不大，并且我对其状况极不满意，然而念及转向其他领域好像要故意疏远一个相识多年的老朋友一样，我心中隐隐不忍！我为何会有这种情感？也许陀思妥耶夫斯基的话最恰当："我就是爱他，说不出道理。"最终，我决定留下来。我不敢奢望教育学在某天成为显学，只希望它能改善自身的形象，多提供一些有关教育的知识和洞见，少发表一些空泛的废话和浅薄的说教。在我看来，有两条原则对初涉教育学的研究生非常重要。

原则一：研究者应熟练掌握一门或多门基础学科（哲学、历史学、社会学等），在此基础上借助相关问题切入教育学研究。这种路径需注意两点：（1）对基础学科的掌握应达到专家水平，否则在一知半解的情况下展开教育学研究，不仅容易曲解、误用基础理论，滥用基础学科的知识，而且会令教育学蒙羞；（2）不能将掌握基础学科的知识视为对教育学的"殖民"，否则我们会说自然科学是数学的殖民地，这显然是荒谬的。

原则二：明了基础学科的知识对教育学研究的价值。我在研究生期间研读了不少与教育无关的著作，这对开阔视野和训练理智起到十分重要的作用，但是它们始终使我对教育学有隔靴搔痒之感。原因大概在于，这些基础学科只限于提供关于"心理""文化""社会"等的概念、命题和理论，不直接提供有关教育的知识。而教育学的任务恰恰在于发现教育内部的差别和特殊性，提供关于教育本身的历史的逻辑的论证。实际上，基础学科只是为相关教育学研究提供必要的知识前提，研究者只需将这些学科的一般性结论当作自明的前提即可。

五、教育学人的应有立场

以上所述，可能为有抱负的教育学研究生展示了一片黯淡的学术前景。对此，有人离开，有人守望，有人沉沦，但亦有人否认教育学的困境，认为上述问题是好事者的臆造，不过自寻烦恼罢了。其实，研究者要在主观上避开现实问题并不困难。在中国，对教育学的批评一般比较含蓄。钱锺书只是在文艺作品中折射现实，而像傅斯年那样在1932年公开批评教育学的却不多见。① 教育学界关于教育学的性质、地位、立场的讨论表明，研究者大都意识到教育学的困境，但少有同仁愿公开谈论教育学的地位和价值问题。教育学界前辈孙喜亭教授曾不无心痛地感慨："我们不笨，不懒，也不乏悟性，可是我们怎么了？我们所从事的教育学怎么了？它们是那么地被人看不起！"②

对一名教育学研究生来说，最大的尴尬和痛苦莫过于承认自己的学科地位不高，价值不大，且前途渺茫。这的确是不少教育学人内心难以回避却又不愿承认的残酷事实。但是，接受这个事实只意味着，在学科的地位游戏中，教育学处于不利地位，绝不表示其没有价值或无深入研究之必要。可以说，在人类知识的等级中，某类知识地位的高低和价值的大小具有一定的偶然性。例如，神学在中世纪的地位何等崇高，而今却一落千丈；自然科学在近代之前只是在大学之外才得到发展，现已占据大学的主导地位。也许，教育学研究者的工作很琐碎，且价值有限，也许卑微的教育世界激不起雄心勃勃的研究者的兴趣和热情，但是，只要教育存在，教育学就还有存在的必要，教育学便要继续与教育有关的卑微事物打交道。

在不利环境中，也许教育学研究者应降低对教育学的期待和承诺，少

---

① 《傅斯年全集》第5卷，8-9页，长沙，湖南教育出版社，2000。
② 石中英：《教育学的文化性格》，307页，太原，山西教育出版社，2001。

一些喧嚣浮华，多一点埋首苦干，少一些不着边际的宏论，多一点有关教育的知识。正如普通人无须因不能成为大人物而自轻自贱，有志于教育学的研究者也不应因教育学地位不高、价值不大而妄自菲薄，亦不应因其难以成为显学而失望。教育学研究者承认自己必须掌握大量其他学科的知识，但也知道它们仅仅构成教育学研究的基础；他们承认教育学对改善教育的意义有限，但仍然愿意努力贡献出独属于教育学的洞见；他们明知治教育学之途很艰辛，但毅然选择以此为志业。这也许是教育学人应有的立场。

附录二 关于问题、理论与方法的省思

《关于问题、理论与方法的省思》是我在论文大体完工后对论文研究的问题、理论基础与方法论的反思。我自 2005 年接受教育学训练开始，曾多次旁听教育学原理专业研究生的学位论文的开题和答辩。学位论文答辩中最常见的问题与三个相互关联的主题——问题、理论与方法——相关。论文的问题在很大程度上制约了理论与方法的选择。关于教育学研究，前辈们大都主张将教育学建立在相关基础学科的基础上。相应的是，不少教育学研究者也接受了这种观点，这也使他们面临理论基础与方法论的选择问题。然而，大量教育学研究生在根据问题选择理论基础与方法论时表现出高度的无意识，仿佛这些选择是任意的。在我看来，研究者应当对此表现出高度的自觉，因为只有这样，才能明了自己研究结论的意义与局限。《关于问题、理论与方法的省思》在一定程度上表明我对本研究的自觉程度。

一、问题的转换

在选择研究问题时，我最初打算做一项经验研究即选择研究中国的教育学地位问题，从考察教育学知识的生产方式入手，探讨它与国家、教师、师范生的关系，进而从中寻找教育学地位的决定机制。然而，随着阅读文献的扩大，我发现教育学地位问题具有相当普遍性，在国外（如美国、英国等)也或多或少地存在类似于中国的情况。① 假使仅将中国作为研究教育学地位的背景，那么我极有可能把问题的表现当作问题本身。因为在建制层面，我国的教育学和教育学院的地位并不低，它们的地位也很少能成为讨论的主题。在中国，真正存在的问题是教育学研究者心中普遍存在着一种理论上的焦虑，但这一问题对教育学学科建制的影响微乎其微，因而它并不影响教育学研究者的生存和发展。同时，类似中国教育学的地位问题对英美等国的教育学者来说不是一个主要问题。例如，教育学对其他学科的依赖，我国教育学界通常把它看作是一个"学科殖民"问题。虽然，国外也有学者讨论教育理论作为一门学科的自主性问题，但远不似中国这样关切。对英美等国的教育学者而言，他们更多的是坦然接受其他学科对教育学的"殖民"。再如，我国教育学学者很关心教育学经过这么多年的发展为何成熟得这样慢。在国外，像皮亚杰等人也提及这一问题，但很少作为一个专门的主题做深入的探究。② 在美国，真正的问题是教育学院、教师教育、教育学教授的地位问题。如果仅仅把中国的教育学地位问题作为个别问题来研究，我们就会将大量的注意力转向与地位无关的因素，且不得不局限于探讨这些具体的问题，从而不能揭示问题的本质。这样一来本研究就不能聚焦于决定一门知识的地位的最重要方面。基于此，我将中国的教育学地位问题，美国的教育学地位问题，乃至整个世界范围内的教育学地位问题，当作一个一般性的理论问题来研究。中国教育学界关于教育学的理论焦虑，美国对教育学院地位的关切，也就成为教育学地位问题在不同国家的具体表现。

---

① 在论文即将杀青时，我偶然浏览一篇博文，其中提到华东师大的叶澜教授在讨论拉格曼的《一门捉摸不定的科学：困扰不断的教育研究的历史》一书时论及中美两国教育研究的两个相似之处：其一，两国的教育研究以及教育学都不被重视，没有成为主流学术；其二，教育学学者的专业构成内部结构和人员是凌乱的。博客主人是非罗所非，标题为：《〈一门捉摸不定的科学：困扰不断的教育研究的历史〉读书笔记与读书会体悟》，网址：http://blog.sina.com.cn/s/blog_620e04300100esm2.html，2014-02-09.

② 英国学者唐尼(Meriel Downey)和凯利(A. Kelly)也说，"有关教育问题的讨论因缺乏知识基础使得一种令人满意的教育理论一直没有出现，并导致教育理论的研究过分依赖于业已形成的那些知识体系——尤其是哲学、心理学和社会学"。参见[英]Meriel Doweny, A. V. Kelly：《教育的理论与实践——引论》，王箭等译，引言，南昌，江西教育出版社，1989。

如此一来，本研究就转换了一个看待教育学地位问题的视角，即教育学地位问题被视为一个普遍性的理论问题，这使我们有可能接近问题的本质。例如，我国不少学者将教育学地位不高的根本原因归于中国教育学缺乏本土性、原创性。然而，这种观点不能解释并不缺乏本土性和原创性的美国教育学为何地位甚至比中国的教育学地位还要低的问题。在我国，研究者往往将教育学的地位问题与学科性质、立场、原创性、理论与实践关系等问题混淆，以致教育学的地位问题本身很少得到深入的理解。

二、确定分析路径

把教育学的地位问题作为一个理论性问题，可能有两种基本解决路径，或者是分析性的，或者是综合性的。就前者而言，选择某一个因素，深入剖析其是如何制约教育学地位的；就后者而言，选择若干因素，比较全面地考察其对教育学地位的影响，并从中提炼出一种解释模型。这两种路径均可采取经验的和理论的研究方式。一般来说，采用经验的方式更适合研究个别性的问题，不适合探究普遍的理论问题（除非把理论问题加以变通处理使之适合于经验研究，或者利用经验研究来检验、修正、发展已有的理论）。为了能够在纯粹形式水平上处理对象，理论的方式必须能够暂时撇开其他无关因素的干扰，仿佛研究者面对的是一个乌托邦的世界，那里只存在与研究任务相关的因素（如果抽象合理，这种理论研究同样可以达到很高的科学水平），这种方式天然地适合于研究一般性问题。总之，经验研究直面的是一个经验的现象世界，而理论研究直面的是一个理论的抽象世界。需要指出的是，经验研究并不因其直面现象世界而更接近于现实或更具科学性；理论研究也并不因其直面抽象世界而更远离现实或更不科学。两种方式并无优劣之分，只是处理对象的方式不同而已。

我选择了分析性的路径中的理论研究方式，主要源于以下三方面考虑：其一，教育学地位问题是一个普遍性问题；其二，存在大量影响教育学地位的因素，这些因素不仅难以全面列举，而且它们之间存在复杂的相互作用；其三，这些因素对教育学地位的影响并不平等，仅有极少数因素具有决定性作用。因此，在形式上分析最重要的因素对教育学地位的影响是合适的。

三、理论基础的选择

在理论基础方面，我选择了马克思的相关理论。对这一选择，我可以在语词的辩护上给出很多缘由，比如，马克思的理论对资本主义有很大解释力，马克思的理论与研究主题相契合，我自身的知识背景与偏好倾向于马克思的理论，等等。然而，这些理由从根本上说都是无力的。因为再多的理由亦无法保证，被选定的理论基础对本研究有多少程度的恰切性。这些理由至多表明，笔者在选择理论基础时的自觉程度。真正能够表明一个理论基础恰切与否的是论文本身——它能在多大程度上增进读者对问题的新认识。因此，在这里，我绝不是想表明，马克思的理论是最好的选择。

我想说的是，尽管本研究选择了马克思的理论，但是我知道分析教育学的地位问题还存在其他可供选择的理论基础（比如，我们很容易想到的知识社会学理论），并且它们也许比马克思的理论更具恰切性。在理论上，同一项研究任务，往往存在多种解决问题的路径，也就是说存在多种理论基础可供选择，从而存在多种分析和解决问题的视角。依此来看，研究者似乎有多种选择的可能。然而，实际上可供研究者选择的理论基础是极其有限的，按照马克思的观点就是，我们只能在既定的历史条件下进行选择。首要的制约来自笔者已有的知识储备，因为它直接限制了研究者的选择能力本身。其次，笔者的偏好、精力、经济等因素会进一步减少可供选择的范围。从实际条件看，某种选择对个人而言无疑是最合适的选择，但从研究问题的角度来看却往往未必是最合适的。然而，研究者选择特定的视角来研究某个问题，即使不假定自己的视角是最有力或最合适的，至少也认为自己的视角是有价值的。分析同一个主题，我们虽然可以从多个视角出发，但这些视角并不平等：有的解释力强一些，有的弱一些，有些毫无价值。我们通常很难先验地判定自己的视角是最适合的，得出的结论是强有力的。这只有通过各种研究的相互竞争才能知晓。姑且勿论价值大小，但至少假定所选择的视角是有价值的。但这里应当避免一种危险：盲目地将自己的视角宣称为最佳的，或最有价值的。就探讨教育学的地位而言，我坦率地承认马克思的理论未必是最合适的，但对个人来说却是最方便的。

可是，反思理论基础的问题不在于每种视角是否都有价值，而在于研究者对自己所选视角的限度的认识。事实上，每一种视角的选择均内在地假定了一套哲学原则。研究者应当理解自己的视角。就本研究而言，我选择分析决定教育学地位的经济力量，是基于唯物史观的原则。学术界关于唯物史观已经争论得很多了。在此，我只是指出下面一点：在现代社会，经济在决定一个职业群体的社会地位时，有压倒性优势，这足以迫使我们探讨决定教育学知识地位的经济力量问题。本研究专注于探讨经济对教育学地位时有决定作用，但并不意味着学术、政治等力量不重要。我的选择仅仅表明，与其他力量相比，经济是更强大的力量。虽然我相信，这种视角可能较其他视角具有更大的解释力，但实际上是否如此，应当由作品本身以及不同视角之间的竞争来决定。①

假如我们从另外的理论基础来探讨教育学地位问题，那么得出的结论有可能不同于本研究的结论。这说明，无论选择何种理论作为基础，每一种视角必定有自己的限度。也就是说，角度本身决定了研究者的视界——能看到什么，不能看到什么。不过，这种限度是一种必要的缺陷，因其必要所以才赋予视角本身以独特性。可见，问题主要不在于选择了什么理论作为研究基础，而在于我们对由理论基础所决定的视角本身的把握。对于一个成熟的研究者来说，他应当意识到自己的研究视角的限度，从而能阐发其研究结论的意义和局限。就本研究而言，我的研究仅仅看到的是经济力量对教育学地位的制约，并且这种制约还是在高度抽象的意义上而言的。对于具体某一个国家的教育学状况的理解，研究者应当结合这些原则

---

① 曼海姆从知识社会学角度将各种思想的竞争视为一种普遍的社会关系，其中每种观点都试图"拥有正确的社会视角，或至少拥有正确的社会视角的相伴随的特权"。参见[德]卡尔·曼海姆：《卡尔·曼海姆精粹》，徐彬译，118—160页，南京，南京大学出版社，2002。

和实际状况，再考虑因素才能解释经济因素对其教育学地位的影响。因此，不能将本研究的结论直接推广到其他所有国家。

四、分析方法

在本研究中，我赞同海尔布隆纳对马克思的看法——他开创了一种能够穿透社会表层，深入探究社会本质的分析方法（当然，也许那些有反本质主义倾向的人会立即反驳这种观点）。在我看来，马克思是一位卓越的社会解剖学大师，他在《资本论》中对现代社会的分析展示了其高超的解剖技艺，他的理论不仅深刻而且令人难忘。资本主义特有的运行机制使人们在日常生活中倾向于产生大量错误的观念。这些观念使人们将社会关系所产生的表面联系误认为是"自然的"，如把地租归于土地的生产率，把利润归于资本的生产率，等等。从实用性角度看，日常生活带给人们经验和常识，但它不能使人们在科学上理解生活现象背后的本质。在一个产品普遍采取商品形态的社会中，人们通过商品交换所产生的社会关系附着在作为商品的物上，这使商品表现出其作为物所没有的、只有人才具有的性质。这样，在商品世界里，劳动的产物表现为"赋有生命的、彼此发生关系并同人发生关系的独立存在的东西"①。这就是马克思说的"拜物教"，而他的分析方法旨在将表现为物的关系的人的关系还原其本来面目。

表面上看，教育学作为一个知识门类，不过是人们认识教育的产物而已。然而，它却像人一样要求有令人尊敬的地位和尊严。遵循马克思的分析思路，我将教育学地位作为其生产者的地位问题来探讨，也就是把不同知识门类的地位关系视为知识生产者的社会关系。因此，本研究通过分析教育学的关系来揭示其生产者的社会关系。这种分析意味着，本研究不关注，甚至是完全忽略教育学的实质内容。确切地说，在第四章中教育学知识被按照生产方式划分为教育学知识与教育知识时，我已将教育学知识的实质内容全部抽象掉了。只是当论及教育学的效用时，论文仅在一般的意

① 马克思：《资本论》第1卷，90页，北京，人民出版社，2004。

义上探讨教育知识的内容。整体来说,本研究对教育学所做的分析主要处在纯粹形式的水平上,几乎没有涉及教育学的实质内容(包括一些对教育学发展相当重要的议题,如学科性质、立场等)。可以说,这项研究没有为教育学增进任何实质内容(这也不是它的目标),它的全部努力仅仅在于论证这样一种简单的观点:人们提出的绝大部分旨在提高教育学地位的建议难以从根本上提高教育学的地位,因为对这些建议的实施(其中可行性的建议)无法从根本上改变决定教育学地位的基本力量。假如人们能够接受这种观点,那么他们更容易理性地看待教育学的地位,并且能够从长期以来形成的自卑情结中解放出来。

五、局限性

这项研究的局限性很明显。这首先体现在它的假设前提上:在纯粹的资本主义社会条件下,国家是资本主义的国家,教育知识的生产和再生产采取商品生产的方式。在研究中,我有意识地将美国视为这种社会条件的典型代表(正如马克思在《资本论》中把英国作为资本主义生产方式的典型一样),因而利用了许多关于美国的资料,但这些材料只是用于说明我的理论观点,使整个理论研究能够不时地接触经验而不至于过分抽象,材料本身并不直接起到论证作用。由于本书是在高度抽象的层次上进行的,而每个资本主义国家的教育学实际状况因各自的社会文化条件不同存在或多或少的差别,因此本书的结论实质上不能直接解释任何资本主义国家中的教育学地位问题。其次,本书聚焦于影响教育学地位的经济力量,没有探讨对教育学地位有影响的传统声望和政治力量。对某一具体社会中的教育学而言,其实际地位通常并不取决于单一的因素,而是多种力量相互交织的产物。最后,由于中国是社会主义国家,这不符合本书的前提,因而本书的分析和结论均不能适用于中国教育学的情况。尽管中国也有市场经济,但它是有中国特色的社会主义市场经济。中国在国家性质、国家与教育的关系、教育知识的生产和再生产等方面与资本主义社会相比,存在根本的差异。因此,不存在能够解释所有国家教育学地位问题的理论。为了比较充分地理解特定社会中的教育学地位，一种恰当的方法是个案研究。从根本来说，上述不足内在于本书的理论旨趣——提供一个理解教育学地位问题的维度，无意探讨某一具体社会中的教育学地位问题，因而不宜对它提出过高的期望。

参考文献

中文著作

1. [奥地利]莱内·马利亚·里尔克. 给青年诗人的信[M]. 冯至, 译. 上海: 上海译文出版社, 2005.

2. [美]伊万·伊利奇. 非学校化社会[M]. 吴康宁, 译. 台北: 桂冠图书股份有限公司, 1992.

3. [澳大利亚]W. F. 康纳尔. 二十世纪世界教育史[M]. 孟湘砥, 等, 主译. 长沙: 湖南教育出版社, 1991.

4. [德]阿尔夫雷德·赫特纳. 地理学: 它的历史、性质和方法[M]. 王兰生, 译. 北京: 商务印书馆, 1986。

5. [德]弗·鲍尔生. 德国教育史[M]. 滕大春, 等, 译. 北京: 人民教育出版社, 1986.

6. [德]底特利希·本纳. 普通教育学: 教育思想和行动基本结构的系统的和问题史的引论[M]. 彭正梅, 等, 译. 上海: 华东师范大学出版社, 2006.

7. [德]沃尔夫冈·布列钦卡. 教育科学的基本概念: 分析、批判和建议[M]. 胡劲松, 译. 上海: 华东师范大学出版社, 2001.

8. [德]沃尔夫冈·布列钦卡. 教育知识的哲学[M]. 杨明全, 等, 译. 上海: 华东师范大学出版社, 2006.

9. [德]第斯多惠. 德国教师培养指南[M]. 袁一安, 译. 北京: 人民教育出版社, 1990.

10. [德]赫尔巴特. 普通教育学·教育学讲授纲要[M]. 李其龙, 译. 北京: 人民教育出版社, 1989.

11. [德]黑格尔. 逻辑学: 上卷[M]. 杨一之, 译. 北京: 商务印书馆,

2001.

12. [德]康德. 康德著作全集：逻辑学、自然地理学、教育学：第 9 卷 [M]. 李秋零, 主编. 北京：中国人民大学出版社, 2013.

13. [德]伊曼努尔·康德. 论教育学[M]. 赵鹏, 等, 译. 上海：上海人民出版社, 2005.

14. [德]克劳塞维茨. 战争论：第 1 卷[M]. 中国人民解放军军事科学院译. 北京：商务印书馆, 1978.

15. [德]W.A.拉伊. 实验教育学[M]. 沈剑平, 等, 译. 北京：人民出版社, 2007.

16. [德]马克斯·韦伯. 学术与政治：韦伯的两篇演说[M]. 冯克利, 译. 北京：生活·读书·新知三联书店, 2005.

17. 宋建林. 智慧的灵光：世界科学名家传世精品[M]. 北京：改革出版社, 1999.

18. [俄]康·德·乌申斯基. 人是教育的对象：教育人类学初探：上卷 [M]. 郑文樾, 译. 北京：人民教育出版社, 2004.

19. [法]P.布尔迪约, J.C.帕斯隆. 再生产：一种教育系统理论的要点 [M]. 邢克超, 译. 北京：商务印书馆, 2002.

20. 瞿葆奎. 教育学文集：教育与教育学卷[M]. 北京：人民教育出版社, 1993.

21. [法]利奥塔尔. 后现代状态：关于知识的报告[M]. 车槿山, 译. 南京：南京大学出版社, 2011.

22. [法]列菲弗尔. 论国家：从黑格尔到斯大林和毛泽东[M]. 李青宜, 等, 译. 重庆：重庆出版社, 1988.

23. [法]卢梭. 爱弥儿：上卷[M]. 李平沤, 译. 北京：商务印书馆, 1996.

24. [法]玛丽·杜里-柏拉, 阿涅斯·冯·让丹. 学校社会学[M]. 汪凌, 译. 上海：华东师范大学出版社, 2001.

25. [法]爱弥尔·涂尔干. 教育思想的演进[M]. 李康, 译. 上海：上海人民出版社, 2003.

26. 涂尔干文集·道德教育：第三卷[M]. 陈光金, 等, 译. 上海：上海人民出版社, 2001.

27. [法]雅克·勒戈夫. 中世纪的知识分子[M]. 张弘, 译. 北京：商务印书馆, 1996.

28. [古希腊]柏拉图. 理想国[M]. 郭斌和, 等, 译. 北京：商务印书馆, 1986.

29. [古希腊]亚里士多德. 形而上学[M]. 吴寿彭, 译. 北京：商务印书馆, 1995.

30. [加拿大]迈克尔·A. 莱博维奇. 超越《资本论》：马克思的工人阶级政治学[M]. 崔透红, 译. 北京：经济科学出版社, 2007.

31. [美]C. 赖特·米尔斯. 白领：美国的中产阶级[M]. 杨小东, 等, 译. 杭州：浙江人民出版社, 1987.

32. [美]理查德·哈特向. 地理学的性质：当前地理学思想述评[M]. 叶光庭, 译. 北京：商务印书馆, 1996.

33. [美]理查德·哈特向. 地理学性质的透视[M]. 黎樵, 译. 北京：商务印书馆, 1983.

34. [美]S. 鲍尔斯, H. 金蒂斯. 美国：经济生活与教育改革[M]. 王佩雄, 等, 译. 上海：上海教育出版社, 1990.

35. [美]西奥多·W. 舒尔茨. 教育的经济价值[M]. 曹延亭, 译, 长春：吉林人民出版社, 1982.

36. [美]M. 阿普尔, L. 克丽斯蒂安-史密斯. 教科书政治学[M]. 侯定凯, 译. 上海：华东师范大学出版社, 2005.

37. [美]安东尼·克龙曼. 教育的终结：大学何以放弃了对人生意义的追求[M]. 诸惠芳, 译. 北京：北京大学出版社, 2013.

38. [美]安塞尔·M. 夏普, 查尔斯·A. 雷吉斯特, 保罗·W. 格兰姆斯. 社会问题经济学[M]. 郭庆旺, 译. 北京：中国人民大学出版社, 2007.

39. [美]柯尔斯滕·奥尔森. 学校会伤人[M]. 孙玫璐, 译. 上海：华东师范大学出版社, 2014.

40. [美]欧文·白璧德. 文学与美国的大学[M]. 张沛, 等, 译. 北京：北京大学出版社, 2004.

41. [美]比尔·布莱森. 万物简史[M]. 严维明，等，译. 南宁：接力出版社，2005.

42. [美]彼得·布劳，马歇尔·梅耶. 现代社会中的科层制[M]. 马戎，等，译. 上海：学林出版社，2001.

43. [美]约翰·S. 布鲁贝克. 高等教育哲学[M]. 王承绪，等，译. 杭州：浙江教育出版社，2001.

44. [美]德里克·博克. 走出象牙塔：现代大学的社会责任[M]. 徐小洲，等，译. 杭州：浙江教育出版社，2001.

45. [美]杜威. 杜威教育论著选[M]. 赵祥麟，王承绪，编译. 上海：华东师范大学出版社，1981.

46. [美]杜威. 杜威全集：早期论文与《批判的伦理学理论纲要》：第三卷[M]. 吴新文，等，译. 上海：华东师范大学出版社，2010.

47. [美]约翰·杜威. 民主主义与教育[M]. 王承绪，译. 北京：人民教育出版社，2001.

48. [美]约翰·杜威. 人的问题[M]. 傅统先，等，译. 上海：上海人民出版社，2014.

49. [美]约翰·杜威. 我们怎样思维·经验与教育：再论反省思维与教学的关系[M]. 姜文闵，译. 北京：人民教育出版社，2005.

50. [美]S. E. 佛罗斯特. 西方教育的历史和哲学基础[M]. 吴元训，等，译. 北京：华夏出版社，1987.

51. [美]哈利斯. 教师与阶级：马克思主义分析[M]. 唐宗清，译. 台北：桂冠图书公司，1994.

52. [英]弗里德里希·冯·哈耶克. 哈耶克文选[M]. 冯克利，译. 南京：江苏人民出版社，2007.

53. [美]Herbert M. Kliebard. 课程的变革：20世纪美国课程的改革[M]. 杜振亚，译. 台北：巨流图书股份有限公司，2008.

54. [美]亨利·A. 吉鲁. 教师作为知识分子——迈向批判教育学[M]. 朱红文，译. 北京：教育科学出版社，2008.

55. [美]华勒斯坦，等. 学科·知识·权力[M]. 刘健芝，等，编译. 北京：生活·读书·新知三联书店，1999.

56. [美]杰罗姆·凯根. 三种文化：21 世纪的自然科学、社会科学和人文学科[M]. 王加丰，等，译. 上海：上海人民出版社，2011.

57. [美]卡拉汉. 教育与效率崇拜：公立学校管理的社会影响因素研究[M]. 马焕灵，译. 北京：教育科学出版社，2011.

58. [美]科南特. 科南特教育论著选[M]. 陈友松，主译. 北京：人民教育出版社，1988.

59. [美]劳伦斯·A. 克雷明. 美国教育史 1：殖民地时期的历程(1607—1783)[M]. 北京：北京师范大学出版社，2003.

60. 瞿葆奎. 教育学文集：国际教育展望卷[M]. 北京：人民教育出版社，1993.

61. [美]埃伦·康德利夫·拉格曼. 一门捉摸不定的科学：困扰不断的教育研究的历史[M]. 花海燕，等，译. 北京：教育科学出版社，2006.

62. [美]安妮特·拉鲁. 不平等的童年[M]. 张旭，译. 北京：北京大学出版社，2010.

63. [美]兰德尔·柯林斯，迈克尔·马科夫斯基. 发现社会：第 8 版[M]. 李霞，译. 北京：商务印书馆，2014.

64. [美]理查德·迈·英格索. 谁控制了教师的工作：美国学校里的权力和义务[M]. 庄瑜，等，译. 上海：华东师范大学出版社，2009.

65. [美]理查德·普林. 教育研究的哲学[M]. 李伟，译. 北京：北京师范大学出版社，2008.

66. [美]理查德·鲁克. 高等教育公司：营利性大学的崛起[M]. 于培文，译. 北京：北京大学出版社，2006.

67. [美]R. L. 海尔布隆纳. 马克思主义：赞成和反对[M]. 易克信，等，译. 北京：中国社会科学院情报研究所，1982.

68. [美]米切尔·B. 鲍尔森，约翰·C. 舒马特. 高等教育财政：理论、研究、政策与实践[M]. 孙志军，等，译. 北京：北京师范大学出版社，2008.

69. [美]威廉·F. 派纳，等. 理解课程：历史与当代课程话语研究导论：上[M]. 张华，等，译. 北京：教育科学出版社，2003.

70. [美]普雷斯顿·詹姆斯，杰弗雷·马丁. 地理学思想史[M]. 李旭旦，译．北京：商务印书馆，1989.

71. [美]乔尔·斯普林．美国学校：教育传统与变革[M]．史静寰，等，译．北京：人民教育出版社，2010.

72. [美]舒尔曼．实践智慧：论教学、学习与学会教学[M]．王艳玲，等，译．上海：华东师范大学出版社，2014.

73. [美]佐匀蒂斯．教育概念分析导论[M]．简成熙，译．台北：五南图书出版公司，1995.

74. [美]托马斯·库恩．科学革命的结构[M]．金吾伦，等，译．北京：北京大学出版社，2003.

75. [美]托马斯·L. 汉金斯．科学与启蒙运动[M]．任定成，等，译．上海：复旦大学出版社，2000.

76. [美]西奥多·M. 波特，多萝西·罗斯．剑桥科学史：现代社会科学：第七卷[M]．郑州：大象出版社，2008.

77. [美]希拉·斯劳特，拉里·莱斯利．学术资本主义：政治、政策和创业型大学[M]．梁骁，等，译．北京：北京大学出版社，2008.

78. [美]亚伯拉罕·弗莱克斯纳．现代大学论：英美德大学研究[M]．徐辉，等，译．杭州：浙江教育出版社，2001.

79. [英]以赛亚·伯林．现实感[M]．潘荣荣，等，译．南京：译林出版社，2011.

80. [美]约翰·I. 古得莱得．一个称作学校的地方[M]．苏智欣，等，译．上海：华东师范大学出版社，2006.

扫描二维码查询完整参考文献

图书在版编目（CIP）数据

教育学的地位：一种马克思主义的解释／张建国著. —北京：
北京师范大学出版社，2024.5
（教育人学研究书系）
ISBN 978-7-303-28637-9

Ⅰ.①教… Ⅱ.①张… Ⅲ.①教育学-研究 Ⅳ.①G40

中国国家版本馆 CIP 数据核字（2023）第 001689 号

图 书 意 见 反 馈　　**gaozhifk@bnupg.com**　　**010-58805079**

JIAOYUXUE DE DIWEI：YIZHONG MAKESI ZHUYI DE JIESHI
出版发行：北京师范大学出版社　www.bnup.com
　　　　　北京市西城区新街口外大街 12-3 号
　　　　　邮政编码：100088
印　　刷：北京虎彩文化传播有限公司
经　　销：全国新华书店
开　　本：710 mm×1000 mm　1/16
印　　张：22.75
字　　数：326 千字
版　　次：2024 年 5 月第 1 版
印　　次：2024 年 5 月第 1 次印刷
定　　价：96.00 元

策划编辑：周益群　　　　　　　责任编辑：张　爽
美术编辑：李向昕　　　　　　　装帧设计：李向昕
责任校对：张亚丽　　　　　　　责任印制：马　洁